Marco Bonacker
Zwischen Genese und Geltung

PADERBORNER THEOLOGISCHE STUDIEN

Herausgegeben von
Josef Meyer zu Schlochtern, Maria Neubrand

Band 56

2016

Ferdinand Schöningh

Marco Bonacker

Zwischen Genese und Geltung

Religiöse Identität bei John Rawls als Paradigma einer theologischen Ethik

2016

Ferdinand Schöningh

Umschlagabbildung:

Marco Bonacker, Brückenschlag (Foto, 2010)

Bibliografische Information der Deutschen Nationalbibliothek

Die Deutsche Nationalbibliothek verzeichnet diese Publikation in der Deutschen Nationalbibliografie; detaillierte bibliografische Daten sind im Internet über http://dnb.d-nb.de abrufbar.

(Verlag Ferdinand Schöningh GmbH & Co. KG, Jühenplatz 1, D-33098 Paderborn)

Internet: www.schoeningh.de

Umschlag: Evelyn Ziegler, München
Printed in Germany
Herstellung: Ferdinand Schöningh, Paderborn

ISBN 978-3-506-78287-8

Vorwort

Die vorliegende Arbeit wurde im Wintersemester 2014/15 von der Theologischen Fakultät Paderborn als Dissertation angenommen. Im Rahmen der Veröffentlichung wurde sie geringfügig überarbeitet.

An dieser Stelle darf ich meinen Dank für die vielfältige Unterstützung während der Erstellung und Publikation der Dissertation ausdrücken.

Allen voran sei meinem Doktorvater *Msgr. Prof. Dr. Peter Schallenberg* gedankt, der den Fortgang der Arbeit immer konstruktiv und mit großem Einsatz begleitet sowie das Erstgutachten erstellt hat. Für die Bereitschaft, das Zweitgutachten zu übernehmen, danke ich *Prof. Dr. Günther Wilhelms* herzlich.

Prof. Dr. Maria Neubrand MC und dem Rektor der Theologischen Fakultät, *Prof. Dr. Josef Meyer zu Schlochtern*, darf ich als den Herausgebern der „Paderborner Theologischen Studien“ für die Aufnahme in diese Reihe danken.

Dem Verein der Freunde und Förderer der Theologischen Fakultät Paderborn, der Bank für Kirche und Caritas sowie dem Bistum Fulda darf ich herzlich für die großzügige finanzielle Förderung der Drucklegung danken.

Für den fachlichen und kritischen Austausch während der Abfassung der Dissertation danke ich *Dr. Arnd Küppers, Dr. Lambert Hendriks, Christoph Krauss, Frank Bonacker* und den Mitgliedern des Doktorandenkolloquiums. Für vielfältige Hilfestellungen danke ich auch den Mitarbeitern der Katholischen Sozialwissenschaftlichen Zentralstelle. Ebenso danke ich den Mitarbeitern des Archivs der Universität Harvard, die mir während meines Aufenthaltes als „Visiting Researcher“ einen großzügigen Einblick in die Originalschriften von John Rawls gewährt haben und mit Rat und Tat zur Seite standen.

Für das unermüdliche Korrekturlesen der Arbeit und die Hilfe bei der äußeren Gestaltung sei vielen Freunden herzlich gedankt. Besonders herausheben darf ich *Marija Markić-Mioč* und *David Feldpausch.*

Schließlich möchte ich von Herzen meinen Eltern danken, von denen ich jederzeit großartige Unterstützung für dieses Projekt erfahren habe. Ihnen und meinen Großeltern sei diese Arbeit gewidmet.

Fulda, im Oktober 2015

Marco Bonacker

INHALTSVERZEICHNIS

0. Einleitung

0.1 Problemaufriss und Zielbestimmung

Der Soziologe und Nationalökonom Max Weber analysiert mit einem Satz aus seinem Vortrag „Wissenschaft als Beruf" bereits 1922 die Verdrängung der religiösen Werte aus der Öffentlichkeit, die nur mehr privaten Charakter hätten:

> „Es ist das Schicksal unserer Zeit, mit der ihr eigenen Rationalisierung und Intellektualisierung, vor allem: Entzauberung der Welt, dass gerade die letzten und sublimsten Werte zurückgetreten sind aus der Öffentlichkeit, entweder in das hinterweltliche Reich mystischen Lebens oder in die Brüderlichkeit unmittelbarer Beziehungen der Einzelnen zueinander."[1]

Jene letzten Werte, von denen Max Weber sprach, finden sich in der Gegenwart daher nur auf der Ebene individueller Entscheidungen und menschlicher Begegnungen, nicht aber auf der Makroebene der Politik, die den Bereich der Sozialethik betrifft. Er betont so ein doppeltes Zurücktreten von ehemals allgemeingültigen Normen, die nicht zuletzt eine religiös motivierte Genese hatten. Für Max Weber kennzeichnet das Zeitalter der Wissenschaft eine Ablösung von religiösen Orientierungspunkten, die zwar weiterhin ihren festen Platz im Leben der Menschen einnehmen können, jedoch nicht normativen Charakter für das öffentliche Leben beanspruchen können. Die Wissenschaft, so Weber, habe seit der Renaissance, in der das nachprüfbare Experiment zum Weg der Erkenntnis und zur Abbildung der Wahrheit führte, und spätestens seit dem 19. Jahrhundert nicht mehr die Aufgabe, sich Gott anzunähern, und betreibe daher einen praktischen Atheismus: „Die Wissenschaft als Weg zu Gott? Sie, die spezifisch gottfremde Macht? Dass sie das ist, darüber wird [...] in seinem letzten Innern heute niemand im Zweifel sein."[2]

Dennoch aber ist die Frage nach einer vertretbaren öffentlichen und für alle gültigen Ethik auch in der Gegenwart keineswegs geklärt und daher erklärungsbedürftig, wie Robert Spaemann betont: „Alles reale, in einer Gesellschaft geltende Ethos ist nicht schlechthin selbstverständlich."[3] Diese Feststellung richtet sich gegen etwaige Beschäftigung mit Ethik als etwas, über das, angesichts der bereits bestehenden Klarheit des Begriffes, nicht mehr gesprochen werden müsste, und gegen eine Verdrängung des Begriffes ins rein Private. Eben weil der Begriff der Ethik keine einheitliche Interpretation

[1] Weber, Max: Wissenschaft als Beruf. Stuttgart 1995, 44.
[2] Ebd., 24.
[3] Spaemann, Robert: Moralische Grundbegriffe, München 2009, 7.

impliziert, muss über das scheinbar Selbstverständliche immer wieder reflektiert werden. Dies gilt umso mehr, als sich in einer immer mehr säkularisierten Gesellschaft einheitliche ethische Entscheidungen zunehmend als schwieriges Unterfangen darstellen, wie dies beispielsweise in Fragen der Bioethik besonders augenscheinlich wird.

Der demokratische Rechtsstaat westlicher Prägung steht den ethischen Herausforderungen gegenwärtig zunächst in einer offenen Neutralität gegenüber. Aus Sicht einer theologischen Ethik bedeutet diese Voraussetzung, dass sie sich im Gespräch und in Konkurrenz mit unterschiedlichen Weltanschauungen befindet, denn im Staat ist

> „die Religion beziehungsweise eine bestimmte Religion nicht mehr verbindliche Grundlage und Ferment der staatlichen Ordnung […]. Staat und Religion sind vielmehr grundsätzlich voneinander getrennt, der Staat als solcher hat und vertritt keine Religion.“[4]

Vor diesem Hintergrund muss auch die katholische Moraltheologie immer wieder ihre Überzeugungen und Erkenntnisse in den gesellschaftlichen Diskurs einbringen, ohne unbedingt die gleichen Wertfundamente der anderen Weltanschauungen zu teilen und ohne erwarten zu können, dass der jeweils andere Gesprächspartner die Letztbegründung der Argumente nachvollziehen kann.

Ist es aber vor diesem Hintergrund möglich, zu gleichen Ergebnissen in der moralischen Praxis zu gelangen, obwohl der Ursprung der Werte, den eine theologische Ethik aus der lebendigen und personalen Gottesbeziehung entwirft, von einem Gros der gesellschaftlichen Entscheidungsträger und Weltanschauungen nicht geteilt wird? Kann es also, um das Begriffspaar an dieser Stelle zum ersten Mal zu erwähnen, eine einheitliche Geltung von ethischen Normen geben, obwohl die Genese, die Entstehung und Letztbegründung, derselben Werte durchaus unterschiedlich ist?[5]Gerät die Bedeutung und die Akzeptanz einer Genese, die beispielsweise auf einer bestimmten Weltanschauung beruht, nicht völlig ins Abseits, wird diese doch als offensichtlich nichtempirische Behauptung, die in keiner Form verifiziert oder falsifiziert werden kann, gerade eben nicht überzeugend für eine Mehrheit nachvollziehbar? Man muss sich also die Frage stellen, welche gemeinsamen Fundamente in der Epoche der Postmoderne[6] für das Zusammenleben einer globalisierten Gesell-

---

4 BÖCKENFÖRDE, Ernst-Wolfgang: Der säkularisierte Staat. Sein Charakter, seine Rechtfertigung und seine Probleme im 21. Jahrhundert, herausgegeben von der Carl Friedrich von Siemens Stiftung (Bd. 86), München 2006, 12.

5 Vgl. JOAS, Hans: Genesis und Geltung zusammen denken. Hans Joas, interviewt von Malte Dreyer und Walter Zitterbarth, in: DZPhil 5 (62), 990.

6 Der Begriff der Postmoderne wird hier im Sinne von Jean-François Lyotard verwendet, der die Postmoderne als Ende des Zeitalters der großen Erzählungen definierte. Demgegenüber charakterisierte er die ihm vorliegende Gesellschaft als Prozess unterschiedlicher Diskurse, ohne jedoch in einem einheitlichen Metadiskurs zusammenzulaufen. Es ergibt sich so eine fragmentierte Gesellschaft, die lediglich einen pluralistischen Liberalismus anerkennen kann,

schaft noch Geltung beanspruchen können, und noch grundsätzlicher, auf welcher Genese diese aufbauen. Eben jene Frage steht im Mittelpunkt der moralphilosophischen Forschungen von John Rawls (1921–2002). In seinem Hauptwerk *„A Theory of Justice“*[7] entwirft er eine, wenn nicht *die* für das 20. Jahrhundert prägende Gerechtigkeitskonzeption, die im Bereich des politischen Diskurses angesiedelt ist, und die in der Folge seines Denkens zum Entwurf eines politischen Liberalismus wird, dessen Blick sich immer wieder auf die Frage nach der politischen Einheit eines Gemeinwesens richtet, das durch gesellschaftlichen Pluralismus und den Einfluss multikultureller Herausforderungen geprägt ist.[8] In seinem Aufsatz „Gerechtigkeit als Fairneß: politisch und nicht metaphysisch“ beschreibt Rawls gerade diese Kluft zwischen metaphysischer Weltanschauung und politisch verantwortlicher Entscheidung im demokratischen Verfassungsstaat der Gegenwart:

> „Der entscheidende Punkt ist, dass aus praktisch-politischen Gründen keine allgemeine moralische Lehre eine öffentlich anerkannte Grundlage für eine Gerechtigkeitskonzeption in einem modernen demokratischen Staat bereitstellen kann.“[9]

John Rawls will mit seinem Gerechtigkeitssystem dezidiert kein religiös motiviertes moralisches Fundament bemühen, das im Diskurs eben nicht alle gesellschaftlichen Gruppen abbilden würde. Ebenso wird deutlich, dass Rawls in seinem Hauptwerk zwar durchaus das Individualrecht jeder Person im Blick hat, sein Entwurf aber auf die übergeordnete politische Praxis einer Sozialordnung gerichtet ist.

In diesem Sinne formuliert er auch die Anforderungen einer politischen Gerechtigkeitskonzeption, die in seinen Augen in der Postmoderne praktikabel und vertretbar wäre:

> „Sie [die politische Gerechtigkeit, Anm.d.A.] muß der Verschiedenheit der Weltanschauungen und der Vielfalt miteinander konkurrierender und inkommensurabler Konzeptionen des Guten gerecht werden, wie sie von den Mitgliedern bestehender demokratischer Gesellschaften vertreten werden.“[10]

John Rawls erhebt mit seiner Gerechtigkeitskonzeption damit den Anspruch einer universalen Geltung, die unabhängig von unterschiedlichen Weltanschauungen und individualethischen Meinungen ist. Er entwirft auf diese Wei

---

vgl. LYOTARD, Jean-François: Das postmoderne Wissen. Ein Bericht, Wien 2009; in diesem Zusammenhang darf auf eine kontrastierende Darstellung zwischen Lyotard und John Rawls verwiesen werden, vgl. KEBEDE, Alemseghed: John Rawls and Jean-François Lyotard on Pluralism: Themes of Convergence and Divergence, in: Social Thought and Research 25 (2002), 111-142.

7 RAWLS, John: A Theory of Justice, Cambridge 1971.

8 Vgl. KERSTING, Wolfgang: John Rawls. Zur Einführung, Hamburg 2004, 11.

9 RAWLS, John: Gerechtigkeit als Fairneß – politisch und nicht metaphysisch, in: DERS.: Die Idee des politischen Liberalismus. Aufsätze 1978–1989, Frankfurt am Main 1992, 255-292, hier 257f.

10 Ebd.

se mithin die Idee einer Konsensgesellschaft, die sich auf einem gemeinsamen Fundament zusammenfinden kann, um ein friedliches und produktives Gemeinwesen zu bilden, deren letzte Sicherung der politische Rahmen darstellt, und die über einen reinen *modus vivendi* hinausgeht.

John Rawls ist dabei aber keineswegs der erste und einzige Denker, der sich dem Ziel verschrieben hat, eine Rahmenordnung zu entwerfen, die etwaige Unterschiede innerhalb einer Gesellschaft zwar nicht nivelliert, aber diese nicht zum bestimmenden Faktor der politischen Entscheidungsfindung werden lässt.

Als einen der ersten expliziten Vertreter einer neuen Geltung moralischer Normen in der Neuzeit würde ich, im Anschluss an Timothy Samuel Shah[11], Hugo Grotius (1583–1645) herausstellen. In der Epoche nach den großen Konfessions- und Kolonialkriegen des 16. und 17. Jahrhunderts[12] war er von der Idee überzeugt, eine allumfassende rechtliche Rahmenordnung zu entwickeln, die eine solide Friedenssicherung auf politischem Wege zum Ziel hatte.[13] Bei Grotius, der noch stark von einem tief religiösen Denken und einer strikten Individualmoral geprägt war, kann man den Übergang von einem theonomen zu einem säkularen Naturrecht besonders deutlich herausarbeiten. Sein Denken aber richtet sich nicht gegen den Gottesglauben, vielmehr ist er sich diesem stets innerlich bewusst. Gerade aber durch die unterschiedlichen konfessionellen Problemstellungen versuchte Hugo Grotius die Grundstruktur des Moralischen aus den konfessionellen Streitigkeiten herauszulösen, um eine gemeinsame Grundlage für den Frieden der Völker zu sichern. Selbstverständlich unterscheiden sich Rawls und Grotius in wesentlichen Punkten. Ihre Erkenntnisse fußen nicht zuletzt auf unterschiedlichen historischen Voraussetzungen und Begründungstheorien.

Trotzdem oder gerade daher ist die Gemeinsamkeit umso stärker zu betonen, die auf einer anderen und dennoch grundsätzlichen Ebene liegt: Sowohl Grotius als auch Rawls ist gemeinsam, dass in ihrem Werk die Geltungs-

---

[11] In seinem Artikel stellt Shah mögliche Verbindungslinien zwischen Hugo Grotius und John Rawls hinsichtlich der Entstehung des Liberalismus dar. Dabei geht er aber nicht auf das hier dargestellte Ziel ein, den Gottesgedanken in seiner Beziehung zum *forum externum* zu extrapolieren. Auch der für die vorliegende Arbeit herauszustellende Kernsatz Grotius' – das Diktum „…etiamsi daremus" – wird nicht in der hier abgezielten Weise angesprochen, vgl. SHAH, Timothy Samuel: Making the Christian World Safe for Liberalism, in: The Political Quarterly 71 (2000), 121-139.

[12] Hier kann einerseits auf die Auseinandersetzungen in den Niederlanden selbst verwiesen werden, andererseits – bezüglich der Kolonialkriege – auf das „Blutbad von Amboina" im Jahre 1623 durch Auseinandersetzungen zwischen England und den Niederlanden, vgl. KHAN, Daniel-Erasmus: Hugo Grotius, in: MEIER, Hans/ DENZER, Horst (Hrsg.): Klassiker des politischen Denkens. Von Plato bis Hobbes, München 2007, 193-207; zum gesamten Komplex der Konfessionskriege und der Konflikte in Kolonialgebieten europäischer Großmächte auch: SCHORN-SCHÜTTE, Luise: Konfessionskriege und europäische Expansion. Europa 1500–1648, München 2010.

[13] Vgl. KHAN, Daniel-Erasmus: Hugo Grotius, 195.

Voraussetzung *„etsi deus non daretur“* zugrunde gelegt wird. Werte müssten also auch dann gelten, wenn es Gott als unbeweisbare Instanz nicht gäbe.

Im Verlauf der vorliegenden Arbeit sollen daher zunächst Grotius' Denken und dieses Paradigma helfen, die Grundfrage nach der Genese moralischer Normen im Umbruch zur Neuzeit zu verstehen. Grotius hatte Gott und also das Absolute gedacht, um dann davon auf die nicht an Gott gebundene Praxis des Rechten in einem universalen Sinn überzugehen.

Diese historisch-systematische Analyse soll für die darauffolgenden Gedankengänge den Boden bereiten, um John Rawls' Anliegen hinsichtlich einer zunächst rein säkularen Moralphilosophie zu verstehen. Es wird herauszustellen sein, inwiefern Rawls sein Hauptwerk argumentativ vor allem hinsichtlich seines normativen Geltungscharakters aufbaut, und inwiefern die Religion als Hintergrundkultur darin eingebettet wird.

Im weiteren Zusammenhang soll dann aber Rawls' Frühwerk im Fokus stehen: In dem posthum im Jahr 2010 erschienenen Werk „Über Sünde, Glaube und Religion“[14] wurden zwei Texte von John Rawls veröffentlicht, die ein neues Licht sowohl auf die Wurzeln als auch die späteren Entwicklungen seines Denkens werfen. Vor allem seine Abschlussarbeit ist dabei beachtenswert: Das 1942 verfasste Werk mit dem Titel „Eine kurze Untersuchung über die Bedeutung von Sünde und Glaube“ vermittelt dem Leser tiefgehende Einblicke in das frühe Denken John Rawls', das vor allem aus Sicht der theologischen Ethik aufgegriffen werden soll. Die dezidiert spekulative Arbeit verdeutlicht durchgehend den Einfluss des Gottesglaubens und seiner geistigen Quellen, die im Folgenden erschlossen werden sollen. Neben Emil Brunner und Anders Nygren lohnt es sich in diesem Zusammenhang, besonders auf den großen amerikanischen Theologen Reinhold Niebuhr zu verweisen, der Rawls wohl in besonderem Maße geprägt haben könnte. Nicht zuletzt kann auf den augustinischen Einfluss verwiesen werden, der wohl durch die Nähe zur episkopalen Kirche Nordamerikas vermittelt wurde.[15] Rawls selbst überlegte sogar, in das episkopalische Priesterseminar einzutreten, entschloss sich aber nach den Erfahrungen des Zweiten Weltkrieges für eine philosophisch-wissenschaftliche Laufbahn.[16] Dies verdeutlicht John Rawls als Selbstzeugnis in dem ebenfalls in „Über Sünde, Glaube und Religion“ erschienen Text „Über meine Religion“ aus dem Jahr 1998, den er allerdings – ebenso wie seine Bachelorarbeit – nicht selbst veröffentlicht hatte. Diese beiden Texte bilden mithin die Klammer seiner inneren religiösen Entwicklung und seiner Haltung zur Religion, die in diesem Kontext immer als christlich gedacht werden muss. Es wird von daher zu erweisen sein, aus welchen Quellen Rawls am Beginn seines akademischen Lebens geschöpft hat, inwiefern der christliche Einfluss

---

[14] RAWLS, John: Über Sünde, Glaube und Religion. Hrsg. von Thomas Nagel, Berlin 2010.

[15] Vgl. RAWLS, John: Über meine Religion, in: DERS.: Über Sünde, Glaube und Religion, 303-312, hier 303f.

[16] Vgl. ebd.

noch in den späteren Hauptwerken nachhallt, in welcher Weise sich der Blickpunkt hin zu einem säkularen und mithin liberalen Moralverständnis verschoben hat, und welche Rolle dem Gottesgedanken in der Gesellschaft noch zukommen kann. Dieser Dreischritt wird anhand der dafür charakteristischen Schriften John Rawls' vollzogen. Von „Eine kurze Untersuchung über die Bedeutung von Sünde und Glaube" bis hin zu seinem „Politischen Liberalismus" soll die implizite Verbindungslinie nachgezeichnet und verdeutlicht werden.

Besonders wichtig ist dabei die Frage, ob und wie Rawls die gedankliche Wende ganz vollzogen und sich tatsächlich von den Prägungen der Vorkriegszeit vollständig gelöst hat, wie also die denkerische Genese und die spätere Geltung seiner liberalen Gesellschaftsidee in seinem persönlichen Werk in ein Verhältnis zu setzen sind. Zugleich liegt damit dieser Arbeit die Intention zugrunde, die Frage zu beantworten, ob ein individualethischer, zunächst dezidiert moraltheologischer Begriff wie *Sünde*, mit dem Rawls sich bereits in seiner frühesten Arbeit beschäftigt, sich später in sozialethischer und systematischer Weise als Inhalt in seinem Hauptwerk wiederfinden lässt. Die vorliegende Arbeit versucht damit, das Verständnis zwischen Individual- und Sozialethik und ihre gegenseitige Bezugnahme bei John Rawls auch in diesem Sinne zu verstärken und auf die Möglichkeit von Übersetzungen zwischen Genese und Geltung hinzuweisen. Dabei gehen Moral- und Sozialethik nicht einfach ineinander über, sind sie doch jeweils mit eigenen Denkkategorien und einem eigenen sprachlichen Instrumentarium ausgestattet. Während die Arbeit die denkerische Evolution bei John Rawls hinsichtlich der Begriffe von „Sünde" und „Gemeinschaft" erschließt, macht sie zugleich die Grenzen der Moraltheologie als theologisches Fach deutlich und will eine Vermischung beider theologischen Ethikbereiche vermeiden.

Schließlich soll der Blick in einem letzten Schritt auf die heutige Moraltheologie und ein mögliches Verständnis von Genese und Geltung moralischer Werte gelenkt werden. Inwiefern muss und kann die Moraltheologie der Gegenwart an Prozessen der universalen Werteentwicklung teilnehmen, ohne ihre dezidiert theologische Genese aufzugeben? Sind bestimmte Wertorientierungen ohne ein genuin christliches Fundament vorstellbar? Muss nicht jedenfalls die Chiffre G-O-T-T, zumindest im Sinne eines Unverfügbarkeitsgebotes, insgeheim mitgedacht werden, um universale Rechte begründen zu können? Muss nicht das Absolute wenigstens einmal gedacht worden sein, um die Genese der Wertfundamente einer Gesellschaft auch in ihrer Geltung zu gewährleisten? Dies wäre die grundlegende Arbeitshypothese, welche die verschiedenen Gedankenstränge der vorliegenden Arbeit bündelt und diese zu ihrem letzten Wesenskern führen will: Ohne Gott ist eine Genese absolut geltender Werte nicht möglich. Doch kann es auch eine von Gott unabhängige Geltung dieser Werte geben und kann diese durchgehalten werden? Der zunächst historisch-systematischen Annäherung durch das Denken Hugo Grotius' wird daher der Vergleich zwischen dem Früh- und Spätwerk John Rawls' hinzugefügt, um sich einer möglichen Antwort der aufgeworfenen Fragen anzunähern.

0.2 Methodologische Überlegungen

0.2.1 „Genese und Geltung“ als operatives Begriffspaar

Das Begriffspaar „Genese und Geltung“ stammt nicht zuallererst aus einem theologischen Kontext. Deswegen ist es meiner Einschätzung nach zielführend, seine Herkunft kurz in den Blick zu nehmen, um es dann als operativen Bezugsrahmen dieser Arbeit zu definieren.

Die Festschrift für den deutschen Philosophen Gottfried Gabriel aus dem Jahr 2008 trägt den Titel „Genese und Geltung“.[17] Im Vorwort der Autoren wird sein Bemühen hervorgehoben, die komplementäre Sicht der Dinge zu betonen und damit die Trennung von zwei nur scheinbar entgegengesetzten Bereichen zu vermeiden. Diese Feststellung wird mit einigen Beispielen untermauert, wobei besonders die beiden „ungleichen Schwestern ‚Logik‘ und ‚Ästhetik‘“ herausgehoben werden.[18] Es „ist die systematische Ausrichtung Gottfried Gabriels auf Fragen der Geltung philosophischer Argumente einerseits und sein ausgeprägtes Interesse an der Genese philosophischer Fragen andererseits“[19], die den Philosophen, der sich auch intensiv mit der Erkenntnistheorie auseinandergesetzt hat und ihrer Dekonstruktion kritisch gegenüberstand, auszeichnen. Gerade in der Erkenntnistheorie aber ist der Ursprung des Begriffspaares zu finden. Gottfried Gabriel macht dies im Zusammenhang des Konflikts zwischen John Locke und Gottfried Wilhelm Leibniz deutlich: Gegen Locke, für den das Denken immer bewusstes Denken ist, wendet Leibniz die Idee des Unbewussten innerhalb des Intellekts – noch nicht des Unterbewussten, das erst vor allem durch Schopenhauer betont wird – ein. Da es für Leibniz keine plötzliche Veränderung des Zustandes der Seele geben kann – er führt hier das Beispiel des Schlafes an –, muss die Seele immer in einer gewissen Form denkend tätig sein, wenn auch eben unbewusst. Auf diese Weise wird ein Argument gegen Lockes These vorgebracht, der gegen angeborene Ideen argumentiert. Durch das Unbewusste erscheint es nun durchaus denkbar, dass im Menschen die Fähigkeit zur Erkenntnis bereits angelegt ist, die durch äußere Einflüsse lediglich aktiviert wird. Damit entwickelt er die Idee, dass die Genese der Ideenbildung nicht gleichzeitig auch die Grundlage der Geltung sein muss. Leibniz betont hier vor allem mathematische Wahrheiten, die zwar durch äußere Erfahrung initialisiert werden, ihren eigentlichen Ursprung jedoch in der Ordnung des menschlichen Geistes haben.[20] Darin sieht Gabriel

---

17 Vgl. SCHILDKNECHT, Christiane/ TEICHERT, Dieter/ VAN ZANTWIJK, Temilo (Hrsg.): Genese und Geltung. Für Gottfried Gabriel, Paderborn 2008.

18 Ebd., 1.

19 Ebd., 2.

20 Vgl. GABRIEL, Gottfried: Grundprobleme der Erkenntnistheorie. Von Descartes zu Wittgenstein, Stuttgart 2008, 46f.

die Vorwegnahme der These Kants zur Erkenntnistheorie, die er in der „Kritik der reinen Vernunft“ anführt: „Wenn aber gleich alle unsere Erkenntnis *mit* der Erfahrung anhebt, so entspringt sie darum doch nicht eben alle *aus* der Erfahrung.“[21]

Für Gabriel sind die beiden Begriffe Genese und Geltung in der heutigen Philosophie voneinander nicht zu trennen:

> „Zwar ist eine messerscharfe Trennung der Geltung von der Genese im Sinne einer Gegenüberstellung von Gründen des Wahrseins und Gründen des Für-wahr-Haltens als terminologische Unterscheidung grundlegend. Die Stellung dieser Unterscheidung hat sich allerdings im Kontext der Entwicklung der jüngeren Philosophie in geradezu dramatischer Weise verändert. Im Rahmen metaphysischer Systeme lassen sich Geltungsfragen in der Tat losgelöst von Aspekten der Genese behandeln. Eine nach-metaphysische und durch die Hinwendung zur Sprache als welterschließende Medium geprägte Philosophie hat auf solche Optionen jedoch verzichtet. Gründe sind ihr immer nur als sprachlich artikulierte oder artikulierbare Gründe verfügbar, und das Wahrsein ist vom Für-wahr-Halten eben nicht mehr in Platonischer Weise geschieden. [...] Die Unterscheidung von Genese und Geltung ist aber keinesfalls obsolet geworden. Das Systematische und das Historische lassen sich allerdings nicht mehr in einer simplen Oppositionsbildung fixieren. Die Gründe des Wahrseins sind selbst als sprachlich argumentiert zu denken, insofern als vermittelt und tendenziell geschichtlich oder kontextuell bedingt. Das Verhältnis von Geltung und Genese ist damit als ein dialektisches bestimmt. Geltung ohne Genese ist blind und Genese ohne Geltung ist leer.“[22]

Genese und Geltung, wie sie hier verstanden werden, nämlich als das Für-wahr-Halten und das Wahrsein, werden nicht als oppositionelle Begriffe gedacht. Diese Aussage über das dialektische Gefüge der beiden Begriffe bezieht sich auf die moderne Philosophie. Trotzdem erscheint auch dort eine Trennung nicht als vernachlässigbar. Zudem wird die Genese als Status bezeichnet, der seinen kontextuellen Wahrheitsgehalt sprachlich immer wieder neu bestimmen muss. Aus theologischer Sicht bleibt aber besonders die Aussage bedenkenswert, dass innerhalb metaphysischer Systeme die Fragen des Wahrseins abgekoppelt vom Nachdenken über die Genese, also des Für-wahr-Haltens, behandelt werden können. Was ist damit gemeint? Innerhalb metaphysischer Systeme ist die Geltung als spekulative Geltung zu betrachten und hat daher keinen anderen Anspruch als die Genese. So wäre innerhalb eines solchen Systems die Entstehung absoluter Normen durch die Offenbarung Gottes auch in der Geltung persistent. Doch trifft dieser Gedankengang auch für den Kontext der vorliegenden Arbeit zu? Wenn oben bereits angedeutet wurde, dass erwiesen werden soll, dass die Genese absoluter moralischer Normen nur vor dem Hintergrund einer Gottesidee gelingen kann, diese aber für den Bereich der Geltung nicht unbedingt notwendig ist, legt dies bereits

---

21 KANT, Immanuel: Kritik der reinen Vernunft, AA III 28.

22 Vgl. GABRIEL, Gottfried: Grundprobleme der Erkenntnistheorie, 46f.

nahe, dass auch im Rahmen des metaphysischen Denkens der Bereich der praktischen Geltung außerhalb des Systems zumindest mitgedacht wird. In diesem Sinne wäre ein rein metaphysisches System zwar weiterhin denkbar, aber doch in seiner Geltung lediglich selbstreferentiell, würde es nicht auch seine universelle Umsetzbarkeit in der Gegenwart anstreben. Will die Moraltheologie aber als genuin metaphysisches Fach weiterhin den gesellschaftlichen Diskurs eines säkularen Staates mitgestalten, muss sie in der Lage sein, Genese und Geltung zumindest potentiell zu trennen. Von daher kann auch sie sich, nimmt sie am öffentlichen Diskurs teil, nicht von der grundlegenden Forderung zur Diskursfähigkeit lösen, da alles Wahrsein, also alle Geltung innerhalb des öffentlichen Raums, lediglich kontextuelle und geschichtliche Geltung beanspruchen darf. So verstanden beschreibt das Begriffspaar hinsichtlich seiner Funktion in der Moraltheologie eine pragmatische Ebene, auf der theologische Argumente, vermittelt durch eine allen verständliche Sprachregelung, auch von allen Diskursteilnehmern verstanden und nachvollzogen werden können. Anders gewendet: Auch dort, wo sich die Genese von absoluten moralischen Werten essentiell unterscheidet, kann es eine gemeinsame Geltung eben jener, für die Moraltheologie von der Vernunft *und* der Offenbarung ausgehenden Werte geben. Damit wird die Genese keineswegs obsolet. Sie bildet nach wie vor die ontologisch gültige, auf die Gottesidee bezugnehmende Grundlage des Für-wahr-Haltens, auf die ein Geltungsverhältnis innerhalb einer Gesellschaft aufbauen kann: einer Gesellschaft, die – ob ihres säkularen und neutralen Wesens – den Gottesbegriff in der Geltung nicht als einen konfessionellen oder persönlichen fassen kann – wenn sie ihn überhaupt fassen muss. Die Theologie und damit in besonderem Maße die Moraltheologie, als Bereich der inneren und äußeren Praxis des Gottesglaubens, steht bleibend in der Spannung einer theologischen Genese, die eine säkulare Geltung und damit einen für alle Menschen, ungeachtet ihrer persönlichen Weltanschauung, anzunehmenden Wertekatalog mitgestalten will.

Auch die Genese der Werte anderer Weltanschauungen, auch jeder säkularen Philosophie, die universale Geltung anstreben, steht vor dieser Herausforderung. Das Spezifikum hinsichtlich der theologischen Genese ist allerdings unter zwei Blickwinkeln besonders hervorzuheben. Zum einen steht die Genese auf einer nicht-empirischen und daher empirisch nicht beweisbaren Grundlage. Diese Grundlage ist die Idee des Absoluten, die zunächst auch als philosophischer Begriff aufgefasst werden kann. Der Blick der Moraltheologie aber geht noch darüber hinaus: Hier ist der Mensch gewordene, persönliche Gott in Jesus Christus als Grundlage der Genese des absoluten Guten zu denken. Diese Voraussetzung macht eine deckungsgleiche Geltung dieser Genese in einer säkularen und pluralistischen Umwelt nahezu unmöglich. Deswegen kann Franz Böckle in seiner Fundamentalmoral in aller Deutlichkeit fragen:

> „Mit dem Anspruch auf Autonomie hat der neuzeitliche Mensch sich selbst zum Subjekt der Geschichte gemacht. Er weiß sich nicht mehr eingebettet in eine ruhende Ordnung der Welt. Er fühlt sich allein verantwortlich und ist bereit, sein geschichtliches und gesellschaftliches Schicksal selbst in die Hand zu nehmen. Wo bleibt in dieser ‚kopernikanischen Wende' noch Platz für Gott?"[23]

In jedem Fall – und dies beantwortet zumindest für diesen Zusammenhang die Frage Böckles anfanghaft – könnte es gerade dieses Denken sein, ohne das überhaupt keine absoluten Werte gedacht werden können. Damit könnte die Genese jener absoluten Werte, die auch die säkulare Gesellschaft anerkennt, zwar in der Geltung weitergetragen werden, deren Entstehen wäre aber abhängig von einer Genese in der Idee des Absoluten und damit – christlich gesprochen – in der Idee Gottes. Als permanenter Verständnisschlüssel und als Ausweis einer je nach Kontext neu zu fassenden Verhältnisbestimmung wird das Begriffspaar Genese und Geltung dieser Arbeit zugrundegelegt sein und in einem ersten Schritt in diachroner, geschichtlicher Weise an das Werk und die Zeit Hugo Grotius' angelegt werden. In einem zweiten Schritt soll das Begriffspaar die Entwicklung im Denken John Rawls' für den modernen, säkularen Rechtsstaat aufklären, um dann schließlich den Mehrwert für eine gegenwärtige Moraltheologie herauszustellen. Das Begriffspaar markiert damit die bleibende Spannung, der die Theologie im Kontext der Moderne ausgesetzt ist, und betont die bleibende Wichtigkeit der Gottesidee für die Genese von absoluten Werten auch in modernen, säkularen Gesellschaften. Auf diese Weise wird die Moraltheologie an ihrem Ziel zu messen sein:

> „Theologie hat es denkend – und zuletzt immer betend! – mit der Frage zu tun: Gibt es Gott? Ethisch interessierte und engagierte Theologie führt die Frage weiter: Wenn es ihn gibt, was würde und müßte sich ändern? Moraltheologie schließlich spitzt die Frage nochmals zu: Wenn es ihn endgültig gibt in der Menschwerdung Jesu Christi – was folgt daraus für den Menschen?"[24]

Die positive Beantwortung der Gottesfrage aber kann keine Privatangelegenheit sein, sondern wird auch das öffentliche Leben und Wirken einer Gesellschaft beeinflussen, um nicht im fachlichen Selbstgespräch unterzugehen. Doch die Herausforderung, die diese Aufgabe für die postmoderne Gegenwart bedeutet, hat schon Joseph Ratzinger 1973 formuliert:

> „Die Situation des Menschen vor der Gottesfrage ist heute eben das Fragen, die Fraglichkeit, soweit Gott nicht bereits zu den überholten Fragen gerechnet wird, über das menschliche Bewußtsein schon hinweggegangen ist. Wenn unsere Rede von Gott verstehbar sein will, wenn sie dem Menschen zur Antwort werden soll, von der er sich betroffen weiß, kann sie an dieser Situation nicht vorbeigehen."[25]

---

[23] BÖCKLE, Franz: Fundamentalmoral, München 1977, 70.

[24] SCHALLENBERG, Peter: Moraltheologie. Christliche Gesellschaftslehre, Paderborn 2011, 101.

[25] RATZINGER, Joseph: Dogma und Verkündigung, München 1973, 87.

Joseph Ratzinger formulierte also schon früh die immer drängender werdende Aufgabe, die Rede von Gott in einer Situation der kulturellen Entfremdung der Gesellschaft vom traditionellen christlichen Hintergrund neu zu durchdenken und anschlussfähig zu machen. Diese Aufgabe der Theologie, besonders der Moraltheologie, gleicht einem Übersetzungsprozess, der aus der im Glauben angenommenen Offenbarung des dreifaltigen Gottes eine bleibende Botschaft für die Welt machen will. Joseph Ratzinger richtet mit seiner Analyse den Blick auf den Kontext der Theologie, die aus sich heraus die Leistung der Übersetzung vollbringen muss. Doch auch von außen kann eine bestimmte Erwartung an die christliche Theologie gerichtet werden: Jürgen Habermas etwa beleuchtet das Potential der Glaubensinhalte von der außenstehenden Warte des Philosophen, wenn er betont, „dass in der religiösen Rede unaufgebbare Bedeutungspotentiale aufbewahrt sind, die von der Philosophie noch nicht ausgeschöpft, noch nicht in die Sprache öffentlicher, d.h. präsumptiv allgemein überzeugender Gründe übersetzt worden sind.“[26] Jürgen Habermas verortet im Glauben also Inhalte, die durch das philosophische Denken aufgenommen und übersetzt werden müssen. Dabei mag es überraschen, dass gerade Jürgen Habermas auf die Bedeutung der Religion für die Gesellschaft der Gegenwart pocht. Spätestens seine Auseinandersetzung mit Joseph Ratzinger um die Dialektik der Säkularisierung[27] hatte aber seinen offeneren Zugang zur Rolle der Religion in der Gesellschaft verdeutlicht. Dennoch kann etwa Magnus Striet mit Blick auf die Übersetzungsforderung Habermas’ zu Recht festhalten, dass diese unter der Voraussetzung des *etsi deus non daretur* abgeleistet werden muss und sich der Philosoph damit weiterhin in den Kategorien der Postsäkularisierung verortet.[28]

Indem der Begriff der Übersetzung aber in diese Arbeit aufgenommen wird, erhält das Begriffspaar von Genese und Geltung eine funktionale, prozedurale

---

[26] HABERMAS, Jürgen/ MENDIETA, Eduardo: Ein Gespräch über Gott und die Welt, in: HABERMAS, Jürgen: Zeit der Übergänge. Kleine Politische Schriften IX, Frankfurt am Main 2001, 190; vgl. auch schon HABERMAS, Jürgen: Exkurs. Transzendenz von innen, Transzendenz im Diesseits, in: DERS.: Texte und Kontexte, Frankfurt am Main 1992, 131: „Heute konkurrieren die kirchlichen mit anderen Interpretationsgemeinschaften, die in säkularen Traditionen wurzeln. Auch von außen gesehen, könnte es sich dabei herausstellen, daß die monotheistischen Traditionen über eine Sprache mit einem noch unabgegoltenen semantischen Potential verfügen, das sich in weltaufschließender und identitätsbildender Kraft, in Erneuerungsfähigkeit, Differenzierung und Reichweite als überlegen erweist.“

[27] Vgl. HABERMAS, Jürgen/ RATZINGER, Joseph: Dialektik der Säkularisierung. Über Vernunft und Religion, Freiburg im Breisgau 2005.

[28] Vgl. STRIET, Magnus: Grenzen der Übersetzbarkeit, in: LANGENTHALER, Rudolf/ NAGL-DOCEKAL, Herta (Hrsg.): Glauben und Wissen. Ein Symposium mit Jürgen Habermas, Wien 2007, 259-282, hier 271: „Nichtsdestotrotz denkt Habermas aber konsequent in der Kategorie der Postsäkularisierung, also der Weise einer historischen notwendig gewordenen Übersetzung des semantischen Potenzials religiöser Sprache in säkulare Sprache. Gegenwärtige auf demokratischen Rechtsprinzipien basierende Gesellschaften vollziehen sich für ihn unter den Vorzeichen abgeschlossener Säkularisierung, so dass die gesellschaftlich-kulturellen Selbstverständigungsprozesse nach dem Prinzip etsi deus non daretur ablaufen müssen.“

Dimension, die sich zu einer weiterführenden Fragestellung transformiert: Die Vermittlung zwischen Genese und Geltung könnte eben jenem Übersetzungsprozess entsprechen, der implizit von Joseph Ratzinger, explizit aber von Jürgen Habermas zur Sprache gebracht wurde.

0.2.2 Genese und Geltung und das moraltheologische Lehrstück der Mitwirkung

In diesem Abschnitt soll sich zunächst der Beantwortung der Frage angenähert werden, inwieweit eine nach öffentlicher und mithin allgemeiner Geltung strebende Konzeption von Moraltheologie überhaupt angebracht ist. Kann ein spezifisch theologisch-praxisorientiertes Fach überhaupt diesen Anspruch aufrechterhalten, ist er durch die innere Konstitution des Faches vielleicht sogar im eigentlichen Sinne unumgänglich? Und auf welche Weise kann Moraltheologie ihren Binnenbereich überschreiten und läuft sie nicht Gefahr, *forum internum* und *forum externum*[29] zu verwechseln? Diese Fragen zielen offensichtlich auf ein Selbstverständnis von Moraltheologie vor dem Hintergrund des Pluralismus säkularer Verfassungsstaaten ab. Dabei darf das Faktum des Pluralismus nicht als Umstand gedeutet werden, der in eine Verteidigungshaltung drängt, im Gegenteil:

> „Statt der pluralistischen Herausforderung weiterhin dadurch auszuweichen, dass man sehnsuchtsvoll die Scheinwelt einer konfliktfreien Gemeinschaftlichkeit oder ‚*communio*' beschwört, sollte die systematische Theologie im Allgemeinen und die Moraltheologie im Besonderen einen Beitrag dazu leisten, die sowohl intellektuell wie strukturell hochgradig defizitäre Streit- und Konfliktkultur innerhalb und außerhalb der Kirche schrittweise weiterzuentwickeln."[30]

Diese Weiterentwicklung verläuft zwischen den Polen einer theologischen Genese, die der Glaubenswirklichkeit des dreifaltigen Gottes und einer pluralkonformen Vermittlungsebene der öffentlichen Geltung verpflichtet ist, die es erforderlich machen, immer wieder neu überbrückt zu werden. Gerade vor dem Hintergrund einer sich durch verschiedene Umstände entwickelnden Pluralität der Gesellschaft ist daher eine Profilierung des moraltheologischen Selbstverständnisses vonnöten. Moraltheologie als Sozialwissenschaft mit schlechteren Mitteln stünde demgegenüber vor der definitiven Nichterfüllung

---

[29] Vgl. zur Begriffsgeschichte PUCHER, Ernst: „Forum externum et internum", in: Lexikon für Kirchen- und Staatskirchenrecht, Bd. 1, hrsg. v. CAMPENHAUSEN, Axel Frhr. v./ RIEDEL-SPANGENBERGER, Ilona/ SEBOTT, P. Reinhold, Paderborn 2000, 708-710; zur dahinter liegenden Ideengeschichte seit Augustinus und der Zwei-Reiche-Lehre bei Luther vgl. DUCHROW, Ulrich: Christenheit und Weltverantwortung. Traditionsgeschichte und systematische Struktur der Zweireichelehre, Stuttgart 1970.

[30] BORMANN, Franz-Josef: Nicht in der Defensive bleiben. Überlegungen zur Zukunftsfähigkeit katholischer Moraltheologie, in: HerdKorr 56 (2002), 512-516, hier 514.

ihres eigentlichen Verkündungsauftrags. Es ist, wie Klaus Demmer ausdrückt, die Notwendigkeit des Mutes zum Unterschied: „Der Moraltheologe kann nicht, wie der philosophische Ethiker, methodisch von Gott absehen, er setzt den Gedanken an Gott voraus, oder er kompromittiert seinen Auftrag. Das kennzeichnet seinen Vernunftbegriff."[31] Zuletzt beschreibt Klaus Demmer damit einen theologischen Vernunftbegriff, der von Gott her erst seine ganze Tiefe gewinnt und daher einen „denkerischen Überschuss aus dem Glauben"[32] gewährleistet. Nun kommt alles darauf an, diesen Überschuss im öffentlichen Diskurs, also über die Binnenerkenntnis hinaus fruchtbar und geltend zu machen, auch für jene Menschen, die der Genese fremd oder sogar ablehnend gegenüberstehen. Für Klaus Demmer ist es in diesem Zusammenhang gerade der Moraltheologe, der sich der Aufgabe stellen muss, aus der genuinen Binnenperspektive, aus der heraus er Theologie betreibt, herauszutreten: „Irgendwann einmal erreicht er den Punkt, an dem sein Denken Zeugnischarakter annimmt, es gibt keinen Weg zurück. Argumentieren heißt dann, gewonnene Einsichten aufschließen, sie auf ihre Gründe hin durchsichtig machen."[33] Jener denkerische Überschuss und die darauf fußende aufschließende Argumentation könnten jedoch leicht in den Verdacht der Überheblichkeit geraten. Dies vermeidend, betont Klaus Demmer gerade die rechte Situierung dieses Denkens:

> „Die bessere Vernunft des Glaubenden tritt nicht triumphierend auf, sie erschlägt den anderen nicht mit Argumenten [...]. Vielmehr ist sie einladend, weil der wahrhaft Glaubende Gottes unendliche Allmacht mit dem Kreuzesgeschehen zusammendenkt. Anspruchsvoller und realistischer zugleich kann menschliches Denken nicht mehr sein."[34]

Damit wird eben jene Rückbindung des Glaubens an das Kreuz bezeichnet, die das menschliche Drama in unüberbietbarer Weise in seinem ganzen möglichen Spektrum verkörpert. Hier ist ein erster Hinweis gegeben, wie aus diesem Bewusstsein methodisch-argumentativ vorgegangen werden muss. Denn

---

[31] DEMMER, Klaus: Gottes Anspruch denken. Die Gottesfrage in der Moraltheologie, Freiburg/Schweiz 1993, 155.

[32] Ebd., 157; es ist zugleich jene Vernunft, von der Papst Benedikt XVI. in seiner *nicht* gehaltenen Rede vor Studenten der Sapienza in Rom, die für den 17. Januar 2008 geplant war, die die weltliche Vernunft reinigt, wobei er zugleich die Einordnung des christlichen Glaubens von Rawls als „comprehensive doctrine" kritisiert, vgl. BENEDIKT XVI.: Redemanuskript für den Vortrag an der Universität La Sapienza, abrufbar unter: http://de.radiovaticana.va/storico/2008/01/16/papst-an-sapienza:-geplante-rede-im-wortlaut/ted-180501 [letzter Zugriff, 20.10.2013]: „Gewiss, vieles von dem, was Theologie und Glaube sagen, kann nur im Inneren des Glaubens angeeignet werden und darf daher nicht als Anspruch an diejenigen auftreten, denen dieser Glaube unzugänglich bleibt. Aber zugleich gilt, dass die Botschaft des christlichen Glaubens nie nur eine *„comprehensive religious doctrine"* im Sinn von Rawls ist, sondern eine reinigende Kraft für die Vernunft selbst, die ihr hilft, mehr sie selbst zu sein." [letzter Zugriff: 20.10.2013]

[33] DEMMER, Klaus: Gottes Anspruch denken, 156; ebd., Anm. 5.

[34] Ebd., 158f.

vor diesem Hintergrund verbietet sich nicht nur jeder überhebliche Triumphalismus, der angesichts des Pluralismus problematisch wäre; zugleich wird die innere Ernsthaftigkeit dessen betont, was das spezifisch Christliche in den Diskurs einbringen kann. Diese Dialektik des Kreuzes will jedem Diskurspartner gerecht werden. Daher hält Klaus Demmer auch die moraltheologische Unterscheidung von Genese und Geltung sittlicher Ansprüche für berechtigt, ja vertieft diesen Gedanken sogar noch. Genese und Geltung seien hinsichtlich ihrer Bindung an Gott nicht nur als Unterscheidung zu denken, sondern vielmehr auch als Verbundenheit. Genese und Geltung gingen ineinander über[35]: „Wenn es eine Geschichte des Erkennens in Gott hinein gibt, dann liegt in ihr der Grund von Geltung. Letztbegründungen im Kontext der Moraltheologie stoßen in diese Tiefendimension vor.“[36]

Gerade in der Auseinandersetzung mit der Lebenswirklichkeit, die immer auch philosophisch vermittelt ist, findet der Moraltheologe zur Erfüllung seiner Aufgabe Hilfe und Inspiration im Diskurs mit unterschiedlichsten philosophischen Strömungen der Gegenwart: „Gewiß wollen Geltungen angesichts des zeitlichen Wandelns verteidigt werden, allein dies kann nur gelingen, sofern man den Mut aufbringt, sich auf die langsame, aber konstruktive Genese einzulassen [...].“[37]

Klaus Demmer, der an dieser Stelle den Doppelbegriff von Genese und Geltung aufgreift, gibt damit eine Zielbestimmung theologischer Ethik vor. Eben jenes Einlassen meint gerade keine Preisgabe des eigenen Profils, sondern vielmehr die Suche nach einer steten Selbst- und Weiterentwicklung desselben, ohne das theologische Fundament zu verlassen. So ist zu fragen, durch welches Denken und durch welche neuen Entwicklungen die Herausforderung der christlichen Botschaft nachhaltig unterstützt werden kann. Klaus Demmer verweist hier auf die Dialektik von diskursiver Offenheit und moraltheologischer Gebundenheit an den Gottesgedanken. Nicht zuletzt ist er es, der jede Kommunikabilität des Glaubens in einen toleranten Erwartungshorizont einbettet, die über jene Toleranz hinausweist, die John Rawls in anderer Weise in seinem politischen Liberalismus suchte:

> „...sie erweist sich vielmehr als die Kunst des geduldigen, weil hoffenden bewältigten Warten-könnens. In ihr verbirgt sich eine moralische Spitzenleistung, die in Vollendung nur dem gelingt, der sein Verständnis von absoluter Geltung mit einem ungebrochenen Vertrauen in den guten Ausgang seiner Geschichte verbinden kann.“[38]

In dieser Aussage bündelt sich in ganz anderer Weise noch einmal das Zueinander von Genese und Geltung in moraltheologischer Sicht. Die im Angesicht des Glaubens gewonnenen Einsichten, so absolut sie sein mögen, werden

---

[35] Vgl. ebd., 160.
[36] Ebd., 160, Anm. 15.
[37] Ebd., 162.
[38] Ebd., 167.

doch eingebettet in die Hoffnung auf die schließliche Erlösung, die nur Gott selbst wirken kann. Diese Toleranz, die befreit, aber in keiner Weise die aufrüttelnde Botschaft des Christentums nivelliert, gibt Mut und Geduld und macht noch einmal deutlich, dass man allgemeine Geltung eigener Glaubenssätze nicht erzwingen kann, sofern sie der Offenbarung entspringen. Das Erkannte wird vor dem Hintergrund des *Eschatons* vertreten und somit eingebettet in die eigentliche Hoffnung auf Vollendung. Damit ist eine zweite inhaltliche wie praktische Orientierung von Klaus Demmer deutlich vorgezeichnet.

Der Prozess, den Klaus Demmer damit anstößt, ist nicht auf den Binnenbereich der Moraltheologie beschränkt, sondern will auch im öffentlichen Kontext deliberativer Entscheidungsfindungen den Bereich der Geltung beeinflussen. Dies muss im Kontext einer demokratischen Mitwirkung als Mitverantwortung geleistet werden. Was aber ist genau darunter zu verstehen? Klaus Demmer gründet seine Idee der Mitwirkung auf der grundsätzlichen Vorstellung, dass Demokratie als Lebensform von Mitverantwortung lebt. Diese wiederum „entstammt einem denkerischen Überschuss, der sich mit soziologischen und juristischen Kategorien nicht hinreichend einfangen lässt.“[39] Dieser Überschuss stößt vielmehr in die Freiräume, die das Recht immer wieder bietet und die es innerhalb einer deliberativen Demokratie immer wieder neu entstehen lässt: „Angesichts dessen heißt demokratische Mitverantwortung, bestehende Gesetzeslücken so zu schließen, dass dem Anspruch der jeweiligen Situation vollauf Genüge geschieht.“[40] Mitverantwortung aber impliziert Mitwirkung, auf die ein funktionierender demokratischer Rechtsstaat angewiesen ist. Auch die Kirche und der einzelne Gläubige sind dabei keine Ausnahmen. Vielmehr ist es gerade unter der Voraussetzung demokratischer Überzeugungsarbeit geboten, mitwirkend tätig zu werden. Demmer betont dabei die Pluralität des demokratischen Verfassungsstaates als positive Herausforderung[41], macht aber zugleich auch auf Komplikationen des Begriffes aufmerksam: Die Mitwirkung ist nicht immer problemlos. Der Begriff der Mitwirkung wurde lange Zeit nur im Zusammenhang zur „Mitwirkung zur Sünde“ gebraucht. Auch wenn der Begriff hier eine weit positivere Konnotation erhält, ist doch klar, dass Mitwirkung an demokratischen Prozessen immer auch Mitwirkung an Kompromissen meint, weil maximale Positionen mitunter als nicht durchsetzungsfähig erachtet werden müssen. Gerade die Kirche steht damit immer wieder auch vor der Frage der kompromisshaften Mitwirkung, oder dem endgültigen, aber doch ehrlichen Ausstieg aus einer politischen Debatte, die keine klare und vor allem annehmbare Lösung verspricht.[42] Die

---

[39] DEMMER, Klaus: Angewandte Theologie des Ethischen, Freiburg/Schweiz 2003, 261.

[40] Ebd., 262.

[41] Vgl. DEMMER, Klaus: Bedrängte Freiheit. Die Lehre von der Mitwirkung – neu bedacht, Freiburg/ Schweiz 2010, 33: „Pluralismus ist eine unvermeidliche und segensreiche Begleiterscheinung persönlicher Einmaligkeit.“

[42] Vgl. DEMMER, Klaus: Angewandte Theologie des Ethischen, 266.

klassische Lehre der Mitwirkung unterscheidet dabei zwischen verschiedenen Dimensionen:
So werden neben der formellen und materiellen[43] die notwendige und kontingente[44] Mitwirkung unterschieden. Verantwortungsbereiche müssen daher vor dem Hintergrund des christlichen Auftrags immer wieder neu hinterfragt und schließlich in der politischen Umsetzung abgewogen werden. Obwohl dabei immer auch die systemischen Notwendigkeiten und Pfadabhängigkeiten eine Rolle spielen, kann die mitwirkende Umsetzung von Entscheidungen nie durch strukturelle Gründe ganz gerechtfertigt werden: „Eine Schuld kann niemals unvermeidbar sein, das stünde im Widerspruch zu ihrem Wesen."[45]

Festhalten darf man bisher aber, dass Moraltheologie nicht entlastet ist von ihrem über den binnenkirchlichen Bereich hinaus verfassten Auftrag, der in der Lehre der Mitwirkung mitschwingt. Gerade weil die demokratische Verfassung der Mitsprache und der Gestaltung bedarf, wäre es fatal, sich dieser Möglichkeit zu entziehen. Der Doppelbegriff von Genese und Geltung in seinem Verständnis der Übersetzungsfähigkeit genuin christlicher Überzeugungen kann gerade hier hilfreich sein. Verschiedene Überzeugungen im Bereich von Genese können doch im Geltungsbereich übereinkommen, wie auch Demmer deutlich macht:

> „Unterschiedliche Begründungen müssen […] nicht zwangsläufig zu unterschiedlichen Lösungen führen, davon lebt die Relevanz der Gesetzgebung in einem plural verfassten Gemeinwesen. Der Moraltheologe ist hier in die öffentliche Denkverantwortung mit hinein genommen. Was er zum Inklusionsverständnis von Naturrecht und positivem Recht beizutragen hat, muss sich vor dem kritischen Forum einer programmatisch skeptischen Öffentlichkeit verständlich machen lassen."[46]

Dort aber, wo die Verständnisebene der Geltung keine Chance für den Inhalt der Genese lässt, wo also wesentliche Grundüberzeugungen auch in Form der Vermittlung der Öffentlichkeit nicht plausibel gemacht werden können, ist die Grenze der Mitwirkung erreicht oder doch zumindest absehbar.

Klaus Demmer selbst spricht darüber hinaus die Aufgabe des Moraltheologen für den öffentlichen, deliberativen Prozess als Prozess der Übersetzung an, wenn er hinzufügt:

> „Dem Theologen bleibt es verwehrt, auf dem Direktweg Offenbarungswahrheiten und mithin Glaubensüberzeugungen in den öffentlichen Diskurs einzutragen; ein solcher Versuch würde auf Verständnislosigkeit stoßen. Verlangt ist vielmehr der beständige Versuch einer transzendentalen Hermeneutik, den Widerschein des Glaubens im Selbstbewusstsein des Glaubenden aufzuspüren, begriff-

---

[43] Vgl. HÄRING, Bernhard: Das Gesetz Christi, Freiburg im Breisgau 1954, 914f.
[44] Vgl. DEMMER, Klaus: Bedrängte Freiheit, 88f.
[45] DEMMER, Klaus: Angewandte Theologie des Ethischen, 271.
[46] Ebd., 275.

lich festzuhalten und dann nachfolgend in die allgemeine Kommunikation einzubringen. Übersetzungsarbeit will also geleistet sein."[47]

Diese Notwendigkeit der Übersetzung geht selbstverständlich von der Akzeptanz der demokratischen Ordnung aus, erkennt aber zugleich die gestiegenen Möglichkeiten, ein gesellschaftliches Ethos mitzubestimmen, je neutraler sich der Staat hinsichtlich moralischer und sittlicher Urteile verhält.

Vor diesem Hintergrund ist die unbedingte personale Glaubwürdigkeit der Kirche von entscheidender Bedeutung. Gerade wo die Kirche als Diskurspartner gehört und ernst genommen werden und wo sie gesellschaftliches Handeln und Denken mitbestimmen will, wird auf ihr Verhalten besonders geachtet und dieses in Relation zu ihren Forderungen an die Gesellschaft gestellt.

Mit Klaus Demmer können wir die am Anfang dieses Kapitels aufgeworfenen Fragen noch einmal blitzlichtartig beantworten: Ja, der Moraltheologe hat seine genuine Aufgabe auch darin, über den kirchlichen Binnenbereich diskursiv tätig zu werden und denkerische Voraussetzungen für diesen Diskurs zu schaffen. Dieses deliberative Mitdenken kann nicht einfachhin in einer kommunikationstheoretischen Einbahnstraße christlicher Terminologie ablaufen, sondern bedarf der steten Übersetzung in universale Geltungskontexte, ohne jedoch die spezifisch christliche Genese aufzulösen. Auf diese Weise werden Genese und Geltung als Einheit betrachtet, die im Binnenverhältnis immer aufeinander verwiesen bleiben. Ausgehend von den geoffenbarten und daher geglaubten Grundkonstanten wie der Schöpfungstheologie, der Gottesebenbildlichkeit und der Kreuzestheologie[48], in der sich für Demmer die ganze Ambiguität des Menschlichen brennglasartig bündelt, hat der Moral- theologe bleibende Anker für den sich stets verändernden Übersetzungsprozess zur Hand. In einer behutsamen Deutung des über sich selbst hinausweisenden Menschen kann das spezifisch christliche Ethos in der diskursiven Auseinandersetzung verdeutlicht werden.

Alles theologische Denken ist so nicht losgelöst von Vernunftabwägung, sondern übersteigt und reinigt diese und bleibt immer in einer fruchtbaren Spannung mit den Herausforderungen der Gegenwart.

---

[47] Ebd., 276.

[48] Vgl. dazu ergänzend DEMMER, Klaus: Bedrängte Freiheit, 115: „Es wäre zu kurz gegriffen, würde man in diesem Zusammenhang nur an Basiselemente eines so genannten christlichen Menschenbildes denken. Sie sind zwar eine unverzichtbare Brücke für den universalen Verständigungsprozess, der durch die autonome sittliche Vernunft verantwortet und vorangetrieben wird. Aber sie decken den vorher genannten Vermittlungsprozess nicht hinreichend ab. Sie lassen – gerade im Raum der Öffentlichkeit – leicht übersehen, dass das Christentum eine Erlösungsbotschaft ist. Der sittlichen Vernunft werden nicht nur Plausibilitätsgründe vorgelegt. Auch die Kompetenz der sittlichen Freiheit ist involviert. Die Freiheit des Christen ist erlöste Freiheit. In der Erlösungsbotschaft ballt sich nicht nur ein denkerischer, sonder auch ein freiheitlicher Durchbruch zusammen."

0.2.3 Säkularisierung und plurale Gesellschaft als Voraussetzung?

Der Prozess der Säkularisierung erscheint vor dem Hintergrund der weiteren Beschäftigung mit dem Begriffspaar „Genese und Geltung" hinsichtlich moralischer Wertorientierungen als Schlüsselbegriff, um einen Umwandlungsprozess zu kennzeichnen, der aus dem Schatten des Umbruchs der Zeit Hugo Grotius' endgültig heraustritt, und als Zeichen eines neuen Denkens bis in die Gegenwart, exemplarisch im Werk John Rawls', weiterentwickelt wird.

Die Säkularisierung ist ein Schlüsselbegriff für das Verständnis des Wandels vom Mittelalter zur Neuzeit, ja auch zur Moderne und mithin auch zur Gegenwart – trotz oder eben, weil sie als postsäkular bezeichnet werden kann[49] –, denn er kennzeichnet den Bruch eines Vorher und Nachher. Dennoch bedarf dieser Begriff, der nicht einheitlich zu fassen ist und vielfach in Frage gestellt wurde und wird, ohne ihn völlig zu überladen, einer kurzen definitorischen Annäherung, um seine mitunter problematische Unschärfe zu bannen. Was ist also dieses Vorher und Nachher? Für nicht wenige Soziologen ist der Begriff schließlich gänzlich aus dem wissenschaftlichen Vokabular verschwunden: „Er gilt als unbrauchbar."[50] Dennoch, so kann Charles Taylor konstatieren, würde man wenig Widerspruch ernten, behauptete man, die westliche Welt sei säkular. Und dies vor allem mit Blick auf die Entwicklung der westlichen Welt, wie auch hinsichtlich des synchronen Vergleichs mit anderen Regionen der Welt.[51] Für den Religionssoziologen José Casanova ist die „– wenn auch in unterschiedlichem Tempo – fortschreitende Säkularisierung Europas [...] eine soziale Tatsache".[52]

Die folgenden Ausführungen sollen daher den bruchstückhaften Versuch unternehmen, den Begriff „Säkularisierung" als Rahmenhandlung, als Grundvoraussetzung für den weiteren Verlauf der Arbeit zu beschreiben, könnte mit ihm doch die wesentliche Bruchlinie zwischen Welt und Transzendenz, *forum internum* und *forum externum*, zwischen Politik und Religion, in jedem Fall aber ein Differenzierungsprozess weiterhin gekennzeichnet werden.

Blickt man zunächst in verschiedene Lexika, erscheint ein klarer, oftmals aber unterkomplexer Begriff von Säkularisierung. Diese wird dabei meist als ein Vorgang der „Verweltlichung" bezeichnet, nachdem die etymologische Erklärung vorgetragen worden ist, die, durch das Denken des Humanismus und der Aufklärung begünstigt, jegliche Lebens- und Denkzusammenhänge

---

49 Zum Verständnis des Begriffes „postsäkular" vgl. HABERMAS, Jürgen: Glauben und Wissen. Rede zum Friedenspreis des Deutschen Buchhandels, Frankfurt 2001; KNAPP, Markus: Glauben und Wissen bei Jürgen Habermas. Religion in einer ‚postsäkularen' Gesellschaft, in: Stimmen der Zeit 226 (2008), 270-280.

50 LUHMANN, Niklas: Die Religion der Gesellschaft, Frankfurt am Main 2000, 278.

51 Vgl. TAYLOR, Charles: Ein säkulares Zeitalter, Frankfurt am Main 2010, 11.

52 CASANOVA, José: Der Ort der Religion im säkularen Europa, in: Transit 27 (2004), 86-106, hier 86.

von der engen Verbindung von den religiösen Grundlagen ablöst und stattdessen auf die Autonomie der menschlichen Vernunft setzt.[53] Ist damit aber Säkularisierung als Schlüsselbegriff bereits hinreichend geklärt? Der Blick auf das Verständnis von Säkularisierung bei Hans Blumenberg mag zunächst helfen, die verschiedenen Facetten des Begriffes in kritischer Weise weiter zu fassen, als es das bisher Gesagte getan hat, beschäftigte sich der historisch ausgerichtete Philosoph doch besonders mit der Zeit des Umbruchs zwischen Mittelalter und Neuzeit, die er als „Epochenschwelle"[54] bezeichnete. In seinem Werk „Die Legitimität der Neuzeit" nähert er sich dem Begriff der Säkularisierung im Sinne einer historisch gültigen Erklärungskategorie an und fragt:

> „Verstehen wir mehr und anderes als quantitative Aussage über die Minderung eines Einflusses, den Schwund eines Gepräges, das Absinken einer Intensität? Oder glauben wir allzu selbstverständlich zu wissen, was es heißt, Weltlichkeit als die Signatur der Neuzeit zu deklarieren?"[55]

Was also meint der, der Säkularisierung sagt? In seiner Annäherung verwendet Hans Blumenberg analog den Begriff der „Verweltlichung" beziehungsweise „Weltlichkeit" und stellt diesen als eigentlichen Gegenbegriff heraus, der nur in der Sicht eines Gegenübers Sinn ergibt, das theologischen Prämissen folgt und das somit dem Zugriff von Historikern oder Philosophen entzogen ist. Niklas Luhmann betont in ähnlicher Weise, dass der Begriff der Säkularisierung lediglich durch die Religion als Gegenüber seinen Sinngehalt erfährt: „Das heißt, mit anderen Worten: daß Religion und Säkularisierung nur in einem religiösen Kontext eine Opposition darstellen."[56] Mit den Worten Luhmanns ist sie daher „beobachterrelativ".[57] Die Säkularisierung daher als Prozess zu deuten, der einer bloßen objektiven Entgegenstellung entspräche, folgt ebenso Blumenberg nicht, sondern gibt zunächst den Versuch wieder, Säkularisierung als Gewinn zu betrachten:

> „Eben die ‚Säkularisierung', die auf der einen Seite zum kulturpolitischen Programmwort der Emanzipation von allen theologisch – kirchlichen Dominanzen und der Liquidation von Restbeständen des Mittelalters werden konnte, ließ sich auf der anderen Seite als Postulat der Klärung der Fronten, der entschlossenen und zur Entschließung zwingenden Scheidung der Geister im Vorwege jenes

---

[53] Vgl. etwa Mayers Großes Taschenlexikon in 24 Bänden (hier Bd. 18), Mannheim 2006, 6567. Umfangreicher der Artikel zur Säkularisierung im Brockhaus, der die Säkularisierung aber ebenfalls in erster Linie als „Verselbständigung menschl. Verhaltensweisen, gesellschaftl. Ordnung, sittl. Forderungen, wissenschaftl. Forschung und künstler. Schöpfung gegenüber ihrer ursprünglich religiösen (sakralen) Einbettung, also ihrer Entsakralisierung" deutet, vgl. Brockhaus Enzyklopädie in 20. Bänden (hier Bd. 16), Wiesbaden 1973, 366.

[54] An dieser Stelle darf auf die große Ähnlichkeit zum Begriff der „Schwellenzeit" in Charles Taylors Werk „Ein säkulares Zeitalter" hingewiesen werden.

[55] BLUMENBERG, Hans: Die Legitimität der Neuzeit, Frankfurt am Main 1966, 14.

[56] LUHMANN, Niklas: Die Religion der Gesellschaft, 283, Anm. 14.

[57] Ebd., 283.

> endgültige ‚diese Welt' und ‚jene Welt' trennende eschatologische Gericht formulieren."[58]

Gerade dabei, so betont Blumenberg, würde die eigentliche Substanz des Christlichen, des Seins überhaupt, als gewahrt gedacht: Würde so nicht, im Sinne der oben beschriebenen Klärung der Fronten, das Geistliche geistlicher, wenn die Welt sich verweltliche, wie es Hermann Lübbe formulierte?[59] In jedem Fall wird auf diese Weise der Verlustimpetus des Begriffes Säkularisierung als Änderung der überkommenen Ordnung umgedeutet in eine Funktionalisierung der Säkularisierung:

> „So konnte der Verlust von Herrschaft, Einfluß, besetzter Position und kulturellem Ambiente als providentieller Vorgang von reinigender Kraft für das Christentum verstanden werden. Was als Gefährdung der Existenz religiöser Formen und Gehalte in der Welt, als Krise des Geltungswertes theologischer Aussagen und ihrer pragmatischen Umsetzung erschien, sollte sich als an oberflächlichen Symptomen genährte, selbst ‚verweltlichte' Ängstlichkeit erweisen, während der fatale Vorgang seine paradoxe Umwertung im Lichte der biblischen *Kenosis*, der Knechtsgestalt des inkarnierten Gottes, erhielt, dessen Recht auf Herrschaft unkenntlich bleiben musste, um die Motive derer, die sich ihr unterwarfen, nicht in weltlichen Kalkül zu verfälschen."[60]

Doch diesem Ansatz tritt Blumenberg antithetisch entgegen, indem er einen Gedanken Hannah Arendts zur Bestimmung der Neuzeit aufgreift. Gerade die Neuzeit sei es danach, die den Status der „Weltlosigkeit" hervorruft: Im Verlust des Jenseits finde der Mensch nicht einfachhin das Diesseits zur Gestaltung, sondern sich als auf sich selbst Zurückgeworfener. Die sinnliche Realität verliere sich gerade in der Neuzeit als fester Erkenntnisgrund, weswegen auch die Renaissance irre, wenn sie sich auf bereits in der Antike erfahrene Wirklichkeitsbegriffe berufe.[61] Von daher löst sich der einfache Dualismus auf, der sich im Ausdruck von *dieser* und *jener* Welt umgesetzt sieht. Blumenberg verweist dabei auf Hannah Arendt, die den obigen Gedanken aufgreifend betont:

> „Was immer wir meinen mögen, wenn wir von Säkularisierung sprechen, historisch kann sie auf keinen Fall als ein Verweltlichungsprozeß im strengen Sinne des Wortes angesehen werden; denn die Moderne hat nicht eine diesseitige Welt für eine jenseitige eingetauscht, und genau genommen hat sich nicht einmal ein irdisches, jetziges Leben für ein jenseitig-künftiges Leben gewonnen; sie ist bestenfalls auf es zurückgeworfen."[62]

---

[58] BLUMENBERG, Hans: Die Legitimität der Neuzeit, 12f.
[59] Zitiert nach BLUMENBERG, Hans: Ebd., FN 3; LÜBBE, Hermann: Säkularisierung. Geschichte eines ideenpolitischen Begriffs, Freiburg im Breisgau/München 1965, 53.
[60] BLUMENBERG, Hans: Die Legitimität der Neuzeit, 13.
[61] Vgl. ebd., 15.
[62] ARENDT, Hannah: Vita activa oder: Vom tätigen Leben, München 2013, 408.

Hans Blumenberg macht an diesem Gedanken Hannah Arendts seinen Zweifel an der ausschließlichen Gegenüberstellung von Welt und Nicht-Welt deutlich.[63] Und an dieser Stelle wird der Kern des ambivalenten und vielleicht zu ungenauen Begriffes der Säkularisierung deutlich: Nur im Kontext theologischer Deutung der Geschichte, vor dessen Hintergrund die Folgegeschichte interpretiert wird, gewinnt der Säkularisierungsbegriff seinen Sinn. Innerhalb der Moderne aber erschließt sich der Begriff als Andersartigkeit, Verlust oder Instrumentalisierung nicht, wenn lediglich quantitative Aussagen über sich verändernde Sachverhalte getroffen werden. Ob er damit einem objektiven Verstehen von Geschichte entsprechen kann, um Zeit und Brüche zu deuten, bezweifelt Hans Blumenberg vor diesem Hintergrund stark. Von daher bleibt festzuhalten, dass ein einfaches Gegenüberstellen von Geistlichem und Weltlichem, von Staat und Religion nicht den eigentlichen Kern der Säkularisierung trifft, wie er sie versteht. Hans Blumenberg macht in diesem Zusammenhang anhand von zahlreichen Beispielen[64] noch einmal deutlich, dass er den Begriff der gleichbleibenden Substanz und ihrer oberflächlichen Umdeutung in der Neuzeit nicht bejaht, sodass er schließt: „Die ‚Weltlichkeit' der Neuzeit ist nicht ihr gesichertes historisches Merkmal, sondern ihr dauerndes kritisches Officium."[65] Für Blumenberg ist also das „Nachher" ein radikaler Bruch zum „Vorher", wodurch er sich gegen Säkularisationstheorien wendet, die einen Prozess der Kontinuität beschreiben:

> „Zwar diagnostizieren auch sie den Beginn eines neuen Zeitalters, betonen jedoch gerade die Kontinuität zwischen religiösen und weltlichen, mittelalterlichen und neuzeitlichen Phänomenen. Die Neuzeit erweist sich dann als bloß umformulierte, transportierte, ja womöglich entstellte Vormoderne; wo das Zeitalter selbst das Neue findet, entdecken sie das Alte in neuem Gewande – als Säkularisat."[66]

---

63 Vgl. BLUMENBERG, Hans: Die Legitimität der Neuzeit, 15f.: „...die Fragwürdigkeit der Alternative von Weltlichkeit und Unweltlichkeit als einer vollständigen Disjunktion, die in der Geschichte gleichsam alternierenden entschieden worden wäre, so daß die Preisgabe transzendenter Bindungen und Hoffnungen immer schon ihr Resultat impliziert hätte(.)"

64 Vgl. ebd., 18f.: „Was früher ‚Fülle der Zeit' hieß, Vollendung der Gegenwart in der Ewigkeit als dem Ort des Heils, das heißt bei Saint-Simon jetzt ‚Perfektion der sozialen Ordnung', bei Kant ‚Reich der reinen praktischen Vernunft', bei Goethe, Schiller und Hölderlin ‚Humanität und neue Mythologie', bei Rousseau ‚Rückkehr zur Natur', bei Winckelmann ‚Rückkehr zu den Alten', bei Wieland und Gessner ‚Einbildungskraft des Dichters'. So einfach ist die Substanz in ihren Metamorphosen zu identifizieren, und so leicht reihen sich die Metastasen des einen Ursprungs aneinander, wenn man das Rezept einmal gefunden hat. [...] Das gemeinsame der hier ganz wahllos versammelten Beispiele ist das Hinausgehen über einen rein quantitativen Gebrauch von Säkularisierung, also die alte lamentierende Feststellung des Komparativs der immer weltlicher werdenden Welt. [...] *Säkularisierung ist nicht als ein einfacher Prozeß der Auflösung traditioneller Religion zu verstehen, sondern als eine Verwandlung der Werteordnung in verschiedene institutionelle ‚Ideologien', die immer nur noch die Faktizität der institutionseigenen Wirkungszusammenhänge unterbauen.*"

65 Ebd., 61.

66 HEIDENREICH, Felix: Mensch und Moderne bei Hans Blumenberg, München 2005, 135f.

Das eigentlich Neue hat für Blumenberg nur noch die Semantik des Religiösen übernommen, nicht jedoch seine Inhalte, wodurch sich der Bruch zum Vorher manifestiere.[67] Wie aber erklärt sich die neue Beschäftigung mit Religion und ihrem Verhältnis zum säkularen Staat der Postmoderne, die vom leichthin im Munde geführten Begriff der Säkularisierung dann sogar als modernem Mythos spricht, wie Detlef Pollack zugespitzt formuliert?[68] Tatsächlich meint auch hier der Begriff der Säkularisierung nicht einfachhin eine Beschreibung der Trennung der Sphären des „Religiösen" und des „Weltlichen". Detlef Pollack weist in seiner Studie[69] deutlich auf den bleibenden soziologischen Charakter des Religiösen in modernen Gesellschaften[70] hin, die nach dem oben zitierten Verständnis von Ernst-Wolfgang Böckenförde trotzdem als säkularisiert gelten dürfen. Säkularisierung meint daher nicht eine absolute Trennung beider Sphären oder auch nur den einfachen Bedeutungs- und Einflussverlust der Religion und des Glaubens an Gott in der Gesellschaft, sondern kann eher mit dem Begriff der Differenzierung in Einklang gebracht werden. Dieser wird vor allem von José Casanova in einem Sinne beschrieben, der auch das Verständnis der Funktion der Religion in der Gesellschaft bei John Rawls vorbereiten und unterstreichen kann. Demnach ist der Prozess der funktionalen Ausdifferenzierung von Gesellschaftssystemen wie der Politik, der Wirtschaft oder des Rechts als autonome Entitäten zunächst nicht zwingend mit einem Bedeutungsverlust der Religion verbunden.[71] Der Blick auf einzelne Länder Europas, in denen religiöse Identitäten nach wie vor prägend sind, und die dennoch als säkulare Staaten angesehen werden können, zeigt dies deutlich.[72]

---

67 Vgl. ebd., 129.

68 Vgl. POLLACK, Detlef: Säkularisierung – ein moderner Mythos? Studien zum religiösen Wandel in Deutschland, Tübingen 2003.

69 Besonders ebd., 141: „2. Die Kirchen verlieren an gesellschaftlicher Bedeutung, an Weltdeutungskompetenz und an der Fähigkeit zu sozialer Kontrolle. Menschen wenden sich zunehmend von Kirchen ab, treten aus und beteiligen sich weniger am kirchlichen Leben. 3. Noch immer aber sind die Kirchen sozial mächtig und besitzen eine erstaunliche Tradierungskraft. Nach wie vor vermögen sie religiöse Energien zu binden, religiöse Bedürfnisse zu befriedigen und religiöse Impulse zu geben."

70 Vgl. hierzu auch die Feststellung bei LUHMANN, Niklas: Die Religion der Gesellschaft, 279: „Unter Religionssoziologen gilt es als ausgemacht, daß man zwar von ‚Entkirchlichung' oder ‚De-Institutionalisierung' oder auch von Rückgang des organisierten Zugriffs auf religiöses Verhalten sprechen könne [Anm. 4], nicht aber von einem Bedeutungsverlust des Religiösen schlechthin."

71 Vgl. JOAS, Hans: Braucht der Mensch Religion? Über Erfahrungen der Selbsttranszendenz, Freiburg im Breisgau 2004, 14f.

72 Vgl. JOAS, Hans: Wellen der Säkularisierung, in: KÜHNLEIN, Michael/ LUTZ-BACHMANN, Matthias (Hrsg.): Unerfüllte Moderne? Neue Perspektiven auf das Werk von Charles Taylor, Berlin 2011, 716-729, hier 718f.: „Es kann meines Erachtens kein Zweifel daran bestehen, dass heute beträchtliche Teile Europas und auch einige wenige nichteuropäische Gesellschaften zutiefst säkular sind. Dabei ist mir der Hinweis wichtig, dass alle säkularisierten Gesellschaften […] ‚auf ihre besondere Art' säkularisiert sind. […] Die Säkularisierungsthese zu überwinden heißt deshalb, Säkularisierung nicht zu ignorieren, sondern in ihrer Vielfalt wahrzunehmen."; auch erschienen in: JOAS, Hans: Glaube als Option, Freiburg im Breisgau 2012, 66-85, hier 69f.

Das Religiöse als weiteres Subsystem innerhalb der ausdifferenzierten Gesellschaft aber ist nach José Casanova nicht auf der Ebene des Staates, sondern der Zivilgesellschaft angesiedelt. Auf diese Weise kann der Einfluss der Religion weiterhin maßgeblich politische, rechtliche und wirtschaftliche Entscheidungen aktiv beeinflussen, während der Staat dennoch als säkular gelten kann. So entsteht kein Widerspruch zwischen zu Pluralität fähigen Religionen und einem weltanschaulich neutralen Staat. Vielmehr bietet der Austausch beider Sphären eine Chance der gegenseitigen Bereicherung.[73]

Hier sind die zwei Dimensionen angesprochen, die der Säkularisierungsbegriff in unserem Zusammenhang umfassen soll: Neben dem Bruch der Neuzeit, dem Beginn eben jener Ausdifferenzierung, der auch gegen den Willen der Kirche und damit der entscheidenden abendländischen Religionsinstanz errungen werden musste, soll auch die Gegenwart durch den Begriff der Säkularisierung hinreichend gekennzeichnet werden. In diesem Sinne ist durchaus von einem Bedeutungsverlust der Kirche und also der Religion in den europäischen Gesellschaften auszugehen.[74] Daher kann Säkularisierung als Prozess definiert werden, „durch den Teile der Gesellschaft und Ausschnitte aus der Kultur aus der Herrschaft religiöser Institutionen und Symbole entlassen wurden."[75] Für die historische Dimension kennzeichnet er damit durchaus ein Bewusstsein des Verlustes. Für die Gegenwart aber, und damit für die soziologische Dimension als Beschreibung eines Gegenwartsverhältnisses, bedeutet dies: Die Kirche und die christliche Religion bestimmen nicht mehr die Gesellschaft als Metasystem oder übergeordnetes Bezugssystem, sondern erhalten ihren Platz in der Gesellschaft als Subsystem, bleiben der Gesellschaft aber als mitbestimmender – teilweise in seiner Bedeutung aber abnehmender – Faktor erhalten. Diese Definition aber weist wiederum auf den historischen Begriff der Säkularisierung hin. Ernst-Wolfgang Böckenförde machte darauf in seinem Vortrag „Die Entstehung des Staates als Vorgang der Säkularisation" aus dem Jahr 1964 aufmerksam. Dort kennzeichnet er den Bruch, den er zuerst im Investiturstreit verortet, als einen kontinuierlichen Prozess:

---

[73] Vgl. CASANOVA, José: Public Religions in Modern World, Chicago 1994, 232f.: "In principle there is neither need nor reason to privilege religion as the sole or main, direct or indirect carrier of processes of moral-practical rationalization. In the modern world, other secular movements and organizations have been, are, and will likely continue to be at least as important carriers as religion. Therefore, it is not necessarily the case that without religion the public square must be 'naked'. But the actual continuous presence of religion in most moral-practical struggles of the modern world, frequently on both sides of every issue, tends to indicate that there is also no reason, other than secularist or rationalist prejudice and the conviction that there can be no such thing as a 'modern', that is, postconventional religion, why in principle a theory of moral-practical rationalization should systematically neglect religion."

[74] Deutlich wird dies an Vergleichszahlen beispielsweise des Kirchgangs oder des Vertrauens in kirchliche Institutionen, vgl. dazu POLLACK, Detlef: Säkularisierung, 163 u. 190.

[75] BERGER, Peter L.: Zur Dialektik von Religion und Gesellschaft, Frankfurt am Main 1973, 103.

> „Sie [die Trennung von Religion und Politik, Anm.d.A.] muß im Investiturstreit (1057–1122) gesucht werden, jener von päpstlicher wie von kaiserlicher Seite mit äußerster Entschiedenheit geführten geistig-politischen Auseinandersetzung um die Ordnungsform der abendländischen Christenheit. In ihr wurde die alte religiös-politische Einheitswelt des orbis christianus in ihren Fundamenten erschüttert und die Unterscheidung und Trennung von ‚geistlich' und ‚weltlich', seither ein Grundthema der europäischen Geschichte, geboren."[76]

Es kam in der Folge zu einem dialektischen Verhältnis, das die Politik als selbständigen Bereich kennzeichnete, auch wenn die Kirche zunächst – aufgrund ihres Institutionalisierungsvorsprungs – ihre Dominanz auch in weltlichen Dingen behaupten konnte: „Dies bedeutete aber zugleich, daß das Verhältnis sich auch umkehren konnte, und zwar sobald es der politischen Sphäre gelang, die ihr zudiktierte Weltlichkeit bewußt zu machen und gegenüber der geistlichen Gewalt die ratio und die Suprematie des Politischen zur Geltung zu bringen."[77] Der eigentliche Konflikt aber, und dadurch eine zweite geschichtliche Phase der Säkularisierung, tritt mit der Reformation ein: „Die europäische Christenheit stand, nachdem die Glaubensspaltung Wirklichkeit geworden war, vor der Frage, wie ein Miteinanderleben der verschiedenen Konfessionen in einer gemeinsamen politischen Ordnung möglich sei."[78]

Und eben jene Frage musste politisch beantwortet werden. Es wurde eine politische Antwort, die sich über die konfessionellen Streitigkeiten erhob und eine vermittelnde Ordnungsmacht ermöglichte. Nunmehr war der Staat endgültig nicht mehr an der Wahrheitssuche im religiösen Sinne interessiert, sondern an der Sicherung der Ordnung. Es entstand eine innere, aus sich selbst heraus evidente Aufgabe des Staates, die in der Friedenssicherung als Gut an sich ihre Grundlage fand: „Erst dadurch, daß die Politik sich über die Forderungen der streitenden Parteien stellte, sich von ihnen emanzipierte, ließ sich überhaupt eine befriedete politische Ordnung, Ruhe und Sicherheit für die Völker und die einzelnen, wieder herstellen."[79]

In diesem Verständnis kann durch den Begriff der Säkularisierung also durchaus ein historischer Epochenwandel deutlich werden, der im Folgenden durch die Person und Zeit Hugo Grotius' vorgestellt werden soll. Er könnte zudem durchaus als Prozess verstanden werden, die Religion „gesellschaftsfähig" zu machen:

> „Hätte denn die ‚Trennung von Kirche und Staat' [...] die Religion unwirksam gemacht? Die Wirkzusammenhänge liegen anders. Gewiss ist es angemessen, ‚die Entstehung des Staates', als der immer noch wichtigsten aller politischen Institutionen, ‚als Vorgang der Säkularisation' zu beschreiben. Aber eben dieser Säkularisierungsvorgang ist doch selber durch die Zwänge religiösen Lebens

---

76 BÖCKENFÖRDE, Ernst-Wolfgang: Recht, Staat, Freiheit. Studien zur Rechtsphilosophie, Staatstheorie und Verfassungsgeschichte, Frankfurt am Main 1991, 94.

77 Ebd., 98.

78 Ebd., 100.

79 Ebd., 101.

> motiviert, nämlich durch die unabweisbare Fälligkeit, die Differenzierung religiösen Lebens einschliesslich der Bekenntnispluralisierung friedenskompatibel zu machen.“[80]

In ihrer soziologischen Bedeutung, und damit der zweiten Verständnisebene der Säkularisierung, ist sie ein Begriff der Gegenwart und kann helfen, das Verhältnis von Religion und Staat hinsichtlich des Denkens John Rawls' einzurahmen. Die für die Demokratie offene Religion hat in diesem Sinne ihre gesellschaftliche Berechtigung und Funktion als persönlicher Antrieb, als Gegenstand der individuellen Entscheidung des *forum internum*, die sich auf den Bereich des Öffentlichen in indirekter Weise auswirkt. Säkularisierung meint daher in beiden Fällen eine Verhältnisbestimmung der Religion als System zu den anderen Systemen des Staates, wodurch beide Verständnisebenen als aufeinander bezogen gelten dürfen. Aus diesem Grunde kann die Arbeit auch mit den Umbrüchen in der Zeit Hugo Grotius' beginnen und diese als Voraussetzung nehmen, die dem heutigen ausdifferenzierten, säkularen Staat zugrunde liegen. Niklas Luhmann macht daher – ähnlich wie José Casanova – nicht zufällig gerade im Kontext der Frage nach dem bleibenden Wert des Säkularisierungsbegriffes deutlich, dass es besonders die gesellschaftliche Ausdifferenzierung war, die das Entstehen der heutigen, als säkular zu bezeichnenden Staaten begünstigte:

> „Diese Formationen [dem Verhältnis von Zentrum und Peripherie, Anm.d.A.] ändern sich in dem Maße, als mehr und mehr gesellschaftliche Funktionssysteme als autonome, operativ geschlossene Systeme ausdifferenziert werden. Eine solche Evolution untergräbt den Primat traditionaler Differenzierungsformen. [...] Die funktionsbezogene Form der Innendifferenzierung unterscheidet sich so stark von allen Strukturen, die in die Umwelt hineinprojiziert werden können, daß die Gesellschaft sich nicht mehr als ein System begreifen kann, das durch die Welt gehalten wird.“[81]

Gesellschaftliche Ausdifferenzierung löst am Beginn der Neuzeit also die alten Strukturen ab, und die anderen, sich nun in ihrer Autonomie begreifenden, Subsysteme der Gesellschaft treten neben den bisherigen Deutungsprimat der kirchlichen Institution, die nunmehr als System neben anderen operieren muss. Damit operiert auch der Gottesgedanke anfanghaft als Hypothese, die auf keinerlei selbstverständliches Vorwissen mehr zurückgreifen kann. Der neue Status wurde von kirchlicher Seite fraglos mit dem Impetus des Verlusts wahrgenommen – und dies bis weit ins 19. und auch ins beginnende 20. Jahrhundert hinein. Eine weitere Entwicklung wird durch die Ausdifferenzierung der Gesellschaft angestoßen: Die Frage nach der Gültigkeit von Werten, von allgültigen Gesetzen und einem für alle zu befolgenden Recht steht dadurch im Fokus

---

[80] LÜBBE, Hermann: Modernisierungsgewinner. Religion, Geschichtssinn, Direkte Demokratie und Moral, München 2004, 79.

[81] LUHMANN, Niklas: Die Religion der Gesellschaft, 287.

des Denkens der Neuzeit. Hugo Grotius soll auch hier als Beispiel dienen. Niklas Luhmann betont diesen Anfang der Neuzeit als Zeit des Übergangs:

> „In der Übergangszeit des 17. Jahrhunderts findet man reiche Belege für eine nicht mehr/noch nicht-Situation. Noch wird religiöser Glaube wie auch moralische Lebensführung für möglich und zwar: auf die einzig rechte Weise möglich gehalten; aber zugleich schon für inkommunikabel."[82]

Dass diese Inkommunikabilität aber keineswegs nur am Anfang der Neuzeit steht, zeigt, wie sehr sich das Denken der Gegenwart ebenso um einen Konsens bemühen muss, der stets zwischen Abwägung und Annahme schwankt. Auch wenn die Idee Gottes als innere Überzeugung in persönlichen Entscheidungen Einzelner den Ursprung und bleibenden Hintergrund bildet, kann sie doch nicht als nach außen hin gültig vermittelt werden: Sie ist, mit Niklas Luhmann gesprochen, nicht mehr kommunizierbar. Charles Taylor bringt diese Entwicklung auf den Punkt, wenn er sagt:

> „In unseren ‚säkularen' Gesellschaften kann man sich uneingeschränkt politisch betätigen, ohne je Gott zu begegnen, also ohne an einen Punkt zu gelangen, an dem sich die ausschlaggebende Bedeutung des Gottes Abrahams für dieses ganze Unterfangen eindringlich und unverkennbar bemerkbar macht. […] Wenn wir in unserer eigenen Zivilisation einige wenige Jahrhunderte zurückgehen, sehen wir, daß Gott auf allen Ebenen der Gesellschaft […] präsent war. […] In diesen Gesellschaften war es nicht möglich, sich an irgendeiner öffentlichen Tätigkeit zu beteiligen, ohne im oben angedeuteten Sinn ‚Gott zu begegnen'. Heute hingegen liegen die Dinge völlig anders."[83]

Mit dieser grundlegenden Analyse umschreibt Charles Taylor eine erste Form der Säkularisierung (Säkularität 1), die sich auf den Bereich des Öffentlichen bezieht: „In dieser Öffentlichkeit, so heißt es, gibt es keinen Gott mehr und keinen Hinweis mehr auf letzte Realitätsgründe."[84] Keine Tätigkeit in der ausdifferenzierten Gesellschaft weist mehr auf eine göttliche Letztbegründung hin; sie erschöpft sich in ihrer eigenen Logik.[85] In diesem Zusammenhang erscheint bei Charles Taylor ein zweiter Bedeutungsinhalt von Säkularisierung (Säkularität 2): Dabei ist ein Schwinden der Religiosität innerhalb der Gesellschaft angesprochen, das ebenso nicht zu leugnen ist. José Casanova spricht in diesem Sinnzusammenhang der Säkularisierung auch von „Entkirchlichung" und betont die Individualisierung des Religiösen.[86] Taylors Untersuchung aber zentriert sich auf einen dritten Begriff der Säkularisierung (Säkularität 3), der

---

[82] Ebd., 294.

[83] TAYLOR, Charles: Ein säkulares Zeitalter, 12f.

[84] Ebd., 13.

[85] Dies ist allerdings, wie oben bereits angedeutet, in keiner Weise ein Widerspruch zu einer bleibenden Religiosität. Taylor gibt hier das Beispiel der USA als besonders „frappierend" an. Obwohl staatlich säkular, ist die religiöse Praxis dennoch so stark ausgeprägt wie in keinem anderen Land des Westens, vgl. ebd.

[86] Vgl. CASANOVA, José: Der Ort der Religion im säkularen Europa, 86.

auch für die vorliegende Arbeit grundgelegt werden soll und die beiden vorher genannten Verständnisebenen bündelt:

> „In dieser dritten Bedeutung ginge es vor allem um die Bedingung des Glaubens. So aufgefaßt, besteht der Wandel hin zur Säkularität unter anderem darin, daß man sich von einer Gesellschaft entfernt, in der der Glaube an Gott unangefochten ist, ja außer Frage steht, und daß man zu einer Gesellschaft übergeht, in der dieser Glaube eine von mehreren Optionen neben anderen darstellt, und zwar häufig nicht die bequemste Option.“[87]

Charles Taylor zeichnet in seiner umfangreichen Untersuchung diesen Weg nach, der an dieser Stelle nicht wiedergegeben werden kann. Dennoch soll die dritte Dimension als Analyse festgehalten und als Ist-Zustand für diese Arbeit zugrunde gelegt werden. In dieser Dimension ist der eigentliche Bruch mit dem „Vorher“, der durch beide Bedeutungsebenen des Begriffes der Säkularisierung in dieser Arbeit ausgesagt werden soll, beschrieben: Gott als handlungsleitende Hypothese ist nicht nur keine Selbstverständlichkeit mehr, sondern vielmehr eine angefochtene These. Gerade deswegen muss sich der reflektierende Mensch immer wieder neu dieser angefochtenen These aussetzen; er muss sich dieser Wahlmöglichkeit tatsächlich stellen, weil die Gottesfrage bleibend – und dies ist permanenter Ausgangspunkt der Moraltheologie – das persönliche Leben und seine Entscheidungen als solche herausfordert. Wenn Gott gedacht wird, nicht nur als philosophische These, sondern als personale und sich offenbarende Wirklichkeit, kann das Leben nicht gelebt werden, ohne die dauerhafte Realität aus der Glaubensgewissheit zu reflektieren. Dass der Mensch dabei aber immer in weltlichem Sinne glücklich wird, stellt schon der Hinweis Charles Taylors auf die Mühsamkeit des Gottesdenkens als unbequeme Option implizit in Frage.[88] Gott in sein Denken zu lassen, ist keine Garantie für Glück in weltlichen Kategorien im Sinne von Reichtum, Gesundheit, beruflichem Erfolg oder Ansehen. Die Verheißung des Gottesdenkens besteht in einer Erfüllung, die über eine reine Funktion hinausgeht und das je größere Denken vom Menschen impliziert. Wenn Gott gedacht wird, kann auch vom Menschen anders, ja größer gedacht werden. Dieser Aufgabe muss sich eine Moraltheologie in der säkularisierten Gegenwart in wachsendem Maße stellen, will sie ihre genuine Aufgabe als theologische Wissenschaft weiterhin glaubhaft erfüllen: „Als Weisheitslehre kann sie immer noch Kriterien anbieten, die aus der Intensität liebender Gottergriffenheit stammen. Nicht Normen werden auferlegt, Angebote werden freigesetzt.“[89] Jene Angebote machen nicht in jedem Fall glücklich, aber sie stellen die mögliche Idealität menschlicher Realität vor Augen.

---

[87] TAYLOR, Charles: Ein säkulares Zeitalter, 14.

[88] Vgl. ebd.

[89] DEMMER, Klaus: Das Selbstverständnis der Moraltheologie, in: ERNST, Wilhelm (Hrsg.): Grundlagen und Probleme der heutigen Moraltheologie, Leipzig 1989, 9-25, hier 15.

Diese Arbeit will also insgesamt der Frage nachgehen, ob Gott als denkerische Prämisse nur für die Genese moralischer Normen oder aber auch für ihre Geltung weiterhin notwendige Voraussetzung ist. Der Doppelbegriff von Genese und Geltung wird dabei zunächst in historisch-systematischer Weise an das exemplarische Denken Hugo Grotius' angelegt, um durch diese erste Klärung, den Blick auf das Denken von John Rawls zu richten. In zugespitzer Weise wird dabei das frühe Werk John Rawls' und vor allem sein Verständnis von Sünde und Gemeinschaft interpretiert. Auf diese Weise soll sich dem Doppelbegriff von Genese und Geltung als Paradigma einer theologischen Ethik angenähert werden.

1. Das säkulare Zeitalter als Herausforderung für die Theologische Ethik

Im vorliegenden Kapitel soll der Boden für die Hauptgedanken bereitet werden, die oben bereits angedeutet wurden. Daher wird zunächst die Frage im Mittelpunkt stehen, welche Voraussetzungen einer theologischen Ethik der Gegenwart vorangehen und in welchem Kontext John Rawls seine Idee eines universalen Wertgebäudes entwirft. Im historischen Rückblick soll skizziert werden, warum der Gottesgedanke aus dem öffentlichen Diskurs zurückgedrängt worden ist, und ob damit auch die Idee des Absoluten aus dem öffentlichen Diskurs verschwand oder nur anders aufgefasst wurde. In diesem Sinne wird schon eine erste Annäherung an die heutige Unterscheidung zwischen Genese und Geltung moralischer Normen unternommen: Die Genese des absolut Guten aus dem Gottesgedanken, die auch für die Geltung der moralisch akzeptierten Normen präsent war, löst sich zugunsten einer Zivilmoral auf, die eine metaphysische Grundlage im Sinne der Gottesidee nivelliert und daher alle unterschiedlichen Weltanschauungsgruppen auf eine gemeinsam tragbare Idee des rechten Handelns verpflichten will. Es wird zu zeigen sein, wann eine Idee der ohne Gott geltenden Werte in der abendländischen Kultur Raum greifen konnte, und wie dies das gegenwärtige Verständnis vom Verhältnis von Religion und Staat und mithin von einforderbarem Recht und zu erwünschender Moral bestimmt.

1.1 Hugo Grotius als Scheitelpunkt einer säkularen Emanzipation

Wenn die Frage nach einem benennbaren Zeitpunkt für eine Wende im rechtlichen und moralischen Denken der europäischen Geistesgeschichte hinsichtlich ihrer normenbegründenden Rechtfertigungsmuster gestellt wird, muss man sich ohne Frage mit Hugo Grotius (1583–1645) beschäftigen.[90] Als Gestalt des Umbruchs zwischen konfessionellen

[90] Einen hervorragenden Überblick zur reichhaltigen Sekundärliteratur zu Werk und Person Hugo Grotius' gibt in seiner Dissertationsschrift RECKNAGEL, Dominik: Einheit des Denkens trotz konfessioneller Spaltung. Parallelen zwischen den Rechtslehren von Francisco Suàrez und Hugo Grotius (Treffpunkt Philosophie Bd. 10), Frankfurt am Main 2010, Anm. 155, 61.

Spannungen[91] und einer sich emanzipierenden Zivilgesellschaft repräsentiert er augenscheinlich die Hinwendung zu einem säkularen Denken, das nunmehr konfessionelle und also durch den Glauben motivierte Unterschiede innerhalb der europäischen Gesellschaften des 16. und 17. Jahrhunderts überwinden will. Dabei aber bleibt es eine Zeit des Übergangs:

> „Die soziale und politische Ordnung im Europa der frühen Neuzeit war fest gefügt. Der Wandel, den es sehr wohl gab, muss mithilfe anderer Kriterien gemessen werden, als dies für die Gesellschaften der Moderne geschieht. Nicht der Gegensatz von Tradition und Innovation ist ein Charakteristikum dieser Epoche, sondern die wechselseitige Verzahnung. Das Kennzeichen der frühen Neuzeit sind der innovative Charakter der Tradition und der traditionelle Charakter des Neuen. Deshalb hilft es weiter, das *zeitgenössische* Verständnis von Tradition und Wandel zu erfassen. Deren Zeit- und Krisenverständnis lässt sich am ehesten in Phasen des Umbruchs fassen, wie sie die Reformation und die Zeiten der Konfessionskriege […] darstellte."[92]

Nicht dass eine solche Transformation des Denkens stattgefunden hat, nicht dass es eine Zeit des Umbruchs war, wird also in Frage gestellt, wobei überkommene Denktraditionen nicht einfachhin abgestoßen wurden, sondern eher der Zeitpunkt, wann dieses Denken sich wandelte. Gerade in diesem Zusammenhang kommt Hugo Grotius als Rechtsphilosoph eine entscheidende Rolle zu: „Then Grotius becomes a significant figure in the public inauguration of the rationalist era, dressing its iconoclastic principles in an overcoat of piety and organizing them in a systematic science of natural law."[93]

Hier klingen schon die wichtigsten Einflüsse des grotianischen Werkes an, wenn gesagt wird, dass Hugo Grotius der Ära des Rationalismus den Weg bereitet und vor allem das Naturrecht in einer wissenschaftlichen Systematik organisiert und an die Vernunft bindet, wie dies vor ihm – vor allem in einer solchen Systematik – noch nicht geschehen war. Dabei ist hier eine personale Zuschreibung zwar nicht hinreichend, um eine komplexe ideengeschichtliche Entwicklung in all ihren Tiefen darzustellen. Dennoch aber hilft der Blick auf eine Einzelperson und ihren zeitlichen Kontext, um sich den gesellschaftlichen

---

91 Diese Spannungen gab es aber auch innerhalb protestantischer Bewegungen. Dies trifft mit Blick auf die Lebensgeschichte von Hugo Grotius im Besonderen auf die nördlichen Niederlande zu: Die „arminianische Krise" wies auf die konsequentialistischen Schlüsse des sich weiterentwickelten und die doppelte Prädestination lehrenden Calvinismus hin und kritisierte diese stark. Seit 1591 äußerte sich der im calvinistischen Geist erzogene Arminius als Pfarrer in Amsterdam auch in der Öffentlichkeit kritisch zur Prädestinationslehre Calvins und behauptete, dass der Mensch kraft seines freien Willens die Gnade Gottes nicht annehmen muss. Er propagierte so die Mitwirkung des Menschen für sein Heil. Diese inner-calvinistischen Streitigkeiten hatten große politische Sprengkraft, war doch der Calvinismus eng mit dem Freiheitskampf der Niederlande um die Unabhängigkeit vom katholischen Spanien verbunden. Dazu besonders erhellend MACCULLOCH, Diarmaid: Die Reformation 1490–1700, München 2003, 473-499, hier besonders 493f.

92 SCHORN-SCHÜTTE, Luise: Konfessionskriege, 65.

93 O'DONOVAN, Joan Lockwood/ O'DONOVAN, Oliver (Hrsg.): From Irenaeus to Grotius: A Sourcebook in Christian Political Thought, Grand Rapids 1999, 787-820, hier 787.

Wandel, der schließlich immer als schleichender Prozess verläuft,[94] bewusst zu machen. Der 1583 in Delft geborene und in einer calvinistischen Familie aufgewachsene Hugo Grotius soll daher als personale Verdeutlichung des gesellschaftlichen Prozesses fungieren, der sich in der Folge der Reformation in Europa gebildet hat.[95] In gewissem Sinne markiert er damit das Ende eines christlich motivierten politischen Denkens und damit auch den Beginn eines schwindenden Einflusses der theologisch begründeten Normen auf die Gesellschaften seiner Zeit: „In the early modern era there emerged from the theopolitical tradition a new and distinctive approach to political thought, effectively independent of theological premises."[96] Diese Wende der „frühen Moderne" wird hier als Ablösung von theologischen Prämissen verstanden, die vor dem Hintergrund von konfessioneller Spaltung in Europa und selbst innerhalb einzelner Länder nicht mehr Grundlage gemeinsam getragener Entscheidungen sein konnten, ohne den Frieden zu gefährden. An der Schwelle dieses Umwandlungsprozesses steht Hugo Grotius als gläubiger Christ auf der noch vom Glauben an Gott motivierten Seite. Dabei wurde auch immer wieder seine konfessionelle Ausrichtung zu Lebzeiten[97] und in der Forschung thematisiert, da er durch einen irenischen Ansatz[98] durchaus für viele Glaubensrichtungen zugänglich war. Diesem Pfad soll an dieser Stelle aber nicht gefolgt werden.[99]

Sein schon in früher Jugend erkanntes Talent brachte ihn bereits mit 15 Jahren nach Frankreich an den Hof Heinrichs IV., wo der sprachbegabte Grotius im Gefolge einer diplomatischen Gesandtschaft als *„le miracle d'Hollande"*

---

94 Vgl. dazu LUHMANN, Niklas: Geschichte als Prozess und die Theorie soziokultureller Evolution, in: DERS.: Soziologische Aufklärung 3 – Soziales System, Gesellschaft, Organisation. 3. Auflage, Opladen 1993, 178-197.

95 In diesem Zusammenhang besonders zu beachten ist GREGORY, Brad S.: The Unintended Reformation. How a Religious Revolution Secularized Society, Cambridge 2012.

96 O'DONOVAN, Joan Lockwood/ O'DONOVAN, Oliver (Hrsg.): From Irenaeus to Grotius, 787.

97 Vgl. etwa MÜHLEGGER, Florian: Hugo Grotius. Ein christlicher Humanist in politischer Verantwortung (Arbeiten zur Kirchengeschichte Bd. 103), Berlin 2007, 1: „Hugo Grotius gab seinen Zeitgenossen Rätsel auf. So fasste der französische Gelehrte Aegidius Menagius die Diskussionen über Grotius' Konfession in einem Vierzeiler zusammen: ‚Smyrna, Rhodus, Colophon, Salamis, Pylos, Argos, Athenae, Siderei certant Vatis de patria Homeri. Grotiadae certant de religione Socinus, Arrius, Arminius, Calvinus, Roma, Lutherus.' Wie die besagten Städte darum streiten, welche Heimat Homers ist, so wollen sechs Konfessionen jeweils Grotius für sich vereinnahmen."

98 Vgl. SCHLÜTER, Joachim: Die Theologie des Hugo Grotius, Göttingen 1919, 86: „Im Gegensatz zu den offiziellen Kirchen, der katholischen wie der protestantischen, waren die Humanisten im Zeitalter der Reformation die Vertreter der religiösen Toleranz gewesen. Politische religiöse und aufklärerische Motive wirken bei ihnen zusammen."; MÜHLEGGER, Florian: Hugo Grotius, 502: „Grotius' Hauptanliegen, das er mit den hier behandelten Schriften verfolgt, ist der Friede unter den Christen. Dabei gibt es für ihn keinen wesentlichen Unterschied zwischen dem öffentlichen Frieden und dem Frieden innerhalb der Kirche bzw. dem zwischen ihnen, denn der eine kann ohne den anderen nicht bestehen."

99 Verwiesen sei an dieser Stelle besonders auf das Werk von KROGH-TONNING, Knud Karl: Hugo Grotius und die religiösen Bewegungen im Protestantismus seiner Zeit, Köln 1904.

galt.[100] Während jenes Frankreichaufenthaltes verlieh ihm die Universität Orleans den Ehrendoktorgrad beider Rechte. Christoph Link weist in seiner Grotius-Abhandlung darauf hin, dass er zu dieser Zeit noch nicht einmal das Baccalaureat abgeschlossen haben mag.[101] Im folgenden Jahr, 1599, begann er seine Laufbahn als Advokat, die ihm neben seinen Pflichtaufgaben Zeit zur Publikation mehrerer Werke gab. Unter anderem[102] entstand zwischen 1604 und 1606 eines seiner Hauptwerke zum Beuterecht *„De Iure praedae commentarius"*, von dem bis 1868 nur das 12. Kapitel unter dem Titel *„De mare libero"* (Von der Freiheit des Meeres) veröffentlicht war und das er im Auftrag der Niederländischen Ostindischen Compagnie angefertigt hatte. Die politische Frage, die dabei im Hintergrund stand, war nach der Unabhängigkeitserklärung der Niederlande 1581 besonders virulent geworden: Die Niederlande waren als Handelsnation auf den freien Seehandel angewiesen und traten damit in Konkurrenz mit Spanien und den von diesen 1580 unterworfenen Portugiesen, mit denen sich vor allem durch die Gründung der Ostindischen Compagnie im Jahr 1602 Interessensüberschneidungen ergaben.[103]

Aufgrund einer praktischen Problematik also entwarf Hugo Grotius die bis heute grundlegende Interpretation der Freiheit der Meere, die nicht nur die Freiheit und Unabhängigkeit des neuen niederländischen Staates festigen sollte, sondern auch das als rechtsfrei erkannte Gebiet der Weltmeere nunmehr als Rechtsraum definierte.[104] Gemeinsam mit dem *„Parallelon"*, in dem er aus patriotisch-protestantischer Sicht den Befreiungskampf der Niederlande gegen Spanien befürwortet, legt Grotius in *„De mare libero"* bereits die Grundgedanken seiner Naturrechtskonzeption vor, die er in seinem *opus magnum* „Vom Recht des Krieges und des Friedens" (*De jure belli ac pacis libri tres* = DIB)[105] aus dem Jahr 1625 endgültig entfaltet. Auch wenn Hugo Grotius'

---

[100] Vgl. KONEGEN, Norbert: Zum Staatsverständnis von Hugo Grotius (Diskussions-Papiere des Instituts für Staatswissenschaften), München 1998.

[101] Christoph Link verweist dabei in einer Fußnote auf Robert Feenstra, der keinen Nachweis über einen Abschluss Grotius' in den Leidener Universitätsregistern finden konnte. Daher kann man annehmen, dass er auch das Baccalaureat ehrenhalber in Orleans verliehen bekam, vgl. LINK, Christoph: Hugo Grotius als Staatsdenker (Recht und Staat Nr. 512), Tübingen 1983, 5.

[102] In diese Zeit fallen die Herausgabe des Satyrikons des Martianus Capella, das Versdrama mit dem Titel *„Adamus Exul"* und das Werk *„Parallelon rerum publicarum liber tertius"* (Staatsparallelen), vgl. PAECH, Norman: Hugo Grotius (SH 63), Berlin 1985, 3.

[103] Vgl. WOLF, Erik: Grosse Rechtsdenker der deutschen Geistesgeschichte, Tübingen 1963, 253-310, hier 267: „Als daraufhin ein portugiesisches Handelsschiff in der Malakkastraße am 5. Februar 1603 von einem Niederländer gekapert wurde, entwickelte sich aus der *konkreten* Frage, ob diese Prise moralisch und rechtlich zulässig gewesen sei, der grundsätzliche Disput: gab es eine freie Schiffahrt im Meer? Oder galt hier das Recht des Stärkeren? Verbot das nicht die Religion? Wer also war hier im Recht, Niederländer oder Portugiesen?"

[104] Vgl. ebd.

[105] GROTIUS, Hugo: De Jure Belli ac Pacis. Libri tres. Drei Bücher vom Recht des Krieges und des Friedens, Paris 1625. Nebst einer Vorrede von Christian Thomasius zur ersten deutschen Ausgabe des Grotius vom Jahre 1707. Neuer deutscher Text und Einleitung von Walter Schätzel, Tübingen 1950.

Gesamtwerk in über 120 Schriften Themen aus Theologie – hier besonders „Von der Wahrheit der christlichen Religion" (*De Veritate Religionis Christianae* aus dem Jahr 1627)[106] –, politischer Philosophie, Literatur und Philologie behandelt, wird die Anerkennung bis heute hauptsächlich durch DIB begründet, auf dessen Grundlage vom Dreißigjährigen Krieg bis zu den deutschen Mauerschützenprozessen[107] in den neunziger Jahren des 20. Jahrhunderts konkrete Rechtsurteile begründet wurden.[108]

Während seiner Arbeit im Staatsdienst als Staatsanwalt, Ratspensionär der Stadt Rotterdam, Mitglied der provinziellen Ständeversammlung, Mitglied der commitierten Räte der Generalstaaten und als offizieller Geschichtsschreiber Hollands steigerte sich der inner-calvinistische Streit um die Prädestinationslehre zur „arminianischen Krise". Die Remonstranten, benannt nach ihrer 1610 verfassten Denkschrift, der so genannten „*Remonstranz*", in der in fünf Kapiteln die grundlegenden Thesen der gemäßigten und humanistisch-erasmisch geprägten Opposition zum strengen prädestinatorischen Calvinismus ausgeführt werden, wurden unter anderem von Moritz von Oranien, den Theologen Johannes Wtenbogaert (1557–1644) und Johan van Oldenbarnevelt (1547–1619) vertreten. Letzterer war der Vertraute Hugo Grotius', dessen politisches Ende auch für den Delfter problematisch wurde. Nicht zuletzt hatte er für Oldenbarnevelt eine Verteidigungsschrift verfasst, die das vorläufige Ende der Karriere Grotius' in seiner niederländischen Heimat bedeutete. 1618 wurden führende Remonstranten zu lebenslanger Haft und zur Konfiskation ihres Besitzes verurteilt; darunter dann auch Hugo Grotius. Nach seiner spektakulären Flucht in einer Bücherkiste gewährte ihm Ludwig XIII. von Frankreich von 1621 bis 1632 Exil. Während diesem entstand auch sein Hauptwerk „De Jure Belli ac Pacis". 1634 wurde er als Gesandter Schwedens in Paris eingesetzt. Diese Aufgabe konnte er aber nur unzureichend erfüllen: „Richelieu mochte ihn ebensowenig wie Mazarin und wichtige Fäden im schwedisch-

---

[106] Vgl. dazu WOLF, Erik: Grosse Rechtsdenker, 276: „In Paris zuerst erschienen, hat diese apologetische Schrift einen beispiellosen Erfolg gehabt. Außer der holländischen und 33 lateinischen Ausgaben gibt es Übersetzungen von ihr in mehr als zehn Sprachen; sie ist eins der am meisten über die Erde verbreiteten Bücher geworden. In drei Teilen erörtert die Schrift den Beweis des Daseins Gottes, des rechten Glaubens und der Echtheit der Evangelien."

[107] Erhellend dazu der Beitrag von ESER, Albin: Schuld und Entschuldbarkeit von Mauerschützen und ihren Befehlsgebern. Zu einem unbewältigten Problem bei der Bewältigung von DDR-Altlasten, in: BÖTTCHER, Reinhard (Hrsg.): Festschrift für Walter Odersky zum 65. Geburtstag am 17. Juli 1996, Berlin 1996, 337-350, hier 338f.: „Wie bereits in seinem richtungweisenden Urteil vom 3. 11. 1992 vorgezeichnet und durch weitere Entscheidungen fortgeführt, stützt er sich [der BGH, Anm.d.A.] dabei im wesentlichen auf zwei Erwägungen: Er sieht und beschränkt die Grenz- und Schußwaffenregeln im Lichte der von der DDR anerkannten Menschenrechte, greift aber darüber hinaus auch auf letztlich *im Naturrecht wurzelnde elementare Gebote der Gerechtigkeit zurück* (Hervorhebung des Autors, im Originaltext nicht kursiv)." In diesem Zusammenhang besonders wichtig der Wortlaut des Urteils: Az5 StR 167/94, 26. Juli 1994.

[108] Vgl. KHAN, Daniel-Erasmus: Hugo Grotius, 196.

französischen Bündnis liefen an ihm vorbei.“[109] Daher verließ er Frankreich, um in Stockholm eine neue Aufgabe zu erbitten. Auf der Rückreise erlitt Grotius Schiffbruch, den er zwar überlebte. Er starb jedoch an den Folgen am 28. August 1645 in Rostock.[110]

Die nun folgenden Gedankengänge, die sich an Hugo Grotius als Person und an seinen Hauptthesen orientieren, erheben nicht den Anspruch, das gesamte Werk des Delfters darzustellen. Es soll hingegen im Kontext der leitenden Frage nach Genese und Geltung moralischer Normen im Werk Hugo Grotius' aufgezeigt werden, ob in seinem Denken tatsächlich eine neue Epoche präsent ist, er also dem Naturrecht eine neue und vor allem von Gott unabhängige Grundlage geben will. Dieser Gedanke erschiene damit als wirklicher Beginn einer Emanzipation der Politik von der Religion, einer Ablösung des staatlichen Rechts gegenüber theonomer Normethik, die in einer Privatisierung der Tugendethik mündet.

1.2 Die Voraussetzungen des grotianischen Denkens

1.2.1 Die spätscholastischen Einflüsse

Obwohl Hugo Grotius im weiteren Verlauf der Kapitel als wesentlicher Bezugspunkt des neuen säkularen Denkens herausgestellt werden soll, ist seine Naturrechtskonzeption keineswegs in völliger Voraussetzungslosigkeit entstanden. So ist vor allem nach dem Zweiten Weltkrieg die Erkenntnis erwachsen, dass Hugo Grotius starke Bezüge zur spanischen Spätscholastik aufweist, die sein Alleinstellungsmerkmal „als Vater des modernen Natur- und Völkerrechts“[111] wenn nicht negiert, so doch zumindest relativiert[112]: „Hier erscheint Grotius eher als Ende denn als Anfang einer Entwicklungslinie europäischen Rechtsdenkens.“[113] Dennoch ist die Wirkmächtigkeit seiner Ideen, mithin auch die Rezeptionsgeschichte bis in das 20. Jahrhundert und die Anwendung seiner Rechtskonzeption kaum mit denen anderer Autoren vergleichbar.

---

[109] LINK, Christoph: Hugo Grotius als Staatsdenker, 10.

[110] Zur Vita Grotius' besonders zu beachten: EYSINGA, Willem J.M.: Hugo Grotius. Eine biographische Skizze, Basel 1952; WOLF, Erik: Grosse Rechtsdenker, hier 263f.

[111] LINK, Christoph: Hugo Grotius als Staatsdenker, 10.

[112] Norbert Konegen nimmt zu solchen Zuschreibungen deutlich und kritisch Stellung, vgl. KONEGEN, Norbert: Zum Staatsverständnis von Hugo Grotius, 30: „Grotius kann weder als ‚Vater‘ des modernen Völkerrechts noch als ‚Begründer‘ des Naturrechts im Sinne des säkularisierten Vernunftrechts gelten. Seine bleibende Leistung liegt vielmehr in dem geglückten Versuch, verschiedene Rechtsbereiche (Völkerrecht, Verfassungsrecht, Staatsrecht, Kirchenrecht, Privatrecht) auf die gemeinsame naturrechtliche Basis zurückgedacht zu haben. Damit schuf er eine Gegenposition zu Positivismus und Staatsabsolutismus.“

[113] Ebd., 11.

Grotius muss daher ein Alleinstellungsmerkmal besitzen, das über ein reines Reproduzieren schon bestehender Ideen hinausgeht. Gerade aber deswegen sollen nun zunächst in aller gebotenen Kürze die ihm vorausgehenden Entwicklungsstränge aufgezeigt werden, um dann das eigentlich Neue im Werk Hugo Grotius' in den Blick nehmen zu können.

Schon oben klang die vor allem nach dem Zweiten Weltkrieg erschlossene Verbindung des grotianischen Denkens mit der Scholastik an. Diese Epoche der abendländischen Geistesgeschichte, die in Thomas von Aquin ihren Höhepunkt fand, prägte wesentlich das mittelalterliche Denken.[114] Die Scholastik des Mittelalters verfolgte im Wesentlichen drei Prämissen:

> „An erster Stelle ist die Hochschätzung der Tradition und der Autorität zu nennen. [...] Hierzu kommt nun [...]: Die Einsicht und das Bewußtsein, daß [sic!] sich echte Aneignung von Wissen nur in strenger geistiger Auseinandersetzung vollziehen kann. Die *ratio*, die Vernunft als kritische, als unterscheidende und am Ende entscheidende Instanz, gewinnt deshalb zunehmend an Bedeutung. Mit der Rezeption und der kritischen Auseinandersetzung verbindet sich schließlich als drittes Anliegen die Vermittlung, die Weitergabe des Wissens."[115]

Die Vernunft, die sich nun im Sinne der Scholastik Bahn brach, sollte in anderer Weise im Zeitalter des Rationalismus wiederum gegen die Theologie opponieren. Doch in der Epoche der Scholastik gab es keinen Gegensatz zwischen Vernunft und Gottesglaube. Das Denken der hochmittelalterlichen Scholastik – auch wenn es politischen Charakter hatte – verlief in den Bahnen einer homogen christlichen Umwelt, die ein starkes Ständewesen und einen festen Ordnungsrahmen propagierte.[116]

Erst als dieser fest gefügte Ordnungsrahmen einer homogenen Gesellschaft aufbrach, als es also zur Transformation auch der ethischen Reflexionsgrundlagen der Gesellschaften kam, änderten sich die notwendigen Fragestellungen und Antwortversuche in Theologie und Recht:

> „Die Welt, die aus dem religiösen Bruch hervorgeht, scheint eine Welt auf der Suche nach einer neuen ‚Legalität' zu sein, die anders ist als jene, die die mittel-

---

[114] Vor allem wurde schon in der mittelalterlichen Scholastik, aufbauend auf den römischen Rechtsquellen, ein neues, universalistisches Verständnis von Naturrecht implementiert. Vgl. dazu besonders die Arbeit von HÖLSCHER, Emil Erich: Die ethische Umgestaltung der römischen Individual-Justitia durch die universalistische Naturrechtslehre der mittelalterlichen Scholastik, Paderborn 1932, 60ff.

[115] HEINZMANN, Richard: Thomas von Aquin. Eine Einführung in sein Denken. Mit ausgewählten lateinisch-deutschen Texten, Stuttgart 1994, 18.

[116] Besonders deutlich wird dies im *opusculum* von THOMAS VON AQUIN „*De regimine principum*". In diesem als Fürstenspiegel konzipierten Werk betont Thomas die immer gültigen Prinzipien des guten politischen Handelns, das auf das „*bonum humanum*" abzielen muss, auf das Gemeinwohl des Gemeinwesens, das in der Tugendhaftigkeit des Herrschers wurzelt. Zugleich wird grundsätzlich die Frage nach dem Zweck des Staates gestellt und damit zugleich eine anthropologische Aussage über den Menschen als Gemeinschaftswesen gemacht, vgl. THOMAS VON AQUIN: Über die Herrschaft der Fürsten (*De regimine principum*), übers. von Friedrich Schreyvogel, Nachw. von Ulrich Matz, Stuttgart 1971.

> alterliche Christenheit gekennzeichnet hatte: Einerseits sucht man nach einem neuen inneren Forum – gestützt auf eine der existierenden Kirchen oder auch nicht –, andererseits findet eine immer deutlichere Polarisierung statt, die versucht, die Ethik mit der neuen Machtordnung zusammenfallen zu lassen."[117]

Offensichtlich ist die Zeit des Umbruchs schon vor Hugo Grotius deutlich spürbar, der in dieser Lesart der Endpunkt einer Entwicklung ist, die sich in einer einstmals religiös homogenen Welt als Bruch mit moralischen, sozialen und politischen Gegebenheiten darstellt. Damit einher geht wesentlich die Ablösung von Recht und Moral, die in ihrem Verhältnis allerdings nicht *ad hoc* einen absoluten Dualismus darstellten. In jedem Fall aber schien es im Kontext der Zeit geboten zu sein, das Verhältnis von Recht und Moral neu zu überdenken, was in Theologie wie Jurisprudenz zu tiefgreifenden Entwicklungen führte.

Gerade hier kann der Bezug zur spanischen Spätscholastik hergestellt werden, da die iberische Halbinsel[118] im 16. und am Beginn des 17. Jahrhunderts das eigentliche politische sowie wissenschaftliche Zentrum Europas war oder zumindest wesentliche kulturelle Strömungen von dort ausgingen. Gerade die spanische Theologie erlebte in dieser Zeit eine Blüte ihrer Geschichte, die sich als Goldenes Zeitalter in der Geschichtsschreibung wiederfindet. Im Wesentlichen können vier Hauptgründe für diese erstaunliche Entwicklung genannt werden: Zunächst ermöglichte die Heirat Königin Isabellas von Kastilien mit König Ferdinand von Aragón 1469 die wenig später erfolgte Einheit der spanischen Nation, die spätestens mit der Einnahme von Granada 1492 militärisch die Oberhand gegen die Reste der Mauren auf der iberischen Halbinsel gewonnen hatte. Die Reconquista kam durch die Ehe zu ihrem eigentlichen Abschluss. Weiterhin wurden kirchliche Missstände durch den später als Reichsverweser eingesetzten Kardinal Jiménez de Cisneros (1436–1517) beseitigt, sodass reformatorische Bestrebungen weitgehend ausblieben oder sich zumindest kaum halten konnten. Zudem war Jiménez de Cisneros wesentlich an der Reform der Orden beteiligt, infolgedessen besonders die Dominikaner herausragende Persönlichkeiten hervorbringen konnten. Das Ausbleiben der Reformation führte zu einer tiefgehenden Beschäftigung mit den traditionellen Glaubensinhalten und verhinderte eine Theologie, die lediglich apologetisch argumentierte. Schließlich war es die besondere Form des spanischen Huma-

[117] PRODI, Paolo: Eine Geschichte der Gerechtigkeit. Vom Recht Gottes zum modernen Rechtsstaat, München 2003, 242.

[118] Es kann durchaus auch von „iberischer Spätscholastik" gesprochen werden, da neben den meist spanischen Denkern auch einige portugiesische Vertreter der Spätscholastik hervorzuheben sind, vgl. SEELMANN, Kurt: Theologie und Jurisprudenz an der Schwelle zur Moderne. Die Geburt des neuzeitlichen Naturrechts in der iberischen Spätscholastik, Baden-Baden 1997, 7.

nismus, der nicht gegen die Kirche opponierte, sondern die Theologie eher noch befruchtete.[119]

In politischer Hinsicht zeigt die Herrschaft Karls V., der letzte vom Papst gekrönte römisch-deutsche Kaiser, der sich nicht nur als Universalmonarch Europas, sondern zudem als Herrscher verstand, in dessen Reich die Sonne nicht unterging, ab dem Jahr 1517 das erstarkte Selbstverständnis in offensichtlicher Weise.[120] Damit ist zugleich eine, wenn nicht *die* Herausforderung dieser Zeit benannt: Die alte Welt hatte es nicht nur mit den bereits oben angesprochenen innerchristlichen, konfessionellen Konflikten zu tun; es ergab sich zudem eine Herausforderung durch die Entdeckungen der sogenannten *neuen Welt*, die vor allem unter spanischer und portugiesischer Krone gemacht wurden.[121] Durch die Konfrontation mit den unbekannten Kulturen des amerikanischen Kontinents stellten sich Fragen, die mit den damals vorherrschenden Mitteln des Rechts nicht einfachhin geklärt werden konnten: Weder römisches noch kanonisches Recht boten hierfür das richtige Handwerkszeug. Sofort also wurde die Notwendigkeit einer juristischen Normierung offenkundig, die durch Theologen und Rechtsgelehrte in Angriff genommen wurde, womit ein intensives Nachdenken über eine mögliche Kolonialethik begann.[122] Es kam in diesem Zusammenhang zu verstärkten Reflexionen über das Naturrecht. Die konfessionellen Brüche, die sich durch die Reformation ergaben, verstärkten die Notwendigkeit eines praktischen Naturrechts, da das kanonische Recht nicht mehr Grundlage gemeinsamer Entscheidungen sein konnte. So hatte es vor allem einen pragmatischen Grund, warum das Naturrecht ab dem 16. Jahrhundert konkretisiert wurde.[123] Schließlich kann man der wirtschaftlichen Entwicklung einen entscheidenden Einfluss auf die Beschäftigung mit dem Naturrecht beimessen. Einerseits war es durch den entstehenden See- und Welthandel zu neuen rechtlichen Fragen gekommen, die das Verhältnis ganzer Nationen und deren Besitzansprüche an der „*omnia communia*" aufwarfen. Andererseits hatte sich auch die Notwendigkeit ergeben, Eigentum als individuelle Rechtsposition zu definieren.[124] Dieser scheinbar widersprüchlichen Entwicklung begegnete die spanische Spätscholastik, die durch ihre im Zuge der Beschäftigung mit dem Naturrecht gefundenen Antworten auch Hugo Gro-

---

[119] Vgl. DEURINGER, Karl: Probleme der Caritas in der Schule von Salamanca, Freiburg im Breisgau 1959, 2f.

[120] Vgl. zur Person Karls V.: KOHLER, Alfred: Karl V. 1500-1558. Eine Biographie, München 2005; SCHULIN, Ernst: Kaiser Karl V. Geschichte eines übergroßen Wirkungsbereiches, Stuttgart 1999; SCHORN-SCHÜTTE, Luise: Karl V., München 2006.

[121] Zum zeitgeschichtlichen Hintergrund des „Zusammenpralls zweier Welten" besonders hervorzuheben: HÖFFNER, Joseph: Christentum und Menschenwürde. Das Anliegen der spanischen Kolonialethik im Goldenen Zeitalter, Trier 1947, 69f.

[122] Vgl. OCKENFELS, Wolfgang: Kolonialethik. Von der Kolonial- zur Entwicklungspolitik, Paderborn 1992, hier besonders 53ff.

[123] Vgl. KRIELE, Martin: Einführung in die Staatsrechtslehre. Die geschichtlichen Legitimitätsgrundlagen des demokratischen Verfassungsstaates, Stuttgart u.a. 2003, 182f.

[124] Vgl. SEELMANN, Kurt: Theologie und Jurisprudenz, 16ff.

tius beeinflusste.[125] Dabei war es wohl kein Zufall, dass gerade im Bereich der iberischen Halbinsel das Naturrecht wieder in den Fokus der Rechtswissenschaften und der Theologie trat, gehörten doch Spanien und Portugal nie zum Heiligen Römischen Reich deutscher Nation. Deswegen hatte das römische Recht keine direkte Geltung in der iberischen Rechtstradition, sodass man von einem „rechtlichen Quellensynkretismus"[126] sprechen kann:

> „Anders als im Bereich unmittelbaren Geltungsanspruchs des römischen Rechts war die juristische Aufgabe deshalb weniger die Harmonisierung scheinbarer Widersprüche in den Quellen, als vielmehr die manchmal ganz offen demonstrierte Suche nach naturrechtlich begründeten besseren Lösungen."[127]

Diese naturrechtlich *besseren Lösungen* fand man zuallererst in Form der *Summa* von Thomas von Aquin. Die Sentenzen des Petrus Lombardus, die die bisherige Grundlage des theologischen Unterrichts bildeten, wurden durch Textbücher der *Summa Theologiae* ersetzt. Im Gegensatz zu den Sentenzen, die keinen eigentlichen moraltheologischen Teil beinhalten, stellt die Theologische Summe eine systematische Annäherung an die Fragen der Moral dar. Hierbei hat vor allem die *Secunda Secundae* (II-II) die größte Wirkungsgeschichte mit einer Vielzahl von Kommentaren entfaltet.[128] Besonders die durch Thomas definierte rechtliche Unterscheidung von *vis directiva* und *vis coactiva*[129] sollte, vermittelt durch die Schule von Salamanca, nachhaltigen Einfluss ausüben. Sie ist vor allem gegen den Voluntarismus, der durch Johannes Duns Scotus (1266–1308) und William von Ockham (1288–1347) vertreten wurde und die von ihnen betonte *potentia absoluta* Gottes gerichtet.[130] Die Vertreter der Gegenposition sahen in diesem Ansatz vor allem hinsichtlich einer Wertebegründung und einer daraus erwachsenden politischen Praxis die Gefahr einer Erosion der natürlichen Ordnung.[131] Im iberischen Raum ist diesbezüglich Francisco de Vitoria (1483–1546) besonders hervorzuheben, der Mitbegründer der Schule von Salamanca, der gemeinsam mit dem flämischen Dominikaner Pierre Crockaert im Jahr 1509 zunächst am Collège de St. Jacques in Paris die Umstellung der Lehrgrundlage von den Sentenzen zur Summe angestoßen hat. Auch in Salamanca setzte er die Neuerung der Lehre zu-

---

[125] Vgl. THIEME, Hans: Natürliches Privatrecht und Spätscholastik, in: ZRG Germ. Abt. Bd. 70 (1953), 230-266, hier 265.

[126] Vgl. SEELMANN, Kurt: Theologie und Jurisprudenz, 18f.

[127] Ebd., 19.

[128] Vgl. HÄRING, Bernhard: Das Gesetz Christi, 64f.

[129] Das Gesetz umfasst daher sowohl die *lex indicativa* als auch die *lex imperativa*. Diese Spannung bleibt bei Thomas bestehen, während sie schon im Denken der Schule von Salamanca auseinandergeht.

[130] Zum Begriff des Voluntarismus vgl., KNEBEL, Sven K.: Voluntarismus, in: RITTER, Joachim/ GRINDER, Karlfried (Hrsg.): Historisches Wörterbuch der Philosophie (Bd. 11), Basel 1998, 1143-1145.

[131] Vgl. BÖCKENFÖRDE, Ernst-Wolfgang: Geschichte der Rechts- und Staatsphilosophie. Antike und Mittelalter, Tübingen 2002, 313.

sammen mit Domingo de Soto (1494–1560) durch[132], in Folge dessen auch dort vor dem Hintergrund besonders des Teils „*De justitia et iure*" der *Secunda Secundae* mehrbändige Kommentare entstehen.[133]

Am Beispiel von Francisco de Vitoria[134] soll nun kurz verdeutlicht werden, welche Herausforderungen sich der Schule von Salamanca stellten, deren Zeitkontext oben bereits skizziert wurde, wobei besonders auf die Darstellungen von Daniel Deckers[135] und Ernst Wolfgang Böckenförde[136] Bezug genommen wird.

Als Theologe geht Francisco de Vitoria hinsichtlich seines Rechtsdenkens nicht von der *lex humana*, sondern vom Naturrecht aus. Dieses, so betont beispielsweise Ernst-Wolfgang Böckenförde, ist darauf ausgerichtet, die Positionen zwischen einer Herleitung aus dem Willen Gottes und der Genese aus der menschlichen Vernunft zu integrieren. Dabei kann zwischen dem objektiven Naturrecht und dem subjektiven Naturrecht[137] unterschieden werden. Ersteres setzt die Existenz einer Naturordnung voraus, die eine teleologische Erkenntnisgrundlage darstellt. Alles Sein existiert auf ein Ziel hin, was für Vitoria in der Schöpfung durch Gott als letztes und absolutes Ziel begründet ist.[138] Für

---

[132] Vgl. SCHNEPF, Robert: Aufbau und Argumentation der Relectio *De Potestate Civili* des Francisco de Vitoria, in: FRANCISCO DE VITORIA: Über die staatliche Gewalt [De potestate civili], eingeleitet und übersetzt durch Robert Schnepf, Berlin 1992, 3.

[133] Für Karl Deuringer ist die Ablösung der Lombardischen Sentenzen durch die Summa des Thomas von Aquin für die Entwicklung der Theologie im Spanien des „Goldenen Zeitalters" nicht zu unterschätzen, vgl. DEURINGER, Karl: Probleme der Caritas in der Schule von Salamanca, 4: „Als wichtigster Faktor für das Aufblühen der Theologie in Spanien während des 16. Jahrhunderts darf die Tatsache nicht unerwähnt bleiben, daß Francisco de Vitoria im Lehrbetrieb von Salamanca das herkömmliche Lehrbuch der Theologie, die Sentenzen des Petrus Lombardus, durch die Summa theologica des hl. Thomas ersetzte."

[134] Francisco de Vitoria bietet sich an, da er etwa ein Jahrhundert vor Grotius lebte und Mitbegründer der Schule von Salamanca und damit der iberischen Spätscholastik war. Darüber hinaus können wertvolle Bezüge Grotius' zur Spanischen Spätscholastik, aber auch im Hinblick auf Francisco Suárez verdeutlicht werden, der aber Zeitgenosse des Delfters war.

[135] Vgl. DECKERS, Daniel: Gerechtigkeit und Recht. Eine historisch-kritische Untersuchung der Gerechtigkeitslehre des Francisco de Vitoria (1483–1546), Freiburg/Schweiz 1991.

[136] Vgl. BÖCKENFÖRDE, Ernst-Wolfgang: Geschichte der Rechts- und Staatsphilosophie, 317-339.

[137] Vgl. dazu kritisch SEELMANN, Kurt: Die Denkfigur des ‚subjektiven Rechts' in der spanischen Spätscholastik, in: MATE, Reyes/ NIEWÖHNER, Friedrich (Hrsg.): Spaniens Beitrag zum politischen Denken in Europa um 1600 (Wolfenbütteler Forschungen, Bd. 57), Wiesbaden 1994, 141-151.

[138] Vgl. FRANCISCO DE VITORIA: Vorlesungen I (Relectiones). Völkerrecht, Politik, Kirche. Mit einer Einführung in Leben und Werke Vitorias von Ulrich Horst (Theologie und Frieden, Bd. 7). Lateinisch-deutscher Text. Anm. u. Übers. von Joachim Stüben, hrsg. v. HORST, Ulrich/ JUSTENHOVEN, Heinz-Gerhard/ STÜBEN, Joachim, Stuttgart u.a. 1995, 120f.: „Credamusque non caelum, nec terram, ac reliquas orbis partes hominemque ipsius orbis principem, sed omnia, quae caelo continentur, alicuius usus et finis gratia stetisse fierique omnia atque ita fieri necesse propter finem, unde ratio et necessitas rerum accipienda est. [Und so laßt uns denn glauben, daß nicht nur der Himmel, die Erde und die übrigen Teile der Welt sowie der Mensch als Herrscher über die Welt, sondern alles, was der Himmel umfängt, zu einem Nut-

die weiteren Überlegungen ist der Hinweis entscheidend, dass Vitoria sich dabei auf eine schon in der Stoa entwickelte Denkfigur stützt, die Kosmos-Teleologie, die hier mit dem Schöpfungsglauben fruchtbar verbunden wird.[139] Festzuhalten bleibt an dieser Stelle, dass für Vitoria durch die Vernunftbegabtheit des Menschen die Erkenntnis von sittlich Gutem und damit auch gerechten Handelns aus der Natur der Dinge erschlossen werden konnte. Die frühere Kritik, die in diesem Kontext aber vor allem von Duns Scotus und Wilhelm von Ockham vorgebracht wurde, ist auf die Notwendigkeit der natürlichen Ordnung gerichtet: Es „stellt sich die Frage ein, wie weit diese Ordnung denn einer natürlich-gesetzlichen *Notwendigkeit* unterliegt, wie weit sie immer und ewig gültig ist und auch Gott selbst an sie gebunden ist.“[140] Vitoria unterscheidet diesbezüglich zwischen einer Notwendigkeit (*necessitas*), die zum einen als *de potentia dei ordinata* (Kraft der göttlichen Ordnung) und zum anderen als *de potentia dei absoluta* (Kraft des absoluten Seins Gottes) bindend wird.[141] So wird zwischen Schöpfer und Geschöpf unterschieden. Das Geschöpf ist an die Erkenntnis der natürlichen Schöpfungsordnung gebunden, der Schöpfer in seinem absoluten Sein jedoch nicht. So versucht Vitoria die Extrempositionen zwischen unveränderlicher Bindung an das natürliche Gesetz beziehungsweise die Naturnotwendigkeit gegenüber der absoluten Bindungslosigkeit natürlicher Zufälligkeit zu integrieren. Besonders vor dem Hintergrund der biblischen Grundlagen, die ein nicht gesetzeskonformes Verhalten an einigen Stellen rechtfertigen, erhält diese Position ihre Stärke.[142] Für diesen Zusammenhang macht Vitoria noch einmal in seinem Kommentar zur *II-II* des Thomas von Aquin deutlich: „Gott hat in all diesem nichts gegen das Naturrecht noch gegen die Gerechtigkeit gemacht noch hat er von irgendei-

---

zen und Zweck eingerichtet wurde und daß alles um eines Zweckes willen geschieht und so geschehen muß.]“

[139] Vgl. BÖCKENFÖRDE, Ernst-Wolfgang: Geschichte der Rechts- und Staatsphilosophie, 320.

[140] Ebd.

[141] Vgl. DECKERS, Daniel: Gerechtigkeit und Recht, 83f.

[142] Dazu ein Hinweis von Daniel Deckers, der die Herausforderung der damaligen Debatte treffend als ein allgemeines theologisches Problem darstellt, vgl. DECKERS, Daniel: Gerechtigkeit und Recht, 105: „Nun ist Francisco de Vitoria nicht der erste Theologe gewesen, der sich diesen Widersprüchen stellen musste [v.a. die Widerspruchsfreiheit der Heiligen Schrift, die Unveränderlichkeit des Naturrechts und die Handlungs- und Willensfreiheit Gottes; Anm.d.A.]. Auch Thomas von Aquino, Johannes Duns Scotus, Wilhelm von Ockham, alle scholastischen Theologen hatten sich zwangsläufig mit diesen Fragen auseinandersetzen müssen. Denn jenseits aller Differenzen im Bereich der Ontologie standen sämtliche Theologen vor dem Problem, die in maßgeblichen philosophischen, aber auch in allgemein anerkannten theologischen Texten behauptete Unveränderlichkeit des Naturrechts mit den biblischen Befunden in Übereinstimmung bringen zu müssen. Umgekehrt mußten sie alle davon ausgehen, daß die Heilige Schrift nichts Unwahres enthält. Diese Denkhorizonte zu überschreiten beziehungsweise zu ignorieren war ihnen nicht möglich. Als denkmöglich erschien jedoch die Annahme, daß Gott möglicherweise nicht an das Naturrecht gebunden ist und unter Umständen den Menschen von seiner Beachtung dispensieren kann. Diese Ansicht und ihre Implikation für die Naturrechtslehre wurden im Hoch- und Spätmittelalter kontinuierlich debattiert.“

nem Gebot dispensiert. Dies gegeben, ist Gott nicht Gesetzgeber sondern Schöpfer."[143]

Eine zweite Voraussetzung, die Vitoria im Zusammenhang des objektiven Naturrechts verdeutlicht, ist die Frage nach der Verbindlichkeit der Naturordnung. Diese ergibt sich für ihn aus dem jeweiligen Gegenstand selbst, der in sich schon einen Grad der Verbindlichkeit aufzeigt: „...wir wissen von Natur aus nur vom Gegenstand selbst her, daß im Falle des Tötungsverbotes ein höherer Verpflichtungsgrad besteht als im Falle des Verbotes zu stehlen, und nicht umgekehrt."[144]

Die natürliche Ordnung aber steht auch bei Vitoria nicht einfachhin für sich, sondern wurzelt in Gott als ihrem eigentlichen Ausgangs- und Geltungspunkt: „...da eine Verpflichtung nur von einem Höhergestellten ausgesprochen werden kann."[145] Die göttliche Autorität wird damit also eher bestärkt als negiert. Im Hinblick auf Hugo Grotius ist dieser Rückbezug auf Gott als den Urheber des natürlichen Gesetzes, wodurch es erst seine eigentliche Legitimation erhält und worin mithin die Geltung des Gesetzes festgemacht wird, von nicht zu unterschätzender Relevanz – ebenso für die Gesamteinschätzung einer sich entwickelnden Säkularisierung des Naturrechts und damit des Rechtswesens als Ganzes.

Für den damaligen zeitlichen Kontext – und dabei vor allem auf die Herausforderungen der Entdeckung der neuen Welt bezogen – erscheint schließlich die Frage nach der praktischen Geltung des Naturrechts als besonders drängend. Dabei ist für Francisco de Vitoria eben gerade entscheidend, dass nicht der christliche Glaube notwendig ist, um die Gesetze zu erkennen und umzusetzen, die in der Ordnung der Natur angelegt sind. Dies heißt näherhin, dass jeder, der Anteil an der natürlichen Vernunft hat, imstande ist, die Gesetze der natürlichen Ordnung zu erkennen. Francisco de Vitorias *ius naturale* ist also auf die gesamte Menschheit bezogen, ist unteilbar und daher *die* Grundlage für alle weiteren Überlegungen auch im Verhältnis der alten zur neuen Welt.[146] Dabei bezeichnet er nicht nur die absolut notwendigen Einsichten als

---

[143] FRANCISCO DE VITORIA: ComSTH II-II, qu. 104, art. 4, n. 2: „Deus in omnibus istis non fecit contra ius naturale nec contra iustitiam, nec dispensavit in aliquot praecepto. Dato quod Deus non esset legislator sed creator." [dt. Übersetzung d.A.].

[144] FRANCISCO DE VITORIA: Rel. De potestate civili, in: DERS.: Vorlesungen I, 152 [„...nec naturaliter scimus maiorem esse obligationem de non occidendo quam de non furando nisi ex ipsa materia et non e contrario."].

[145] FRANCISCO DE VITORIA: Rel. De potestate papae et concilii, in: DERS.: Vorlesungen I, 352-435, hier 358 [„...obligatio esse non possit nisi a superior."].

[146] Vgl. dazu auch die Abgrenzung und logische Gegnerschaft zur lutherischen Position: DECKERS, Daniel: Gerechtigkeit und Recht, 119: „So wie sich Vitoria in der Frage der Existenz wie der Verbindlichkeit des natürlichen Sittengesetzes gegen Ansichten abgrenzt, in deren Konsequenz die christliche Offenbarung als eine notwendige Voraussetzung menschlicher Sittlichkeit erscheint, so will er auch hier eine deutliche Trennungslinie zwischen Offenbarung und Sittlichkeit ziehen: Das sittliche Handeln des Menschen kann nicht von seiner vorgängigen Rechtfertigung im Glauben abhängig gemacht werden. Wiederum kann er gar nicht anders, als sich auf diesen Standpunkt zu stellen: Denn was wäre mit den ‚Barbaren' der

dem *ius naturale* (*principia per se nota*) zugehörig, sondern auch jene, die sich davon ableiten lassen (*in bona consequentia*)[147], und schließlich solche, die nur durch die Vermittlung der Argumentation einsichtig werden (*valde apparentia*). Für die weiteren Überlegungen dieser Arbeit aber ist von entscheidender Bedeutung, dass Francisco de Vitoria im Zusammenhang der praktischen Geltung des Naturrechts auf eine Denkfigur der Stoa zurückgreift, um die Umsetzung des natürlichen Rechts zu konkretisieren. Mit dem *consensus omnium* ist die Übereinstimmung und gegenseitige Anerkennung eines Sachverhaltes gemeint, in der sich sozusagen die kollektive Vernunft ausdrückt. Darin sieht Ernst-Wolfgang Böckenförde eine wesentliche Neuerung gegenüber den bis dahin postulierten Geltungsbedingungen des *ius naturale*:

> „Das eröffnet eine neue Argumentationsebene für die Diskussion über das Naturrecht und seine Reichweite: Denn einerseits wird so ein Prüfkriterium für die Tragfähigkeit naturrechtlicher Postulate eingeführt, an dem sich deren Rationalität ausweisen kann, andererseits wird eine Brücke zum Naturrecht als einem (konsensualen) *Recht der Völker* geschlagen, was auch zu einer Annäherung von Naturrecht und Menschenrechten führt."[148]

An dieser Stelle wird uns Francisco de Vitorias Verdienst um das objektive Naturrecht noch einmal brennglasartig gebündelt vor Augen geführt. Er hatte erkannt, dass sich das Naturrecht auch außerhalb der logischen Gedankenschlüsse des theoretischen Denkens bewähren muss, womit es endgültig rationalen, vor allem aber praktischen Prämissen unterworfen war. Darüber hinaus sollte es Grundlage des Zusammenlebens aller Menschen sein können, wodurch die oft christo-zentrische Perspektive des scholastischen Naturrechts zugunsten eines universalen Geltungsanspruches aufgegeben wurde. Damit wird freilich noch nicht die theologische Genese mit einer säkularen Geltung des Naturrechts ausgesagt. Das Naturrecht bei Francisco de Vitoria ist weiterhin fest mit dem Gottesgedanken verbunden. Dennoch wird eine mögliche Geltung moralischer Normen als Grundlage für Rechtsentscheidungen ohne eine gemeinsame, explizit göttliche Genese bereits als Abbildung der Lebenswirklichkeit an der Schwelle zur Neuzeit gedacht und dies in unverdächtig christlichem Kontext.

Neuen Welt, die Gott schuldlos nicht kennen konnten, da er sich ihnen nicht geoffenbart hat, hinge das sittliche Vermögen des Menschen von seiner vorgängigen Rechtfertigung ab."

[147] Vgl. FRANCISCO DE VITORIA: ComSTh II-II, qu. 57, art. 2, n. 4: „Omne illud quod lumine naturali per se notum est esse justum ab omnibus et conforme rationi rectae et contrarium illius esse injustum, omne tale dicitur et est jus naturale, sicut non furari, non occidere innocentem." [„All jenes, das vermittels des natürlichen Lichts durch sich selbst bekannt ist, ist das bei allen Gerechte und stimmt mit der rechten Vernunft überein, und das Gegenteil dessen ist ungerecht. Alles derartige wird natürliches Recht genannt, wie etwa, dass man nicht stehlen oder Unschuldige töten darf."; dt. Übersetzung vgl. SPINDLER, Anselm: Vernunft, Gesetz und Recht bei Francisco de Vitoria, in: BUNGE, Kristin/ SPINDLER, Anselm/ WAGNER, Andreas (Hrsg.): Die Normativität des Rechts bei Francisco de Vitoria, Stuttgart 2011, 41-70, hier 57].

[148] BÖCKENFÖRDE, Ernst-Wolfgang: Geschichte der Rechts- und Staatsphilosophie, 326.

Ein weiterer Zusammenhang, der als wesentliche Traditionslinie des grotianischen Denkens gelten darf, ist die Formulierung der Idee eines alle Menschen umfassenden Völkerrechts, das durch die Entdeckung der neuen Welt auch praktische Relevanz erhielt. Auch hier können wir kurz auf die Grundideen Francisco de Vitorias eingehen: Wichtig in diesem Zusammenhang erscheint ein Gedanke, der den abstrakten Begriffen, wie es das Völkerrecht ist, vorgeschaltet ist. Nicht ohne Absicht wurde eben lediglich vom *objektiven* Naturrecht gesprochen. Doch im Werk Vitorias findet sich auch ein *subjektiver* Rechtsbegriff, der in seiner Wirkgeschichte ebenfalls nicht ohne Einfluss geblieben ist. Im Rahmen der Erörterung der Bedeutung des Eigentums[149] und dessen Verhältnis zum Recht greift Vitoria in Abweichung zu Thomas von Aquin, der Recht lediglich als Gegenstand der Gerechtigkeit verstand[150], auf einen subjektiven Rechtsbegriff zurück, der das Subjekt zum Träger von Rechten auszeichnet. In seinem Kommentar zur *Summa* heißt es dazu: „Recht ist ein Vermögen bzw. eine Fähigkeit, die einer Person gemäß den Gesetzen zukommt, d.h. eine verliehene Fähigkeit, derer ich vom Gesetz her zu einer wie immer beschaffenen Sache bedarf."[151] Eine Wende zum Subjekt, das durch das Vermögen des Rechts auszeichnet, wird auch deutlich, wenn er, bezogen auf das *dominium,* betont: „…so war auch jeder Mensch damals der Herr von allem nach dem Naturgesetz, weil jeder eine beliebige Sache nutzen konnte und auch zu seinem Belieben missbrauchen, sofern er andere Menschen oder sich selbst nicht verletzt."[152] Besitzansprüche sind daher nicht vom Kollektiv der gesamten Menschheit zu entwickeln, sondern begründen sich in der subjektiven Teilhabe am *dominium omnium*, das auch durch den Sündenfall nicht abhanden gekommen ist:

---

[149] Vgl. zur besonderen Bedeutung der Eigentumsdebatte DECKERS, Daniel: Gerechtigkeit und Recht, 166f.

[150] Vgl. THOMAS VON AQUIN: STh II-II, qu. 57, art. 1: „So wird also ‚Recht' genannt, was gleichsam die Rechtheit der Gerechtigkeit hat, gerade das also, worin die Tätigkeit der Gerechtigkeit ihren Abschluß findet. Auch abgesehen davon, wie sie vom Tätigen gesetzt wird. Bei den anderen Tugenden aber bestimmt sich das ‚Rechte' nur, sofern es irgendwie vom Tätigen gesetzt wird. Und darum wird der Gerechtigkeit vor allen anderen Tugenden als ihr besonderer und eigentlicher Gegenstand das zugewiesen, was wir das ‚Rechte' nennen. Das ist das Recht. Es ist also klar, daß das Recht Gegenstand der Gerechtigkeit ist." [„Sic igitur justum dicitur aliquid, quasi habens rectitudinem justitiae, ad quod terminator actio justitiae, etiam non considerate qualiter ab agente fiat. Sed in aliis virtutibus non determinantur aliquid rectum nisi secundum quod aliqualiter fit ab agente. Et propter hoc specialiter justitae prae aliis virtutibus determinatur secundum se objectum, quod vocatur justum. Et hoc quidem est jus. Unde manifestum est quod jus est objectum justitiae."].

[151] FRANCISCO DE VITORIA: ComSTh II-II, qu. 62, art 1, n. 5 [„Ius est potestas vel facultas conveniens alicui secundum leges, id est, est faculatas data, v.g. mihi a lege ad quamcumque rem opus sit."; dt. Übersetzung vgl. SPINDLER, Anselm: Vernunft, Gesetz und Recht bei Francisco de Vitoria, 45].

[152] FRANCISCO DE VITORIA: ComSTh II-II, qu. 62, art. 1, n. 16 [„…ita etiam quilibet homo erat dominus omnium tunc in lege naturali, quia quicumque posset uti qualibet re et etiam abuti pro libito suo, dummodo non noceret aliis hominibus vel sibi."; dt. Übers. d. A.].

> „Der Sündenfall des Menschen und die anschließende Vertreibung aus dem Paradies beeinträchtigen – bis auf das dominium über das Paradies – das natürliche dominium omnium jedes einzelnen Menschen also nicht. Im Naturzustand, der auf der Erde andauert, sind alle Menschen de jure naturali frei und gleich; jeder einzelne Mensch besitzt de jure naturali dominium omnium im Sinn der facultas utendi re. Jeder Mensch ist qua Person Träger vorpositiver, natürlicher subjektiver Rechte."[153]

Aus dem individuell zugestandenen *dominium* entsteht dann auf der Grundlage der subjektiven Einzelrechte der Menschen eine Teilung des Eigentums (*divisio rerum*) – und damit der Privatbesitz –, die durch die Entscheidung der Menschen im Urzustand (*consensus communis*) vertragsmäßig festgehalten wird. Für Vitoria ist daher – im Gegensatz zu Thomas – nicht das *ius naturale* Grundlage seiner Eigentumstheorie, sondern das *ius humanum* als *ius gentium*. Dem Menschen kommen, so können wir noch einmal unterstreichen, vermittelt durch die Eigentumslehre bei Francisco de Vitoria, subjektive Rechte zu, die im *ius humanum* gründen. Vor dem Hintergrund des historischen Kontextes erscheint dies als bahnbrechende Erkenntnis[154]:

> „Mithin haben auch die ‚Barbaren' in der neuen Welt eigenes, echtes *dominium*, und ihr Land ist kein herrenloses Gut. Dann aber bedarf es für die spanische Eroberung und Beherrschung des Landes besonderer und tragfähiger Rechtstitel, andernfalls erscheinen diese als schweres Unrecht."[155]

Die Bindung der Herrschaft an eine sich aus dem Naturrecht ableitende Rechtsordnung, die von dem Begriff der Freiheit des Individuums ausgeht, ist die große Leistung Francisco de Vitorias: „Nicht zu Unrecht wird heute eher Vitoria als Hugo Grotius als der ‚Vater des Völkerrechts' angesehen."[156] Wilhelm G. Grewe betont im Bezug auf Hugo Grotius:

> „Das herkömmliche Grotius-Bild bedarf zweifellos mancher Korrektur. Gewiß scheint mir, daß Grotius kein radikaler Neuerer ist, der in der Geschichte des europäischen Geistes einen entscheidenden Wendepunkt bezeichnete. Er ist ein Denker, der im Schnittpunkt verschiedener Zeiten und Ideen steht, der ganz in der Tradition des abendländischen Denkens wurzelt und das Gedankengut vieler Vorgänger zusammenfaßt. […] Seine Abhängigkeit von den Denkern der spanischen Spätscholastik ist ganz unverkennbar."[157]

---

[153] DECKERS, Daniel: Recht und Gerechtigkeit, 180.

[154] Besonders wichtig für diesen Zusammenhang der Rechte der spanischen Krone in der neuen Welt sind die Schriften Vitorias, in denen er sich kritisch mit den Rechtsansprüchen beider Seiten auseinandersetzt, vgl. FRANCISCO DE VITORIA: Rel. De potestate papae et concilii 1, Ed. cit: Rel. de Indis I, 2, n. 1-3, 5, 7, 8, 10, 16, 20-22.

[155] BÖCKENFÖRDE, Ernst-Wolfgang: Geschichte der Rechts- und Staatsphilosophie, 328.

[156] Ebd., 338.

[157] GREWE, Wilhelm G.: Epochen der Völkerrechtsgeschichte, Baden-Baden 1984, 229f.

Auffallend häufig wird betont, dass es eben nicht Grotius war, der die Völkerrechtslehre als erster formuliert hat. So hebt auch schon Heinrich Rommen hervor:

> „Die größte Leistung der Spätscholastik liegt im Gebiete des *ius gentium*. Sie hat vor Grotius die römisch-rechtlichen, durch die Jahrhunderte durchgeschleppten vieldeutigen Unterscheidungen bereinigt. Ius gentium im eigentlichen Sinne ist nicht ius naturale, obwohl dessen Vorschriften selbstverständlich für die Ordnung der Völkergemeinschaft gelten. So unterschieden ist ius gentium positives Recht der Völkerrechtsgemeinschaft und beruht sowohl auf Gewohnheit als auch durch Vereinbarung durch Verträge und die Grundnorm dieses ius gentium ist neben den materialen Prinzipien des Naturrechts vor allem der Satz: pacta sunt servanda."[158]

Die Beiträge Vitorias zur Entstehung des modernen Völkerrechts, das er „von seiner Genese her dem *jus positivum* zurechnet"[159], sind von daher nicht zu unterschätzen.[160] Vor allem seine nah an den Problemen seiner Zeit operierenden Gedankengänge führen vor Augen, welche praktische Relevanz aus seiner Lehre gezogen werden konnte. Grotius sollte diese von Francisco de Vitoria angestoßene Naturrechtslehre der spanischen Spätscholastik vor allem durch die Vermittlung von Gabriel Vasquez und Francisco Suarez[161] aufnehmen.[162]

In der Schule von Salamanca[163], die also keine reine „Buchphilosophie" blieb, sondern öffentliche[164], weil sich mit den Fragen der damaligen Zeit aus-

---

[158] ROMMEN, Heinrich: Die ewige Wiederkehr des Naturrechts. Zweite erweiterte Auflage, München 1947, 70.

[159] DECKERS, Daniel: Gerechtigkeit und Recht, 377.

[160] Deckers bestreitet allerdings, dass die vor seiner Arbeit erschienenen Studien zur Völkerrechtslehre bei Vitoria eine Textbasis von angemessener Breite zur Grundlage gehabt haben. Dieser Umstand kann jedoch für den Zusammenhang der vorliegenden Arbeit nicht weiter erläutert werden, vgl. DECKERS, Daniel: Recht und Gerechtigkeit, 343ff.

[161] Vgl. dazu GREWE, Wilhelm G.: Epochen der Völkerrechtsgeschichte, 226: „In konsequenter Ableitung aus seiner voluntaristischen Grundauffassung baute Suarez das Völkerrecht auf dem Konsens des Staatswillens auf. Das Völkerrecht ist positives, menschliches, auf Vertrag oder Gewohnheit beruhendes Recht. Die Staaten leben nicht etwa – wie Vitoria annahm – in einer natürlichen, auf das bonum commune abzielenden Verkehrsgemeinschaft. [...] Die gleichwohl bestehende völkerrechtliche Verkehrsgemeinschaft beruht lediglich auf ihrem positiven Willensentschluß [...]. Bei diesem Ansatzpunkt ergibt sich sofort [...] die Frage nach der bindenden Kraft der von den Staaten eingegangenen Verpflichtungen. [...] In diesem Punkte greift Suarez auf das Naturrecht zurück: Ein gegeben Wort nicht zu halten, würde gegen das Naturrecht verstoßen. Dieser Rückgriff gibt dem positiven Völkerrecht seine Verbindlichkeit und seine Stabilität."

[162] Vgl. dazu besonders RECKNAGEL, Dominik: Einheit des Denkens trotz konfessioneller Spaltung. Parallelen zwischen den Rechtslehren von Francisco Suárez und Hugo Grotius; zur Bedeutung Suárez' darüber hinaus zu beachten: SCHALLENBERG, Peter: Naturrecht und Sozialtheologie. Die Entwicklung des theonomen Naturrechts der späten Neuscholastik im deutschen Sprachraum (1900–1960), Münster 1993, hier besonders 55-59.

[163] Die Schule von Salamanca, dies lässt ihren Einfluss wohl am besten deutlich werden, bildete auch die ersten Jesuiten aus. Dies führte zu einer Rezeption der salmantinischen Lehrweise, die die gesamte katholische Theologie nachhaltig prägen sollte, vgl. EHRLE, Franz: Die Scholastik und ihre Aufgaben in unserer Zeit, Freiburg im Breisgau 1933, 29: „Am meisten trug zu

einandersetzende Denkschule war[165], wurde das Ziel der Theologie demnach nicht mehr nur als spekulatives, sondern auch als ein praktisches erkannt:

> „Die Theologie muß nun wie die Philosophie die Prinzipien herausarbeiten, die dem menschlichen Verhalten zugrunde liegen, und zwar dergestalt, daß auf dieser Grundlage das Gebäude des Rechts in Beziehung zur natürlichen Vernunft, zur Heiligen Schrift, zur Philosophie und zur menschlichen Geschichte errichtet werden kann."[166]

Diese von Melchior Cano (1509–1560) vorgebrachten Prinzipien, von denen vor allem der Bezug zur natürlichen Vernunft für die Frage der Genese des grotianischen Verständnisses von Naturrecht von besonderer Bedeutung ist, werden von einem weiteren Vertreter der Schule von Salamanca, Domingo de Soto, in seinem Traktat „*De iustitia et iure*" entfaltet. Paolo Prodi erkennt darin eine Wendung im Denken der Spätscholastik, die nunmehr nicht auf die Errichtung einer juristischen Universalordnung abzielt, sondern lediglich den Frieden und die Gerechtigkeit als zu verteidigende Werte sichern will; eine Zielvorgabe, die uns wiederum bei Grotius begegnen soll. Dadurch wird nun das positive Recht des Staates als eigenständige Größe gewürdigt: es will keineswegs mehr alle Verwicklungen des *forum internum* sanktionieren. Die Verbindung mit dem göttlichen Recht aber besteht weiterhin, wenn auch indirekt, wie Prodi durch den Hinweis auf Soto zu zeigen versucht:

---

ihrer Ausbreitung, Vollendung und Fortdauer die eben damals entstehende Gesellschaft Jesu bei. Sie entnahm der Schule von Salamanca nicht nur ihre Studienordnung, sondern erhielt von ihr auch ihre ersten Lehrer. Francisco de Toledo übertrug die salmantinische Reform auf das Collegium Romanum, die große zentrale Lehranstalt des Ordens. Von hier aus breitete sie sich durch die Schüler, die in ihre Heimatprovinzen zurückkehrten, in alle Länder aus."

164 Dies zeigt sich vor allem am Beispiel der sogenannten öffentlichen *Relectio*, vgl. SCHNEPF, Robert: Francisco de Vitoria. Über die staatliche Gewalt, 2, heißt es: „Es handelt sich um eine sorgfältig ausgearbeitete, systematische Darstellung und Lösung eines Problems, die als Vortrag oder Abschlußvorlesung gegen Ende eines Lehrjahres im Rahmen des gehaltenen Kollegs vom Magister vorzutragen war. Diese Art der Präsentation zentraler Lehrinhalte war an den spanischen Universitäten zu Zeiten Vitorias eine Institution."; vgl. auch BÖCKENFÖRDE, Ernst-Wolfgang: Geschichte der Rechts- und Staatsphilosophie, 318.

165 Vgl. BÖCKENFÖRDE, Ernst-Wolfgang: Geschichte der Rechts- und Staatsphilosophie, 316.

166 Vgl. PRODI, Paolo: Eine Geschichte der Gerechtigkeit, 249. Der Autor nimmt wiederum Bezug auf eine Stelle im Werk „*De locis theologicis*" des Dominikaners Melchior Cano: „Cumque rursum philosophiae principia a theologis etiam habentur, ut qui de virtutibus et vitiis, de fine humanae, deque actionibus, quibus ad hunc finem pervenitur, longe lateque disserant, et super harum rerum iactis fundamentis morum fabricam extruant: certe quae in iure de moribus ex principiis naturae ratione constitutis praescribuntur, ea theologus quasi suo sibi iure assumet, iureconsultisque exposita et enucleta tradet." („Da hinwiederum die Grundlagen der Philosophie von den Theologen auch angewandt werden, so dass sie Tugend und Laster, das Ende des menschlichen Lebens, die Handlungen, durch die man zu diesem Ende gelangt, des langen und breiten erörtern, und auf die Fundamente dieser Dinge das Sittengebäude errichtet. Gewiss kann das, was im Recht über die Sitten, die in der natürlichen Vernunft ihre Grundlegung haben, vorgeschrieben wird, der Theologe sozusagen mit vollem Recht annehmen und den Rechtsgelehrten vorlegen und erklären." = Cano, Melchior: *De locis theologicis libri XII*, hier *VIII*, cap.6, 495) [Übersetzung zitiert nach PRODI, Paolo: Eine Geschichte der Gerechtigkeit, 441].

> „Deshalb, weil das zivile Staatswesen auch eine Gemeinschaft Gottes ist, geschieht es, dass einer, der gegen ihre Gesetze den Nächsten verletzt hat, vor Gottes Richterstuhl angeklagt wird; wer aber nach ebendiesen Gesetzen gegen ebendiese Nächsten Wohltaten erwiesen hat, ist einer Belohnung würdig: so verhält es sich auch bei dem, der die menschlichen Gesetze, die durch seine Macht erlassen wurden, entweder verletzt oder einhält. Das heißt, an das Gewissen gebunden sein.“[167]

Indem das staatliche Recht auf diese Weise zu einem Vernunftrecht wird, zieht die Frage nach dem Ziel der Gerechtigkeit nunmehr zwei Antworten nach sich: eine göttliche und eine menschliche. Eine Tat, die in den Augen Gottes frevelhaft sein kann, ist in den Augen der Menschen kein Vergehen. Es ergibt sich also eine deutliche Unterscheidung der Zuständigkeitsbereiche von Recht und Moral:

> „Dieser Traktat von Soto öffnet letztlich die Tür zu einer Umwandlung des traditionellen Naturrechts in ein moralisches Normuniversum, das dem positiven Staatsrecht dialektisch gegenüber steht [...]. Es handelt sich nicht mehr um eine konkurrierende Ordnung wie in der mittelalterlichen Tradition, sondern in gewisser Weise hält sie Abstand, ist nicht in die irdische Rechtspflege verwickelt, es sei denn auf dem Gipfel der Macht oder in den Tiefen des Gewissens.“[168]

In der Folge wird klar die Unterscheidung zwischen den verschiedenen Arten des Rechts übernommen. Nur die Art und Weise, wie diese Unterteilung zu definieren ist, bleibt strittig. So unterscheidet beispielsweise Luis de Molina zunächst göttliches und menschliches Recht, um wiederum das göttliche Recht in natürliches und positives Recht zu unterteilen. Das menschliche Recht dagegen könne in die üblichen Formen der Rechtsbereiche eingeteilt werden. Eine generell andere Möglichkeit ist es – und diese favorisiert Molina wohl –, das Recht als solches in natürliches und positives Recht einzuteilen. Das positive Recht wiederum könne in diesem Verständnis in göttliches und menschliches Recht geteilt werden. Letzteres ist immer nur positives Recht. Eine solche Unterteilung legt nahe, dass das Naturrecht eher in der Funktion eines letzten rationalen Prinzips operiert, das die Scholastik *synderesis* nannte.[169]

Die Thomas-Kommentatoren, allen voran die Vertreter der iberischen Spätscholastik, nehmen also die ideenrealistische Ausrichtung der Summa Theologiae des Thomas auf und können so die Vernunft über den Willen Gottes stellen beziehungsweise beide Positionen vermitteln. Gott selbst bindet

---

[167] DOMINGO DE SOTO: De iustitia et iure libri decem, Salamanca 1556 (Neudruck Madrid 1967/68), Buch I, q. 6, 4: „Itaque quia respublica civilis, familia quoque Dei est, fit ut sicuti qui contra suas leges proximum offenderit, ante eius tribunal reus habeatur; qui verum secundum easdem fuerit erga eosdem proximos beneficus, dignus habeatur praemio: sic prorsus et qui leges humanas per potestatem ab ipso collatam conditas, vel violaverit, vel costudierit. Et hoc est ligare in conscientia.“ [mit Übersetzung zitiert nach PRODI, Paolo: Eine Geschichte der Gerechtigkeit, 442].

[168] PRODI, Paolo: Eine Geschichte der Gerechtigkeit, 251.

[169] Vgl. ebd., 252.

sich als Gesetzgeber an die Vernunft und will ihr dort nicht widersprechen. Dies ermöglicht dem Menschen die verlässliche Annäherung an moralische Erkenntnis kraft seiner eigenen Vernunftbegabung. Das Naturrecht wird hier also bereits potentiell von einem wandelbaren göttlichen Willen abgelöst und damit für den menschlichen Geist fassbar.[170] Nur so konnte es zur sicheren Grundlage eines für alle Menschen – und unabhängig von ihrem jeweiligen religiösen Status – umfassenden Rechtsgebildes werden, das ein sicheres Fundament für Frieden und Gerechtigkeit sein kann.

Für unseren weiteren Gedankengang muss also besonders die Leistung der spanischen Spätscholastik in der Debatte um den von Duns Scotus entwickelten voluntaristischen Gottesbegriff herausgehoben werden. Zwar mussten die Vertreter der Schule von Salamanca die Einsicht einer *potentia absoluta* Gottes anerkennen. Dennoch verloren sie nicht den pragmatischen Ansatz einer auf politische und rechtliche Einheit abzielenden menschlichen Vernunft aus dem Blick: „…man suchte entschieden an der positiven Funktion der natürlichen Vernunft für die Erkenntnis von Recht und Unrecht, Gut und Böse festzuhalten."[171] Durch dieses Festhalten an der Vernunft, die das Gute als Gegenstand des menschlichen Geistes erkennen konnte, ergibt sich ein erster Haarriss innerhalb der abendländisch-christlichen Rechtsauffassung. Während bei Thomas von Aquin noch ein Spannungsverhältnis zwischen *lex indicativa* und *lex imperativa* postuliert wird, erscheint dies im Zuge der Entwicklungen innerhalb der Schule von Salamanca zwar nicht als aufgelöst, aber doch zugunsten der Vernunft tendierend.[172] Die Fokussierung auf die menschliche Vernunft ruft eine Stärkung, ja schrittweise Verselbstständigung der *lex indicativa* hervor, die doch das Gute und das Absolute kraft der menschlichen Vernunft aus sich heraus erkennen lässt und dies nicht zuletzt im Bereich des subjektiven Rechts wirksam macht. Somit sind die Wurzeln für ein Auseinanderdriften von Moral und Recht[173] schon hier vorsichtig angedeutet.[174]

---

[170] Vgl. SEELMANN, Kurt: Theologie und Jurisprudenz, 21.

[171] BÖCKENFÖRDE, Ernst-Wolfgang: Geschichte der Rechts- und Staatsphilosophie, 313.

[172] Vgl. ebd., 314.

[173] Diese Dialektik ist es, die Prodi als eigentliche Entwicklungskraft der abendländischen Rechtskultur benennt und deren Verlust auch unser generelles Verhältnis zum Recht erschwert, vgl. PRODI, Paolo: Eine Geschichte der Gerechtigkeit, 18: „Will man den Atem verstehen, der die Geburt des Rechtsstaates und des Ideals der Liberalität überhaupt beseelt und ermöglicht hat, so ist das zentrale Problem in der konkreten Geschichte der abendländischen Kultur der sich entwickelnde Unterschied zwischen dem Begriff der Sünde, verstanden als Ungehorsam dem moralischen Gesetz gegenüber, und dem Begriff der Straftat, verstanden als Ungehorsam dem positiven Recht gegenüber."

[174] Die bleibende Akzeptanz der Schule von Salamanca in der frühen Neuzeit zeigt nicht nur die Auseinandersetzung Grotius' mit ihr. Ernst Reibstein stellt unter anderem das Denken von Johannes Althusius als Weiterführung der spanischen Spätscholastik dar, vgl. REIBSTEIN, Ernst: Johannes Althusius als Fortsetzer der Schule von Salamanca, Karlsruhe 1955.

1.2.2 Die neostoischen Einflüsse

„Das Naturrecht ist so alt wie die Philosophie. Wie an deren Anfang nach Aristoteles das Staunen steht, so auch am Anfang des Naturrechts.“[175] Tatsächlich ist das Naturrecht keine christliche Erfindung. Vielmehr ist der Gedanke an vorpositive, immer gültige Normen schon im frühesten menschlichen Denken, das schriftliche Quellen hinterlassen hat, präsent. So kann nicht nur der Codex Hammurabi[176] (ca. 1700 v. Chr.) herangezogenen werden, sondern auch die griechische Antike:

> „Seit Hesiod (um 700 v. Chr.) ist die Kenntnis der Tatsache bezeugt, dass der Mensch mit seiner Existenz eine normative Ordnung vorfindet, die nicht von ihm stammt und der kausalen Ordnung der außermenschlichen Natur als ‚Ordnung des rechtlichen Sollens‘ gegenübersteht.“[177]

Innerhalb der antiken Zeugnisse soll aber nun lediglich die Stoa und speziell ihr rechtsphilosophisches Denken herausgehoben werden, das in der Renaissance auch hinsichtlich der Verbindung mit Grotius für die hier vorliegende Arbeit von erhöhter Bedeutung ist.

Dabei ist die Stoa aufgrund ihres *logos*-philosophischen Ansatzes besonders interessant für die Naturrechtslehre der Antike. Die stoische Philosophie unterteilt sich in drei Stufen: Die Logik, die Physik und die Ethik. Mit Logik ist einerseits die Fähigkeit des formal richtigen Denkens gemeint, aber vor allem die Erkenntnis der in der Natur vorhandenen Gesetze: „Der *logos* partizipiert bereits im Zusammenhang der ‚Logik‘ an einer universalen Vernunft, die, göttlichen Ursprungs, den Kosmos durchwaltet, gleichermaßen für Götter und Menschen Geltung hat.“[178] In der Physik ist demnach auch dieser alles durchwaltende *logos* erfahrbar, sodass die Natur eine teleologische und normative Ordnungsstruktur darstellt. Die daraus entwickelte Ethik versteht den Menschen als Teilhaber des göttlichen *logos*, durch den das Individuum aus der Natur sittliche Normen ableiten kann. Der Mensch, der qua Menschennatur Anteil am *logos* hat, und die *logos*-durchwaltete Natur sind daher kein einfaches Gegenüber, sondern bilden ein aufeinander bezogenes, komplementäres Verhältnis. Gutes, sittliches Handeln ist so naturgemäßes Handeln. Idealiter finden subjektives Erkennen und objektives Naturgesetz zusammen und entsprechen *recta ratio* einander, indem der Mensch eins mit seiner ihm vorgege-

---

175 ROMMEN, Heinrich: Die ewige Wiederkehr des Naturrechts, 9.

176 Vgl. WINKLER, Hugo (Hrsg.): Der Codex Hammurabi in deutscher Übersetzung, Berlin 2010.

177 WALDSTEIN, Wolfgang: Ins Herz geschrieben. Das Naturrecht als Fundament einer menschlichen Gesellschaft, Augsburg 2010, 31.

178 BÖCKENFÖRDE, Ernst-Wolfgang: Geschichte der Rechts- und Staatsphilosophie, 132.

benen Natur wird.[179] In diesem Sinne ist das Naturrecht die Verwirklichung des allen Menschen Zukommenden und von daher ist die Menschennatur an sich zur Freiheit bestimmt, woraus eine rechtliche Gleichheit aller Menschen deduziert werden kann. Eine Unterscheidung zwischen Recht und Moral, wie sie sich spätestens am Beginn der Neuzeit abzeichnet, eine Dialektik beider Sphären, wie sie Paolo Prodi hervorhebt, kennt die antike Stoa nicht.[180] [181]

In der frühen Neuzeit werden Grundlagen des Stoizismus wieder aufgenommen. Dieser Neostoizismus aber ist durch wesentliche zeitbedingte Unterschiede zu dem der Antike gekennzeichnet. Diese Differenz zeichnet sich vor allem durch die Abwendung zu dem oben geschilderten teleologischen Naturbegriff der antiken Stoa aus:

> „In der Frühen Neuzeit kündigen sich in dem Sinne philosophisch rationale Systeme an, daß der konstruktivische Gang der Vernunft ein zusammenhängendes, schlüssiges, ableitbares, zweifels- und widerspruchsfreies Erklärungs- und Konstruktionsgeflecht erstellt, dessen Legitimation nicht so sehr in einer der Sache inhärenten Naturteleologie und Wesentlichkeit [...] oder in der aristotelisch-scholastischen Teleologiespannung von Sein und Vollkommenheit ruht [...]. Vielmehr gründet diese Vernunfttätigkeit in einer der (jetzt dem Menschen als Subjekt zugehörigen) Vernunft eigenen Schlüssigkeit und Widerspruchsfreiheit, sie kann nicht mehr (weder bei einer übergewichtig rationalistischen noch bei einer übergewichtig empiristischen Ausrichtung dieser einen Weise neuzeitlicher Vernunft) am Wahrheitsgehalt von Seiendem scheitern, sondern sie erfährt ihre Selbstbestätigung und die Bestätigung der Wirklichkeit von Etwas als Vergewisserung und Gewißheit gerade an der Möglichkeit, ob und inwieweit ein Etwas Objekt für den Menschen ist und sein kann."[182]

Obwohl diese hier geschilderte neuzeitliche Vernunft also im natürlichen Subjekt des Menschen gegründet ist, die menschliche Natur einerseits und die Natur der menschlichen Gemeinschaft andererseits aber auch nicht leugnet, ist sie dennoch nicht mehr einem noch in der spanischen Spätscholastik postulierten *telos* der Natur verhaftet, das in der antiken Stoa wesentlich zum Theoriegebäude gehörte. Die Vernunft wird nun als subjektive Vernunft vom tätigen Objekt getrennt, womit von einer „Differenz zwischen Bewusstsein und Welt ausgegangen"[183] wird. Eine Naturordnung wird von daher durch das vernünftige Subjekt vielmehr konstruiert als aus der Natur abgeleitet. So kann Günter Abel der Deutung des sicheren Naturbegriffes mit Blick auf das Werk „Das

---

[179] Vgl. POHLENZ, Max: Die Stoa. Geschichte einer geistigen Bewegung, Göttingen 1984, 133.

[180] Vgl. BÖCKENFÖRDE, Ernst-Wolfgang: Geschichte der Rechts- und Staatsphilosophie, 136ff.

[181] Zur Einführung neben Pohlenz auch kürzer: FORSCHNER, Maximilian: Stoa, Stoizismus, in: RITTER, Joachim/ GRINDER, Karlfried (Hrsg.): Historisches Wörterbuch der Philosophie (Bd. 10), Basel 1998, 176-184.

[182] ABEL, Günter: Stoizismus und Frühe Neuzeit. Zur Entstehungsgeschichte modernen Denkens im Felde von Ethik und Politik, Berlin 1978, 13.

[183] Ebd.

natürliche System der Geisteswissenschaften im 17. Jahrhundert"[184] von Wilhelm Dilthey entgegenhalten:

> „Die Herausstellung einer versicherten Naturbasis für die Konstitution neuzeitlicher Rationalität verwischt den tatsächlichen geschichtlichen Bedingungsrahmen aufgrund einer zu optimistischen und von der Antike her bestimmten Perspektive auf die Neuzeit während demgegenüber die These zu betonen ist, daß die Neuzeit sich in Abstoßung von antikem Geist etabliert, und gerade von der Antike her eine gehaltvolle Kritik an der Entwicklung zur und der Neuzeit selbst geleistet werden kann und muss."[185]

Darin liegt also das Neue des Neostoizismus, der nicht einfachhin antikes Denken in die Neuzeit überführt: Das neu formulierte Verhältnis zwischen Subjekt und Objekt, das in einem vernünftigen Konstruktivismus mündet, war für die *logos*-Philosophie einer tätigen, belebten Natur der Stoa nicht denkbar. Grundgelegt werden muss ferner eine Wahrnehmung der Zeitumstände, die das Individuum in neuer Weise zur Tätigkeit herausfordert. Dabei wird vor allem die Rationalität als Grundlage gesucht, die in der Krise der überkommenen Ordnung festen Halt geben soll, dabei aber sowohl gegen die „scholastische Vernunfttheologie" als auch gegen die reformatorische Vernunftskepsis (*„sola fide"*) steht.[186]

Anhand der Person des Justus Lipsius (Jodocus Lips) soll nun wiederum der besondere Bezug zu Hugo Grotius hergestellt werden. Geboren 1547 in Overijse, einer Ortschaft zwischen Brüssel und Löwen, erhielt Lipsius seine schulische Ausbildung in Brüssel. Der begabte Schüler schlug die geistliche Laufbahn ein und wurde am 1562 Jesuitennovize in Köln, wobei er später den Orden verließ. Nach verschiedenen Studien an der Universität Löwen, vor allem Jura und Philologie, ging er ohne Abschluss 1568 nach Italien, traf dort auf wichtige Vertreter des Humanismus und stand als Sekretär in Diensten des Kardinals Granvelle. Von 1578 bis 1591 war Lipsius Professor für Römisches Recht und Geschichte in Leiden, wo er gleichzeitig unter anderem das neostoische Werk „Von der Standhaftigkeit" (*De constantia*, 1584) veröffentlichte. Nach einem Aufenthalt in Spa kehrte Lipsius nicht wieder nach Leiden zurück und bekehrte sich wieder zum Katholizismus. 1606 starb Lipsius in Löwen.[187]

---

[184] DILTHEY, Wilhelm: Das natürliche System der Geisteswissenschaften im 17. Jahrhundert, in: Weltanschauung und Analyse des Menschen seit Renaissance und Reformation (Gesammelte Schriften, Bd. II), Leipzig/Berlin 1914, 90-245.

[185] ABEL, Günter: Stoizismus und Frühe Neuzeit, 8f.

[186] Ebd., 88; hier wird gleichzeitig aber durchaus auch der Wunsch deutlich, die stoischen Lehren mit dem christlichen Glauben zu versöhnen, was durch die frühe Aufnahme bei den Kirchenvätern bereits angelegt ist.

[187] Vgl. dazu besonders die neue Studie über Lipsius' autobiograpisches Werk von ENENKEL, Karl A.E.: Die Erfindung des Menschen. Die Autobiographik des frühneuzeitlichen Humanismus von Petrarca bis Lipsius, Berlin 2008, 777-817, hier 783f.; zu den verschiedenen Abschnitten der Biographie Lipsius': VERVLIET, H.D.L.: Lipsius' jeugd. 1547–1578. Analecta vor een kritische biografie, in: Mededelingen van de Koninklijke Vlaamsche Academie voor Wetenschappen, Letteren en Schoone Kunsten van België, Klasse van den Letteren 31

Wenn oben vom vordenkerischen Einfluss der Spätscholastik gehandelt wurde, muss, bevor die wesentlichen Gedanken bei Lipsius aufgegriffen werden, betont werden, dass dieser gerade die thomistische Renaissance und den darin enthaltenen Aristotelismus ablehnte. Dies will er gerade mit Rückgriff auf die Stoa erreichen, indem er mit ihr sowohl die exklusive Autorität des Aristoteles relativiert als auch die in der Scholastik vorherrschende Interpretation seines Denkens, die er in den neuscholastischen Kommentaren zu erkennen glaubt, bekämpft. Allerdings ist die Zielrichtung seiner Kritik nicht in erster Linie die Bekämpfung der Neuscholastik, sondern ein sich in jene Denkformen einfügender Humanismus, der nicht in der Lage war, wirklich Neues zu entwickeln.[188] Die Zielrichtung und Motivation Lipsius' ist daher eine andere als später bei Grotius. Dennoch kann an ihm der neue Rückbezug zur Antike in der frühen Neuzeit[189] besonders gut verdeutlicht werden[190]:

> „...die ‚most relevant characteristics' der westeuropäischen Gesellschaft der ersten Hälfte des 17. Jahrhunderts [können] ohne eine Würdigung des auf Justus Lipsius folgenden Späthumanismus der ‚niederländischen Bewegung' und der damit verbundenen Prominenz antiker Philosophie, Rhetorik, Geschichtsschreibung, Literatur und Jurisprudenz nur unzulänglich beschrieben werden. Ein charakteristischer Zug der frühneuzeitlichen Adressaten von Grotius' Werk muss denn auch in ihrer humanistischen Bildung gesehen werden und der auf dieser Bildung beruhenden Empfänglichkeit für *exempla* und *iudica* antiker Provenienz, vorgebracht mit den überzeugenden Mitteln der antiken Rhetorik."[191]

Wie die antike Stoa so ist auch der Neostoizismus eine Reaktion auf eine Krisenzeit, die sich in einem Vertrauensverlust in die alte, vor allem auch religiös geprägte Seinsordnung äußert und der durch die Hinwendung zur fassbaren

---

(1969); MENNEN, H: Justus Lipsius auf der Bursa nova Tricoronata zu Köln, in: Neue Jahrbücher für Pädagogik 17 (1913), 416-421; RUYSSCHART, J.: Le séyour de Juste Lipse à Rome (1568–1570) d'après ses Antiquae lectiones et sa correspondence, in: Bulletin de l'Institut Historique Belge de Rome 24 (1947/48), 139-192; ENENKEL, Karl.A.E./ HEESAKKERS, Chris. L. (Hrsg.): Lipsius in Leiden. Studies in the Life and Works of a Great Humanist on the Occasion of his 450th Anniverary, Voorthuizen 1997; einen guten biographischen Gesamtüberblick geben: SAUNDERS, Jason Lewis: Justus Lipsius. The Philosophy of Renaissance Stoicism, New York 1955, 3-58; VAN DER ESSEN, L.: Waarom Justus Lipsius gevierd?, in: Mededelingen van de Koninklijke Vlaamsche Academie voor Wetenschappen, Letteren en Schoone Kunsten van België, Klasse van den Letteren 8 (1949).

[188] Vgl. ABEL, Günter: Stoizismus und Frühe Neuzeit, 246f.

[189] Zum Epochenbegriff der Frühen Neuzeit vgl. kritisch DÜRR, Renate/ ENGEL, Gisela/ SÜßMANN, Johannes: Eigene und fremde Frühe Neuzeiten. Genese und Geltung eines Epochenbegriffs (Historische Zeitschrift, Beiheft 35), München 2003.

[190] Paolo Prodi notiert zum Umbruch am Ende des 16. und beginnenden 17. Jahrhunderts auch auf Lipsius bezogen, in: Eine Geschichte der Gerechtigkeit, 232: „Es ist eine sehr bunte Welt, die sich nicht auf einen einzigen Namen reduzieren läßt. [...] Es sind auch die Jahre, in denen sich der Neo-Stoizismus verbreitet und man versucht, Joest Lips als Professor an die Universität von Bologna zu holen."

[191] STRAUMANN, Benjamin: Hugo Grotius und die Antike. Römisches Recht und römische Ethik im frühneuzeitlichen Naturrecht (Studien zur Geschichte des Völkerrechts, Bd. 14), Baden-Baden 2007, 8.

Immanenz als festes Fundament begegnet wird. Lipsius sieht das Ziel seiner Philosophie, die immer praktische Philosophie sein will, in der *tranquilitas mentis*, dem stoischen Bei-sich-sein. Ausgehend von stoischen Gedanken bei Tacitus, die er weiterdenkt, will er vor allem das praktische Moment einer möglichen Philosophie betonen, sodass sie viel mehr als die antike Stoa das *forum externum* in den Fokus stellt. Daraus folgt ein Ideal des menschlichen Handelns, das der Ausweis einer anthropozentrischen Philosophie ist:

> „So wird also der einzelne Mensch von Anfang an selbst dafür verantwortlich gemacht, ob sich die Welt für ihn positiv oder negativ darstellt, denn es hängt von dem Einsatz seiner ‚rechten Vernunft' ab, ob er zur Auflösung der Nebel falschen Meinens, der ‚opinio', und damit zu der Einsicht vordringt, daß die nur vermeintliche Kontingenz der Weltverhältnisse doch einen tieferen und dem Menschen zugewandten Sinn und Zusammenhang hat."[192]

In Lipsius' Rückgriff auf die Stoa spiegelt sich also einerseits die Notwendigkeit eines neuen Denkens wider, das nicht mehr dem natürlichen *telos* die Initiative überlässt, sondern den *homo faber*, den tätigen Menschen, in den Mittelpunkt stellt, und andererseits gerade die durch ihn in die Welt kommende Vernunft, die vom Subjekt her die Natur in ihrer Ordnung konstruiert: „In dieser Situation geht es dem Neostoizismus folglich, seiner Intention nach, um eine auf Realitätsbewältigung abzielende praktische Philosophie."[193] Diese Lebenspraxis ist verbunden mit den stoischen Werten der *Constantia* und der *Sapientia,* die jedoch ebenfalls unter der Prämisse der nach außen hin wirksamen Nützlichkeit betrachtet und bewertet werden: „Die Lebensziele steigern sich vielmehr vom Scire über das Sapere hin zu Facere."[194] Es kann nicht Aufgabe dieser Arbeit sein, den Blick auf das Gesamtwerk von Lipsius zu ermöglichen. Für den weiteren Fortgang und mit Hinblick auf die Traditionslinien des grotianischen Werkes aber erscheinen folgende Gedanken von sehr großer Wichtigkeit: Obwohl der frühe Neostoizismus die Bezüge zum christlichen Denken stets betont[195], vollzieht sich schon bei Lipsius eine Ablösung von einer theologischen Geltung von Ethik, ja der Anthropologie überhaupt. Die ethische Aufgabe, das Leben in Verantwortung zu gestalten, kann nach Lipsius nicht ohne die Idee eines absoluten Guten gelingen. Dies ergibt sich aus dem stoischen Ideal einer organischen Anordnung der Dinge, die vom Ganzen her ihre Aufgabe erhält. Das Einzelne ist auf das Ganze hingeordnet. Dieses Ganze, das für den Menschen sein Lebensziel bestimmt, ist schon im frühen Neostoizismus nicht mehr theologisch bestimmt. Zwar wurzelt die Vernunft noch in Gott, also im Absoluten, doch ist das *telos* durch einen neuen Immanentismus gekennzeichnet, der in den stoischen Vorstellungen von Ver-

---

[192] ABEL, Günter: Stoizismus und Frühe Neuzeit, 68.
[193] Ebd., 69.
[194] Ebd.
[195] Vgl. ebd., 88: „Aber, und das ist wirkungsgeschichtlich von hoher Bedeutung, eine sekundäre Versöhnung von Neostoizismus und christlicher Lehre bleibt möglich."

nunft, Tugend, Willen und Natur seine selbstbezogene Zielvorgabe hat, die durch nichts Äußeres mehr bestimmt wird[196]:

> „Das höchste Gut besteht für den Neustoizismus, wie für alle stoische Tradition, in der auf die unmittelbare Selbsterhaltung folgende Seelen-, Gemüts- und Geistesruhe, die auf dem Wege eines vernunftorientierten Lebens in Übereinstimmung mit der Natur zu erstreben und auch zu erreichen ist."[197]

Während sich also die Vernunft in der spanischen Spätscholastik schon sichtlich emanzipiert, dennoch aber noch nicht säkularisiert ist, erscheint hier sehr deutlich der Ausdruck einer Vernunftautonomie, der auf einen Gottesbegriff in der ethischen Geltung verzichten kann. Zwar wird die Idee Gottes nicht geleugnet – sie bildet nach wie vor den ersten Bezugspunkt, die *„prima causa"* allen Seins[198], was gleichsam eine Phase des Übergangs zwischen religiöser Bezugnahme und fortschreitender säkularer Emanzipation verdeutlicht –, aber doch sehr deutlich von einer ethischen Praxis gelöst. An dieser Stelle kann man einen ersten deutlichen Bruch im Verhältnis von theologischer Genese und säkularer Geltung moralischer Orientierungen verorten.[199]

Jenes Ideal der anthropozentrischen Vernunft verändert auch das Verständnis von Ethik nachhaltig. Nunmehr verdrängt die *prudentia civilis* die Ethik aus der *agora,* dem öffentlichen Raum; sie bleibt lediglich auf den individuellen, privaten Bereich beschränkt. Bei Lipsius aber erhält die in der alten Ordnung noch festgefügte Bezugnahme, ja Identität von Ethik und Politik eine andere Note: Nunmehr wird die Ethik zur politischen Moral als Antriebsfeder für den Ordnungsstaat, der in unruhigen Zeiten Frieden schaffen kann.[200] Dabei wird eine Entwicklung vom Primat des Doppelbegriffes „Religion und Gemeinschaft" hin zu „Staat und Individuum" deutlich. Der Staat als neuer Inhaber des Deutungsprimats des öffentlichen Lebens, als Vertreter des gemeinschaftlichen Interesses und Garant von Ordnung und Recht hat in diesem Sinne seine Legitimation durch den stoischen Bezug zum Naturgesetz gewonnen, das der öffentlichen Vernunft entspricht. Hier kommt die oben bereits beschriebene ideale Identität von Vernunft und Natur im stoischen Weltbild auf politischer Ebene zum Tragen, die zudem – dies wiederum als Charakteristikum der frühen Neuzeit – ihren Ursprung in der Zentralstellung des menschlichen Individuums hat. Der daraus entstehende Staat ist bei Lipsius der Indivi-

---

[196] Vgl. ebd., 77.

[197] Ebd.

[198] Trotzdem erscheint der Gottesbegriff bei Lipsius stets als gebrochener und immer auf die Anthropologie beschränkter, vgl. ABEL, Günter: Stoizismus und Frühe Neuzeit, 89.

[199] Die für diesen Abschnitt sehr wertvolle Arbeit Günter Abels verweist im Zusammenhang von Politik und Ethik noch einmal auf das Verhältnis von Gott und Mensch und die dort deutlich werdende Zentralstellung des Menschen in der beginnenden Neuzeit: Anhand der „publica mala" erkennt er bei Lipsius eine Theodizeeproblematik, die dieser zugunsten des Menschen als verantwortliches Wesen auflöst. Damit wird wiederum die Selbstbehauptung des Menschen betont, die im Begriff der *constantia* gebündelt ist, vgl. ebd., 86.

[200] Vgl. ebd., 81f.

dualnatur[201] des Menschen jedoch übergeordnet, da dieser jene erst zur zweiten, guten Natur verwirklichen und formen kann. Der Mensch muss durch den Staat gebildet und in eine Ordnung eingefügt werden, um seine eigentliche Natur zu erlangen. Von daher kommt ein Abweichen von den Vorgaben des Staates einer „aberratio a naturae lege“ gleich.[202] Es ist offensichtlich, dass Lipsius auf diese Weise einem Ordnungsstaat mit einem zentralistischen Herrscher ohne jegliche Gewaltenteilung das Wort redet und damit stets Gefahr läuft, in einen Mangel an Gerechtigkeit abzugleiten, wie es schon Augustinus über Staaten sagte, die dann nicht mehr als Räuberbanden seien[203]:

> „Letztendlich bleibt nur eine moralische Einklagbarkeit, die aber ihrerseits nur höchst individuell und verinnerlicht passiv geschehen kann, da zum einen dem ethischen Universalismus dadurch die Kraft genommen ist, daß die politische Klugheit die übergeordnete Instanz bildet, und weil zum anderen Lipsius im Grunde jedes aktive Widerstandsrecht ablehnt.“[204]

Erstes Ziel von Lipsius ist es, Gewalt und Unordnung zu beseitigen, erst dann kann das Individuum sich wirklich entfalten. So kann er den starken Staat, ja sogar die Tyrannei dem Chaos von Krieg und ungeordneter Gewalt vorziehen:

> „Auch Lipsius betrachtet ‚die Parteiungen der Adligen‘, ‚die Zwietracht unter den strahlenden und mächtigsten Männern‘ und ihre Neigung, ‚die Welt auf den Kopf zu stellen und ihre Wunden mit dem Leid der Republik zu heilen‘, als Quelle des ‚allgemeinen Ruins‘ und der größten Übel des Staates. […] Die Haltung Lipsius zur Frage der Tyrannei lag auf einer Linie mit der Kampagne der französischen ‚Politiker‘. Obwohl er anerkannte, daß die Erhebung gegen die Tyrannei und ihre Beseitigung eine Sache der ‚tapfersten Herzen‘ war […], vertrat er die Auffassung, daß die bessere der Klugheit gemäßere Lösung ihre Erduldung sei: Die Herrschaft kommt von Gott, der Bürgerkrieg ist schlechter als die Tyrannei, die Unterwerfung besänftigt das Wesen des Herrschers, und Veränderung kann zu großen Übeln führen: ‚Ich folgere demnach, daß das Wesen des Fürsten ertragen werden muß‘.“[205]

Neben der schon beschriebenen Veränderung des Verständnisses von Ethik im Bereich des Politischen wird an dieser Stelle deutlich, dass moralisches Verhalten eben nicht mehr gesetzlich eingefordert werden kann[206]; es entzieht sich

---

[201] Vgl. zum genauen Verhältnis von Individual- und Universalnatur des Menschen besonders SAUNDERS, Jason Lewis: Justus Lipsius, 98ff.

[202] Vgl. ABEL, Günter: Stoizismus und Frühe Neuzeit, 97.

[203] Vgl. AUGUSTINUS: De civitate Dei, IV, 4; MIGNE, PL 41, Sp. 115: „Remota itaque justitia, quid sunt regna, nisi magna latrocinia? Quia et ipsa latrocinia quid sunt, nisi parva regna.“ [dt. Übers. für diese und alle weiteren Stellen aus ‚De civitate Dei‘ entnommen aus AUGUSTINUS: Vom Gottesstaat, vollständige Ausgabe der Bücher 1 bis 22 in zwei Bänden. Übers. aus dem Lateinischen von Wilhelm Thimme. Eingeleitet und kommentiert von Carl Andresen, München 1978, hier Bd. 1, 173f.].

[204] ABEL, Günter: Stoizismus und Frühe Neuzeit, 98; Verweis auf Pol. II, 10, 33.

[205] VILLARI, Rosario: Der Rebell, in: DERS. (Hrsg.): Der Mensch des Barock, Frankfurt am Main 1997, 114-141, hier 125.

[206] Hier selbstverständlich vor allem bezogen auf die *prudentia civilis*.

dem Gesetzgeber, ist lediglich noch wünschenswert. Der Topos, der sich hier bereits entwickelt, erscheint als eigentlich neue Verhältnisbestimmung von Moral und Recht in der Zeit der fortschreitenden Säkularisierung bis zur Gegenwart und wird im Laufe der Arbeit noch einmal aufgegriffen. Gerade dann aber erscheint die Formung des Menschen, seine Zivilisierung als weiteres Charakteristikum dieser Zeit, die mit einem fast grenzenlosen Optimismus betrieben wird. Dies ist dann für Charles Taylor auch der eigentliche Unterschied zwischen Lipsius und der Stoa der Antike:

> „Der gute Mensch legt *constantia, patientia, firmitas* an den Tag. Durch Chaos, Unordnung, Gewalt oder Leid läßt er sich nicht aus der Ruhe bringen. Das heißt jedoch, daß er nicht bestürzt oder aufgeregt ist. Dagegen heißt es nicht, daß er nicht reagiert. Im Gegenteil, es ist der Aktivismus, durch den sich Lipsius in einer für die ganze neuzeitliche Epoche typischen Weise vom eigentlichen Stoizismus unterscheidet. […] Es kommt nicht nur darauf an, in der Welt seine Pflicht zu tun, sondern darauf, sich aktiv und kämpferisch für das Gute einzusetzen."[207]

Dabei wird wiederum der Anthropozentrismus deutlich, der diese Epoche auszeichnet und den Menschen als eigentlich Verantwortlichen in die Pflicht nimmt. Es ist von daher kaum überraschend, dass Lipsius den freien Willen des Individuums stets betont und die christlich formulierte Notwendigkeit von Gnade und göttlicher Liebe weniger fokussiert.[208] So kann Charles Taylor einen wichtigen Gedanken zum Bereich der Ethik formulieren: Ethik wurde stets dem Bereich der *praxis* zugeordnet. Nun, indem der Mensch die Wirklichkeit vor dem Hintergrund der subjektiven Vernunft konstruiert, dringt ein *poietischer* Charakter in den Raum der Ethik ein, die nun immer mehr als Leistungswissen aufgefasst wird. Die Natur wird als Rohstoff des menschlichen, vernunftbegabten Willens aufgefasst.[209] Dies fügt sich besonders bei Lipsius im oben geschilderten Verständnis von Ethik und Politik ein. Nunmehr ist die Gerechtigkeit nicht mehr nur persönliche Tugend, sondern soll durch den guten Staat konstruiert und damit gesichert und garantiert werden können, der dem Menschen vorgeordnet ist und seine Natur zur eigentlichen tugendhaften Vollendung führt.

Für Taylor ist gerade dieser anthropologische Optimismus Ausweis einer Lebenswirklichkeit, die sich von konfessionellen Streitigkeiten und Konfliktherden trennen will, um das gemeinsame humanistische Fundament zu stärken, das eine feste Rahmenordnung des Friedens gewährleisten kann. Hierfür war nicht ein einfaches Ertragen der Zustände hinnehmbar, sondern das aktive Mitwirken für eine bessere politische Ordnung wurde als notwendig erkannt.[210] Dieses hier aufscheinende Ideal der Zivilität und der Sicherung des

[207] TAYLOR, Charles: Ein säkulares Zeitalter, Frankfurt am Main 2009, 204.
[208] Vgl. ebd., 202f.
[209] Vgl. ebd., 197ff.
[210] Vgl. ebd., 205.

Friedens wird uns bei Grotius in ähnlicher Form als eigentliche Motivation seines Denkens begegnen.

Auch Charles Taylor betont das eigentlich theistische Fundament Lipsius', das oben bereits ausgeführt wurde. Dennoch aber erkennt er im Denken des Flamen eine entscheidende Wendung, die für die weitere Entwicklung der säkularen Welt von fundamentaler Bedeutung sein wird:

> „Gott ist immer noch entscheidend wichtig, denn er ist die Quelle der Vernunft; und indem wir ihr folgen, folgen wir dem Bild Gottes in unserem Innern. Es sieht allerdings so aus, als brauchten wir, um seinem Willen zu entsprechen, nichts weiter zu tun, als vortreffliche Menschen zu werden. Damit wird dem Anthropozentrismus des später aufkommenden Deismus der Boden bereitet, nachdem dieser eine weitere Richtungsänderung eingeleitet und einen Weg eingeschlagen hat, der zu einer Trennung unseres Vernunftvermögens vom Wirken Gottes in uns führt."[211]

Obwohl also kein eigentlicher Bruch vollzogen wird, ist selbiger schon deutlich sichtbar im Denken Lipsius' und des frühen Neostoizismus angelegt. Die Emanzipation des Menschen durch den Fokus auf seine Vernunftnatur macht einen Bezug zur göttlichen Gnade kaum mehr notwendig. Die beginnenden Erfolge in den Naturwissenschaften dieser Zeit tragen ebenso zu einem wachsenden Vertrauen in die menschliche Schaffenskraft und die Stärke der Vernunft bei wie die sich verändernden politischen Systeme. Individuum und Vernunft erscheinen als neue Ideale einer Zeit, in der die göttliche Genese bereits von der vernunftorientierten Geltung überholt wird. Die Idee Gottes ist noch stark in den Gesellschaften, auch noch in den Eliten vorhanden, verblasst aber zusehends. In anderer, aber doch vergleichbarer Weise wie bei der spanischen Spätscholastik wird die Idee einer die Naturordnung erkennenden Vernunft zum bestimmenden Ausgangspunkt für die Unterscheidung von Gut und Böse. Die Neuzeit, wir sahen es bei Taylors Ausführungen, unterschied sich vom Mittelalter durch einen ausnehmenden Optimismus hinsichtlich der Gestaltung der Welt, der Abschaffung der sozialen Unordnung und der Formung des Menschen. Die Suche nach einer friedenschaffenden Rahmenordnung, die nunmehr auch einer systematischen Grundlage bedurfte, kommt bei Hugo Grotius dann zu ihrem eigentlichen Zielpunkt. Er baut aber, dies sollten die vergangenen Ausführungen deutlich gemacht haben, auf vorher schon gedachten Ideen auf und steht damit nicht am Anfang, sondern eher am Ende einer Entwicklung während der frühen Neuzeit. Auf diese Weise ist er der Schlussstein einer Umbruchsituation, die im Denken von Thomas Hobbes einen neuen Anfang nimmt[212]: Er reduziert den Raum der Religion innerhalb des Staates

---

[211] Ebd., 206.

[212] Vgl. unter programmatischer Kapitelüberschrift „Hobbes: Die Antwort der Vernunft auf die Pluralisierung der Konfessionen": KOSELLEK, Reinhart: Kritik und Krise. Eine Studie zur Pathogenese der bürgerlichen Welt, Frankfurt am Main 1976, 18f. Koselleck gibt hier gleich zu Beginn die eigentliche Motivation der Staatslehre Hobbes' an: „Hobbes hat in eindeutiger Weise aus der geschichtlichen Situation des Bürgerkrieges heraus seine Staatslehre entwi-

drastisch, sodass einem christlichen Minimalkonsens der Weg bereitet ist.[213] Die Idee eines Minimalkonsenses, der den Frieden im Staat und unter den Völkern Europas sichern soll, ist auch ein wesentliches Motiv der grotianischen Schriften. Hugo Grotius' Werk kann so besonders hinsichtlich der Begriffe von Genese und Geltung moralischer Normen, ja des Rechtswesens überhaupt wichtige Erkenntnisse ermöglichen, suchte er doch – unterschiedlichen Genesen von Wert- und Rechtsvorstellungen zum Trotz – eine gemeinsame Geltung der grundlegenden Werte.

1.3 Grotius' Suche nach universaler Geltung – Das Naturrecht als Vernunftrecht

Wenn im Zusammenhang von Genese und Geltung absoluter moralischer Werte auf das Denken von Hugo Grotius verwiesen wird, geschieht dies vor allem vor dem Hintergrund seiner Naturrechtslehre. Noch einmal soll deutlich werden, was die Motivation für Grotius war und unter welchen geschichtlichen Voraussetzungen sein Denken bestehen sollte:

> „Die Religionskriege hatten die europäischen Staaten an den Rand des Abgrunds geführt, die Entdeckung der Welt hatte die Berührung mit fremden Kulturen gebracht. Es galt, eine Ordnung zu finden, die für Katholiken wie Protestanten, für Christen wie Heiden gleichermaßen Verbindlichkeit beanspruchte. [...] Der alte Anspruch der Kirche, im göttlichen Recht eine solche allgemeinverbindliche Richtschnur menschlicher Gemeinschaft zu besitzen, wird zunehmend bestritten. Denn Heiden konnte es eben nur als Diktat auferlegt werden und auch in der gespaltenen Christenheit hatte sich ja jede Bürgerkriegspartei auf *ihr* göttliches Recht berufen."[214]

Es war demnach die Notwendigkeit der Zeit, ein Recht zu implementieren, das für alle gesellschaftlichen Gruppen fernab von konfessionellen Konfliktursachen universale Geltung beanspruchen konnte:

> „Da ich selbst aus dargelegten Gründen überzeugt war, daß unter den Völkern ein gemeinsames Recht sowohl für den Krieg überhaupt als innerhalb desselben

---

ckelt. Für Hobbes, der die Ausformungen des absolutistischen Staates in Frankreich miterlebte, der in diesem Lande war, als Heinrich IV. ermordet wurde und wiederum als La Rochelle vor den Truppen Richelieus kapitulierte, für Hobbes gab es kein anderes Ziel, als den Bürgerkrieg den er in England herannahen sah, zu verhüten oder ihn, nachdem er ausgebrochen war, zu beenden."

[213] Vgl. GLINKA, Holger: Zur Genese autonomer Moral. Eine Problemgeschichte des Verhältnisses von Naturrecht und Religion in der frühen Neuzeit und in der Aufklärung, Hamburg 2012, 188f.

[214] LINK, Christoph: Grotius als Staatsdenker, 13.

besteht, so bestimmten mich viele und erhebliche Gründe zur Abfassung eines Werkes darüber. Ich sah in den christlichen Ländern eine entartete Kriegführung, deren sich selbst rohe Völker geschämt hätten."[215]

Eben durch diesen irenischen Ansatz will Hugo Grotius sein Naturrechtsverständnis nicht durch konkrete religiöse Traditionen gestützt wissen, wenn er auch der Heiligen Schrift stets mit höchstem Respekt begegnet und sich nicht gegen die dort postulierten Gebote wendet. Im *Prolegomenon* seines Werkes „*De Jure Belli ac Pacis*" macht er dies sehr deutlich, wenn er sagt:

> „Das Ansehen der Bücher, welche in Eingebung Gottes geschrieben oder gebilligt worden sind, werde ich oft benutzen und dabei zwischen Altem und Neuem Testament unterscheiden. Manche wollen das Alte Testament zu einem Naturrecht erheben, allein mit Unrecht; denn vieles darin stammt aus dem freien Ratschluß Gottes, der allerdings nicht mit der wahren Natur in Widerstreit steht."[216]

In diesem Sinne unterscheidet Hugo Grotius zwischen einem Recht Gottes einerseits und einem Recht zwischen den Menschen. Auch das Neue Testament erwähnt Grotius überaus positiv in seiner Vorrede:

> „Des Neuen Testaments bediene ich mich, weil man das, was den Christen gestattet ist, nur aus ihm entnehmen kann. Ich habe aber seinen Inhalt im Gegensatz zu der bisherigen Übung der meisten von dem Naturrecht selbst unterschieden, da ich überzeugt bin, daß uns in diesem heiligsten aller Gesetze eine höhere Heiligkeit gelehrt wird, als sie das Naturrecht für sich allein verlangt."[217]

Es werden dabei zwei Aussagen durch Grotius deutlich. Einerseits will er die Autorität der Heiligen Schrift und besonders des Neuen Testamentes unverbrüchlich bewahren und in keiner Weise antasten. Ein solcher Akt hätte nicht nur in der zutiefst religiösen und mit konfessionellen Konflikten aufgeheizten Umwelt für einen Eklat gesorgt, sondern auch Grotius als religiösem Menschen innerlich widerstrebt. Daher vermeidet er wohl jegliches Risiko der Relativierung des Wahrheitsanspruches in seinen Aussagen über die Heilige

---

[215] GROTIUS, Hugo: De Jure Belli ac Pacis (= DIB), Prol., 28. Der folgende lateinische Text, wie alle weiteren lateinischen Zitate aus De Jure Belli ac Pacis sind entnommen aus: Hugonis Grotii: De Jure Belli ac Pacis Libri Tres, in quibus Jus Naturae et Gentium item Juris publici praecipua explicantur, Editio Nova cum Annotatis Auctori ex Postrema ejus ante Obitum Cura et Praefatione Christiani Wolfii, Marburgi Cattorum, 1734: [„Ego cum ob eas, quas jam dixi rationes compertissimum haberem, esse aliquod inter populos jus commune, quod & (in der Folge et) ad bella et in bellis valeret, cur de eo instituerem scriptionem causas habui multas ac graves. Videbam per christianum orbem, vel barbaris gentibus pudendam bellandi licentiam."].

[216] DIB, Prol., 49: „Ad percipiendum autem librorum ad antiquum foedus pertinentium sententiam, non parum conferre nobis possunt a Hebraei scriptores, ii maxime qui et sermones, et mores patrios habuerunt percognita."

[217] DIB, Prol., 50: „Novo foedere in hoc utor, ut doceam, quod non aliunde disci potest, quid Christiani liceat: quod ipsum tamen, contra quam plerique faciunt, a jure naturae distinxi: pro cerro habens in illa sanctissima lege majorem nobis sanctimoniam praecepi, quam solum per se jus naturae exigat."

Schrift. Die späteren naturrechtlichen Begründungsmuster aber entnimmt er – dem Anschein nach[218] – kaum der rein christlichen Tradition.[219] Andererseits wird aber doch klar, dass Grotius eine starke Trennung zwischen religiöser Tradition und dem Naturrecht ziehen will. Man könnte sie als pragmatische Grenze bezeichnen, die ein *minimum morale*, sozusagen einen moralischen Grundwasserspiegel begründen will. Die in der Heiligen Schrift erhobenen Forderungen sieht er dagegen als dem Naturgesetz übergeordnet und als erwünschbar an, jedoch nicht als eigentlichen Gegenstand von äußerlich einforderbarem Recht. Die Unterscheidung von äußerem Recht und der sittlich richtigen, inneren Haltung oder Gesinnung stellt sich bei Grotius demnach als eine systematische Notwendigkeit dar, um möglichst sichere, rechtliche Grundlagen für ein richtiges Verhalten zwischen Menschen, ja ganzen Nationen zu generieren. Daher kann der Anspruch des Naturrechts bei Grotius keinen primären religiösen Charakter haben. Im Zusammenhang der Frage nach möglichen Abkommen mit Nicht-Christen wird dies deutlich: „In bezug auf Bündnisse wird oft die Frage aufgeworfen, ob sie mit Ungläubigen zulässig seien. Im Naturrecht ist dies unzweifelhaft, da dasselbe keinen Unterschied der Reli-

---

[218] Der Arbeit Dominik Recknagels ist es zu verdanken, dass die impliziten Bezüge zur spanischen Spätscholastik herausgestellt werden – hier namentlich vor allem zu Suàrez –, die von Grotius selbst nicht explizit angegeben wurden, vgl. RECKNAGEL, Dominik: Einheit des Denkens; Grotius selbst äußert sich ambivalent zur Scholastik und ihren Vertretern, vgl. DIB, Prol., 52: „Die Scholastiker […] zeigen oft, was Scharfsinn vermag; aber sie lebten in unglücklichen, der Wissenschaft entfremdeten Jahrhunderten. Man darf sich deshalb nicht wundern, wenn unter vielem Lobenswertem auch manches angetroffen wird, was Nachsicht in Anspruch nimmt. Wo sie indessen in einer moralischen Frage übereinstimmen, ist selten ein Irrtum vorhanden; denn sie haben für die Fehler in den Aussprüchen anderer scharfe Augen. Demnach geben sie ein lobenswertes Beispiel, bei diesem Eifer zu streiten; denn sie kämpfen mit Gründen und nicht, wie es neuerdings zur Unehre der Wissenschaft Sitte geworden ist, mit Schimpfworten, den häßlichen Ausgeburten eines schwachen Geistes. “

[219] Aus dem Register der von Grotius in DIB zitierten Autoren geht eine klare Gewichtung hinsichtlich der antiken, nichtchristlichen Autoren hervor. So wird Cicero an 147 Stellen zitiert, gefolgt von Livius Titus (119), Seneca (99), Aristoteles (96), Tacitus (76) und Plutarch (73). Auffällig häufig erscheinen zudem Thukydides (54), Platon (37), Xenophon (38) und Demosthenes (26). Der christliche Autor mit den meisten expliziten Bezügen ist Augustinus, der an 56 Stellen genannt wird, gefolgt von Ambrosius (34). Die Autoren, die zur spanischen Spätscholastik zählen dürfen, werden hingegen selten erwähnt. Francisco de Vitoria erscheint lediglich an drei Stellen und dies jeweils in einem eher negativen Kontext (vgl. etwa DIB, Prol., 37; I, 3, 4, 3). Immerhin gibt Grotius zu erkennen, dass er sich mit der spanischen Spätscholastik auseinandergesetzt hat. Richard Tuck stellt noch einmal die Frontstellung zu Vitoria heraus, vgl. TUCK, Richard: The Rights of War and Peace, New York 1997, 103. Molina und Soto erscheinen lediglich an zwei Stellen in DIB. Zwar wurde die Masse der antiken Zitate in der Forschung bisher hauptsächlich als dem Zeitgeist geschuldete Entscheidung eingeordnet, in jüngster Zeit aber wurde die These vertreten, dass tatsächlich die römische Antike die eigentliche Bezugsquelle für das grotianische Naturrechtsverständnis darstellt; vgl. STRAUMANN, Benjamin: Hugo Grotius und die Antike. Römisches Recht und römische Ethik im frühneuzeitlichen Naturrecht; so auch schon bei GIZEWSKI, Christian: Hugo Grotius und das antike Völkerrecht, in: Der Staat 32 (1993), 325-355.

gion kennt."[220] Christoph Bultmann betont in diesem Zusammenhang, dass Hugo Grotius vor allem keinen atheistischen Standpunkt vertritt:

> „Im Hinblick auf die Frage des Pluralismus scheint Grotius mit seiner Bezugnahme auf einen Konsens unter den – in ihren jeweiligen Einzeltraditionen ja sehr unterschiedlichen – Völkern und seiner Beschränkung auf sehr wenige fundamentale Lehrpunkte eine pluralismusfähige Konzeption zu entwerfen. Es ist jedoch zu beachten, dass er keine a-theistische Position anerkennt und eine solche von vornherein mit dem ethischen Problem der Bestreitung einer menschlichen Verantwortung gegenüber einer göttlichen Gerichtsinstanz verbindet."[221]

Diese pluralismusfähige Konzeption erscheint als durch die Umstände seines gesellschaftlichen Umfeldes entscheidend motivierte Denkbewegung, die entweder von dem humanistischen Ideal der „Selbstvervollkommnung" des Menschen oder einer protestantischen Subjektivierung des Glaubens und der radikalen Selbstverantwortung vor Gott ausgeht und doch in jedem Fall eine Form der Individualisierung der Person fördert.[222]

Für den italienischen Rechtshistoriker Paolo Grossi bündelt sich das Neue des grotianischen Naturrechtsdenkens im Begriff der „Evidenz", womit eine für die Vernunft erkennbare Grundstruktur der Welt angezeigt ist. Vor dem Hintergrund der Aussage Grotius', sein Naturrechtsdenken auf Grundsätze zurückführen zu wollen, die niemand leugnen könne[223], was dann im Verlauf der

---

[220] DIB, II, 15, 8: „De foedibus frequens est quaestio, liciténe ineantur cum his qui à vera religione alieni sunt. Quae res in jure naturae dubitationem non habet. Nam id jus ita omnibus hominibus commune est, ut religionis discrimen non admittat."

[221] BULTMANN, Christoph: Exklusiv vollkommen. Der christliche Glaube nach Hugo Grotius' De veritate religionis christianae von 1629 und die Frage des Pluralismus, in: BULTMANN, Christoph/ RÜPKE, Jörg/ SCHMOLINSKY, Sabine (Hrsg.): Religionen in Nachbarschaft. Pluralismus als Markenzeichen der europäischen Religionsgeschichte, Münster 2012, 125-142, hier 134.

[222] Vgl. hierzu FORST, Reiner: Toleranz im Konflikt. Geschichte, Gehalt und Gegenwart eines umstrittenen Begriffs, Frankfurt am Main 2003, 128f.: „Die Dimensionen dieser umfassenden Veränderungen im Leben und Denken der Menschen sind zu vielfältig, um an dieser Stelle auf sie [...] ausführlich eingehen zu können; hervorstechend ist jedoch die Entwicklung eines neuen Individualisierungsverständnisses, das sich freilich in zwei sehr verschiedenen Richtungen entfaltet: im Humanismus als Leitfaden der Idee der Selbstvervollkommnung aus eigener Kraft als Aufgabe wie auch als Chance (unter Rückgriff auf antike Tugend- und Bildungsideale), später im Protestantismus hingegen in der Subjektivierung des Glaubens und der radikalisierten Idee der Selbstverantwortung vor Gott – kritisch gewendet gegen die humanistische Idealvorstellung des sich selbst schaffenden, freien Menschen, der (in den Augen Luthers) seine eigene Begrenztheit und Sündhaftigkeit verneint. Trotz dieser Unterschiede haben beide Bewegungen auf dem Feld der Religion zu einem Individualisierungsschub geführt – die eine durch ein neues Bewusstsein menschlicher Freiheit und Würde, die andere durch die Betonung religiöser Unmittelbarkeit und Innerlichkeit. Entsprechend ist diese Zeit des 15. und 16. Jahrhunderts durch eine Pluralisierung der Formen des religiösen Lebens gekennzeichnet und durch eine Steigerung religiöser Konflikte um die Inhalte und Institutionen des rechten Glaubens, die nach der Spaltung in der Reformation zu langen und blutigen Glaubenskriegen geführt haben, welche die neuzeitliche Geschichte maßgeblich bestimmten. Die Frage der Toleranz wird damit zu einer, wenn nicht *der* zentralen Frage dieser Epoche."

[223] Vgl. DIB, Prol., 39: „Meine erste Sorge war, die Erörterung naturrechtlicher Fragen auf so feste Begriffe zurückzuführen, daß niemand, ohne sich Gewalt anzutun, sie verleugnen kön-

Rechtsgeschichte zu einem immer wiederkehrenden Topos der Jurisprudenz werden sollte, erscheint dies als plausibel:

> „Hier begann die Leier von der *Evidenz*, die im gesamten 18. Jahrhundert immer wieder angestimmt wurde und uns auf erhellende Weise verständlich macht, daß wir uns gegenüber dem Mittelalter in einer gleichsam entgegengesetzten Hemisphäre bewegen: Das, was früher als Geschenk Gottes betrachtet wurde, gewann innerhalb der kosmischen und gesellschaftlichen Natur eine autonome Gestalt, und mit Hilfe der Evidenz schottete man sich nach oben ab. Das, was *evident* ist, bedarf keines himmlischen Eingriffs, sondern findet seine Rechtfertigung in sich selbst. Die neue Naturrechtslehre besaß einen streng laizistischen Charakter.“[224]

Doch auch wenn Paolo Grossi darin zuzustimmen ist, dass Hugo Grotius durchaus eine Neubegründung der rechtlichen Normen suchte und diese zuerst durch evidente, für den vernunftbegabten Menschen erkennbare Begriffe zu finden glaubte, die aus sich heraus eine universelle Legitimation generierten, wird der bleibende Bezug zur Idee Gottes in dieser Darstellung weithin ausgespart. Hugo Grotius erscheint dabei zu sehr als homogen säkularer Denker statt als Gestalt des Übergangs. Indem Grotius die Idee Gottes vielmehr voraussetzt, schreibt er:

> „Hieraus ergibt sich, daß wir Gott als dem Schöpfer und dem, welchem wir unser Dasein und alles, was wir haben, verdanken, ohne Ausnahme gehorchen müssen, zumal er sich in mannigfacher Weise als der Beste und der Mächtigste erwiesen hat.“[225]

Doch wird die Existenz Gottes nicht einfachhin zusammenhanglos vorausgesetzt, sondern auch mit der Erkenntnis des Naturrechts in Verbindung gebracht:

> „Aber selbst das oben erwähnte Naturrecht, sowohl das gesellschaftliche wie das im weiteren Sinne so genannte, muß, obgleich es aus dem inneren Wesen des Menschen kommt, doch in Wahrheit Gott zugeschrieben werden, weil er gewollt hat, daß dieses menschliche Wesen besteht.[226]

ne. Denn die Grundsätze dieses Rechts sind bei einiger Aufmerksamkeit ebenso offenbar und überzeugend wie die sinnlichen Gegenstände, die ebenfalls nicht täuschen, wenn die Sinnesorgane gesund sind und das übrige Nötige vorhanden ist. [Primum mihi cura haec fuit, ut eorum quae ad jus naturae pertinent probationes referrem ad notiones quasdam tam certas, ut eas nemo negare possit, nisi sibi vim inferat. Principia enim ejus juris, si modo animum recte advertas, per se patent atque evidentia sunt, ferme ad modum eorum quae sensibus externis percipimus; qui et ipsi bene conformatis sentiendi instrumentis, et si cetera necessaria adsint, non fallunt.]“

[224] GROSSI, Paolo: Eine Geschichte der Gerechtigkeit, 101.

[225] DIB, Prol., 11: „…jam ipsi Deo, ut opifici et cui nos nostraque omnia debeamus, sine exceptione parendum nobis esse, praecipue cum is se multis modis et optimum et potentissimum ostenderit.“

[226] DIB, Prol., 12: „Sed et illud ipsum de quo egimus naturale jus, sive illud sociale, sive quod laxius ita dicitur, quanquam ex principiis homini internis profluit, Deo tamen adscribi merito potest, quia ut talia principia in nobis existerent ipse voluit.“

Nur vor diesem Hintergrund ist die zweite wesentliche Neuerung für das abendländische Rechtsdenken in richtiger Weise zu verstehen, die Paolo Grossi bei Grotius herausstellt:

> „Als aufmerksamer Leser und Bewunderer Galileis nahm Grotius die in voller Blüte stehenden mathematischen Wissenschaften zum epistemologischen Modell, anerkannte ihren Primat und ahmte sie eifrig nach. Die Juristen begannen von der Zeit zu träumen, wo es ihnen gelingen würde, die Komplexität des Rechts in eine harmonische Struktur streng geometrischer Figuren zu überführen; und bald schon sprach man von einem *mos geometricus*, von einem Recht, welches sich als das genaue Gegenteil der mittelalterlichen Rechtsordnung mit ihrem ganzen Chaos und angeschwemmten Geröll erwies, nämlich reduziert auf wesentliche Grundlinien analog zu den Theoremen und Postulaten der Geometrie.“[227]

Und tatsächlich erscheinen die Mathematiker als konkretes Vorbild für Grotius' Rechtsphilosophie, wie er am Ende des Vorworts zu *De Iure Belli ac Pacis* verdeutlicht:

> „Man tut mir unrecht, wenn man glaubt, ich hätte auf die Streitfragen der Gegenwart Rücksicht genommen, mögen sie schon bestehen oder bald hervortreten. Denn ich gestehe offen, daß ich nach der Art der Mathematiker, welche ihre Figuren getrennt von den Körpern betrachten, bei der Behandlung des Rechts jeden Einzelfall außer Betracht gelassen habe.“[228]

Dabei wird nicht nur deutlich, dass das Ideal des *mos geometricus*[229] auch bei Grotius als Leitidee zu finden ist, sondern auch, dass er tatsächlich eine universale, also vom Einzelfall unabhängige Rechtslehre entwickeln will. Obwohl er zweifellos durch die gewalttätigen Konflikte seiner Zeit die Notwendigkeit eines für alle geltenden Rechts erkannte, versucht sein Ansatz gerade nicht den Einzelfall zu betrachten, sondern modellhaft eine universale Rechtsordnung zu schaffen. Gerade deswegen aber war es möglich, mit Grotius' Ansatz verschiedenste konkrete Situationen auf ihren Rechtscharakter hin zu überprüfen[230], „[...] damit die Staatsmänner gleichsam mit einem Blick die

---

[227] GROSSI, Paolo: Eine Geschichte der Gerechtigkeit, 101.

[228] DIB, Prol., 58: „Injuriam mihi faciet, si quis me ad ullas nostri seculi controversias, aut natas, aut quae nasciturae praevideri possunt, respexisse arbitrator. Vere enim profiteor, sicut Mathematici figuras a corporibus semotas considerant, ita me in jure tractando ab omni singulari facto abduxisse animum.“

[229] In dieser Zeit noch als neue Möglichkeit einer empirisch validen Ethik angesehen, stellt die Moraltheologie immer den Unterschied zwischen mathematischen und ethischen Aussagen heraus, vgl. dazu DEMMER, Klaus: Das Selbstverständnis der Moraltheologie, 12: „Als Leitmodell für Wissenschaftlichkeit gilt nicht die Mathematik. Die Stringenz ethischer Argumentationsstränge sowie die Präzision ethischer Aussagen lassen sich nicht am ‚mos geometricus' messen. Die sittliche Wahrheit erzeugt im Gefolge ihrer Autonomie eigene Kriterien von Stringenz und Präzision.“

[230] So hat der schwedische König Gustav Adolf während des Dreißigjährigen Krieges immer ein Exemplar des DIB mitgeführt, vgl. KHAN, Daniel-Erasmus: Grotius, 196.

verschiedenen Arten der Streitfälle und die Grundsätze, wonach sie zu entscheiden sind, übersehen können."[231]

Ausgehend von dieser grundsätzlichen Einordnung des Naturrechts kann man im Anschluss an Dominik Recknagel drei Dimensionen des grotianischen Naturrechtsverständnisses unterscheiden.[232] Grotius selbst bezeichnet demnach Recht zunächst als das, was nicht Unrecht ist und gibt damit eine negative Definition des Rechts.[233] Unrecht ist wiederum das, was innerhalb der menschlichen und daher vernunftgeleiteten Gesellschaft als der Vernunft entgegenstehend angesehen wird: „Unrecht ist aber das, was dem Begriff einer Gemeinschaft vernünftiger Wesen widerstreitet."[234] Wesentlich notwendig für eine rechtliche Bewertung einer Handlung ist jedoch die Tat selbst, nicht die innere Haltung, nicht das *forum internum*:

> „Die Rechtswirkungen, die von dem Willen abhängen, können dennoch durch den Willen allein nicht herbeigeführt werden, solange nicht der Wille durch äußere Zeichen erkennbar gemacht wird. Denn es entspricht nicht der menschlichen Natur, dem bloßen inneren Wollen eine rechtliche Wirksamkeit zuzuerkennen, da man diesen Willen nur durch Zeichen erkennen kann."[235]

Inneres Wollen und äußeres Recht erscheinen hier als Gegensätze – zumindest im rechtlichen Sinne. Von daher kann man mit Blick auf das im bisherigen Verlauf der vorliegenden Arbeit über das Auseinanderdriften von Recht und Moral Dargestellte sagen, dass dies bei Grotius gewissermaßen zu einem systematischen Abschluss gebracht werden soll. Was in den Augen Gottes als moralisch verwerflich gelten kann, ist im Sinne des von Grotius begründeten Rechts nicht unbedingt strafbar. So betont er im dritten Buch vom Recht des Krieges und des Friedens im Zusammenhang der Kriegsführung:

> „Allerdings gilt sonst die Benutzung schlechter Menschen gegen den Kriegsfeind zwar als eine Sünde gegen Gott, aber bei den Menschen nicht als Unrecht. Dies ist nun mal vom Völkerrecht so anerkannt, denn: ‚das Recht hat hier die moralischen Grundsätze verdrängt'."[236]

Obwohl also die Idee Gottes keineswegs geleugnet wird, erhält das Recht seinen Geltungsanspruch nicht durch Gott, auch wenn er, wie Grotius oben betont, Ursprung allen Rechts ist.

---

[231] DIB, Prol., 59: „…ut tanquam in uno conspectu habeant, qui negotia publica tractant, et quae incidere solent controversarium genera, et pricipia unde dijudicari possunt."

[232] Vgl. RECKNAGEL, Dominik: Einheit des Denkens, 61-71.

[233] Vgl. DIB, I, 1, 3, 1

[234] DIB, I, 1, 3, 1: „Est autem iniustum quod naturae societatis ratione utentium repugnant."

[235] DIB, II, 4, 3: „Iuris effectus qui ab animo pendent non possunt tamen ad solum animi actum consequi, nisi is actus signis quibusdam indicatus sit. Quia nudis animi actibus efficientam iuris tribuere non fuerat congruum naturae humanae, quae nisi ex signis actus cognoscere non potest."

[236] DIB, III, 4, 18, 4: „quanquam enim in rebus aliis, qui malorum opera in hostem utuntur peccare censeantur apud Deum, non autem apud homines, id est in gentium ius, quia ea in parte ‚Mores leges perduxerunt in potestatem suam'."

Im ersten Kapitel des ersten Buches eröffnet Hugo Grotius dann ein weiteres Verständnis von Recht, wenn er sagt:

> „Verschieden von diesem [negativen, Anm.d.A.] Begriff des Rechts ist ein anderer, der von ihm abstammt und auf die Person bezogen wird. In diesem Sinne ist das Recht ‚eine moralische Eigenschaft, kraft der eine Person etwas mit Recht haben oder tun kann'."[237]

Die damit verbundene Fähigkeit (*aptitudo*) „umfaßt die Macht sowohl über sich selbst, welche Freiheit heißt, als auch über andere [...]. Ferner wird darunter das Eigentum verstanden..."[238] Grotius definiert hierbei Recht also als persönliche Freiheit, die mit dem Eigentumsrecht verbunden wird. Dieses persönliche Recht begegnete uns bereits bei Francisco de Vitoria in der neuscholastischen Tradition, die Grotius zwar kannte, aber an dieser Stelle nicht namentlich als Inspirationsquelle angegeben hat. So kann Recknagel betonen:

> „Der Angabe einer direkten Quelle ausweichend, spricht Grotius von ‚den Rechtsgelehrten'. Der aus der stoischen Oikeiosis-Lehre bekannte Begriff des ‚suum' wird nun durch Grotius mit der spätscholastischen Entwicklung subjektiver Rechte verknüpft."[239]

Die hier beschriebene rechtliche Dimension ist also die gleiche, wie sie durch die Juristentheologen der spanischen Spätscholastik gedacht wurde: „Recht bedeutet hier nicht mehr Vorschrift zum Gelingen des gesellschaftlichen Zusammenlebens, sondern Anspruch des Einzelnen gegenüber seiner gesellschaftlichen Umwelt."[240] Damit wird ein wesentlicher Denkschritt innerhalb der neuzeitlichen Rechtsentwicklung formuliert: Das Individuum hebt sich emanzipativ von der Gemeinschaft ab und kann gegenüber anderen Einzelpersonen, aber auch gegenüber der Gesellschaft insgesamt rechtliche Ansprüche formulieren. Recht wird hier zum personalen Recht. Das von daher abgeleitete Eigentumsrecht ist bei Grotius allerdings ein eingeschränktes, das von übergeordneten staatlichen Instanzen außer Kraft gesetzt werden kann.[241]

Eine dritte Dimension des Rechts, die Recknagel herausarbeitet, bezieht sich auf die Formulierung des Rechts als Gesetz, um die Verbindlichkeit desselben – ein wesentliches Motiv bei Hugo Grotius – zu gewährleisten:

> „Es gibt noch einen dritten Begriff des Rechts, wonach es mit Gesetz gleichbedeutend ist, wenn man ‚Gesetz' im weitesten Sinne nimmt, d.h. als eine Regel

---

[237] DIB, I, 1, 4: „Ab hac iuris significatione diversa est altera, se ab hac ipsa veniens, quae ad personam referetur; quo sensu ius est Qualitas moralis personae competens ad aliquid iuste habendum vel agendum."

[238] DIB, I, 1, 5: „...sub quo continentur potestas, tum in se, a quae libertas dicitur, tum in alios [...] Dominium."

[239] RECKNAGEL, Dominik: Einheit des Denkens, 67.

[240] Ebd., 66.

[241] Vgl. etwa DIB, I, 1, 6: „So ist das Recht des Königs für das gemeine Beste auf die einzelnen Sachen größer als das Recht der einzelnen Eigentümer. [Sic a in res singulorum majus est dominium regis ad bonum commune, quam dominorum singularium.]"

> des moralischen Handelns, welches mit dem, was Recht ist, verbindet. Wir fordern hierzu eine Verbindlichkeit; denn Ratschläge und ähnliche Reden sind zwar anständig, aber sie verpflichten nicht und bilden deshalb kein Gesetz oder Recht."[242]

In diesem Kontext nimmt Grotius Bezug auf Horaz und geht im weiteren Verlauf auf Aristoteles ein. Den impliziten Bezug zur Spätscholastik verschweigt er auch an dieser Stelle.[243] Die Betonung, dass Recht zu Gesetz werden soll, ist wiederum aus dem zeitlichen Kontext zu verstehen. Eine festgefügte Ordnung kann nur durch die Anerkennung der Gesetze gesichert werden, die die Grundlage für Frieden innerhalb des Staates und in Bezug auf zwischenstaatliche Beziehungen sein soll. Die zwischenstaatliche Sphäre ist es demnach auch, die Hugo Grotius besonders berücksichtigt: „Seines Erachtens kennt der zwischenstaatliche Raum zwar keinen Souverän, ist aber dennoch eine moralisch geordnete Sphäre, in der sich menschliche Interaktionen an einer Reihe sehr spezifischer Prinzipien orientieren."[244] Daher gewinne auch die Unterscheidung zwischen *ius ad bellum* und *ius in bello* eine erneuerte Kontur: „Krieg lässt sich nur als Antwort auf rechtswidrige Aggression rechtfertigen; jede Form des Präventivkriegs ist verboten, da sie Menschen zu Werkzeugen der Durchsetzung der eigenen Interessen macht."[245]

Das Naturrecht, in dem sich die drei Dimensionen des Rechts bündeln, fußt für Hugo Grotius zunächst auf der anthropologischen Grundvoraussetzung des *appetitus socialis*:

> „...der Mensch ist nicht bloß ein Lebewesen, sondern das höchste Lebewesen, und der Unterschied von allen anderen lebenden Wesen ist weit größer als die Unterschiede zwischen den übrigen Gattungen. Dies beweisen viele dem menschlichen Geschlecht eigentümliche Tätigkeiten. Zu diesen gehört der gesellige Trieb zu einer ruhigen und nach dem Maß seiner Einsicht geordneten Gemeinschaft mit seinesgleichen [...]."[246]

Hier werden zwei Ebenen der Naturrechtsquellen deutlich: Einerseits betont Hugo Grotius seine positive Anthropologie, wenn er es als Wesensmerkmal des Menschen schlechthin auffasst, dass er die geordnete Gemeinschaft sucht,

---

[242] DIB, I, 1, 9, 1: „Est et tertia iuris significatio quae idem valet quod lex, quotis vox legis largissime sumitur, ut sit regula actuum moralium obligans ad id quod rectum est. Obligationem requirimus: nam consilia, et si qua sunt alia praescripta, honesta quidem, sed non obligantia, legis aut juris nomine non veniunt."

[243] Vgl. RECKNAGEL, Dominik: Einheit des Denkens, 69.

[244] NUSSBAUM, Martha C.: Die Grenzen der Gerechtigkeit. Behinderung, Nationalität und Spezies-zugehörigkeit, Frankfurt am Main 2010, 62.

[245] Ebd., 63.

[246] DIB, Prol., 6: „Nam homo animans quidem est, sed eximium animans, multoque longius distans a caeteris omnibus, quam caetorum genera inter se distant: cui rei testimonium perhibet multae actiones humani generis propriae. Inter haec autem, quae homini sunt propria, est appetitus societatis, id est communitatis non qualiscuncque sed tranquillae, et pro sui intellectus modo ordinatae, cum his qui sui sunt generis."

den *appetitus socialis*[247] inne hat und damit ganz anders argumentiert als Thomas Hobbes, der den Naturzustand als ein aus dem Selbsterhaltungstrieb des Menschen erwachsenden Krieg aller gegen alle beschreibt.[248] Die Freiheit des Menschen wird so gerade nicht eingeschränkt, sondern wird dadurch erst ermöglicht.[249] Zum anderen basiert seine Naturrechtslehre auf dem Maß der Einsicht des Menschen, wodurch wiederum die Vernunft als wesentliches Merkmal der frühen Neuzeit betont wird: „Dies von uns hier nur roh bezeichnete, der menschlichen Vernunft entsprechende Sorge für die Gemeinschaft, ist die Quelle dessen, was man recht eigentlich mit dem Namen Recht bezeichnet."[250] Sehr deutlich wird die oben bereits beschriebene positive Sicht auf den Menschen, die der Neuzeit eigen war. Dieser anthropologische Optimismus lässt die negativen Seiten des Menschen freilich unterbelichtet. Da Grotius aber gerade in der allen Menschen eigenen, einheitlichen Vernunft seine Grundlage des Naturrechts sehen wollte, wird deutlich, warum er so positiv vom Menschen denken musste:

> „Zur Klärung des Problems kann angeführt werden, dass Grotius wohl kaum das empirische Vorkommen von unrechten Handlungen bestreiten möchte, sondern seine Begründung des Rechts aus der menschlichen Natur auf die Fähigkeit des Menschen, seine Vernunft zu gebrauchen und die daraus gewonnenen Erkenntnisse umzusetzen, zurückführt, d.h. dass das Recht in der hier anzunehmenden einheitlichen Vernunft des Menschen begründet ist. […] Damit gewinnt auch der Begriff des Naturrechts seine eigentliche Bedeutung als Vernunftrecht."[251]

Indem Hugo Grotius die allen Menschen gemeinsame Vernunft als Grundlage seiner Naturrechtslehre betonte, glaubte er, eine universale Letztbegründung für richtiges Handeln gefunden zu haben, das sich im daraus sich fortsetzenden Recht widerspiegelte. Einem drohenden Vernunfttotalitarismus versuchte

---

[247] Vgl. zum Begriff des *appetitus societatis* besonders MULSOW, Martin: Definitionskämpfe am Beginn der Moderne. Relationsontologie, Selbsterhaltung und appetitus societatis im 17. Jahrhundert, in: Philosphisches Jahrbuch 105 (1998), 283-303.

[248] Vgl. dazu WOLF, Erik: Grosse Rechtsdenker, 261: „Im Dasein des Rechts fand er die wahre Vernunft des Menschen, ohne die es kein Menschsein gäbe. Der Mensch verlöre seine ‚humanitas', wenn und wo er das Recht nicht beachtete. […] Getragen war dieser unbeirrbare Rechtsglaube des Grotius von seiner optimistischen Anthropologie. Das pessimistische Menschenbild Machiavellis mit seiner Machtverherrlichung, mit seiner Überschätzung des geschriebenen Gesetzes und der Staatsraison war ihm fremd wie auch die daraus gefolgerten politischen Lehren Hobbes."

[249] Nussbaum sieht hierin bereits die Möglichkeit einer unabhängigen und universalen Konzeption der Person, vgl. NUSSBAUM, Martha C.: Die Grenzen der Gerechtigkeit, 62: „Man kann diese Sichtweise [der Annahmen über die Person, Anm.d.A.] aber auch (mit Cicero, der in metaphysischen Angelegenheiten agnostisch war) als freistehende ethische Auffassung betrachten und zur Grundlage einer politischen Konzeption der Person machen, die für Menschen mit unterschiedlichen metaphysischen und religiösen Ansichten annehmbar ist."

[250] DIB, Prol., 8: „Haec vero, quam rudi modo jam expressimus, a societatis custodia, humano intellectui conveniens, fons est ejus juris, quod proprie tali nomine appellatur."

[251] RECKNAGEL, Dominik: Einheit des Denkens, 73.

Grotius mit dem *consensus omnium* zu begegnen. Diesen belegt er vor allem durch Autoren unterschiedlicher Epochen:

> „...wenn viele aus verschiedenen Zeiten und allen Orten dasselbe als gewiß behaupten, dies auf einen allgemeingültigen Grund hinweist, der in unseren Erörterungen kein anderer sein kann als die richtige Schlußfolgerung, wie sie sich aus der Natur der Sache ergibt, oder die allgemeine Übereinstimmung."[252]

Hier erscheinen die Genese des Rechts und seine sich daraus ableitende Geltung keineswegs voneinander getrennt oder entgegenstehend. Indem Gott nur noch indirekt Urheber dieses für alle gültigen Rechts war, das als durch die Vernunft vermittelt gedacht wurde, konnte eine universalgültige Quelle des Rechts angegeben werden, die unabhängig von konfessionellen und nationalen Unterschieden war.

Noch einmal macht Grotius dies deutlich, wenn er zusammenfassend sagt:

> „Das natürliche Recht ist ein Gebot der Vernunft, welches anzeigt, daß einer Handlung wegen ihrer Übereinstimmung oder Nichtübereinstimmung mit der vernünftigen Natur selbst eine moralische Häßlichkeit oder eine moralische Notwendigkeit innewohnt, weshalb Gott als der Schöpfer der Natur eine solche Handlung entweder geboten oder verboten hat."[253]

Damit ist für diese Arbeit der eigentliche Kernpunkt hinsichtlich der Naturrechtslehre noch einmal in seiner ganzen Spannung angesprochen: Das Vernunftrecht, das Hugo Grotius formulierte, gründet zwar noch in Gott als dem letzten und eigentlichen Gesetzgeber, doch ist damit immerhin eine Unabhängigkeit des Rechts von der Gottesidee vorgezeichnet. Anders ausgedrückt bedeutet dies zwar nicht eine völlige Verdrängung des Gottesbezuges aus dem Naturrecht, aber doch eine klare nicht-voluntaristische Ausprägung der Gottesvorstellung[254]:

> „Das Naturrecht ist so unveränderlich, daß selbst Gott es nicht verändern kann. Denn obgleich die Macht Gottes unermeßlich ist, so kann man doch manches ausführen, worauf sie sich nicht erstreckt. [...] So wenig also Gott es bewirken

---

[252] DIB, Prol., 40: „...sed quo ubi multi diversis temporibus ac locis idem pro certo affirmant, id ad causam universalem referri debeat: quae in nostris quaestionibus alia esse non potest, quam aut recta illation ex naturae principiis procendens, aut communis aliquis consensus."

[253] DIB, I, 1, 10, 1: „Jus naturale est dictatum rectae rationis, indicans actui alicui, ex ejus convenientia aut disconvenientia cum ipsa natura rationali, inesse moralem turpitudinem, aut necessitatem moralem, ac consequenter ab auctore naturae Deo talem actum aut vetari aut praecepi."

[254] Diese Gottesvorstellung bezieht sich aber eben nur auf das Naturrecht. Grotius leugnet keineswegs, dass es auch ein willkürliches göttliches Recht gibt, vgl. DIB, I, 1, 15, 1: „Was das willkürliche göttliche Recht ist, ergibt sich schon genügend aus dem Namen; es nimmt nämlich seinen Ursprung aus dem göttlichen Willen; dadurch unterscheidet es sich von dem Naturrecht, das man auch göttlich nennen kann. [Jus voluntarium divinum quod sit, satis ex ipso vocum sono intelligimus; id nimirum, quod ex voluntate divina ortum habet; quo discrimine a jure naturali, quod item divinum dici posse diximus, internoscitur.]"

> kann, daß zweimal zwei nicht vier sind, ebenso wenig kann er bewirken, daß das nach seiner inneren Natur Schlechte nicht schlecht sei."[255]

Da gerade das Verhältnis des grotianischen Naturrechts zur Gottesidee im Vordergrund dieser Überlegungen steht, wird im folgenden Kapitel eben jenes Verhältnis noch genauer beleuchtet.

1.4 Das Diktum „Etiamsi daremus..." und die potentielle Trennung von Gott

Wohl kein Satz aus dem umfangreichen Werk von Hugo Grotius ist so oft zitiert worden und deswegen so bekannt wie das „*Etiamsi daremus*". Dieser Satz wird aber allzu häufig zusammenhanglos betrachtet, ohne seine kontextuell-historische Einbettung und die persönlichen Umstände Hugo Grotius' einzubeziehen, dessen tiefe christliche Frömmigkeit außer Frage steht. Im Prolog zu seinem Hauptwerk schildert Hugo Grotius die wesentlichen Merkmale des natürlichen Vernunftrechts und kommt dann zu dem Schluss:

> „Diese hier dargelegten Bestimmungen würden auch Platz greifen, selbst wenn man annähme, was freilich ohne die größte Sünde nicht geschehen könnte, daß es keinen Gott gäbe oder daß er sich um die menschlichen Angelegenheiten nicht bekümmere."[256]

Grotius formuliert hier sehr vorsichtig und mit der deutlichen Einschränkung, dass dieses Gedankenexperiment – denn die Abwesenheit Gottes ist für ihn undenkbar – ohne die Gefahr der Sünde kaum möglich wäre. Sogleich schickt er hinterher: „Sowohl die Vernunft wie die ununterbrochene Überlieferung haben uns das Gegenteil eingepflanzt. Viele Beweisgründe und Wunder bestätigen es, welche von allen Jahrhunderten bezeugt werden."[257] Betrachtet man diesen Nachsatz, so wird die Vorsicht, die Hugo Grotius in seinem berühmten und vielzitierten Satz angewendet hat, noch einmal bestätigt, ja sogar bestärkt. Im Gegensatz zu den Interpreten, die in Hugo Grotius einen vor allem säkula-

---

[255] DIB, I, 1, 10, 5: „Est autem jus naturale adeo immutabile, ut ne a Deo quidem mutari queat. Quanquam enim immensa est Dei potentia, dici tamen quaedam possunt ad quae se illa non extendit. [...] Sicut ergo ut bis duo non sint quatuor ne a Deo quidem potest effici, ita ne hoc quidem, ut quod intrinseca ratione malum est, malum non sit."

[256] DIB, Prol., 11: „...etiamsi daremus, quod sine summo scelere dari nequit, non esse Deum aut non curare ab eo negotia humana."

[257] Ebd.: „...cuius contrarium cum nobis partim ratio, partim traditio perpetua, inseverint; conferment vero et argumenta multa et miracula ab omnibus saeculis testata..."

ren Denker und Rechtsphilosophen sehen wollen[258], erscheint hier ein Mann, der, geleitet von der praktischen Aufgabe der Suche nach einem universalen Recht, weiterhin tief verwurzelt ist im Glauben an Gott.

Trotzdem war gerade diese Aussage wesentlich dafür verantwortlich, dass Hugo Grotius als „Vater des modernen Völkerrechts“ und als säkularer Vordenker galt. Diese Einschätzung von Hugo Grotius macht James St. Leger, der dem Diktum „*etiamsi daremus…*“ eine eigene Arbeit gewidmet hat[259], am Beispiel einer zum 300. Jahrestag des Erscheinens von „De Iure Belli ac Pacis“ veröffentlichten Publikation in einem Sammelband[260] von Jules Basdevant deutlich. Dort heißt es: „Durch diese Konzeption [des ‚*etiamsi daremus…*‘, Anm.d.A.], dessen eigentlicher Autor er nicht ist, entbindet Grotius das Naturrecht von Theologie und Metaphysik.“[261] Die These von der völligen Säkularisierung des Naturrechts durch Grotius erscheint in der Forschung für lange Zeit als *communis opinio,* wie auch St. Leger betont:

> „This opinion of Basdevant, that Grotius was the emancipator of natural law and consequently of international law in so far at it is based on the natural law, we may characterize as the common opinion of scholars even of the present day.“[262]

Im weiteren Verlauf aber stellt er die Wandlung innerhalb der Grotius-Bewertung durch die Forschung heraus. Vor allem am italienischen Rechtsphilosophen Giorgio del Vecchio macht er diese Wandlung deutlich, dessen Grotius-Rezeption er in ihrem zeitlichen Verlauf nachzeichnet. Del Vecchio, der in seiner Darstellung der Entwicklung der Rechtsphilosophie in der Ausgabe von 1932 Hugo Grotius noch als *den* Vertreter der Rechtsgeschichte darstelle, der zum ersten Mal in der Geschichte explizit die Trennung des Rechts von seinen theologischen Grundlagen vollziehe, schränke diese Sicht in der siebten Edition bereits ein und füge in einer Fußnote wesentliche Bezüge zu scholastischen Denkern, namentlich Suárez, Gregor von Rimini, Gabriel Biel und Hugo von St. Viktor, ein.[263] In einem anderen Artikel aus dem Jahr 1960 betont Del Vecchio:

> „Fu, per molto tempo, un luogo commune l'affermazione che a Grozio sia dovuta la fondazione di questo ramo del diritto [des säkularen Völkerrechts, Anm. d. A.], ed anche della moderna filosofia del diritto in genere. Queste tesi dovrebbero, a mio avviso, essere profondamente corrette; senza che ciò

---

[258] Vgl. etwa HAAKONSSEN, Knud: Natural Law and Moral Philosophy from Grotius to the Scottish Enlightenment, Cambridge 1996, 29.

[259] Vgl. ST. LEGER, James: The "etiamsi daremus" of Hugo Grotius. A Study in the Origins of International Law, Rom 1962.

[260] BASDEVANT, Jules: Le Théorie général du droit de Grotius, Leyden 1925, 25-32 [Zitiert nach ST. LEGER: The "etiamsi daremus", 28, Anm. 2].

[261] Ebd., 27: „Par cette conception, dont il n'est d'ailleurs pas l'auteur, Grotius degage le droit naturel de la thélogie et de la métaphysique.“ [im Original in französischer Sprache; oben eine Übers. d.A.].

[262] ST. LEGER, James: The "etiamsi daremus", 29.

[263] Vgl. ebd., 33.

> costituisca, per altro, alcun biasimo per coloro che, attendosi a quei luoghi comuni, in perfetta buona fede li ripeteranno. Io stesso debbo confessare che, in anni lontani, non avendo studiato abbastanza profondamente e direttamente l'opera del Grozio, accettai su di essa quei giudizi che erano allora una communis opinio.“[264]

In dieser ehrlichen Selbstkorrektur Del Vecchios sieht St. Leger allerdings keine absolute Kehrtwende; diese erscheint aus meiner Sicht aber auch nicht notwendig. Auch wenn Hugo Grotius nicht der erste war, der das „*Etiamsi daremus*“-Diktum verwendet hat, ist seine Wirkung durch ihn doch erst zu ihrem eigentlichen Durchbruch gekommen. An der praktischen Wirkung und der mit dem Abstand seiner Entstehung eher noch größer werdenden Rezeption ändert dies nichts. In diesem Sinne kann mit Giorgio Del Vecchio betont werden:

> „Se però il Grozio non fu propriamente un iniziatore, e non fu superiore al Gentili come giurista, nè al De Vitoria e al Suarez come filosofo, deve tuttavia riconscersi all sua opera [...] un'importanza notevole, sia per alcuni suoi pregi intrinseci [...], sia anche per la grande diffusione che ebbe e l'influsso che esecitò sulle trattazioni successive della materia. [...] Una delle cagioni della straordinaria fortuna della sua opera fu l'aver egli lasciato deliberatamente in disparte le ardue questioni teologiche (sulle quali sarebbe stato difficile ottenere il consenso di tutti), per richiamarsi soltanto ad alcune semplici verità di ragione, enunciate già dalla filosofia classica, come la natural socievolezza dell'uomo e il dovere di stare ai patti.“[265]

Ob und inwiefern Grotius aber wirklich eine völlige Ablösung des Rechts vom Gottesgedanken postulieren wollte, bleibt eher fraglich.[266] Die obige Darstellung der bleibenden Verwurzelung des Rechts in der Existenz Gottes und die vorher dargestellte Tradition des grotianischen Denkens in der Scholastik wie der Neostoa sollte einer einseitigen Einschätzung Grotius' entgegengestellt werden. Es muss aber noch einmal hervorgehoben werden, dass gerade das meistzitierte Diktum des Grotius nicht erst durch ihn in die Philosophiegeschichte eingetreten ist. Vielmehr findet es sich schon im 14. Jahrhundert bei Gregor von Rimini (ca. 1300– 1358)[267], ohne dass Hugo Grotius auf ihn explizit verweist:

---

[264] DEL VECCHIO, Giorgio: Grozio e la fondazione del diritto internazionale, Mailand 1960, 197 [Zitiert nach ST. LEGER: The "etiamsi daremus", 32].

[265] DEL VECCHIO, Giorgio: Il diritto internazionale e il problema della pace. Studi sulla Guerra e la Pace, Mailand 1959, 165f. [Zitiert nach ST. LEGER, James: The "etiamsi daremus", 34].

[266] Vgl. auch die Einschätzung von ST. LEGER, James: The "etiamsi daremus", 35: "I believe the only conclusion which we can reasonably draw from the above discussion is that the role of Hugo Grotius in the process of the secularization of law is still an open question, a question which merits further study and research not only in the work of Grotius and of his predecessors and successors but also in the various phases of the history of this period."

[267] Zu Gregor von Riminis Denken und seinem Werk besonders beachtenswert: LEFF, Gordon: Gregory of Rimini. Tradition and Innovation in Fourteenth Century Thought, Manchester 1961, 235: "If our study has shown anything it is that Gregory was the exclusive advocate of

> „In der Mitte des 14. Jahrhunderts ist der Bruch [der einheitlichen Ordnung von Gesetz und Gewissen] vom theoretischen Standpunkt aus bereits in den Reflexionen des Augustiners Gregor von Rimini existent, der das gesamte folgende Denken beeinflußt mit seiner Unvergleichbarkeit der Sünde als äußerem Akt bei der Verletzung des Gesetzes und der Sünde als innerem Akt gegen die Vernunft und gegen Gott.“[268]

Der philosophiegeschichtliche Hintergrund dabei ist wiederum die Kontroverse um den Voluntarismus[269], der vor allem durch den Franziskaner William von Ockham (1288–1347) vertreten wurde. Dieser bestimmte den Willen und nicht den Intellekt als übergeordnetes Vermögen des Menschen, aber auch von Gott. Der damit verbundenen Gefahr der Willkür wird durch Ockham in Form der Unterscheidung von *potentia absoluta* und *potentia ordinata* begegnet.[270] In letzterer hat sich Gott im Schöpfungsakt selbst an die darin gegebene Ordnung gebunden, mit der *potentia absoluta* aber wird Gott die Möglichkeit zugestanden, außerhalb dieser Ordnung die Schöpfung zu beeinflussen. Die *potentia absoluta* ist weniger in praktischer Hinsicht zu verstehen, als vielmehr vor dem Hintergrund der Ermöglichung der theoretischen Absicherung eines freien göttlichen Willens. Dennoch wurde im Laufe der Diskussion um die *po-*

---

neither the *via antique* and the *via moderna*. He shared the presuppositions, common to the majority of his contemporaries, that knowledge and theology were distinct pursuits, the one confined to ascertainable fact, the other to the tenets of faith; that God was inaccessible to reason; that His actions were undeterminable; that creation was so contingent that neither the laws of nature nor of ethics were invariable; and that by God's *potentia absoluta* they and all God's creatures could be superseded."

[268] PRODI, Paolo: Eine Geschichte der Gerechtigkeit, 133.

[269] Vgl. dazu und zur Auswirkung für die Entwicklung der Moraltheologie SCHALLENBERG, Peter: Spiritualität und Moraltheologie. Gibt es eine geistliche Theologie in der Ethik?, in: Studia Moralia 50 (2012), 17-35, hier 21: „Im Hintergrund steht aber auch eine schon am Ende des Mittelalters unter dem voluntaristischen Einfluß des Nominalismus einsetzende Reduktion der Sittenlehre auf eine Sollensethik, deren Grundlage die sittliche Pflicht bildet. Dies verändert klandestin auch die Spiritualität der theologischen Ethik, da das Gottesbild betroffen ist. Denn dies ist gegenüber Thomas von Aquin ein neuer Akzent: Nicht mehr die Tugend und das in Christus geschenkte neue Sein, sondern das vom Individuum auszutragende Verhältnis von Gesetz und Freiheit, das durch eine Ethik des Imperativs bewältigt werden soll, steht im Mittelpunkt der Überlegungen. Der Nominalismus hat damit die scholastische Idee der Entsprechung von Denken und Sein, von Erkenntnis und Wirklichkeit verlassen. Die Allmacht Gottes und seine Freiheit scheinen nämlich durch die subtilen Gedankengebäude der Hochscholastik ungebührlich eingeschränkt. Daher entfaltet sich nun die These, alle Begriffe und Erkenntnisse des menschlichen Denkens seien nur Namen ohne ontologische Entsprechung, Namen für das grundsätzlich nicht fassbare Wesen Gottes. Gott und Mensch treten weit auseinander, sowohl um einerseits die unbeschränkte Souveranität Gottes zu wahren, wie auch andererseits um dem menschlichen individuellen Handeln einen großen Freiheitsraum zu öffnen. Eine Kultur des Individuellen und des Konkreten entwickelt sich."

[270] Vgl. zur Debatte um die *potentia absoluta* und *ordinata* besonders die umfangreichen Studien von Oakley, auf die auch Prodi hinweist: OAKLEY, Francis: Omnipotence, Convenant and Order. An Excursion in the History of Ideas from Abelard to Leibniz, Ithaca/London 1984; DERS.: Natural Law, Conciliarism and Convent in the late Middle Ages. Studies in Ecclesiastical and Intellectual History, London 1984.

tentia absoluta immer wieder die daraus entstehende ethische Herausforderung betont:

> „Die Konzeption der absoluten Macht Gottes bietet – sowohl bei den zeitgenössischen als auch bei den modernen Interpreten – immer wieder Anlass, hier einen keinerlei Rationalität verpflichteten Allmachtsgott am Werke zu sehen, der die Rede von jeglichen Werten und Normen überflüssig mache, da er jederzeit deren Gegenteil anordnen könne.“[271]

Gregor von Rimini begegnet dieser Problematik mit Rückgriff auf Hugo von St. Viktor[272], indem er in der *potentia absoluta* den theoretischen Rahmen der Allmacht Gottes erkennt, der aber durch die Geltung der *potentia ordinata* praktisch ausgefüllt wird, da diese das zum Ausdruck bringt, was Gott will. Im Selbstwiderspruch erfährt die *potentia absoluta* allerdings für Gregor ihre Grenze, sodass Gott nicht der Lüge und der Täuschung fähig ist.[273]

Gregor von Rimini versucht, gerade dieses ethische Problem, das durch Ockham aufgeworfen wurde, aufzulösen, indem er eine ethische Theorie konzipiert, „deren Geltungsgrund unabhängig vom Willen Gottes zu suchen ist. Sünde ist deshalb nicht mehr der Verstoß gegen Gottes Willen, sondern […] gegen die rechte Vernunft.“[274] Gregor von Rimini bezieht sich in diesem Kontext auf Autoritäten der christlichen Tradition, wobei besonders Augustinus und seine Schriften im Vordergrund stehen. So formuliert er, nachdem er die Definition der Sünde aus Augustins *Contra Faustum* zitiert[275]:

> „Weil also die göttliche Vernunft gewiss immer die zuhöchst rechte ist, verstößt alles das, was gegen das ewige Gesetz verstößt, auch gegen die rechte Vernunft. […] Daraus folgt, dass was auch immer gegen die rechte Vernunft verstößt, gegen das ewige Gesetz verstößt, und deshalb sollte gemäß Augustinus zu Recht gesagt werden, dass die Sünde etwas gegen die Vernunft Getanes oder Gesagtes oder Begehrtes ist,…“[276]

---

[271] GREGOR VON RIMINI: Moralisches Handeln und rechte Vernunft. Kommentar zu den Distinktionen 34-37 des zweiten Sentenzenbuches, Lateinisch-Deutsch. Übersetzt und eingeleitet von Isabelle Mandrella, Freiburg im Breisgau 2010, 30f.

[272] Vgl. ST. LEGER, James: The “etiamsi daremus”, 144.

[273] Vgl. ebd.

[274] GREGOR VON RIMINI: Moralisches Handeln und rechte Vernunft, 32.

[275] Vgl. AUGUSTINUS: Contra Faustum XXII, 27; MIGNE, PL 42, Sp. 418: „Ergo peccatum est factum vel dictum vel concupitum aliquid contra aeternam legem. Lex vero aeterna est ratio divina vel voluntas Dei, ordinem naturalem conservari iubens, perturbari vetans.“ [dt. Übersetzung entnommen aus GREGOR VON RIMINI: Moralisches Handeln und rechte Vernunft, 97: „Die Sünde ist etwas gegen das ewige Gesetz Getanes oder Gesagtes oder Begehrtes. Das ewige Gesetz freilich ist die göttliche Vernunft oder der Wille Gottes, der befiehlt, die natürlich Ordnung zu bewahren, und verbietet, sie in Unordnung zu bringen.“].

[276] GREGOR VON RIMINI: Moralisches Handeln und rechte Vernunft, 97; lat. ebd., 96: „Cum ergo divina ratio utique rectissima semper sit, omne quod est contra aeternam legem est contra rectam rationem. […] Sequitur quod quicquid est contra rectam rationem est contra aeternam legem, ac per hoc secundum Augustinum recte dicatur peccatum esse factum vel dictum vel concupitum aliquid conta rectam rationem…“

Gregor von Rimini setzt damit die göttliche Vernunft mit der rechten Vernunft (*recta ratio*) gleich, die auch dem Menschen zugänglich ist:

> „Wenn gefragt werden sollte, warum ich eher uneingeschränkt von ‚gegen die rechte Vernunft‘ spreche, als eingeschränkt von ‚gegen die göttliche Vernunft‘, so antworte ich: Damit nicht der Eindruck entsteht, dass die Sünde schlechterdings gegen die göttliche Vernunft und in Bezug auf dasselbe nicht gegen jede rechte Vernunft verstoße.“[277]

Sodann folgt das Gedankenexperiment, das sich später auch bei Hugo Grotius findet und auch in seiner sprachlichen Formulierung große Ähnlichkeit aufweist:

> „Denn wenn – gesetzt den unmöglichen Fall – es die göttliche Vernunft oder Gott selbst nicht gäbe, oder jene Vernunft irren würde, würde immer noch sündigen, wer gegen die engelhafte oder menschliche oder eine andere rechte Vernunft (wenn es sie gäbe) handelt.“[278]

Gregor von Rimini formuliert damit schon weit vor Hugo Grotius, dass gute oder schlechte Handlungen – für Gregor spielt anders als für Grotius der Sündenbegriff dabei die zentrale Rolle – unabhängig von Gott als solche in der *ratio recta* erkannt und bewertet werden können:

> „Um diese Bedeutung der ratio recta zu untersteichen, heißt es darauf, daß das entscheidende Merkmal für die Geltung der ratio recta nicht im Attribut divina für sich, sondern in der Verbindung von ratio recta und divina liege. Den Grund sucht er durch den später berühmt gewordenen Satz, den Gabriel Biel zitiert und der sich unter anderen Vorzeichen bei H. Grotius findet, dazutun, daß bei einem – freilich unmöglichen – Irrtum Gottes, ein Verstoß gegen die recta ratio dennoch Sünde bleibe. Eine für jene Zeit bezeichnende, bis in den Widerspruch hinein vorgetriebene Grenzformulierung; man könnte hinzufügen: im Stile Ockhams.“[279]

In erster Linie ist es Gregor von Rimini mit dieser, mit Walter Kölmel gesprochen, „Grenzformulierung“ daran gelegen, eine sichere ethische Entscheidungsgrundlage innerhalb der menschlichen Vernunft zu definieren, wie dieser in seiner Konklusion noch einmal hervorhebt:

> „Offenbar ist es ihm ein Anliegen, die sittliche Ordnung auf einen unveränderlichen Kern zurückzuführen, und wenn wir auch keine unmittelbaren Äußerungen zur Frage der Unveränderlichkeit des Naturrechtes, bzw. des Naturrechtes im engeren und weiteren Sinn von ihm besitzen, so lassen doch die erwähnten Bemerkungen bereits eine bestimmte Grundhaltung erkennen. Aus der Sorge um

---

[277] Ebd., 97; lat. ebd., 96: „Si quaretur, cur potius dico absolute ‚contra rectam rationem‘ quam contracte ‚contra rationem divinam‘, respondeo: Ne putetur peccatum esse praecise contra rationem divinam et non contra quamlibet rectam rationem de eodem.“

[278] Ebd., 99; lat. ebd., 98: „Nam, si per impossibile ratio divina sive deus ipse non esset aut ratio illa esset errans, adhuc, si quis ageret contra rectam rationem angelicam vel humanam aut aliam aliquam, si qua esset, peccaret.“

[279] KÖLMEL, Walter: Von Ockham zu Gabriel Biel. Zur Naturrechtslehre des 14. und 15. Jahrhunderts, in: Franziskanische Studien 37 (1955), 218-259, hier 219.

> einen unveränderlichen Kern des Sittengesetzes entspringt auch wohl seine oben angeführte Äußerung zur absoluten Geltung der ratio recta. Die Absage an die Versuche, Gott gegenüber ‚Gut und Böse' im Sittengesetz, seiner potentia absoluta nach, unabhängig darzustellen, erhellt rückwirkend auch seine Lehre von der ratio recta. Ihr gemäß ist die ‚ratio divina ordinem naturalem conservari iubens', die ja die lex aeterna gibt und die als solche rectissima ist, unbedingte und immergültige Quelle der Ordnung, und damit des Naturgesetzes."[280]

Die rechte Vernunft steht der göttlichen Vernunft dabei selbstverständlich nicht entgegen, sondern spiegelt sich in ihr. Die Genese des Guten ist weiterhin in Gott zu finden, die Geltung allerdings kann von ihm unabhängig gedacht und sogar geahndet werden. Etwas ist demnach nicht schlecht, weil Gott es verboten hat, sondern etwas ist verboten, weil es schlecht ist. Damit entscheidet er sich hinsichtlich des Euthyphron-Dilemmas[281] im Sinne Augustins.[282] Auch bei Hugo Grotius wird deutlich, dass er der *potentia absoluta* zumindest indirekt Tribut zollt. Dabei aber grenzt er diese sehr deutlich vom eigentlich unveränderlichen Naturrecht ab und macht dies an einem konkreten Beispiel deutlich:

> „Wenn also Gott befiehlt, daß man jemanden töten oder ihm seine Sachen wegnehmen solle, so wird deshalb der Mord und der Diebstahl nicht zu einer erlaubten Handlung, da diese Worte etwas bezeichnen, was an sich sündhaft ist; sondern nur die einzelne Tat ist kein Mord oder Diebstahl, weil sie auf Geheiß des höchsten Herrn über Leben und Eigentum geschieht."[283]

Die *potentia absoluta*, die für Grotius weiterhin existent ist, hat für das von ihm propagierte Naturrecht allerdings keinerlei Bedeutung. Vielmehr ist es auch bei ihm lediglich die *potentia ordinata*, die eine sichere ethisch-praktische Grundlage garantieren kann. Von daher wird noch einmal deutlich, dass die Genese des Naturrechts zwar nicht ohne Gott, den Schöpfer aller Dinge, denkbar ist, die Geltung des Rechts jedoch auch ohne die Annahme seiner Existenz vorstellbar ist. Während das eine Recht der (als positiv anzunehmenden) Willkür Gottes entspringt und unvorhersehbar ist, spiegelt das so verstandene Naturrecht die nach der Maßgabe der Vernunft erkennbaren und unveränderlichen falschen und richtigen Gesetze für den Menschen wider.

Gabriel Biel (1415–1495), der sich eng an den Ausführungen über das Verständnis der *recta ratio* in Bezug auf die *lex aeterna* Gregor von Riminis orientiert, galt vielfach als der Wegbereiter einer säkularen Rechtsordnung vor

---

280 Ebd., 220.

281 Vgl. PLATON: Euthyphron, 10A–11B. Dort fragt Sokrates den Euthyphron im Dialog: „Bedenke nämlich folgendes: Wird das Fromme von den Göttern geliebt, weil es fromm ist, oder ist es fromm, weil es geliebt wird?" [Übersetzung entnommen aus Platon: Sämtliche Dialoge. Bd. 1, Vorwort und Einleitung zur Gesamtausgabe v. Otto Apelt, Hamburg 1993, 82].

282 Vgl. GREGOR VON RIMINI: Moralisches Handeln und rechte Vernunft, 31.

283 DIB, I, 1, 10, 6: „Ita si quem Deus occidi praecipiat, si res alicujus auferri, non licitum siet homicidium aut furtum, quae voces vitium involvunt; sed non erit homocidium aut furtum quod vitae et rerum supremo domino auctore sit."

Hugo Grotius, die durch die menschliche Vernunft eine autonome Rechtsquelle erlangt hat. Diese Einschätzung, die noch in Georg Otts Beitrag über Gabriel Biels Vorstellungen von Recht und Gesetz[284] Geltung beansprucht[285], wird durch Walter Kölmel ausgeglichener darstellt: Wie Gregor von Rimini versucht auch Gabriel Biel die *potentia absoluta* auf eine eher theoretische Möglichkeit zu reduzieren, sodass bei ihm besonders die Erkennbarkeit der guten weltlichen Ordnung im Vordergrund steht. Er folgt Gregor auch in der Identifizierung von *lex aeterna, ratio divina, ratio recta* als *ratio rectissima*. Der Mensch ist auch bei ihm nicht in verabsolutierter Weise lediglich auf sich zurückgeworfen, sodass eine autonome Bestimmung des Guten aus sich heraus angedacht wäre. Vielmehr ist die Orientierung an der *recta ratio* identisch mit dem *ordo naturalis*: „Das heißt nichts anderes, als daß er eine Seinsordnung antrifft, die seinem vernünftigen Erkennen zugänglich ist und in deren Befolgung er sein Leben gestaltet."[286] Auch Gabriel Biel verwendet in diesem Zusammenhang das bei Gregor entlehnte Gedankenexperiment, das erst bei Hugo Grotius zur eigentlichen Rezeption für die Neuzeit gelangte:

> „Wenn Biel dabei den später vielberedten Satz Gregors aufnimmt, daß auch bei einer an sich unmöglichen Irrung Gottes oder der Nichtexistenz Gottes die recta ratio das Kriterium gegenüber der Sünde bildet, so gilt das bereits zu Gregor Gesagte auch hier. [...] Eine Grenzformulierung gewiß, wir sagten es schon, keinesfalls will jedoch Biel, sowenig wie Gregor, mit ihr einer autarken immanenten Weltvernunft das Wort reden. In der recta ratio wäre dann ja eine von Gott unabhängige Wirklichkeit behauptet. Deshalb ist auch noch nicht die ontische Beziehung der Sittlichkeitsordnung, in der die recta ratio den ordo naturalis bewahren soll, zur lex aeterna aufgehoben."[287]

Die bleibende ontische Bezogenheit der *recta ratio* auf das *lex aeterna* kann im Sinne Gregors von Rimini und auch Gabriel Biels nicht aus ihrer „Grenzformulierung" der möglichen Nichtexistenz Gottes geschlossen werden. Beide denken die weltliche Seinsordnung eben nicht getrennt und unabhängig von Gott. Jenes grenzwertige Argument, das beide, wie später auch Hugo Grotius, sprachlich sehr vorsichtig umsetzen, ohne die damit verbundene Kraft des Ge-

---

[284] Vgl. OTT, Georg: Recht und Gesetz bei Gabriel Biel, in: Zeitschrift der Savigny-Stiftung, kanon. Abt. 69 (1952), 250-296.

[285] So heißt es bei KÖLMEL, Walter: Von Ockham zu Gabriel Biel, 250: „Er [Georg Ott, Anm. d. A.] gesteht zu, daß sich Biel in manchem von Ockham distanziert, läßt aber diese Distanz in seinen Ergebnissen wieder als wirkungslos erscheinen. Zwischen lex aeterna und naturalis sei keine Verbindung, die naturrechtlichen Prinzipien seien nicht als Ausdruck der lex aeterna bindend, sondern weil sie der vernünftigen Natur gemäß sind; die menschliche Vernunft erscheine als autonome Quelle des Naturrechts, das seine theologische Basis verliere und kraft Renaissance sei Ockham mit seiner Trennung von Transzendenz und Immanenz, seiner Leugnung der extramentalen Realität des Universalen, seinem Fideismus, der Zerstörung der Harmonie zwischen Glauben-Wissen, Denken-Sein. Der Weg von Ockham, der dem Rationalismus und Naturalismus der Aufklärer, dem Relativismus und Positivismus den Weg geebnet habe, zu den großen Systemen der Neuzeit gehe über keinen andern als G. Biel."

[286] Ebd., 252f.

[287] Ebd., 253.

dankens abzuschwächen, entsteht wohl vor allem aus der Vermeidung einer Weltvorstellung der Willkürlichkeit. Dieses Motiv erscheint auch für Hugo Grotius, der das scholastische Denken gut kannte, als plausibel. Ohne seine religiöse Ausrichtung aufzuheben, konnte so die immanente Ordnung der Welt betont und als Grundlage des Rechts definiert werden. Besonders vor dem Hintergrund der aufgebrochenen Homogenität der europäischen Gesellschaften erscheint dies als sinnvoller Schritt, der dem irenischen Pragmatismus des Hugo Grotius entspricht. Bezogen auf Gabriel Biel betont Kölmel:

> „Jetzt begegnen wir, von der lex aeterna her, auf einmal in der kreatürlichen Ordnung einem rationalen Prinzip. Ordnung ist nun auf innere Rechtheit hin gesehen, nicht zuerst auf ihre Herkunft von der höheren Gewalt. Was wiederum nicht heißen soll, daß diese ausgeschlossen sei, nur ihr alleiniger Vorrang ist abgelehnt.“[288]

Diese Betonung des Zurücktretens der Herkunft des Rechts von der eigentlichen Letztbegründung in Gott, wäre eben jenes Zurücktreten der Genese vor der gemeinsamen Geltung, die Hugo Grotius herstellen wollte. An dieser Stelle wird besonders deutlich, dass Grotius sich eines Gedankens bediente, der zwar schon durch Gregor von Rimini und vermittelt durch Gabriel Biel vorher formuliert wurde, der aber gerade bei ihm seine wesentlichen praktischen Eigenschaften entfaltet. Damit kann der Einschätzung Christoph Links zugestimmt werden:

> „Die Formel, das Naturrecht müsse auch gelten, wenn es keinen Gott gäbe, hat bei ihm eine ganz konkrete politische Funktion. Nicht so sehr entscheidend sind ihre metaphysischen, als vielmehr ihre praktischen Implikationen. So wie sie im internationalen Bereich die Verbindlichkeit des Naturrechts bei Christen und Heiden begründen sollte, so innerstaatlich seine Anerkennung durch die streitenden Religionsparteien.“[289]

Auch wenn an der bleibenden Gottesbezogenheit sowohl bei Gregor von Rimini und Gabriel Biel als auch bei Hugo Grotius festgehalten wird, dies sollte durch die vergangenen Ausführungen deutlich geworden sein, ergibt sich aus den letzten Überlegungen zumindest im Ansatz eine Abtrennung von Genese und Geltung der Rechts- beziehungsweise Moralbegründung:

> „Man erfährt jetzt nicht: gut und recht ist etwas, weil Gott es will, sondern die in der ratio recta aufleuchtende Rechtheit ist absolute Norm, als solche notwendig und restlos richtig (rectissima) in Gott allein. Ein radikaler Gegensatz zu schrankenloser Willkür ist erreicht, so elementar, daß die Ordnungsbilder, das vom Primat des Willens und das von der ratio recta her gezeichnete, unrettbar in eine nur von der Allmacht dirigierte transzendente Gesetzlichkeit und eine weltimmanente Vernünftigkeit auseinanderzufallen scheinen.“[290]

---

[288] Ebd., 253.
[289] LINK, Christoph: Hugo Grotius als Staatsdenker, 19.
[290] KÖLMEL, Walter: Von Ockham zu Gabriel Biel, 253.

Es ist dieses Auseinanderfallen, das, ob beabsichtigt oder nicht, eine nicht wieder zu schließende Trennung zwischen Gott und Welt hervorgerufen hat. Zwar war diese Trennung schon bei den dargestellten Scholastikern gedacht worden, nie aber fiel sie auf so fruchtbaren Boden wie zu Beginn des 17. Jahrhunderts. Hugo Grotius, der entsprechend den vergangenen Ausführungen nicht als rein säkularer Denker eingeschätzt werden kann, mag mit dem „*Etiamsi daremus*"-Diktum nicht das Ende Gottes oder eine völlige Säkularisierung innerhalb der Rechtsphilosophie eingeleitet haben wollen; die Rezeptionsgeschichte aber zeigte schon kurz nach seinem Tod in Gestalt von Samuel Pufendorf, der sich der Aufgabe verschrieb, die von Grotius begonnene Arbeit fortzusetzen, dass besonders seine säkular anmutenden Passagen dankbar aufgenommen wurden.[291] Auf Pufendorf mag daher auch die Einschätzung zurückgehen, dass Hugo Grotius lange als der Vater des modernen Naturrechts galt[292] und die Denkvoraussetzungen des Mittelalters kaum beachtet wurden:

> „Thanks to Pufendorf's efforts and influence it has become an academic dogma that there is no such thing as Natural Law during the middle ages; that the schoolmen have done nothing but spread complete darkness over Natural Law and morals by following Aristotle instead of the Stoics and by confounding thus law and politics, natural and positive law. To Grotius and to him alone, supposedly goes the credit of having brought Natural Law out of the night of this utter confusion."[293]

Auch Heinrich Rommen betont die Rolle Samuel Pufendorfs für die Rezeptionsgeschichte des Werkes Grotius', aber auch für die Entwicklung des Naturrechts als solches: „Mit Pufendorf und seiner Auslegung des Hugo Grotius und nicht eigentlich schon mit diesem beginnt das sogenannte naturrechtliche Zeitalter."[294] Grotius ist daher, wie oben bereits angedeutet, nicht eindeutig in eine Epoche einzuordnen, sondern bleibt eine Persönlichkeit, in der sich mittelalterliches, scholastisches und neuzeitliches Denken verbinden:

> „Grotius, der noch ganz innig mit den Lehrern der Vorzeit zusammenhing und mehr durch die erste formelle Zusammenfassung des Naturrechts und des positiven Rechts im Völkerrecht hervorragt als durch gedankliche Leistung, steht am Übergang vom metaphysischen zum rationalistischen Naturrecht. Zwar spielt bei ihm der Gedanke, daß ‚*etsi non daretur deus*' das Naturrecht noch gelten solle, eine gewisse Rolle. Aber zu der damit gegebenen völligen Autonomie der menschlichen Vernunft als der alleinigen, nicht nur nächsten [*proxima*] Quelle des Naturrechts hat sich Grotius nicht bekannt. Ist doch auch ihm Gott die

---

[291] Vgl. hierzu allerdings einen möglichen Rückgiff Pufendorfs auf das antike Naturverständnis bei MÜLLER, Sascha: Samuel Pufendorfs Stärkung des neuzeitlichen Autonomiegedankens. Naturrechtliche Erkenntnis als actio humana, in: Theologische Quartalsschrift 191 (2011), 242-259.

[292] Vgl. ST. LEGER, James: The "etiamsi daremus" of Hugo Grotius, 37.

[293] Zitiert nach ST. LEGER, James: The "etiamsi daremus" of Hugo Grotius, 41 [The New Scholasticism, XVII (April 1943), 121-122].

[294] ROMMEN, Heinrich: Die ewige Wiederkehr des Naturrechts, 76.

> höchste Quelle des Naturrechts und gilt doch auch ihm die Heilige Schrift als der *ratio* gleichberechtigter Erkenntnisgrund.“[295]

Die hier wiedergegebene Aussage Heinrich Rommens deckt sich mit dem oben Dargestellten. Und auch er betont noch einmal den Übergang zum Rationalismus, der schon bei Grotius in der Formulierung des *„etiamsi daremus“* anklingt, wenn er drastisch ausführt:

> „Dennoch muß gesagt werden, daß Hugo Grotius hinsichtlich des ius gentium, eben wegen dieses Rationalismus, nicht so glücklich war wie die Spätscholastik. [...] So steht Grotius im Zwielicht zweier großer Epochen; noch vielfältig mit der Vorzeit verbunden, vermittelt er dennoch der Naturrechtstheorie der neueren Zeit ihre Stigmata: Rationalismus und ‚socialitas‘ und die politische Zielsetzung.“[296]

Gerade dieses Stehen zwischen den Epochen macht Hugo Grotius zur geeigneten Person, den Bruch von theonomer Genese und säkularer Geltung besonders deutlich zu machen. In ihm spiegelt sich der aufscheinende Konflikt zweier auseinander driftender Sphären brennglasartig wider. Der Rationalismus, der in der Folge die Oberhand gewinnen sollte, festigte die Vorstellung eines Gegensatzes zwischen Religion und Staat, zwischen *forum internum* und *forum externum*. Diese Entwicklung ist mit Hugo Grotius, der eine gemeinsame, universale Rechtsgrundlage abseits aller konfessionellen und religiösen Unterschiede schaffen wollte, und dem aus der Scholastik entlehnten Gedankenexperiment *„etiamsi daremus“* zu ihrer eigentlichen Entfaltung gebracht worden.

1.5 Ertrag I: Von theonomer Genese zu säkularer Geltung

Das zunächst unthematische Begriffspaar „Genese und Geltung“, von dem die vorliegende Arbeit ausgeht, erfährt durch die Beschäftigung mit Hugo Grotius eine erste Bestimmung hinsichtlich seines Aussagewertes für Recht und Moral. Im Verlauf des Kapitels wurde deutlich, dass bereits mit der Scholastik ein Auseinanderdriften von Genese und Geltung hinsichtlich der normativen Rechtsgrundlagen gegeben war. Noch ganz verortet im Gottesglauben entsteht ein Denken, das zunächst theoretisch die Stellung Gottes in und zur Welt verändert. Geschieht dies während der Scholastik vor allem vor dem Hintergrund des Streites zwischen Rationalismus und Voluntarismus, bekommt das intellektualistisch geprägte Naturrechtsdenken im Zuge der Entdeckung der neuen

[295] Ebd., 71.
[296] Ebd., 74f.

Welt in der spanischen Spätscholastik seit Francisco de Vitoria gleichsam praktische Relevanz. Doch erst durch die polyvalenten Ursachen der anbrechenden Neuzeit – vor dem Hintergrund Grotius' sind hier vor allem die konfessionelle und die darauffolgende innere Differenzierung der europäischen Länder zu beachten – erhält die Idee eines in der Vernunft des Menschen verorteten Naturrechts seine eigentliche Bedeutung. Gespeist durch den sich abgrenzenden Rückgriff auf die antike Stoa und eine sich daraufhin verändernde Annäherung an den Menschen als rationales und also erziehbares Wesen wird die Zeit der Krise als Zeit des handelnden und sich selbst befreienden Menschen gekennzeichnet. Die Zeit der Umwandlung der alten Ordnung in Europa macht den Willen zur Ordnung, die nun nicht mehr gottgegeben ist, notwendig. Dieses Ordnungsdenken, das nun menschlicher Konstruktion bedarf, findet sich in diesem Sinne nicht nur bei Justus Lipsius, sondern als wesentliches Motiv auch bei Hugo Grotius wieder. Auf der Suche nach einer für alle Menschen universalen Geltung von Recht, das sich schon während der Scholastik ausdifferenziert hatte, findet er in Anlehnung an die spanische Spätscholastik die menschliche Vernunft als festen und sicheren Bezugspunkt seiner Naturrechtslehre: Naturrecht wird zum Vernunftrecht, das auch gilt, gesetzt den damals noch für unmöglich gehaltenen Fall, wenn es Gott nicht gäbe. Freilich ist die Genese noch in Gott zu finden, doch die gedanklich vollzogene Trennung zur säkularen Geltung ist bereits indirekt impliziert. Die Geltung des Rechts hängt von nichts Äußerem mehr ab. Die Metaphysik verlässt den Raum des Rechts. Ob Grotius dies wollte, ist letztlich zweitrangig. Die Rezeptionsgeschichte hat über diese Frage im Laufe der Neuzeit deutlich geurteilt.

Doch ist Hugo Grotius nun der eigentliche Bezugspunkt für den Beginn des säkularen Denkens? Leitet er die Wende der europäischen Geistesgeschichte ein, die Gott aus dem öffentlichen Leben verbannt und zu einer Gesellschaft führt, in der Gott nur eine Option unter anderen ist? Dies zu behaupten wäre nicht nur zu stark formuliert, sondern auch im Kontext des hier Dargestellten falsch. Es sollte im vergangenen Kapitel deutlich geworden sein, dass Hugo Grotius eine Gestalt des Übergangs ist. Dass seine frühe Rezeptionsgeschichte so sehr von der Rezeption seit Mitte des 20. Jahrhunderts abweicht, macht dies mehr als deutlich. Das harsche und oft zu strenge Urteil, das ihm vor allem Autoren des 20. Jahrhunderts haben angedeihen lassen, ist in dem Wunsch begründet, seinen schon seit Samuel Pufendorf entstehenden Nimbus als Neuerer des säkularen Rechts und „Vater des Völkerrechts" in der Wissenschaft mit aller Deutlichkeit zu hinterfragen. Während in der Frühzeit kaum die Bezüge zur Scholastik und Spätscholastik hergestellt wurden, konnte dieser blinde Fleck der Grotius-Forschung seit dem ausgehenden 19. Jahrhundert Schritt für Schritt erhellt werden. Doch in der Dekonstruktion seiner Leistungen wurde oftmals zu wenig berücksichtigt, dass die Wirkung seines Werkes dennoch herausragende Qualitäten und eine beispiellose Verbreitung offenbarte. So müssen auch die größten Dekonstrukteure zumindest den hervorragenden systematischen Charakter des grotianischen Werkes würdigen. Wenn auch sein meistzitiertes Diktum des „*etiamsi daremus*" nicht seiner eigenen gedanklichen Arbeit entsprang, hat er damit zumindest ein theoretisches Denken zur praktischen Relevanz gebracht, das sich folgenreich auf die Entwicklung der europäischen Rechtsgeschichte auswirken sollte. Auf diese Weise – auch wenn das Naturrecht unter den Bedingungen der Moderne nicht mehr standhalten konnte[297] – hat Hugo Grotius Anteil an einer Säkularisierung des Rechts, wenn auch indirekt und vielleicht sogar unabsichtlich. Die Leistung einer Synthese von schon Vorhandenem zum richtigen Zeitpunkt, in vor allem praktischer Hinsicht, kann ihm jedenfalls nicht abgesprochen werden. Und gerade deshalb eignete er sich auf zwei Ebenen sehr gut als Einstieg in diese Arbeit. An Hugo Grotius, dem Schlusspunkt einer geistesgeschichtlichen Entwicklung des Natur- und Völkerrechtsdenkens, wird zum einen deutlich, wie das Begriffspaar Genese und Geltung hinsichtlich seines Wertes für den Bereich von Moral und Recht im historischen Rückgriff zu verstehen ist. In eklatanter Weise stellt sich seit dieser Zeit die Frage nach dem Verhältnis von Staat und Religion und Recht und Moral neu.[298] Vor dem Hintergrund der konfessionellen Konflikte und einer aufscheinenden Notwendigkeit eines pluralistischen Denkens wird die Religion seit der Zeit Hugo Grotius' nicht mehr unbedingt als Hort der Wahrheitsfindung angesehen – die widerstreitende Wahrheit, die interkonfessionelle Konflikte erst ermöglichte –, sondern als ethischer Stabilisator von Grundsätzen, die auch, ohne den konkreten Glauben an die eine Konfession zu teilen, zu einem friedlichen Zusammenleben innerhalb der Gesellschaft und zwischen den Nationen gültig sind.[299] Es sind jene

---

[297] Vgl. zum generellen Problemaufwurf WOLF, Erik: Das Problem der Naturrechtslehre, Karlsruhe 1955; zur Naturrechtsdiskussion in Deutschland besonders SCHELAUSKE, Hans-Dieter: Naturrechtsdiskussion in Deutschland, Köln 1968; auch DAVID, Jakob: Das Naturrecht in Krise und Läuterung. Eine kritische Neubesinnung, Köln 1969; BÖCKENFÖRDE, Ernst-Wolfgang/ BÖCKLE, Franz (Hrsg.): Naturrecht in der Kritik, Mainz 1973.

[298] Vgl. dazu die treffende Charakterisierung der frühen Neuzeit als Zeitalter der Monopolisierung der Macht und seiner Legitimation zugunsten des säkularen Staates bei OESTREICH, Gerhard: Geschichte der Menschenrechte und Grundfreiheiten im Umriß (Historische Forschungen, Bd. 1), Berlin 1978, 33f.: „Die frühe Neuzeit ist die Epoche der ersten Ausbildung des modernen Staates. Der dualistische Ständestaat wandelte sich zum absolutistischen Staatstyp. Der moderne Staat begann immer weitere Bereiche des sozialen Lebens seiner Rechtssetzung und Verwaltung zu unterwerfen. Die monarchische Gewalt versuchte, die so mannigfaltigen und untereinander verschiedenen Rechtsverhältnisse zu vereinheitlichen, die Zwischengewalten der Stände [...] zurückzudrängen. [...] Die erste gesetzliche Anerkennung der vorstaatlichen Rechte fand in Nordamerika statt auf dem Boden, der von religiösen und säkularisierten Gedanken des Puritanismus durchtränkt war. Im Laufe der Zeit aber wurde das überkommene Ideengut mehrfach in Form, Inhalt und Richtung verändert und erweitert: [...] Die christlichen Grundlagen der natürlichen Rechte schwanden mehr und mehr. Im Zuge der allgemeinen Enttheologisierung der europäischen Kultur entchristlichte sich das Naturrecht, gewann in der römisch-stoischen Philosophie seine festen sittlichen Grundlagen, bis es durch die französische Aufklärung zuletzt eine antikirchliche und religionsfeindliche Prägung erhielt."

[299] Vgl. BULTMANN, Christoph: Exklusiv vollkommen. Der christliche Glaube nach Hugo Grotius, 139.

Grundbegriffe des Ethischen, die auch in der Gegenwart, und gerade dort ohne theologische Geltung, gleichwohl notwendig sind.

Aus dieser historischen Perspektive kann die Sicht auf das Heute gewagt werden, in dem die Suche nach umfassenden Wertgrundlagen ansteht, die konsensfähig sein müssen, um im weithin säkularisierten und pluralen Umfeld der modernen Gesellschaft bestehen zu können.

Diese geschichtliche Herangehensweise ist daher zu ergänzen durch ein synchrones Verständnis von Genese und Geltung. Könnte dieses Verständnis innerhalb des Werkes von John Rawls für die Gegenwart deutlich gemacht werden? In diesem Sinne bereitet gerade Hugo Grotius den Weg in die Gegenwart und zu John Rawls. Wie bereits herausgestellt wurde, ist die wesentliche Motivation für Hugo Grotius die allgemeine rechtliche Geltung im Bereich des *forum externum*. Auch John Rawls versucht, dies zieht sich durch sein Gesamtwerk, diese allgemeine Geltung herauszuarbeiten. Hugo Grotius als frühneuzeitlichen Vorgänger von John Rawls zu bezeichnen, erscheint gewagt, wird aber im Hinblick auf diese besondere Fragestellung nachvollziehbar. Der Delfter argumentierte aus dem Glauben heraus, löste seine Argumentation jedoch aus dem direkten theonomen Zusammenhang: Es ist dieses Vorgehen, das auch für die Gegenwart seine praktische Relevanz bewahrt hat. Grotius versuchte dabei nicht die Vernunft gegen Gott auszuspielen. Vielmehr ist es nicht eine Entfremdung von der Genese, sondern eine Rechtfertigung der Genese durch die Geltung. Der Blick wird also vor diesem Hintergrund in der Folge auf das Werk von John Rawls zu lenken sein, das für das Verhältnis von Genese und Geltung moralischer Normen untersucht wird, wobei die Schlüsselrolle dem Verhältnis von Früh- und Spätwerk von John Rawls zukommt.

2. JOHN RAWLS' THEORIE DER GERECHTIGKEIT UND SÄKULARE GELTUNG

Die folgenden Gedankengänge basieren auf dem eigentlichen Hauptwerk John Rawls' und seiner Entwicklung: In „Eine Theorie der Gerechtigkeit" (=TG)[300], 1971 in englischer Sprache erschienen[301], bündelt sich in umfangreicher und detaillierter Weise sein Denken, das sich in den Jahren zuvor, vor allem nach dem Zweiten Weltkrieg, entwickelt hatte. Rawls selbst betont, dass es sich bei „Eine Theorie der Gerechtigkeit" um das Ergebnis einer systematischen und ausführlichen Zusammenschau der Artikel handele, die er in den zehn Jahren zuvor herausgegeben hatte.[302] Es wird in diesem Zusammenhang zunächst nicht einbezogen, dass Rawls einige inhaltliche Verbesserungen, ja mit seinem 2001 erschienenen Werk „Gerechtigkeit als Fairneß"[303] geradezu einen Neuentwurf seiner Theorie geliefert hat. Die Herausgeberin, Erin Kelly, schickt daher im Vorwort zu diesem Neuentwurf voran:

> „Während die Theorie der Gerechtigkeit die Konzeption der Gerechtigkeit als Fairneß als Bestandteil einer liberalen Globaleinstellung präsentierte, zeigt dieser Neuentwurf, wie jene Konzeption als eine Form des politischen Liberalismus begriffen werden kann. Ja, Rawls stellt den Gedanken der Gerechtigkeit als Fairneß als die vernünftige Form des Liberalismus dar."[304]

Dieser neueren Entwicklung wendet sich diese Arbeit später zu. Hier geht es vor allem zunächst darum, ein bestimmtes Stadium in John Rawls' Werk abzubilden und den darin formulierten Anspruch, mit der Theorie der Gerechtigkeit einen „archimedischen Punkt"[305] und eine Sichtweise „sub specie aeternitatis"[306] begründet zu haben, zu analysieren. Dabei sollen auch in aller Kürze die Hauptgedanken seines Hauptwerkes rezipiert werden. Dass dies selbstverständlich immer nur in einer unzureichenden Weise geschehen kann, muss bei dem Umfang des Werkes selbst und der umfangreichen Sekundärliteratur klar sein. In diesem Zusammenhang darf man Amartya Sen zitieren, der im Hinblick auf eine mögliche Zusammenschau des Werkes Rawls' zu Recht deutlich macht:

---

[300] RAWLS, John: Eine Theorie der Gerechtigkeit (=TG), Frankfurt am Main 1979 [Alle Seitenagaben beziehen sich im Folgenden auf diese Ausgabe].

[301] RAWLS, John: A Theory of Justice, Cambridge 1971.

[302] Vgl. TG, 11.

[303] RAWLS, John: Justice as Fairness. A Restatement (ed. by Erin Kelly), Cambridge/Massachusetts 2001 (dt.: Gerechtigkeit als Fairneß. Ein Neuentwurf, Frankfurt am Main 2003, 10).

[304] KELLY, Erin: Vorwort der Herausgeberin, in: RAWLS, John: Gerechtigkeit als Fairneß, 10.

[305] TG, § 87, 634.

[306] TG, § 87, 637.

> „Even though every summary is ultimately an act of barbarism, it is still useful to describe briefly (at the risk of oversimplification) Rawls's theory of ‚justice as fairness', in order to focus on some basic features that are helpful in understanding Rawls's approach."[307]

Auch wenn also eine solche Herangehensweise immer vereinfachend ist und manche Aspekte mehr als andere in den Fokus rückt, soll hier ein solcher Versuch vorgelegt werden, um eine Auseinandersetzung mit den Hauptgedanken zu gewährleisten, um diese später mit dem Frühwerk von Rawls in Verbindung zu bringen. Ebenso sollen dabei bestimmte Aspekte in der Theorie der Gerechtigkeit hervorgehoben werden, um sie als diskursive Grundlage zu bestimmen. Dabei wird allerdings ein wesentlicher Teil der folgenden Ausführungen der Entstehung des Werkes gewidmet sein.

John Rawls musste im Rahmen der Diskussion um sein Hauptwerk selbst wichtige Einschränkungen und Veränderungen vornehmen, auch wenn er – nach eigener Aussage – die wesentlichen Punkte seiner Theorie beibehalten hat.[308] Daher ist noch einmal zu betonen, dass in den nun folgenden Analysen keineswegs eine abschließende Bewertung von Rawls' Gesamtwerk vorgelegt werden soll. Im Sinne einer systematischen Herangehensweise, die ich hier der chronologischen vorziehe, sei es mir aber erlaubt, auf einzelne Bedingungen und Stationen seines Denkens einzugehen, ohne zugleich den Gesamtzusammenhang einordnen und bewerten zu müssen.

Die handlungsleitende Frage ist nach wie vor, wie Genese und Geltung im Sinne eines moralischen Absolutheitsanspruches gedacht und vermittelt werden können; inwiefern also die Geltung absoluter moralischer Werte getrennt von einer Genese, die den Gottesgedanken einschließt, bestehen kann. Wir sahen bereits, wie dies am Beginn der Neuzeit versucht wurde. Hugo Grotius steht am Scheitelpunkt jener Theorien, die dezidiert ohne den theologischen Hintergrund argumentieren wollen.

Wie steht es nun bei John Rawls mit der Idee, absolute Werte schaffen oder rechtfertigen zu wollen? Und wenn er es denn will, gelingt ihm dies? Der Begriff der Geltung wird daher zunächst auf Rawls' Hauptwerk bezogen, dessen Schlüsselelemente auch trotz der späteren Präzisierungen beibehalten worden sind. Dass John Rawls eine säkulare Geltung gewährleisten will, liegt auf der Hand. Doch, so müssen wir mit Blick auf sein Werk fragen, wie verhält sich die Genese zu dieser zu schaffenden Geltung? Dazu ist es in einem ersten Schritt hilfreich, sich vor Augen zu führen, was der eigentliche Beweggrund für den Entwurf der Theorie der Gerechtigkeit war, und inwiefern diese sich gegen bestimmte vorherrschende Strömungen der Moralphilosophie vor allem im englischsprachigen Raum wandte.

---

[307] SEN, Amartya: The Idea of Justice, London 2010, 53.
[308] Vgl. RAWLS, John: Gerechtigkeit als Fairneß, 13f.

2.1 Der klassische Utilitarismus als säkulares Projekt der Neuzeit

Noch einmal dürfen wir festhalten: „Eine Theorie der Gerechtigkeit" ist als umfassende Kritik und zugleich Gegenoption zum damals vorherrschenden utilitaristischen Moralkonzept im englischsprachigen Raum zu verstehen. Schon im Vorwort macht John Rawls diese Motivation deutlich, wenn er den Fokus der zu dieser Zeit bestimmenden Moralphilosophie im englischen Sprachraum in einer Form des Utilitarismus verortet sieht. Dabei stellt er zunächst anerkennend die Autoren der utilitaristischen Idee heraus, die „ein nach Umfang und Differenziertheit höchst eindrucksvolles Gedankengebäude errichtet haben".[309] Zwar hatten schon vor Rawls verschiedene Autoren die Ideen des Utilitarismus abgelehnt und ihn hinsichtlich seiner „Folgerungen" sowie der „Unklarheiten seines Nutzenprinzips" angegriffen.[310] Es hatte für Rawls nur ein wesentliches Versäumnis gegeben: „...nach meiner Auffassung legten sie keine brauchbare und systematische moralische Gegenkonzeption vor."[311] Rawls' Theorie der Gerechtigkeit versteht sich daher als dezidierte Alternative zur damals vorherrschenden utilitaristischen Moralkonzeption im englischsprachigen Raum und will damit die Lücke eines bis dahin fehlenden konsistenten Gegenkonzepts schließen.[312]

Der klassische Utilitarismus als teleologische Moralbegründung versteht sich als normative Ethik. Der Utilitarismus geht daher grundsätzlich nicht davon aus, dass menschliches Handeln intuitiv richtig ist, sondern der theoretischen Reflexion bedarf. In diesem Punkt unterscheidet er sich von anderen ethischen Begründungsmodellen nicht. In jedem Fall wird eine bestimmte Rechtfertigung für menschliches Tun und Lassen erzeugt, die über die Beschreibung intuitiver sozialer und personaler Handlungen hinausgeht. Diese utilitaristische Rechtfertigung will sich zudem gezielt von Systemen abheben, die starke dogmatische Voraussetzungen postulieren. Er ist damit eine Antwort auf das Bedürfnis einer säkularen Moralbegründung, die angesichts der wachsenden inneren Ausdifferenzierung der europäischen Gesellschaften ab dem 16. Jahrhundert und der damit verbundenen Auflösung bisheriger religiös orientierter Sittlichkeit als notwendig erachtet wurde.[313] Gott als Vorausset-

---

309 TG, 11.

310 Vgl. ebd.

311 Ebd.

312 Andere Kritiker des Utilitarismus, zu nennen sind hier allen voran Robert Nozick und Bernard Williams, hatten eben dieses Alternativkonzept nicht vorgelegt, vgl dazu SCHEFFLER, Samuel: Rawls and Utilitarianism, in: FREEMAN, Samuel (Hrsg.): The Cambridge Companion to Rawls, Cambridge 2003, 426-459, hier 427.

313 Vgl. HÖFFE, Otfried (Hrsg.): Einführung in die utilitaristische Ethik. Klassische und zeitgenössische Texte, Tübingen 2008, 14f.: „Der Utilitarismus kann in einer Zeit politisch und philosophisch wirksam werden, in der die Auskünfte der Religion, der Metaphysik oder ein-

zung ethischen Handelns kommt im utilitaristischen Denkmodell nicht vor, da dieser weder bewiesen werden noch als eine für alle Teilnehmer der Gesellschaft geltende Glaubenswahrheit gehalten werden kann.

Im Gegensatz zu anderen Moralbegründungen, die ebenso eine unabhängige Grundlegung des moralischen Handelns schaffen wollten – hier besonders augenfällig deontologische Ethikkonzepte –, werden Handlungen ausschließlich nach ihren tatsächlichen oder möglichen Folgen bewertet. Schon dadurch wird deutlich, dass sich ein utilitaristisches Denken mit Prognosen, mathematischen Wahrscheinlichkeiten und Erfahrungen befassen muss, um das abgezielte Gut zu erreichen. Bereits an dieser Stelle ergibt sich Raum für Kritik: Kann der Utilitarismus als konsequentialistische Ethik absolute Werte garantieren, wenn es nur auf die Folgen ankommt? Tatsächlich ergibt sich in der Auseinandersetzung mit dem Utilitarismus – vor allem aus Sicht einer katholischen Moraltheologie – die Problematik, dass durch ihn keine an sich guten oder schlechten Handlungen definiert werden können. Demgegenüber lautet der vereinfachte Zielsatz utilitaristischer und daher dem Nutzen unterworfener Moralkonzepte: „Es soll eine möglichst ‚gute' Welt geschaffen werden – im klassischen Verständnis eine Welt, in der das größtmögliche Glück der größtmöglichen Zahl über den längstmöglichen Zeitraum […] realisiert wird."[314] Diese Orientierung an der bestmöglichen Welt als Idee einer Optimierung der aktuellen Zustände ist zunächst durchaus naheliegend. Und auch die Orientierung an den Folgen einer Handlung ist nicht *per se* schlecht, ganz im Gegenteil. Robert Spaemann, der durchaus nicht im Verdacht steht, Parteigänger des Utilitarismus zu sein, betont daher in diesem Zusammenhang:

> „Tatsächlich gibt es keine Ethik, die schlechterdings absähe von den Folgen einer Handlung, weil es gar nicht möglich ist, eine Handlung zu definieren ohne Rücksicht auf bestimmte Wirkungen. Handeln heißt: Wirkungen hervorbringen.

---

fach die der Tradition zu keinem überindividuellen Sinnzusammenhang ihre generelle Anerkennung verlieren. In dieser auch heute noch zutreffenden Situation schlägt er für die Moral eine Bestimmung vor, die ohne Rückgriff auf die fragwürdig gewordenen Autoritäten auskommt und zugleich mit einem allgemeinen Grundzug des Menschen übereinstimmt: mit dem Streben nach Glück." Höffe weist in diesem Zusammenhang zudem auf die aristotelische Erkenntnis des nach Glück strebenden Menschen hin; vgl. zudem zur Zielsetzung und Einordnung des Utilitarismus TAYLOR, Charles: Quellen des Selbst. Die Entstehung der neuzeitlichen Identität, Frankfurt am Main 1996, 33: „Während derartige Überzeugungen [wie die Vorstellung einer moralischen Ordnung des Kosmos, Anm.d.A.] immer schwächer geworden sind, hat die Betonung der Milderung des Leidens immer weiter zugenommen. Dies ist noch übriggeblieben und gewinnt moralische Bedeutung, seit wir nicht mehr der Ansicht sind, daß die Menschen in einer umfassenden kosmischen Ordnung oder im Rahmen einer göttlichen Heilsgeschichte eine Rolle spielen. Dies gehört mit zur negativen Stoßrichtung der utilitaristischen Aufklärung, die gegen das unnötige, sinnlose Leiden protestierte, das den Menschen im Namen solcher umfassenden Ordnungen […] zugefügt wurde. Es gibt natürlich auch religiöse Quellen für diese Betonung des menschlichen Wohlergehens unmittelbarster Art. Sie entspringt dem Neuen Testament und gehört zu den zentralen Themen christlicher Spiritualität. Der neuzeitliche Utilitarismus ist eine ihrer weltlichen Spielarten."

[314] OTT, Konrad: Moralbegründungen zur Einführung, Hamburg 2001, 94.

[…] Nun ist es gar keine Frage, daß der größte Teil unserer Handlungen auf einer Abwägung der Folgen, bzw. einer Abwägung der Güter beruht, die von den Folgen unserer Handlungen positiv oder negativ betroffen sind.“[315]

In der Tat scheint es wichtig zu sein, in der Auseinandersetzung mit dem Utilitarismus als konsequentialistischer Ethik herauszustellen, dass nicht der Einbezug der Handlungsfolgen schon ein ethisches Problem darstellt. Doch eine Ausschließlichkeit der Handlungsbewertung aufgrund der Folgen, die sie hervorruft, ist durchaus ein Problem. Es stellt sich hier beispielsweise die Frage, wie weit der Radius der Folgenabschätzung gehen muss, wenn tatsächlich alle von der Handlung Betroffenen (das können etwa alle fühlenden Wesen sein) in die Prognose der Handlungsfolgen einbezogen werden müssen. Dies stellt sich tatsächlich als schlechterdings praktisches Problem dar: „Der Utilitarismus scheitert […] an der Komplexität und Undurchschaubarkeit der langfristigen Folgen unserer Handlungen. Wenn wir die Gesamtheit der Handlungsfolgen in Betracht ziehen müßten, kämen wir nicht mehr zum Handeln.“[316] Die Intention des klassischen Utilitarismus aber war genau das Gegenteil: In einer durch die empirischen Naturwissenschaften durchdrungenen Kultur der Neuzeit war es gerade auch im Bereich der Ethik verlockend, sich ebenfalls naturwissenschaftlichen, empirischen Sicherheiten zu unterwerfen, um moralische Dilemmata ein für alle Mal aufzulösen und darüber hinaus keiner theologischen und nichtempirischen Prämissen zu bedürfen. So kann Arno Anzenbacher in seiner Einführung in die Ethik kurz festhalten: „Als normative Ethik möchte der Utilitarismus ein relativ einfaches, empirisch griffiges Kriterium der moralischen Beurteilung anbieten.“[317] Ähnlich wie Hugo Grotius, der im Übergang zur Neuzeit sicheres Wissen nach Art der Naturwissenschaften auch hinsichtlich der politischen Rechtsethik generieren wollte, folgt der Utilitarismus einem ganz ähnlichen Muster:

„…; die Ethik ist gegenüber veränderten Lebensverhältnissen flexibel. Schließlich greift der Utilitarismus auf eine Tendenz zurück, die für die Neuzeit insgesamt charakteristisch ist, auf der Suche nach rationaler Verfügung. […] sein Versuch, ein gegen Dogmatismus und Ideologien abgeschirmtes und gegen politische Privilegien kritisches Kalkulationsverfahren zu entwerfen, ist ohne Zweifel ein intellektuell wie emotional höchst ansprechendes Unternehmen.“[318]

John Rawls empfindet gerade die Freiheit des Utilitarismus von religiösen Voraussetzungen als verlockend und bezieht diese später auch auf seinen eigenen Theorieansatz. In einer Vorlesung über den Utilitarismus aus dem Herbst 1975 führt er diesen Gedanken sehr stringent aus:

---

[315] SPAEMANN, Robert: Moralische Grundbegriffe, 64f.
[316] Ebd., 67.
[317] ANZENBACHER, Arno: Ethik. Eine Einführung, Ostfildern 2012, 32.
[318] HÖFFE, Otfried: Einführung in die utilitaristische Ethik, 15.

> „Der klassische Utilitarismus gründet die moralischen Grundprinzipien nicht auf den göttlichen Willen und ist völlig vereinbar mit der Leugnung des Theismus [...]. Außerdem ist er verträglich mit: Materialismus, Determinismus und Individualismus, also mit den damals anerkannten Schlußfolgerungen der Gesellschaftstheorie und der Naturwissenschaften. Kurz, der klassische Utilitarismus ist die erste Tradition, die eine systematische Moralkonzeption unter den Voraussetzungen einer säkularen Gesellschaft unter modernen Bedingungen entwickelt. Die utilitaristischen Autoren stecken viel Arbeit in den Widerstand gegen die orthodoxe Tradition der Moralphilosophie und in den Versuch, eine von theologischen Voraussetzungen völlig freie moralische Grundlage für politische Institutionen zu errichten, die dazu bestimmt ist, mit säkularen Annahmen und den Trends der modernen Welt verträglich zu sein. Wie Sie sehen werden, beruht die Vorstellung von einer wohlfundierten, wohlgeordneten Gesellschaft als einem vernünftigen politischen Kriterium auf dem gleichen Gedanken. Daher können wir dieses Ziel akzeptieren; und dazu sind wir imstande, ohne damit zu implizieren, daß die orthodoxen [theologischen] Annahmen falsch sind. Es genügt, eine Moralphilosophie auszuarbeiten, die (wenn möglich) ohne diese Voraussetzungen einer theologischen Basis auskommt. Ich werde davon ausgehen, daß alle Anschauungen, die wir hier erörtern, dieses Hintergrundziel akzeptieren."[319]

Diese Aussagen machen deutlich, dass Rawls den Utilitarismus, auch wenn er sich in wesentlichen Punkten von ihm kritisch abwendet, als Form der säkularen und in diesem Sinne diskursfähigen Moralbegründung akzeptiert. Besonders die Betonung der säkularen Voraussetzungen beider Theorien, des Utilitarismus und Rawls' Theorie der Gerechtigkeit, erscheint hier als bleibende Gemeinsamkeit. Dennoch wird zugleich deutlich, dass Rawls dem Bereich des Religiösen nicht seinen Wahrheitsanspruch nehmen will; lediglich die Berufung auf theologische Grundsätze für öffentliche, politische Entscheidungen und Einrichtungen kann er vor dem Hintergrund der Voraussetzungen der säkularen Moderne nicht gelten lassen. Der Utilitarismus aber verstand sich, wie oben beschrieben, immer schon als davon unabhängige Moralbegründung.

In seiner klassischen Form kann Jeremy Bentham (1748–1832) als eigentlicher Begründer des Utilitarismus gelten[320], auch wenn Thomas Hobbes oder David Hume[321] bereits erste Grundlagen einer Theorie des Nutzenprinzips ge-

---

[319] RAWLS, John: Geschichte der politischen Philosophie, Frankfurt am Main 2008, 567.

[320] An dieser Stelle darf man erwähnen, dass Benthams Schriften längere Zeit kaum Beachtung fanden. Der frühe Utilitarismus wurde in England vor allem durch William Paley bekannt gemacht, der noch einen starken theologischen Einfluss aufwies. Der Wille Gottes ist hier noch Begründungsmuster, wodurch eine Handlung als gute Handlung ausgezeichnet wurde. Erst später wurde Benthams säkulares Modell zum eigentlichen Bezugspunkt des dann säkularen utilitaristischen Denkens, vgl. SCHNEEWIND, Jerome B.: Sidgwick's Ethics and Victorian Moral Philosophy, Oxford 1977, 122ff.

[321] Besonders David Hume kann hier noch einmal hervorgehoben werden, der das natürliche Selbstinteresse als universales Prinzip des Handelns betrachtete, das er erhielt, nachdem er Gott und Gnade aus dem augustinischen Konzept der Konkupiszenz gestrichen hatte, vgl. GREGORY, Brad S.: The Unintended Reformation, 285f.: "As a dogmatically anti-Christian moralist steadfast in his skepticism and beholden to metaphysical univocity, Hume scoffed. Having rejected all revealed religion along with the Scottish Presbyterianism in which he was

legt hatten.[322] In seinem Grundlagenwerk „An Introduction to the Principles of Morals and Legislation“[323], das zunächst 1780 und dann im geschichtsträchtigen Jahr 1789, dem Jahr der französischen Revolution, herausgegeben wurde,[324] entwirft Bentham im Anschluss an schon bestehende Theorien des Nutzenprinzips[325] eine zusammenhängende Theorie des Utilitarismus, die er als nachhaltige Erneuerung der Wissenschaft der Moral ansieht. Auch hier wird der gezielt säkulare und empirische Charakter des klassischen Utilitarismus deutlich. Bentham formuliert vor dem Hintergrund der Annahme, dass Freude (*pleasure*) und Leid (*pain*) die grundlegenden menschlichen Handlungsmotivationen darstellen, das Idealprinzip der Nützlichkeit, das zugleich Bewertungsmaßstab für menschliche Handlungen ist.[326] Schon zu Beginn seines utilitaristischen Grundlagenwerkes macht er dies deutlich:

> „Nature has placed mankind under the governance of two sovereign masters, pain and pleasure. It is for them alone to point out what we ought to do, as well as to determine what we shall do. On the one hand the standard of right and wrong, on the other the chain of causes and effects, are fastened to their throne."[327]

Eine Handlung wird demgemäß danach bewertet, wie viel Glück sie erzeugt:

> „By the principle of utility is meant that principle which approves or disapproves of every action whatsoever, according to the tendency it appears to have to augment or diminish the happiness of the party whose interest is in question: or,

---

reared, he subtracted God and grace from a hyper-Augustinian view of concupiscent desires. The remainder would become the de facto dominant Western ideology of 'self-interest' that underpins and is taken to legitimate modern capitalism and consumerism."

[322] Zur Wechselwirkung zwischen Theorien, wie sie Bentham vertrat, und der theologischen Entwicklung vgl. TAYLOR, Charles: Quellen des Selbst, 562: „Der christliche Glaube hat sich gewandelt durch die Einbeziehung von zunächst an den Rändern oder ganz außerhalb der christlichen Kirche entwickelten Bestrebungen. So wurde z.B. das zunächst von der radikalen Aufklärung – von antiklerikalen Gestalten wie Bentham und Beccaria – bahnbrechend in den Mittelpunkt gerückte Anliegen der Leidverminderung zum konstitutiven Merkmal des evangelikalen Reformanglikanismus des neunzehnten Jahrhunderts. Ein diffiziler Vorgang ist der, durch den heutige Glaubensvorstellungen durch Ideale wie expressive Integrität, Gleichheit der Geschlechter und Gerechtigkeit der Weltwirtschaft transformiert worden sind."

[323] Die Seitenangaben beziehen sich im Folgenden auf BENTHAM, Jeremy: An Introduction to the Principles of Morals and Legislation. Edited by J.H. Burns and H.L.A. Hart, London 1982.

[324] Vgl. HÖFFE, Otfried: Einführung in die utilitaristische Ethik, 13.

[325] Für Rawls, der in diesem Punkt Sidgwick folgt, sind es Shaftesbury und Hutcheson, bei denen die Entwicklung des Utilitarismus als systematische Theorie seinen Anfang nimmt, während das Nutzenprinzip am klarsten zuerst bei Hutcheson formuliert wird, vgl. RAWLS, John: TG, § 5, 40, Anm. 9: „Wir wollen uns seiner – von Willkür nicht ganz freien – Annahme anschließen, sie beginne mit Shaftesbury *An Inquiry Concerning Virtue and Merit* (1711) und Hutchesons *An Inquiry Concerning Moral Good and Evil* (1725). Hutcheson scheint als erster das Nutzenprinzip klar angesprochen zu haben."

[326] Vgl. LAMPENSCHERF, Stephan: Utilitarismus, in: TRE (Bd. 34), Berlin 2002, 460-463, hier 460f.

[327] BENTHAM, Jeremy: An Introduction to the Principles, 11.

> what is the same thing in other words, to promote or to oppose that happiness."[328]

Freude und Leid werden dabei gleich einer abwägenden Gesamtrechnung addiert (Nutzenkalkül) und gegeneinander aufgerechnet, wodurch eine Nutzensumme entsteht, die die gebotene Handlung anzeigt: „Moralisch richtige Handlungen sind für Utilitaristen solche, die den über die Summe der Differenz zwischen Freude und Leid definierten Nutzen befördern […]."[329] Dies sorgt dafür, dass derjenige, der aufgrund utilitaristischer Erwägungen Handlungen bewerten will, immer alle möglichen Nutzenquanten gegeneinander abwägen muss. Das führt in der klassischen Variante nicht etwa zur Beachtung des Durchschnittsnutzens, der bereits eine Gerechtigkeitsdefinition ausdrücken würde, sondern zur Beachtung des maximalen Gesamtnutzens, auch wenn damit nicht das Glück aller Beteiligten gesichert wird.[330] Selbstverständlich ist aber zunächst zu fragen, wie der Nutzen überhaupt definiert ist und ob dieser objektiv festgestellt werden kann. Zumindest für Benthams Theorie des Utilitarismus muss dies verneint werden. Er definiert zwar einen Katalog an Freuden und Leiden, seine berühmte Aussage jedoch, die die Nutzenmenge von Dichtung und einem Kinderspiel (*push-pin*) vergleicht und zu dem Schluss kommt, dass der Gegenstand der Lust keinen Unterschied mache, solange der Nutzen maximiert werde, zeigt, dass er im Sinne der theoretischen Konsequenz keine qualitative Unterscheidung menschlicher Handlungen vornimmt.[331] John Stuart Mill (1806–1873), die Thesen des Utilitarismus rezipierend und verteidigend[332], ergänzt den quantitativen Hedonismus Benthams um eben jene fehlenden qualitativen Elemente, womit er allerdings die Kritik der Inkonsequenz provoziert:

> „It is quite compatible with the principle of utility to recognise the fact, that some *kinds* of pleasure are more desirable and more valuable than others. It

---

[328] Ebd., 11f.

[329] OTT, Konrad: Moralbegründungen, 98.

[330] Vgl. HÖFFE, Otfried: Einführung in Rawls' Theorie der Gerechtigkeit, in: DERS. (Hrsg.): John Rawls. Eine Theorie der Gerechtigkeit, Berlin 2006, 14: „Für den Utilitarismus liegt das höchste Ziel politischen Handelns im maximalen Wohlergehen aller Betroffenen. Darunter versteht der klassische Utilitarismus den maximalen Gesamtnutzen (Bentham, Sidgwick; auf seiten der Nationalökonomen: Edgeworth, Pigou), der Durchschnittsutilitarismus aber den maximalen Pro-Kopf-Nutzen (J.S. Mill, Wicksell)."

[331] Benthams Aussagen werden von Mill stark verkürzt wiedergegeben. Im Original lauten sie im Zusammenhang bei BENTHAM, Jeremy: The Rationale of Reward, London 1830, 206: "The utility of all these arts and sciences […], the value that they possess, is exactly in proportion of the pleasure they yield. Every other species preeminence which may be attempted to be established among them is altogether fanciful. Prejudice apart, the game of push-pin is of equal value with the arts and sciences of music and poetry. If the game of push-pin furnish more pleasure, it is more valuable than either."

[332] Schon im ersten Kapitel seines utilitaristischen Hauptwerkes macht er auf die seiner Meinung nach falsche und unaufrichtige Diskussion um den Begriff des Utilitarismus seiner Kritiker aufmerksam, vgl. MILL, John Stuart: Utilitarianism/Der Utilitarismus, Englisch/Deutsch, übers. und hrsgg. von Dieter Birnbacher, Stuttgart 2006, 7ff.

would be absurd that while, in estimating all other things, quality is considered as well as quantity, the estimation of pleasures should be supposed to depend on quantity alone.“[333]

Allein seine Begründung, die dem neutralen Betrachter fast intuitionistisch erscheint, mag kaum überzeugen[334]: Für Mill spiegelt sich in der Einschätzung von Menschen, die bereits beide zur Wahl stehenden Optionen erfahren haben, eine Präferenz von guten und abzulehnenden Haltungen und Handlungen wider, die durchaus qualitative Unterscheidungen ermöglichten.[335] So ergibt sich zwar wiederum keine objektive Kategorisierung abzulehnender Haltungen, aber zumindest eine von Mill erwartete Ablehnung offensichtlich schlechter Handlungen oder solcher Freuden, die von intelligenten Menschen immer niederen Freuden vorgezogen würden. Mill macht so zugleich deutlich, dass er davon ausgeht, dass Menschen, haben sie einmal höhere Formen der Kultur genossen, diese auch erkennen und höher schätzen werden. Demnach wäre dem auf die Spitze getriebenen Vergleich, demgemäß eine Horde glücklicher Schweine eine höhere Nutzensumme aufweise als ein unglücklicher Sokrates[336], im Sinne Mills nicht zuzustimmen.[337] Dieser Versuch, eine qualitative Absicherung des Utilitarismus zu begründen, sagt allerdings mehr über den kulturellen Hintergrund John Stuart Mills' und sein Menschenbild aus als über den Utilitarismus selbst. Konrad Ott setzt diesen im Sinne eines konsequenten Utilitarismus problematischen Begründungszusammenhang in Beziehung mit neueren Autoren wie John C. Harsanyi, der ebenfalls darauf pocht, etwa „anti-social preferences“ nicht in die Berechnung der Nutzensumme einzubeziehen.[338] Dem neutralen Betrachter, der nicht unter den Prämissen des Utilita-

---

[333] Ebd., 26f.

[334] Vgl. ebd., 28: “If I am asked, what I mean by difference of quality in pleasures, or what makes one pleasure more valuable than another, merely as a pleasure, except its being greater in amount, there is but one possible answer. Of two pleasures, if there be one to which all or almost all who have experience of both give a decided preference, irrespective of any feeling of moral obligation to prefer it, that is the more desirable question.”

[335] Vgl. NASHER, Jack: Die Moral des Glücks. Eine Einführung in den Utilitarismus, Berlin 2009, 51.

[336] Das berühmte Zitat lautet in seinem Zusammenhang bei MILL, John Stuart: Utilitarianism/Der Utilitarismus, 30f.: “It is indisputable that the being whose capacities of enjoyment are low, has the greatest chance of having them fully satisfied; and a highly-endowed being will always feel that any happiness which he can look for, as the world is constituted, is imperfect. But he can learn to bear its imperfections, if they are at all bearable; and they will not make him envy the being who is indeed unconscious of the imperfections, but only because he feels not at all the good which those imperfections qualify. It is better to be a human being dissatisfied than a pig satisfied; better to be Socrates dissatisfied than a fool satisfied. And if the fool, or the pig, is of a different opinion, it is because they only know their own side of the question. The other party to the comparison knows both sides.”

[337] Vgl. zum quantitativen und qualitativen Hedonismus zusammenfassend etwa NASHER, Jack: Die Moral des Glücks. Eine Einführung in den Utilitarismus, 48-60.

[338] Vgl. HARSANYI, John: Morality and the Theory of Rational Behaviour, in: SEN, Amartya/ WILLIAMS, A. (Hrsg.): Utilitarianism and Beyond, Cambridge 1982, 39-62, hier 56: “Some preferences […] must be altogether excluded from our social-utility function. In particular,

rismus steht, erscheint dies zwar lobenswert, allerdings muss man sich fragen, ob dieser Ansatz nicht bereits grundsätzlich dem eigentlichen Ziel des nicht-deontologischen Utilitarismus widerspricht. Immerhin wird hier nichts weniger gefordert als die Annahme von moralischen Grundvoraussetzungen, die der Utilitarismus selbst nicht schaffen kann. Zudem bleibt völlig fraglich, wie genau diese antisozialen Präferenzen überhaupt definiert werden sollen, ohne sich wiederum im Problemfeld der Letztbegründung beziehungsweise in der Rechtfertigung von intuitiven Urteilen zu verlieren.[339] Konrad Ott merkt in diesem Zusammenhang pointiert an:

> „Ein Grund, einen Nutzen gänzlich aus einer Nutzenbilanz auszuschließen, ist kein rein utilitaristischer Grund. Ein konsequenter Utilitarismus, der keine Glückzustände gegenüber anderen auszeichnen will, erscheint daher kontraintuitiv, während ein wie immer korrigierter Utilitarismus inkonsequent wirkt."[340]

Dieser kurzen Darstellung des klassischen Utilitarismus wäre noch viel hinzuzufügen, vor allem auch hinsichtlich weiterer Kritikpunkte.[341] Otfried Höffe betont jedoch mit Blick auf die oft unzureichende und oberflächliche Wahrnehmung des Utilitarismus im deutschen Sprachraum[342]:

> „Utilitarismus (lat. *utilis*: nützlich) ist eine Richtung der normativen Ethik, die, oft als *Nützlichkeitsmoral* abgestempelt, sich in der englischsprachigen Welt zu einem differenzierten Instrument der empirisch-rationalen Normenbegründung u. Gesellschaftsform entwickelt hat."[343]

Der Blick soll sich daher in der Folge durchaus auf die unmittelbar John Rawls betreffenden differenzierten Gesichtspunkte des klassischen Utilitarismus richten, die durch Henry Sidgwick (1838–1900) wissenschaftlich beleuchtet wurden. Dies beachtend, und obwohl unter dem Begriff Utilitarismus mittlerweile eine Vielzahl von verschiedenen Strömungen innerhalb der Ethik subsumiert werden, kann man Otfried Höffe folgend doch zumindest vier sich

---

we must exclude all clearly antisocial preferences, such as sadism, envy, resentment, and malice."

339 Vgl. OTT, Konrad: Moralbegründungen, 106.

340 Ebd.

341 Einen kurzen Überblick der Utilitarismusdiskussion bietet ANZENBACHER, Arno: Ethik. Eine Einführung, 35ff.; eine stringente Zusammenfassung der möglichen Kritikpunkte am Utilitarismus findet sich bei OTT, Konrad: Moralbegründungen, 108ff.

342 Berühmt geworden ist die Äußerung von NIETZSCHE, Friedrich: Götzendämmerung. Sprüche und Pfeile, Nr. 12, in: COLLI, Giorgio/ MONTINARI, Mazzino (Hrsg.): Kritische Studienausgabe, Bd. 6, München 1999, 60f.: „Der Mensch strebt nicht nach Glück; nur der Engländer thut das." Die Wahrnehmung des Utilitarismus als Glückstheorie sowie die Betonung seiner englischen Herkunft werden hier pointiert verbunden.

343 HÖFFE, Otfried: Lexikon der Ethik, München 1992, 247; an anderer Stelle wird er ähnlich deutlich, wenn er über die Aufnahme des utilitaristischen Gedankengebäudes im deutschen Sprachraum spricht; vgl. DERS.: Einführung in die utilitaristische Ethik, 8: „Meist ohne die entsprechende Theorie wirklich zu kennen, hat man dem Ausdruck ‚utilitaristisch' einen negativen Beigeschmack gegeben; gelegentlich übt der Ausdruck geradezu eine denunziatorische Funktion aus."

aufeinander beziehende Kriterien benennen, die utilitaristische Moralbegründungen verwenden. Es handelt sich dabei zunächst um das bereits angesprochene Konsequenzprinzip (1). Diese grundlegende Kategorie unterstreicht noch einmal die schon oben geschilderte Beurteilung von Handlungen nach ihrem zu erwartenden Ergebnis. Entgegen deontologischer Moralbegründungen, die den Handlungen an sich einen moralischen Wert zubilligen, ist der Utilitarismus eine teleologische (τέλος = Ziel) Handlungsbewertung, die damit keine immanenten Urteile über Handlungen abgibt. Das Utilitätsprinzip (2) ergänzt das Konsequenzprinzip im Sinne eines Bewertungsmaßstabes für die zu erreichenden Konsequenzen. Eine Handlung wird demnach konsequentialistisch anhand ihres Nutzens bewertet, den sie verwirklichen oder nicht verwirklichen kann. Je höher der Nutzen ist, desto besser und also moralisch gebotener ist auch die Handlung. Im Nutzen spiegelt sich daher auch eine Idee des Guten wider, wodurch der Utilitarismus keineswegs eine nihilistische Grundhaltung vertritt. Ebenfalls schon bei Jeremy Bentham erscheint des Weiteren das Hedonismusprinzip (3), das in empiristischer Weise das Gute als Erfüllung des Strebens nach Glück der Menschen versteht und daher die Steigerung von Lust, Wohlempfinden und Genuss meint. Jeremy Bentham unterscheidet aufgrund eines subjektiven Wahrnehmens menschlicher Interessen und Glücksvorstellungen nicht qualitativ zwischen Glücksquanten, wie auch immer diese hervorgerufen werden. Der oben dargestellte Versuch Mills, einen rein quantitativen Hedonismus zu überwinden, bleibt systemimmanent schwierig, da er wiederum intuitive Prämissen setzen muss. Schließlich ergänzt das Sozialprinzip (4) für Otfried Höffe die wesentlichen Gesichtspunkte des Utilitarismus. Tatsächlich ist für die konsequentialistische Bewertung einer moralisch relevanten Handlung nicht nur das persönliche Glücksquantum entscheidend, sondern diese muss immer auch dasjenige der jeweils von der Handlung Betroffenen mitbeachten. Dies verdeutlicht noch einmal kurz die additive Komponente des Utilitarismus, vor dessen Hintergrund der Einzelmensch zugunsten der Gruppe zurücktritt und dem maximalen Nutzen der Gesamtrechnung weicht. In diesem Sinne ist der Utilitarismus eine universalistische Theorie.[344]

2.1.1 Die Suche nach moralischer Evidenz und ihr Scheitern

Diese oben genannten vier Kriterien sind allerdings für den Utilitarismus, wie ihn John Rawls zunächst rezipiert und dann kritisiert, noch einmal genauer zu betrachten und zu ergänzen durch die spezifische Ausprägung des englischsprachigen Utilitarismus durch Henry Sidgwick. Sein in dieser Hinsicht epochales Werk „The Methods of Ethics" aus dem Jahr 1874 prägte die Utilitarismusrezeption John Rawls' wesentlich.

---

[344] Vgl. HÖFFE, Otfried (Hrsg.): Einführung in die utilitaristische Ethik, 10f.; ebenso gebündelt zu finden bei ANZENBACHER, Arno: Ehtik.

Rawls selbst schrieb im Vorwort zum Nachdruck der siebten Ausgabe von Sidgwicks Werk im Jahr 1982, dass sich darin die konsistenteste und klarste Konzeption des klassischen Utilitarismus finde.[345] Gleich zu Beginn des Vorwortes macht er zudem deutlich, dass er den Utilitarismus durchaus differenziert betrachtet und die Leistungen seiner Vertreter von Hume bis Mill mehr als anerkennt:

> „It seems fair to say that since the middle of the eighteenth century the dominant systematic moral doctrine in the English-speaking tradition of moral philosophy has been some form of utilitarianism. One reason for this is that a long line of truly brilliant writers who belonged to this tradition built up a body of thought impressive in its comprehensiveness and in its possibilities for development and refinement."[346]

Diese Entwicklung und Verfeinerung hatte gerade Henry Sidgwick weiter vorangetrieben. Seine besondere Stellung unter den utilitaristischen Denkern wird für Rawls aber durch die durchaus kritische Auseinandersetzung und sein ausgeprägtes Problembewusstsein gegenüber den Konsequenzen des Utilitarismus markiert, die er aufzulösen versuchte, ohne jedoch den Boden der klassischen Lehre im Sinne Benthams zu verlassen.[347] In dieser Weise schuf Sidgwick als erster eine systematische Vergleichsstudie im Bereich der Moralphilosophie und setzte damit wissenschaftliche Standards. Die von ihm erkannte Notwendigkeit einer systematischen Darstellung des Utilitarismus ist daher eine wirkliche Neuerung, und wurde nicht zuletzt deswegen zu einem der bestimmenden englischsprachigen moralphilosophischen Werke des ausgehenden 19. Jahrhunderts.

In seinen Vorlesungen zur Geschichte der politischen Philosophie, die John Rawls über seine gesamte Lehrtätigkeit hielt[348], ging er in den Jahren 1976, 1979 und 1981 auch gesondert auf Henry Sidgwick ein, den er seinen Studenten als Abschluss der großen utilitaristischen Autoren vorstellte, welchen er zuschrieb, „Repräsentanten der ersten moralphilosophischen und politischen Theorie der Moderne"[349] zu sein. Dass Rawls Sidgwick damit einen prominen-

---

[345] Vgl. RAWLS, John: Foreword to the Methods of Ethics, 1982, in: SIDGWICK, Henry: The Method of Ethics, Indianapolis/Cambridge 1982 (1907), V; Jerome B. Schneewind, der Autor der auch von John Rawls hochgelobten Studie zu Sidgwicks Denken, bestätigt dieses Urteil am Beginn seiner Arbeit, vgl. SCHNEEWIND, Jerome B.: Sidgwick's Ethics, VII: "Henry Sidgwick's Methods of Ethics is an acknowledged masterpiece of moral philosophy. It is also the most important product of nineteenth-century British ethics and the main key to a full understanding to it."

[346] RAWLS, John: Foreword to the Methods of Ethics, V.

[347] Vgl. ebd.: "What makes *The Methods of Ethics* so important is that Sidgwick is more aware than other classical authors of the many difficulties this doctrine faces, and he attempts to deal with them in a consistent and thorough way while never departing from the strict doctrine, as for example, did J.S. Mill."

[348] Die Vorlesungen beschäftigten sich neben Sidgwick mit Hobbes, Locke, Hume, Rousseau, Mill, Marx und Butler, vgl. RAWLS, John: Lectures on the History of Political Philosophy, Harvard 2007 (dt. in: Geschichte der politischen Philosophie, Frankfurt am Main 2008).

[349] RAWLS, John: Geschichte der politischen Philosophie, 587.

ten Platz neben den wesentlichen Autoren der politischen Philosophie der Neuzeit einräumt, zeigt, dass Rawls von der nachhaltigen Wichtigkeit des Werkes des Engländers vollauf überzeugt war.

Ein kurzer Blick auf die Biographie Sidgwicks mag das persönliche Interesse Rawls vor dem Hintergrund seiner oben geschilderten säkularen Überzeugung von Moralbegründungen noch verständlicher machen.

Geboren 1838 in Skipton/Yorkshire, wuchs er in einer wohlhabenden und bildungsnahen Familie auf. Seine Schwester Mary heiratete Edward White Benson, den späteren Erzbischof von Canterbury. Die Familie war also sowohl kirchlich als auch gesellschaftlich sehr gut vernetzt. Henry Sidgwick studierte nicht wie sein älterer und jüngerer Bruder in Oxford. Seine Bildungsabschlüsse erwarb er in Rugby und am Trinity College (bis 1859) in Cambridge, wo er als brillanter Student auffiel. Cambridge blieb er sein Leben lang verbunden, nach seinem Studium zunächst als Fellow und Dozent am Trinity College, wo er später auch *moral sciences* las, ab 1875 als Dozent für Moral und politische Philosophie und schließlich ab 1883 als Knightsbridge-Professor für Moralphilosophie. 1869 trat er von seinem Fellowship zurück, weil er die 39 Artikel der Kirche von England[350], deren Annahme Lehrvoraussetzung waren, nicht unterschreiben wollte. 1881 wurde er *honorary fellow* und erst 1885 erhielt er durch das nicht mehr bestehende öffentliche Glaubensbekenntnis das *full fellowship*. In Cambridge entwickelte sich Henry Sidgwick zu einem liberalen Denker – er war unter anderem Mitglied in der geheimen Debattiergesellschaft „Apostles“ –, was sich unter anderem im Wunsch nach Modernisierung des Bildungswesens, aber vor allem in der schrittweisen Entfremdung von der anglikanischen Kirche zeigte. Unter anderem setzte er sich für Religionsfreiheit, bessere Bildungschancen auch für niedere Schichten und besonders Frauenrechte ein.[351] Vor allem Letzteres verbindet ihn mit John Rawls, dessen Frau Margaret (*1927) sich ihr Studium selbst finanziert hatte, woraufhin für John Rawls und sie die Ermöglichung aller Bildungschancen auch für ihre Töchter selbstverständlich erklärtes Ziel war. Zudem zeigt sich anhand der Liste der Schülerinnen und Schüler John Rawls', dass er im Vergleich mit anderen Professoren und im zeitlichen Kontext vielen Frauen eine universitäre Karriere eröffnet hatte.[352]

Im Jahr 1876 heiratete Sidgwick Eleanor Mildred Balfour, eine Schwester des späteren Premierministers Arthur Balfour. Auch dies zeigt die hervorra-

[350] Die 39 Artikel der Kirche von England von 1571 bilden neben dem Book of Common Prayer und der Ordnung zur Ernennung von Bischöfen, Priestern und Diakonen die Lehrgrundlage der Anglikanischen Kirche.

[351] Vgl. für den Abschnitt zu Sidgwicks Vita vor allem SCHULZ, Barton: "Henry Sidgwick", in: ZALTA, Edward N. (Hrsg.): The Standford Encyclopedia of Philosophy (Fall 2012 Edition), abrufbar unter: http://plato.stanford.edu/archives/fall2012/entries/sidgwick/ [zuletzt abgerufen: 19.08.2012]; vgl. dazu ebenfalls SCHNEEWIND, Jerome B.: Sidgwick's Ethics, 13ff.

[352] Vgl. POGGE, Thomas: John Rawls, München 1994, 21 u. 33.

gende Stellung der Familie in der englischen Gesellschaft des 19. Jahrhunderts. Sidgwick starb am 28. August 1900 in Cambridge.[353]

Sein mit Abstand einflussreichstes Werk „The Methods of Ethics" aus dem Jahr 1874 hatte eine lange und intensive Entstehungszeit, die mit der inneren Loslösung von kirchlichen, anglikanischen Glaubenslehren am Beginn der sechziger Jahre des 19. Jahrhunderts zusammenhing. Obwohl er nie aufgehört hat, an ein göttliches Wesen zu glauben – er blieb stets Theist –, überzeugte ihn die konkrete kirchliche Lehre immer weniger. Er zweifelte nicht an einer hinter aller Wirklichkeit stehenden Macht sowie der einstigen Erfüllung allen Seins, jedoch an Wunderglaube, der Trinität oder der Hölle als Strafort.[354] Vor diesem Hintergrund war gerade die nicht-theologische Begründung moralisch gebotener Handlungen im Feld der Moralphilosophie ein maßgeblicher Antrieb seines Denkens. Der Utilitarismus als genuin nicht-metaphysische und in gewissem Sinne voraussetzungslose Moralbegründung war in diesem Zusammenhang fraglos ein naheliegendes Beschäftigungsfeld. In einer späteren Veröffentlichung schreibt Sidgwick:

> „What theology has to learn from the predominant studies of the age is something very different from advice as to its method or estimates of its utilities; it is of accepting unreservedly the conditions of life under which these studies live and flourish."[355]

Und mit dem Hinweis auf den erwünschten Anspruch auf bleibende Autorität der kirchlichen Lehre und ihrer Vertreter im Kontext der Moderne betont er:

> „...it is true that we only accept authority of a particular sort; the authority, namely, that is formed and maintained by the unconstrained agreement of individual thinkers, each of whom we believe to be seeking truth with single-mindedness and sincerety [...] and the greatest attainable exactness and precision."[356]

Diese Präzision der modernen Wissenschaft, die sicheres, überprüfbares Wissen generiert, löst sich für ihn offensichtlich immer deutlicher von gesetzten und zu glaubenden religiösen Wahrheiten ab. Demgegenüber ist es die empirische Wissenschaft, die Autorität erlangt, und dies nicht zuerst durch offenbarte Glaubenssätze, sondern Exaktheit und Präzision der Rationalität. Man kann daher konstatieren, dass die Suche nach einem sicheren Fundament von moralischem Wissen seine stete Motivation war. Dementsprechend fragt er in „The Methods of Ethics" nach konsistenten Begründungstheorien, die einerseits der wachsenden Pluralität und Säkularisierung standhalten können und andererseits zugleich seinem wissenschaftlichen Ethos entsprechen. Nicht umsonst erkennt Rawls daher an, dass Sidgwick das erste Werk im Fach der Moralphi-

---

[353] Vgl. SCHULZ, Barton: "Henry Sidgwick".
[354] Vgl. POLKINGHORNE, John: Science and Theology. An Introduction, Minneapolis 1998, 114.
[355] SIDGWICK, Henry: The Ethics of Conformity and Subscription (Pamphlet), Cambridge 1870, 14f.
[356] Ebd.

losophie vorlegte, das sich mit dem Phänomen der Moderne auseinandersetzt und ihm auf diese Weise gerecht wird.[357] Allerdings, so betont Jerome B. Schneewind, ist sein Hauptwerk keineswegs eine einfache Apologie des Utilitarismus, obschon dieser an vielen Stellen tatsächlich als eigentlich wirksamste und überzeugendste Methode der Ethik vorgestellt wird.[358]

Im Grunde beschäftigt sich Henry Sidgwick mit drei ethischen „Methoden", die er auf ihre innere Konsistenz hin untersucht. Zunächst den empirischen Hedonismus, den Intuitionismus und schließlich den universalistischen Hedonismus. Im Vorwort zur ersten Ausgabe beschreibt Sidgwick das Vorgehen und das Ziel seiner Arbeit:

> „It is not, in the main, metaphysical or psychological: at the same time it is not dogmatic or directly practical [...]. It claims to be an examination, at once expository and critical, of the different methods obtaining reasoned convictions as to what ought to be done which are to be found [...] in the moral consciousness of mankind generally."[359]

Diese von ihm angestrebte unvoreingenommene Herangehensweise[360] wird ergänzt durch einen ethischen Kognitivismus: „...there is something under any given circumstances which is right or reasonable to do, and that this may be known."[361] Dieser grundsätzlichen Meinung sollte sich Rawls im Zuge seiner eigenen Theorie noch anschließen. Zudem stellt Sidgwick aber den praktischen Anspruch in den Hintergrund und untersucht stattdessen lediglich die rationalen Schlussfolgerungen, die sich aus bestimmten ethischen Prämissen ergeben.[362]

In der Folge wird keine umfassende Darstellung seines Werkes erfolgen; lediglich für den weiteren Verlauf der Arbeit wesentliche, mithin für die weitere Auseinandersetzung mit John Rawls wichtige Zusammenhänge sollen hier Platz finden.

Sidgwick stellt am Beginn des dritten Kapitels des vierten Buches das Verhältnis von intuitionistischen Prinzipien, das heißt Ansichten des gemeinen Menschenverstands, und utilitaristischen Prinzipien, dar. Dort betont er, ausgehend vom Konflikt zwischen Thomas Hobbes und Richard Cumberland (1631–1718), dass letzterer seine Meinung, die Annahme der tradierten Regeln und Sitten bringe das *summum bonum* hervor, nicht ausreichend argu-

---

[357] Vgl. RAWLS, John: Vorlesungen der politischen Philosophie, 556.

[358] Vgl. SCHNEEWIND, Jerome B.: Sidgwick's Ethics, 192: "...it is a mistake to view the book as primarily a defence of utilitarianism. It is true [...] that a way of supporting utilitarianism is worked out in detail in the *Methods,* and that there are places in it where Sidgwick seems to be saying quite plainly that utilitarianism is the best available ethical theory. [...] Yet it does not follow that the *Methods* itself should be taken simply as an argument for that position."

[359] SIDGWICK, Henry: The Methods of Ethics, VII.

[360] Vgl. nochmals ebd., VIII: "...and hence my treatise is not dogmatic: all the different methods developed in it are expounded and criticised from a neutral positon, and as impartially as possible."

[361] Ebd.

[362] Vgl. ebd.

mentativ stützt: „...: it never occurs to him to consider whether these rules as commonly formulated are in any way imperfect, and wheter there are any discrepancies between such common moral opinions and the conclusions of Rational Benevolence."[363] Seine Grundkritik wendet sich gegen ein fehlendes wissenschaftliches Prinzip, das allgemein anerkannte Werte in objektiver Weise rechtfertigt. Dieses wurde, so Sidgwick, demgegenüber aber bereits von frühen Vertretern des Nutzenprinzips vorgeschlagen, die wie Adam Smith zu zeigen versuchten, dass das Gefühl von Wohlwollen oder Ablehnung gegenüber einer Handlung oder einem Umstand durchaus dem Bedürfnis sowohl des Einzelnen als auch der Gemeinschaft entspricht:

> „Whatever be the origin of our notion of moral goodness or excellence, there is no doubt that ‚Utility' is a general characteristic of the dispositions to which we apply it: and that, so far, the Morality of Common Sense may be truly represented as at least unconsciously Utilitarian."[364]

Seine Sympathie mit der utilitaristischen Methode als systematischem Rechtfertigungsinstrument unserer moralischen Entscheidungen wird vollends deutlich, wenn er wenig später schreibt:

> „Utilitarians are rather called upon to show a natural transition from the Morality of Common Sense to Utilitarianism, somewhat like the transition in special branches of practice from trained instinct and empirical rules to the technical method that embodies and applies the conclusions of science: so that Utilitarianism may be presented as the scientifically and systematically reflective form of that regulation of conduct, which through the whole course of human history has always tended substantially in the same direction."[365]

Henry Sidgwick glaubt, dass hier zum ersten Mal das, was man gemeinhin den „normalen Menschenverstand" nennt, auch eine objektive Begründung erhalten kann – auch wenn er zugleich Probleme bei Einzelfragen anführt[366] –, die sich sowohl unterstützend auf das intuitive Moralverständnis auswirkt als auch seine Ungenauigkeiten aufdeckt und zu beseitigen hilft. Wir können zusammenfassen: Sidgwick geht von einer generell vorhandenen, impliziten utilitaristischen Begründungsfigur auch im intuitiven Bewerten von moralischen Handlungen aus.

---

[363] SIDGWICK, Henry: The Methods of Ethics, 423 [„Es fällt ihm nie ein, sich zu überlegen, ob diese Regeln in ihrer gewöhnlichen Fassung etwa unvollkommen sind und ob derartige Moralanschauungen sich mit den Schlußfolgerungen des rationalen Wohlwollens vertragen."].

[364] Ebd., 424 [„Welches auch der Ursprung unserer Anschauungen von sittlicher Güte oder Vortrefflichkeit sein mag, es ist kein Zweifel, daß ‚Nützlichkeit' ein allgemeines Merkmal der Anlagen ist, auf die wir diese Begriff anwenden, und daß insofern die Sittlichkeit des gemeinen Menschenverstandes eine zum wenigsten unbewußt utilitaristische genannt werden kann."].

[365] Ebd., 425.

[366] Sidgwick spricht hier unter anderem das Wahrheitsproblem und die Selbstbeherrschung an, vgl. ebd., 448f.

Als erste und überzeugendste Bestimmung des richtigen moralischen Verhaltens gilt für Sidgwick der empirische Hedonismus als universalistische Theorie, nach der mögliche Freuden und mögliches Leid aller fühlenden Wesen in einem Nutzenkalkül aufgerechnet werden müssen. Bei dieser Berechnung, die er deutlich vom egoistischen Hedonismus[367] abhebt, müssen die Effekte von allen Betroffenen der Handlung einbezogen werden.[368]

Er geht in diesem Zusammenhang aber auch auf die Probleme des empirischen Hedonismus ein: Er nennt neben der Schwierigkeit des Vergleichs selbst eigener früherer Gefühle und des damit verbundenen Rückschlusses von der Vergangenheit auf die Gegenwart vor allem auch die der Einbeziehung aller von der Handlung betroffenen Wesen.[369] Doch was kann die Alternative zum empirischen Hedonismus sein, wenn auch dieser offensichtliche Schwächen und Unsicherheiten aufweist? Für Sidgwick ergibt sich die vorläufige Antwort wiederum aus der Feststellung, dass utilitaristische Prinzipien bereits in der Erfahrung der allgemeinen sittlichen Überzeugungen enthalten sind:

> „But when we consider these latter in relation, not to the happiness of the individual, but to that of human (or sentient) beings generally, it is clear [...] that the question of harmony between Hedonism and Intuitionism presents *prima facie* an entirely different aspect. [...] it is but a short and easy step to the conclusion that in the Morality of Common Sense we have ready to hand a body of Utilitarian doctrine. [...] so that the apparent first principles of Common Sense may be accepted as the 'middle axioms' of Utilitarian method."[370]

Trotz dieser Verbindung zwischen dem *Common Sense* und den darin aufgehobenen mittleren Axiomen des Utilitarismus gewährt Sidgwick letztlich einem reinen Utilitarismus den Vorrang, da nur er die lediglich scheinbaren Konsensregeln des gemeinen Menschenverstandes überprüfen und dementsprechend bestätigen oder verbessern kann. Aufgabe des Utilitaristen[371] ist es

---

[367] Vgl. ebd., 119f.

[368] Vgl. ebd., 411.

[369] Vgl. ebd., 460: "Even when an individual is only occupied in forecasting his own pleasures, it seems difficult or impossible for him to avoid errors of considerable magnitude. [...] And these difficulties are obviously much increased when we have to take into account all the effects of our actions on all the sentient beings who may be affected by them."

[370] Ebd., 461 [„Wenn wir indessen diese letzteren [Moralprinzipien, Anm.d.A.] in Verbindung nicht mit dem Glück des Individuums, sondern mit dem menschlicher (oder fühlender) Wesen im Allgemeinen betrachten, so geht [...] hervor, daß die Frage einer Übereinstimmung zwischen Hedonismus und Intuitionismus von vornherein ein ganz anderes Aussehen annimmt. [...] es ist tatsächlich nur ein kurzer Schritt zu dem Schluß, daß wir in der Sittlichkeit des gemeinen Menschenverstandes ein Stück der utilitaristischen Lehre vor uns haben [...], so daß die obersten Prinzipien des gemeinen Menschenverstandes als ‚mittlere Axiome' der utilitaristischen Methode angesehen werden können."].

[371] Den Utilitaristen als Menschen der Neuzeit beschreibt Taylor in kritischer Weise, bezogen auf die Zielrichtung des utilitaristischen Projekts, vgl. TAYLOR, Charles: Quellen des Selbst, 62: „Ohne weiteres als menschlicher Typus verständlich ist freilich jemand, der den Entschluß gefasst hat, er dürfe die überlieferten Rahmen nicht akzeptieren, die der Unterscheidung zwischen höheren und niedrigeren Zwecken dienen. Es obliege ihm, rationale Berechnungen über das Glück anzustellen. Diese Lebensform sei eher zu bewundern oder reflektiere ein höheres

demnach, sein Handeln nach den möglichen, empirisch feststellbaren und vergleichbaren Wirkungen auf sich und andere – daher nochmals die Unterscheidung zum egoistischen Hedonismus – in Betracht zu ziehen und danach zu handeln. Zugleich ist Sidgwick aber auch Realist: „I hold that the utilitarian, in the existing state of our knowledge, cannot possibly construct a morality de novo […]. He must start […] with the existing social order, and the existing morality as a part of that order."[372] Vor diesem Hintergrund hat Rawls mit seiner Aussage recht, dass Sidgwick sich nicht vom klassischen Konzept löst und gleichzeitig eine umfassende, kritische Darstellung des empirischen, universalitischen Hedonismus liefert. Zugleich aber entwickelt er das utilitaristische System weiter und setzt es systematisch auch der Kritik aus: Vor allem im Hinblick auf die später zu betrachtende Gerechtigkeitstheorie Rawls' ist Sidgwicks Verknüpfung des universalistischen Prinzips mit einer gerechten Verteilung des Nutzens hervorzuheben. Zusammenfassend betont er im letzten Kapitel:

> „Thus we have seen that the essence of Justice or Equity […], is that different individuals are not to be treated differently […]; and that such grounds [of universal application, Anm.d.A.], again, are supplied by the principle of Universal Benevolence, that sets before each man the happiness of all others as an object of pursuit no less worthy than his own."[373]

Ebenfalls in Bezug auf Rawls ist Sidgwicks Darstellung der Erkenntnis von Moralprinzipien zu betonen. Diese beschreibt Sidgwick als eine Form der Intuition, die vier Grundsätzen entsprechen muss, um ein wohlüberlegtes moralisches Urteil zu begründen: „Sie [die Intuition, Anm.d.A.] muß selbstevident sein und sich in klarer und präziser Form darstellen lassen, sie darf anderen grundlegenden Wahrheiten nicht widersprechen und muß unter den Fachleuten allgemeine Zustimmung finden."[374] Diese Art der sich ergänzenden Kriterien ist für Rawls hinsichtlich seines Überlegungsgleichgewichts (*reflective equilibrium*) von entscheidender Bedeutung.[375] Diese Form der moralischen Urteilsgewinnung zielt darauf ab, keine eigentliche Letztbegründung für moralisch richtige Entscheidungen anführen zu müssen. Der Zusammenhang zwi-

---

moralisches Wohlwollen als die Befolgung der überlieferten Definitionen der Tugend, der Frömmigkeit usw. Dieses Bild ist uns sogar wohlbekannt. Es ist eine Darstellung des utilitaristischen Ideologen, der in unserer Kultur eine große Rolle gespielt hat. Aber dieser Person fehlt es nicht an einem Rahmen. Im Gegenteil, sie ist in hohem Maße festgelegt auf ein bestimmtes Ideal von Rationalität und Wohlwollen. Sie bewundert Menschen, die diesem Ideal gerecht werden […] und fühlt sich selbst nicht wohl, wenn sie diesen Ansprüchen nicht genügt. Der Utilitarist lebt im Rahmen eines moralischen Horizonts, der durch seine eigene Moraltheorie nicht erläutert werden kann. Dies ist eine der großen Schwächen des Utilitarismus." Wir werden in der Folge sehen, dass dies von Sidgwick bezogen auf den Schluss von „Methods of Ethics" durchaus auch erkannt wurde.

[372] SIDGWICK, Henry: The Methods of Ethics, 473.

[373] Ebd., 496.

[374] HÖFFE, Otfried: Einführung in die utilitaristische Ethik, 26.

[375] Vgl. ebd.

schen Rawls und den Gedanken Sidgwicks wird im folgenden Kapitel näher ausgeführt. Aber zunächst wird noch ein Gedanke Sidgwicks näher betrachtet, der aus Sicht der vorliegenden Arbeit eine genauere Auseinandersetzung verdient.

Bemerkenswert ist nämlich – vor allem vor dem Hintergrund der oben betonten Zielsetzung des klassischen Utilitarismus seit Bentham, der als säkulare und mithin nicht metaphysische Moralbegründung angetreten ist –, dass durch Sidgwick der Utilitarismus als unabhängiges System nicht durchgehalten wird: Im Zusammenhang seines Denkens, welches zwei Handlungsprinzipien des Menschen für möglich hält – das rationale Selbstinteresse einerseits und das zu erfüllende universalistische Moralprinzip andererseits –, lokalisiert er eine genuine und schwer aufzulösende Konfliktsituation. Seine Grundfrage lautet: Wieso sollte jemand gegen sein eigenes, naheliegendes Interesse handeln – im Sinne des egoistischen Hedonismus –, um dem Wohl des Ganzen zu dienen? Solange das egoistische Handeln mit den Gesamtinteressen anderer Betroffener übereinstimmt – auch diese Möglichkeit ist ja denkbar –, kann man sich auf das einfache Folgenmodell des Utilitarismus in seiner egoistischen Form verlassen. Dann dient er tatsächlich zur Steigerung des Glücks beziehungsweise des Nutzens des Handelnden und aller von der Handlung Betroffenen. Doch es sind unzählige Situationen denkbar, in denen dies nicht der Fall ist und der Handelnde lediglich sein persönliches Glück als letzten Zweck ansieht.[376] Wenn die Moral, wie es das Ziel des Utilitarismus ist, als rationale und unbestechliche, weil mathematisch genaue Entscheidungsgrundlage bestehen will, müsste dieses Problem aufgehoben werden. Wie kann also garantiert werden, dass der Handelnde immer auch das universalistische Prinzip beachtet? Der Konflikt, auf den Sidgwick hier hinweist, ist offensichtlich von entscheidender Bedeutung. Für ihn fordert der Utilitarismus, den er in seiner Idealform als universalistisch konzipiert hat, mitunter, das eigene Wohl zugunsten des allgemeinen Glücks zu opfern. Die Funktion des natürlichen Mitgefühls (*sympathy*) aber, das von manchen utilitaristischen Autoren angeführt wird, kann Sidgwick nicht als rationales Motivationsargument akzeptieren. Solange dies auf Menschen zutrifft, die wir kennen, denen wir wirkliches Mitgefühl entgegenbringen können, mag das Argument durchaus der Lebenswirklichkeit standhalten. Doch demgegenüber muss sich dieses Argument auch dann bewähren, wenn wir die von unserer Handlung betroffenen Menschen nicht kennen oder diese, falls wir sie kennen, unter Umständen gering schätzen. Und noch schwieriger wird es, wenn Sidgwick betont: „Utilitarian Duty calls on us to sacrifice not only our own pleasures but the happiness of those we love to the general good, the very sanction on which Utilitarianism most relies must act powerfully in opposition to its precepts.“[377] Mitgefühl scheint daher nicht geeignet zu sein, den Konflikt zwischen persönlichem Glück und

[376] Vgl. SIDGWICK, Henry: Methods of Ethics, 498.
[377] Ebd., 502.

der Pflicht zum *summum bonum* zu versöhnen. Henry Sidgwick, und dies ist gerade vor dem empirisch-wissenschaftlichen und säkularen Hintergrund der Entstehung des klassischen Utilitarismus bemerkenswert, schließt daher:

> „It seems, then, that we must conclude, [...] that the inseparable connexion between Utilitarian Duty and the greatest happiness of the individual who conforms to it cannot be satisfactionally demonstrated on empirical grounds."[378]

Gerade die empirisch gesteuerte und autonome Moral, die sich im Rahmen des neuzeitlichen Denkens ausbildete und als die sich der Utilitarismus im Besonderen entwickelt hat, wird hier existentiell in Frage gestellt. Durch den Willen zur Versöhnung von utilitaristisch gebotener Pflicht und dem rationalen Eigeninteresse kann es nach Sidgwick keinen empirisch begründeten Ausgleich geben. Noch erstaunlicher aber ist die Folgerung Sidgwicks, die er an diese Überzeugung anschließt und womit er den notwendigen Ausgleich herstellen will. Diese Folgerung sucht die mögliche Lösung des Konflikts nicht im utilitaristischen System selbst, sondern beruft sich überraschenderweise, ja ausgerechnet, auf religiöse Sanktionen. „Den einzigen Weg, beide miteinander rivalisierenden Prinzipien zu versöhnen, erblickt er [Sidgwick, Anm.d.A.] in der Annahme eines göttlichen Herrschers, der jeden belohne, der das Moralprinzip befolge, und jeden strafe, der von ihm abweiche."[379] In diesem Fall wäre die Befolgung des Moralprinzips zugleich auch Gegenstand des rationalen Selbstinteresses, womit beide Prinzipien von Sidgwick bleibend aufeinander bezogen werden:

> „From this point of view the Utilitarian Code is conceived as the Law of God, who is to be regarded as having commanded men to promote the general happiness, and as having announced an intention of rewarding those who obey His commands and punishing the disobedient."[380]

Gott als oberste Instanz der Moral, als moralischer Gesetzgeber, garantiert schließlich auch in Sidgwicks Denken die Motivation zu gutem Handeln im Sinne des universalistischen Utilitarismus. In diesem Zusammenhang kann er sogar betonen, dass der Utilitarismus, wenn er den Verzicht auf die Durchsetzung des eigenen Glücks zugunsten des Glückes der Mehrheit fordert, ohnehin den Grundsätzen der christlichen Lehre entspricht, was allerdings schon John Stuart Mill ausgeführt hat.[381]

Den Gedanken an einen obersten Gesetzgeber in Form der Gottesidee ergänzt Sidgwick damit, dass die Bereiche der Ethik, des Verstandes und der Theologie ihrer Herkunft nach nicht ganz voneinander getrennt werden können.[382] Die Verpflichtung auf moralische Regeln und die Motivation, nach

---

[378] Ebd., 503.
[379] HÖFFE, Otfried: Einführung in die utilitaristische Ethik, 26.
[380] SIDGWICK, Henry: Methods of Ethics, 504.
[381] Vgl. ebd.
[382] Vgl. ebd.

ihnen zu handeln, kann auch nach dieser genuin utilitaristischen Moralbegründung nicht ohne die Gottesidee durchgehalten werden. Selbstverständlich: Gott ist hierbei postuliert und keineswegs Ursprung und Motivation von Sidgwicks Utilitarismus. Immer noch wird er auf der Grundlage utilitaristischen Denkens „erschaffen" und als notwendige Absicherung gedacht. Dennoch muss seiner Ansicht nach ein zumindest eventuell theistisches Verständnis einer Moralinstanz einbezogen werden, um das eigentliche Ziel des universalistischen Utilitarismus nicht zu gefährden. Dies hat praktische Gründe und macht deutlich, wie Sidgwick Ethik versteht. Sie ist nicht nur Suche nach Wahrheit, sondern auch und vor allem Suche nach normativer Praxis.

Die Einbeziehung der Gottesidee als Postulat führt Sidgwick zudem zu einer fundamentalen Frage, ob nämlich „ethical science can be constructed on an independent basis; or whether it is forced to borrow a fundamental and indispensable premiss from Theology or some similar source."[383] Eine Frage, der auch die vorliegende Arbeit in ähnlicher Weise nachgeht. Sidgwick nutzt ein einfaches Beispiel der für ihn objektiven Überzeugung der Richtigkeit einer bestimmten Handlung:

> „I find that I undoubtedly seem to perceive, as clearly and certainly as I see any axiom in Arithmetic or Geometry, that is ‚right' and ‚reasonable' for me to treat others as I should think that I myself ought to be treated under similar conditions, and to do what I believe to be ultimately conducive to universal Good or Happiness."[384]

Bei diesem Beispiel geht er soweit, das Gute als universalisierbar, ja evident zu bezeichnen, ohne dass hier Gott als letzte belohnende oder strafende Instanz postuliert werden müsse. Das innere Verlangen, so zu handeln, kann allerdings nicht als sicherer Rückhalt dafür dienen, dass die Handlungsentscheidung immer auf diese Weise ausfällt. Der Hang, unsere Handlungen auch rational zu erklären und unserer praktischen Vernunft ein sicheres Erkenntnisinstrumentarium an die Hand zu geben, lässt uns immer wieder neu scheitern und stellt dann alle, auch unsere durchaus als gut empfundenen Handlungen in Frage. Das Resultat wäre ein ethischer Skeptizismus. Daraus schließt Sidgwick:

> „I do not mean that if we gave up the hope of attaining a practical solution of this fundamental contradiction, through any legitimately obtained conclusion or postulate as to the moral order of the world, it would become reasonable for us to abandon morality altogether: but it would seem necessary to abandon the idea of rationalising it completely."[385]

---

[383] Ebd., 507.
[384] Ebd.
[385] Ebd., 508.

Moral als zu begründende Instanz bleibt nach wie vor bestehen; ob diese aber in einer absolut rationalisierten Form aufgehen kann, zieht Sidgwick in Zweifel.
Am Ende seines Werkes, das John Rawls als den wesentlichen Beginn der Moralphilosophie als Wissenschaft bezeichnete, konstatiert er, dass die praktische Vernunft nicht ohne die Hypothese „Gott" auskommt. Sidgwick ist sich zwar dieser Schwäche bewusst: Andere Wissenschaften, allen voran die Naturwissenschaften, könnten mit Recht fordern, dass die Ethik – will sie sich noch als gleichwertige Wissenschaft verstehen – sich ebenfalls auf selbstevidente Grundlagen stützen müsse. Dieses Unterfangen aber stellt sich für Sidgwick als problematisch heraus, da „…it will be more difficult to reject a similarly supported assumption in ethics, without opening the door to universal skepticism."[386]

Gott als Postulat war für Sidgwick eine Hilfe *prima facie*, derer er sich gerne entledigt hätte. Doch das Postulat Gottes muss aus seiner ethisch-praktischen Sicht gesetzt werden, um die Gefahr abzuwehren, dass wir nicht mehr einem ethischen Kognitivismus das Wort reden können. Allein aus intellektueller Motivation wäre die Begründung von moralischen Werten auf einer unabhängigen Grundlage jedoch weiterhin reizvoll gewesen. Diese zu finden, hat er in seinem wissenschaftlichen Arbeiten nach der Veröffentlichung der „Methods" auch weiterhin angestrebt. Während er den Glauben an einen hinter aller moralischen Richtigkeit stehenden Gott weiterhin nicht völlig ausschließen wollte, betonte er doch zugleich die Vorläufigkeit dieses Postulats. Sein weiteres Denken in dieser Frage ist so von der ständigen Suche nach einer richtigen Balance zwischen den beiden Polen Vernunft und Verlangen geprägt.[387]

Dass es anfänglich aber vor allem die empirische Evidenz moralischer Geltung war, die Henry Sidgwick mit dem Utilitarismus suchte und die er schließlich doch nicht glaubte, gefunden zu haben, macht er allerdings in seinen 1906 posthum veröffentlichten Reflexionen im Rückblick auf sein wissenschaftliches Wirken deutlich, wenn er desillusioniert feststellt:

> „Some fifteen years ago, when I was writing my book on Ethics, I was inclined to hold with Kant that we must *postulate* the continued existence of the soul, in order to effect that harmony of Duty with Happiness which seemed to me indispensable to rational moral life. At any rate I thought I might *provisionally* postulate it, while setting out on the serious search for empirical evidence. If I decide that this search is a failure, shall I finally and decisively make this postulate? Can I consistently with my whole view of truth and the method of its attainment?

[386] Ebd., 509.

[387] Vgl. dazu SCHNEEWIND, Jerome B.: Sidgwick's Ethics, 374ff., hier besonders 379: "Sidgwick neither allows the philosophic mind to stifle the longings and insights of the natural man, nor permits the man's emotions to achieve gratification at the cost of reason."

> And if I answer 'no' to each of these questions, have I any ethical system at all?"[388]

Am Ende des klassischen Utilitarismus, am Ende der Reihe Bentham-Mill-Sidgwick, steht das praktische Postulat Gottes. Solange Ethik nicht nur deskriptive, sondern normative Wissenschaft sein will, die zugleich auf empirische Evidenz abzielt, stellt sich die Frage nach einer letzten Begründung. Sidgwick stellt ganz richtig fest, dass besonders das rationale Zeitalter diese Letztbegründung suchte. Nachdem aber seine persönliche Suche nach empirischer Sicherheit gescheitert war, musste er einer alten Begründungsfigur Raum geben, die der Utilitarismus gerade ausschließen wollte, ja gegen die er angetreten war.

Trotz des Eingeständnisses, das Sidgwick hinsichtlich der nicht geleisteten Letztbegründung durch den Utilitarismus machen musste, nahm die praktische Relevanz des Nutzenprinzips in der Folge allerdings keineswegs ab. Vielmehr wurde von einigen Vertretern des Utilitarismus darauf gepocht, die Frage nach einer Letztbegründung als nicht zielführend auszuklammern, da diese methodologisch ohnehin gar nicht möglich wäre. Jüngere Vertreter des Utilitarismus, etwa R. M. (Richard Mervyn) Hare, betonten daher, dass die von der utilitaristischen Ethik erzeugten „prescriptions" – also Handlungsanweisungen – universalistische Geltung beanspruchen, ohne jedoch „wahr" oder „falsch" zu sein. Dass mit diesem „normativen Sprechen" allerdings das Problem nur verlagert wird und sich sofort die Frage nach der durchzuhaltenden Geltungsmotivation stellt, liegt ebenso auf der Hand.[389]

Die Herausforderung der Letztbegründung von absoluter Geltung moralischer Normen ist aber keine neue Fragestellung. David Hume (1711–1776) hatte schon sehr viel früher erkannt, dass das Sollen (*is-ought-problem*) nicht einfachhin induktiv aus empirischen Beobachtungen geschlossen werden kann. Diese erste Kritik, an einem Versuch moralisches Handeln rein rational zu fassen, führt ihn zum so genannten „Hume`schen Gesetz"[390]. Weil diese Kritik den Utilitarismus durchaus trifft, hat Sidgwick sich der Verbindung und dem Ausgleich mit dem Intuitionismus nicht verschlossen. Dass dieser aber ebenfalls nicht hinreichend geeignet ist, eine etwaige Objektivität der Moral zu definieren, liegt auf der Hand: „Der Hinweis auf ein besonderes Erkenntnisvermögen, die Intuition, erklärt aber zunächst einmal gar nichts. Es gibt unserem Unverständnis der Natur moralischer Erkenntnis lediglich einen Namen."[391]

Die Erkenntnis Sidgwicks, nicht ohne Postulate auszukommen, mag aus theologischer Sicht nicht nur überraschen, sondern auch nachvollzogen werden; für andere wissenschaftliche Disziplinen stellt sich diese Erkenntnis aber

---

[388] SIDGWICK, Henry: A Memoir by A. Sidgwick and E. M. Sidgwick, London 1906, 466f.
[389] Vgl. NASHER, Jack: Die Moral des Glücks, 62f.
[390] Vgl. HUME, David: A Treatise of Human Nature, Buch III, Teil 1, I.
[391] ERNST, Gerhard: Die Objektivität der Moral, Paderborn 2009, 158f.

als praktisch irrelevant heraus und lässt den Bereich der Ethik weiterhin nicht im Status einer objektiven Wissenschaft erscheinen.[392] Dem Utilitarismus als moralischem Handlungskriterium hat dieses Eingeständnis nicht nachhaltig geschadet. Die Fülle an Literatur und die Zahl seiner Anhänger, die durch Veränderungen und immer neue kritische Annäherung das utilitaristische System weiter ausdifferenzierten, machen dies deutlich. Es sei an dieser Stelle hinsichtlich seiner fortgeführten faktischen Relevanz zudem auch an seinen nachhaltigen Einfluss in den Wirtschaftswissenschaften gedacht.[393]

Ebenso beschäftigt sich John Rawls in seinen frühen Werken nach dem Zweiten Weltkrieg mit dem utilitaristischen Denken und verteidigt es gegen oft vorgebrachte Kritik. Das Postulat eines obersten und letzten Gesetzgebers – und damit einer gesuchten Letztbegründung – schien bei ihm allerdings nicht im Vordergrund zu stehen. Vor allem richtet er den Blick auf die Möglichkeit, mit dem utilitaristischen Denken das gesellschaftliche Zusammenleben zu organisieren. Ein Motiv, das auch in seinem Hauptwerk entscheidend sein sollte, klingt dabei offensichtlich an.

2.1.2 Rawls' frühe Auseinandersetzung mit dem Utilitarismus

In seinem Beitrag *Two Concepts of Rules*[394] aus dem Jahr 1955 greift John Rawls grundsätzliche Kritikpunkte gegen den Utilitarismus auf. Darin stellt er sich der Aufgabe, das utilitaristische Konzept gegen oft vorgebrachte Gegenargumente zu verteidigen. Sein Ziel ist es, anhand von zwei Beispielen deutlich zu machen, wie die Unterscheidung einzelner Handlungen und einer generellen Praxis entscheidend dabei helfen können, gegen diese Einwände zu bestehen. Damit redet Rawls in dieser frühen Veröffentlichung einer wesentlichen Spielart des post-klassischen Utilitarismus das Wort, der sich durch die

---

[392] Ernst macht auf diese Problematik in seiner Habilitationsschrift aufmerksam, wenn er Sidgwick als „Antimonopolisten" bezeichnet, vgl. ebd., 164: „Der Antimonopolist möchte in der Regel nur einzelne Aspekte der Moral verdeutlichen, nicht jedoch behaupten, dass die Moral letztlich von der Art der Mathematik ist oder dass moralische Eigenschaften letztlich von der Art sekundärer Qualitäten sind. Die Moral ist seiner Ansicht nach eben *sui generis*. Aber genau diese Behauptung führt zum Unbestimmtheitsproblem. Etwas zugespitzt kann man sagen: Die Schwierigkeit ist nicht, dass der Antimonopolist etwas Falsches sagt (wie der Antiobjektivist oder wie der Antidualist), sondern dass das Richtige, was er sagt, das Rätsel der Moral letztlich nicht löst, weil es zu unbestimmt bleibt. Es fehlt ihm ein geeignetes Vergleichsobjekt, anhand dessen er den Status der Moral verständlicher machen könnte. Solange er kein solches Vergleichsobjekt findet, bleiben seine Ausführungen zur Objektivität der Moral isoliert und hinterlassen deshalb das Gefühl der Unbestimmtheit. Antimonopolisten von Sidgwick bis McDowell kämpfen mit diesem Unbestimmtheitsproblem, ohne es befriedigend lösen zu können."

[393] In kritischer Weise dargestellt bei BRUNI, Luigino/ ZAMAGNI, Stefano: Economia civile. Efficienza, equità, felicità pubblica, Bologna 2004, 117ff.

[394] Vgl. RAWLS, John: Two Concepts of Rules, in: DERS.: Collected Papers. Edited by Samuel Freeman, Cambridge 1999, 20-46.

Unterscheidung in Regel- und Handlungsutilitarismus gegen wesentliche Kritikpunkte absichern will. Diese Konzeption wird auch in der Folge von utilitaristischen Denkern vertreten, während sich Rawls später ganz gegen ein utilitaristisches Begründungsmodell stellen wird. Ohnehin hat er in seinem hier thematisierten Beitrag die Grundideen des Utilitarismus keineswegs vorbehaltlos geteilt.[395] Es lag ihm viel eher daran, zu zeigen – und dies auf einer metaethischen Ebene –, wie dieser verbessert und als wesentliche und vorherrschende Diskursgrundlage der Moralphilosophie des angloamerikanischen Raumes weitergeführt werden kann:

> „I hope to show that if one uses the distinction in question then one can state utilitarianism in a way which makes it a much better explication of our considered moral judgments than these traditional objections would seem to admit."[396]

Die beiden angesprochenen Beispiele, die Rawls dabei als Ausgangsbasis verwendet, beziehen sich zum einen auf die Institution der Bestrafung[397] und zum anderen auf das Einhalten von Versprechen – ebenfalls eine moralische Institution, die intuitiv als wertvoll angesehen wird und nicht zur Disposition stehen sollte. Doch ist es aus der Sicht einer rein utilitaristischen Argumentation nicht folgerichtig, wenn diese moralischen Institutionen keineswegs als Werte an sich angesehen werden, sondern ebenfalls, getreu dem Prinzip der Nutzenmaximierung, dem Diktat des persönlichen Glückes zum Opfer fallen? Wäre es nicht innerhalb des utilitaristischen Denkgebäudes, das die Mehrung des Nutzens als Entscheidungsgrundlage postuliert, gerechtfertigt, wenn man Versprechen im Falle einer möglichen Nutzenmaximierung nicht halte, oder sie eben nur halte, wenn es dem Handelnden nützt? Es stellt sich für Rawls mithin die Frage nach der Motivation einer intuitiv für gut befundenen Handlung, die allerdings innerhalb des utilitaristischen Argumentationsstranges Gefahr läuft, nicht begründet zu werden. Dieses Begründungsproblem stellt sich für Rawls in bedrängender Weise, weswegen er sich mit der Kritik am Utilitarismus intensiv auseinandersetzt – ein Motiv, das sich ebenso bei Sidgwick findet und das wesentliche Fragestellungen in den „Methods of Ethics" ausmacht. Auch er setzt sich intensiv mit der Problematik auseinander, wie die menschliche, oftmals emotionale Motivationslage systematisiert werden kann, wie weiter oben gezeigt wurde.

Gerade bei der Frage des Haltens von Versprechen wird das Anliegen Rawls' deutlich: Er weist, bevor er seine eigenen Gedankengänge vorträgt, auf bisherige Verteidiger des utilitaristischen Prinzips hin, die sich bewusst sind, nicht immer die intuitiv für richtig gehaltene Handlung rechtfertigen zu können. Daher wurde mitunter betont, dass der Bruch eines Versprechens immer auch weitreichendere negative Konsequenzen nach sich zieht, die den zu-

---

[395] Vgl. POGGE, Thomas: John Rawls, 37.
[396] RAWLS, John: Two Concepts of Rules, 21.
[397] Vgl. ebd., 21-29.

nächst empfundenen Vorteil des Handelnden als nicht nachhaltig einschätzen lassen. Die negative Auswirkung auf die Gesamtpraxis von Versprechen würde somit anzeigen, dass man Versprechen grundsätzlich zu halten habe. Dagegen kann man einwenden – Rawls bezieht sich in der Kritik dieses Ansatzes auf William David Ross (1877–1971) –, dass es immer einen zu erreichenden Wert im Nutzenkalkül geben kann, der die richtige Praxis aufwiegt, dass zweitens die Konsequenzen für die Praxis des Versprechens durch die falsche Einzelhandlung nicht überschätzt werden dürfen und dass es schließlich Fälle gibt, in denen nur die betroffenen zwei Personen von einem Versprechen wissen. Rawls führt dabei den Fall an, dass ein Versprechen einem Sterbenden gegeben wurde. Nach seinem Tod ist die Beschädigung der generellen Praxis des Versprechens völlig irrelevant. Rein moralisch aber bleibt das Versprechen bindend.[398] Die Darstellung der klassischen Argumente für den Utilitarismus und auch die berechtigten Gegenargumente verfehlen für Rawls in einem wesentlichen Punkt eine Lösung:

> „They fail to make the distinction between the justification of a practice and the justification of a particular action falling under it, and therefore they fall into the mistake of taking it for granted that the promisor […] is entitled without restriction to bring utilitarian considerations to bear in deciding whether to keep *his* promise."[399]

Diese fehlende Unterscheidung zwischen einer Einzelhandlung und einer Praxis ist dann auch das Grundanliegen Rawls', die die intuitiv für richtig gehaltene Handlung, in diesem Fall, ein Versprechen zu halten, anzeigt, ohne das System des Utilitarismus in Frage zu stellen. Dementsprechend optiert Rawls dafür, und dies ist seiner Meinung nach die eigentliche Intention des Versprechens, dass man bei Einzelhandlungen mitunter darauf verzichten muss, utilitaristische Überlegungen anzustellen. Mit dem Geben eines Versprechens ist der Handelnde an eine Praxis gebunden, der er sich selbst unterworfen hat und in deren Systematik er sich bewegt. In diesem Fall fällt eine mögliche Entscheidung vor dem Hintergrund eines plötzlich erscheinenden Nutzenvorteils zugunsten des zu haltenden Versprechens als Option aus: „The promisor is bound because he promised: weighing the case on its merits is not open to him."[400] Es stellt sich für Rawls in diesem Zusammenhang auch keineswegs als unlogisch dar, innerhalb des Utilitarismus vor dem Hintergrund einer selbstgesetzten Praxis mitunter auf utilitaristische Argumente zu verzichten. Auf die Ausgangsfrage – in unserem Beispiel, ob der Utilitarismus das Halten von Versprechen begründen kann – kann Rawls nun differenziert antworten:

> „One feels that the recognized obligation to keep one's promise and utilitarianism are incompatible. And to be sure, they are incompatible if one interprets the utilitarian view as necessarily holding that each person has complete liberty to

---

[398] Vgl. ebd., 30f.
[399] Ebd., 31.
[400] Ebd.

> weigh every particular action on general utilitarian grounds. But must one interpret utilitarianism in this way?"[401]

Rawls selbst versteht einen Utilitarismus, der sich wirksam gegen übliche Vorwürfe wehren kann, daher als Regelutilitarismus. Indem er zwischen Handlungs- und Regelutilitarismus unterscheidet und dem Regelutilitarismus die eigentliche Bedeutung zumisst, glaubt er, hinreichend auf die Fehlwahrnehmung des Utilitarismus als Bestimmung für Einzelhandlungen hingewiesen zu haben.

Zugegebenermaßen ist dies schon ein gewichtiger Schritt zu einer teilweisen Aufgabe des rein utilitaristischen Prinzips, das sich unter den Bedingungen einer bestimmten Praxis als schwächer erweist. Die Frage, die in diesem Zusammenhang aber in jedem Fall aufscheint, ist die, wie die richtige Praxis selbst begründet wird, die Rawls in Form des Regelutilitarismus betont. Wird hier nicht ein übergeordneter normativer Anspruch an den Utilitarismus herangetragen, der bestehende Vorstellungen von moralischem Handeln innerhalb der je vorhandenen Gesellschaft absichern soll? Erscheint dann nicht wieder eine Begründungsnot, die der Utilitarismus selbst beheben wollte?

In diesem Kontext unterscheidet Rawls zunächst die summarische und die praktische Entstehung von Regeln, wobei er deutlich macht, warum er letztere für diesen Zusammenhang für plausibler hält.[402] Während sich erstere, die summarische Form, der Auffassung von Regelentstehung als Form der geronnenen Erfahrung von Einzelentscheidungen zeige, ergebe sich das praktische Regelverständnis aus der erkannten Notwendigkeit, dass es verwirrend wäre, würde jeder immer alle Einzelhandlungen utilitaristisch neu bewerten müssen. Im letzteren Fall fasst Rawls zusammen:

> „On this conception, then, rules are not generalizations from the decisions of individuals applying the utilitarian principle directly and independently to recurrent particular cases. On the contrary, rules define a practice and are themselves the subject of the utilitarian principle."[403]

Hieraus wird ersichtlich, dass Rawls zwar durchaus den Fall der Verallgemeinerung von Einzelhandlung als regelbildend durchdenkt und diesen auch nicht immer für falsch hält, er demgegenüber aber die Variante bevorzugt, in den Regeln eine Praxis zu begründen, die als solche utilitaristischen Erwägungen unterstellt ist. Daher ergibt sich, dass derjenige, der sich an diese Praxis bindet, wie wir oben sahen, nicht selbst noch utilitaristische Einzelabwägungen durchführen muss. Dies, so muss man ohne weiteres zugegeben, vereinfacht das utilitaristische Entscheidungsprinzip für den Einzelnen erheblich. Das Entscheidungsverfahren ist damit allerdings an den Bezugsrahmen der Praxis gebunden, durch den jede sich darin stattfindende Handlung bewertet wird.

[401] Ebd., 33.
[402] Vgl. ebd., 34.
[403] Ebd., 36.

Rawls führt dabei das Beispiel des Baseballspiels an, in dessen Regelrahmen bestimmte Handlungen als angemessen oder unangemessen definiert werden.[404] Der Akteur hat, wenn er sich an eine bestimmte Praxis gebunden hat, Regeln zu akzeptieren, ohne die das Spiel, oder übertragen auf die Gesellschaft, das Zusammenleben nicht in vernünftiger Weise ablaufen könnte. Auch hier wird der Vorrang des praktischen Bezugssystems vor der Einzelhandlung deutlich; es ergibt sich dadurch für Einzelhandlungen einerseits eine Folgerichtigkeit, andererseits aber eine Einschränkung der Freiheit. Dadurch erscheint auf der Bühne des von Rawls skizzierten Regelutilitarismus der Begriff der Pflicht, die sich innerhalb der Praxis ergibt und die man eingeht, wenn man sich einem bestimmten Handlungsrahmen unterstellt. Bezogen auf das obige Beispiel des Versprechens wird damit deutlich, dass es innerhalb der Praxis des Versprechens eben nicht vorgesehen ist, dieses zu brechen. Für Rawls zeigt sich die Stärke des regelutilitaristischen Konzepts gerade in der Sicherstellung dieser einzuhaltenden Pflicht.

All das beantwortet allerdings noch nicht die Frage nach der Begründungsfigur für eine gute Praxis. Rawls erwähnt dieses Problem am Ende eher lapidar. Er ist sich darüber im Klaren, dass hinsichtlich des Versprechens keine einheitlich gefassten Regeln vorherrschen, und dass diese kontextabhängig, ja abhängig vom *moral training* sind. Er muss zugeben: „Therefore it is likely that there is considerable variation in the way people understand the practice, and room for argument as to how it is best set up."[405] Zudem wehrt er sich gegen den Gedanken, er wolle eine Art konservative Einstellung zu vorhandenen Werten in Gesellschaften legitimieren; nicht jede vorhandene Praxis ist gut und rechtfertigt automatisch eine Einzelhandlung, nur weil sie bereits vorhanden ist. Der Frage nach der letztendlichen Begründung von Praxen aber geht Rawls nicht hinreichend nach. Vielmehr liegt sein Augenmerk auf dem Versuch, durch die Unterscheidung von Regel- und Handlungsutilitarismus zu zeigen, inwieweit bestimmte Handlungen der utilitaristischen Einzelentscheidung entzogen sein können, um das utilitaristische System vor oft vorgebrachten Kritiken zu verteidigen.

Auch wenn Rawls dabei auf den begründungstheoretischen Teil der Praxis nur unzureichend eingeht, der durchaus von Interesse wäre, wird doch deutlich, dass er einer Form des Utilitarismus kritisch gegenübersteht, die eine Gefahr des Wertverlustes und einer willfährigen Selbsteinschätzung aufgrund einer alles bestimmenden Nutzenmaximierung mit sich bringt. Rawls zeigt hierbei, dass er die Kritik des Utilitarismus nicht nur rezipiert, sondern sie im Grunde auch nachvollziehen kann. Seinen Versuch, diese Schwächen des Utilitarismus zu beheben, kann man daher als vorläufig ansehen:

> „Das lag einerseits daran, daß er sich nicht dazu bewegen konnte, Glückseligkeit für die Quelle allen moralischen Wertes zu halten. Und es lag andererseits an der

---

[404] Vgl. ebd., 37.
[405] Ebd., 41.

internen Schwierigkeit zu erklären, warum jemand, der Glückseligkeit als den einzigen moralischen Letztwert ansieht, einen moralischen Grund hat, sich an die Regeln einer optimalen Praxis auch in den Fällen zu halten, in denen dies zu suboptimalen Ergebnissen führt."[406]

Gerade der letzte Punkt wurde so auch von Henry Sidgwick problematisiert, weswegen dieser auf eine außerhalb des Systems bestehende Sicherheit zurückgreifen musste. Die Frage, inwieweit die Motivation zur gebotenen Handlung auch dann noch greift, wenn eben jene suboptimalen Ergebnisse für den Einzelnen absehbar sind, kann der Utilitarismus kaum anders lösen. Deswegen sollte sich Rawls später für andere Begründungsmaßstäbe in der Theorie der Gerechtigkeit entscheiden.
Doch noch aus einem anderen Grund sind die Bemühungen und Einschätzungen in *Two Concepts of Rules* für die Einschätzung von Rawls' Weg zur Theorie der Gerechtigkeit als wichtiger Entwicklungsschritt zu sehen. Schon hier macht er sein Grundinteresse für gesellschaftliche Ordnungskonzepte deutlich, die nicht zuerst auf die mentale oder psychologische Motivation des Einzelnen abheben, sondern die vernünftige Regelung von Institutionen im Blick haben.[407] Die Rechtfertigung von Institutionen sollte dann allerdings in der Theorie der Gerechtigkeit die utilitaristischen Motive völlig abstreifen, auch wenn gewisse Ähnlichkeiten bestehen bleiben sollten.[408]

2.1.3 Die Ablehnung des Utilitarismus in Rawls' Theorie

Die eigentliche Auseinandersetzung Rawls' mit dem Utilitarismus innerhalb der Theorie der Gerechtigkeit ist schon beschrieben und zusammengefasst worden.[409] Daher werden hier nur die wesentlichen Zusammenhänge Platz finden: Rawls hebt zunächst noch einmal hervor, dass er in der Auseinandersetzung mit dem Utilitarismus nicht auf alle neueren Entwicklungen und Schattierungen dieses Ethikansatzes eingehen will. Vielmehr will er sein eigenes, zu entwickelndes, alternatives Konzept mit der „klassischen Form des Utilitarismus" vergleichen, die er in der stringenten Form als paradigmatisch ansieht, wie sie gerade durch Henry Sidgwick vorgelegt wurde. Vor allem hinsichtlich der Idee der recht geordneten Gesellschaft, die bei Sidgwick ausgeführt wird, bekennt Rawls zunächst eine Sympathie, die *prima facie* dem natürlichen Menschenverstand zu entsprechen scheint.[410] So wie der Einzelne im utilitaristischen Denken sein Handeln nach den zu erwartenden Folgen und daher teleologisch bewertet, wird auch, gemessen am Nutzensummenprinzip, eine Gesellschaft wohlgeordnet sein, wenn „ihre Institutionen die Summe des

---

[406] POGGE, Thomas: Rawls, 38f.
[407] Vgl. ebd., 39.
[408] Vgl. SCHEFFLER, Samuel: Rawls and Utilitarianism, 427f.
[409] Vgl. etwa ebd.
[410] Vgl. RAWLS, John: TG, § 5, 40f.

Nutzens maximieren.“[411] In seinem Argumentationsaufbau geht Rawls zudem auf den zunächst evident erscheinenden Vorrang des Guten vor dem Rechten ein: „…das Gute wird unabhängig vom Rechten definiert, und dann wird das Rechte als das definiert, was das Gute maximiert.“[412] Etwas muss maximiert werden und es erscheint wiederum offensichtlich, dass es das Gute sein sollte. Die Antwort auf die Frage allerdings, wie nun das Gute in teleologischen Theorien definiert werden kann, stellt sich als durchaus schwierig dar. Seit Aristoteles wurde immer wieder die Unterschiedlichkeit zu erstrebender Güter festgestellt, sei es in perfektionistischen oder hedonistischen Lehren: „Jedes praktische Können und jede wissenschaftliche Untersuchung, ebenso alles Handeln und Wählen strebt nach einem Gut, wie allgemein angenommen wird. Daher die richtige Bestimmung von ‚Gut‘ als ‚das Ziel, zu dem alles strebt‘. Dabei zeigt sich aber ein Unterschied zwischen Ziel und Ziel…“[413] Für Rawls scheint dieses Ziel in der Erfüllung oder Befriedigung von vernünftigen Bedürfnissen zu liegen:

> „Die richtige Art der gesellschaftlichen Zusammenarbeit bestimmt sich danach, was unter den gegebenen Umständen insgesamt die größte Befriedigung der vernünftigen Bedürfnisse der Menschen bewirkt. Diese Auffassung ist auf den ersten Blick einleuchtend und überzeugend, das kann man ihr sicher nicht absprechen.“[414]

Doch die hier angesprochene Überzeugungskraft ist lediglich scheinbarer Natur für Rawls, der aber so zumindest zeigt, wie naheliegend die Ausrichtung einer wohlgeordneten Gesellschaft am Nutzensummenprinzip wäre. Sofort macht er allerdings die für ihn wesentlichen Grundprobleme einer solchen Ausrichtung für eine Vorstellung der Gerechtigkeit deutlich. Im Wesentlichen kann man dabei zwei Problemfelder unterscheiden: Zunächst kritisiert Rawls, auf welche Weise die Nutzensumme der Gesellschaft, nach der sie als gerecht oder ungerecht gekennzeichnet werden kann, auf die einzelnen Teilnehmer der Gesellschaft verteilt wird. Es spielt dabei nämlich streng genommen keine Rolle, bleibt man dem klassischen Paradigma des Utilitarismus verhaftet, ob einige nichts haben und andere umso mehr. Eine starke ungleiche Verteilung hat für das Gesamtergebnis, so Rawls, keinen negativen Einfluss:

> „Wie alle anderen Vorschriften leiten sich auch die der Gerechtigkeit von dem einen Ziel der größten Nutzensumme ab. Es gibt also im Prinzip keinen Grund, warum größere Vorteile einiger nicht geringere Nachteile anderer aufwiegen sollten; oder noch wichtiger: warum die Verletzung der Freiheit einiger weniger nicht durch das größere Wohl vieler anderer gutgemacht werden könnte.“[415]

---

[411] Ebd., 42.
[412] Ebd.
[413] ARISTOTELES: Nikomachische Ethik (Aristoteles' Werke in deutscher Übersetzung, hrsgg. von Hellmut Flashar, Bd. 6), übers. u. komm. durch Franz Dirlmeier, Berlin 1983, 5.
[414] RAWLS, John: TG, § 5, 44.
[415] Ebd.

Individuelle Freiheit, die Rawls als wesentliches Ergebnis seiner Theorie sichern will, kann der Utilitarismus nicht begründen. Der Utilitarismus erscheint daher als insoweit totalitär, wie er das Recht des Einzelnen hinter dem der Gesellschaft und ihrer Nutzensumme zurücktreten lässt. Konsequent zu Ende gedacht, würden in einer solchen Theorie sogar „eine Sklaven- oder eine Feudalgesellschaft, eine Stände- oder eine Kastengesellschaft, selbst ein Polizei- und Militärstaat nicht nur erlaubt, sondern sogar moralisch geboten“[416] sein, sobald die Nutzensumme dadurch maximiert wird.

Utilitaristen könnten sich gegen diese Kritik durchaus mit dem Hinweis verteidigen, dass in zivilisierten Gesellschaften solche Zustände nicht eintreten oder nicht geduldet würden. Obwohl dies zweifellos empirisch gestützter Erfahrung entspricht, muss doch insistiert werden, dass die Grundsystematik des Utilitarismus eine Begründung der Grundfreiheiten aller Menschen trotzdem schuldig bleibt. Wie Rawls zu Recht feststellt, „ist es nicht möglich, den Durchschnittsnutzen dadurch zu heben, daß man die Menschen dazu auffordert, nicht-utilitaristische Gerechtigkeitsgrundsätze anzuwenden.“[417] Gerade dort, wo solche nicht-utilitaristischen Werte in die Argumentation integriert werden und wo es Werte an sich gibt, hört für Rawls eine Theorie auf, teleologisch beziehungsweise utilitaristisch zu sein.[418]

Überträgt man die Idee der utilitaristischen Handlungsbewertung einer Einzelperson auf die Ebene der Gesellschaft und beantwortet man mit ihr die Frage nach der richtigen Ordnung der gesellschaftlichen Institutionen, treten die Probleme des Utilitarismus deutlich vor Augen. Dabei kennzeichnet Rawls ein zweites, damit zusammenhängendes Problem: Vor dem Hintergrund der Übertragung des utilitaristischen Denkens von der Individual- auf die Sozialebene wird für ihn verständlich, warum die Theorie des unparteiischen Beobachters[419] entwickelt wurde, der sich in jeden anderen Menschen hineinversetzen und durch seine absolute Empathie die Wünsche aller Menschen einer Gesellschaft in ausgleichender Weise in ein gerechtes System überführen kann. Für Rawls ist sie aus der Notwendigkeit entstanden, eine deduktive Kategorie des Rechten definieren zu können.[420] Durch diese Vorstellung werden für Rawls alle Menschen zu einem einzigen zusammengefasst, wodurch er zu dem Schluss gelangt: „Der Utilitarismus nimmt die Verschiedenheit der einzelnen

[416] HÖFFE, Otfried: Einführung in Rawls' Theorie der Gerechtigkeit, in: DERS. (Hrsg.): John Rawls, 15.

[417] RAWLS, John: TG, § 29, 207.

[418] Vgl. KLIEMT, Hartmut: Rawls' Kritik am Utilitarismus, in: HÖFFE, Otfried (Hrsg.): John Rawls, 100.

[419] Rawls kennzeichnet diesen Beobachter im Lichte der klassischen Theorie des Utilitarismus mit Bezug auf David Hume und Adam Smith, vgl. RAWLS, John: TG, § 30, 211: „Etwas, beispielsweise ein Gesellschaftssystem, ist recht, wenn ein ideal vernünftiger und unparteiischer Beobachter, der alle bedeutsamen Umstände kennt, es unter allgemeinen Gesichtspunkten billigen würde. Eine recht geordnete Gesellschaft ist eine solche, die die Billigung des idealen Beobachters findet.“

[420] Vgl. RAWLS, John: TG, § 30, 214.

Menschen nicht ernst."[421] Er kann sich daher zutiefst gegen die individuelle Freiheit eines Menschen stellen, wenn das Kollektiv dies zur Steigerung des Gesamtwohls erfordert. Die individuelle Freiheit ist durch einen solchen Ansatz nicht absolut gesichert, sondern von den Verhältnissen abhängig, die maximiert werden müssen. Dieser unparteiische Beobachter, der durch David Hume und Adam Smith als Kategorie einer idealen und objektiven Moralfindung postuliert wurde, führt nach Rawls allerdings zu einer absurden, sich selbst widersprechenden Idee: Weil dieser ideale unparteiische Beobachter die Bedürfnisse und Wünsche aller Menschen nachvollziehen und sich daher in jeden Einzelnen hineinversetzen kann, steht er für die Idee eines sich selbst auflösenden Altruismus. Nicht nur, dass die Konstruktion einer utilitaristischen Theorie, die auf den Altruismus baut, stärkerer Voraussetzungen bedarf als die durch Rawls eingeführten Gerechtigkeitsgrundsätze und somit weniger Stabilität eines Gesellschaftssystems und weniger Selbstachtung der Bürger hervorrufen würde, auch der Umstand, dass der Altruismus unterschiedlichste der Pluralität der Gesellschaft entsprechende Interessen der Menschen in sich vereinen muss, zeigt ein Problem an:

> „Er [Altruismus, Anm.d.A.] sieht von seinen eigenen Interessen ab und er verfügt über alle notwendigen Kenntnisse und Denkkräfte. Damit ist er gleichmäßig aufgeschlossen gegenüber den Bedürfnissen und dem Wohl jedes Mitglieds des Gesellschaftssystems. Er berücksichtigt die Interessen jedes Menschen in gleicher Weise und läßt seiner Fähigkeit zum mitfühlenden Sich-Hineinversetzen freien Lauf, indem er die Verhältnisse jedes Menschen so betrachtet, wie sie diesen Menschen treffen. Er versetzt sich also nacheinander in die Lage jedes Menschen, und wenn er damit zu Ende ist, dann bestimmt sich die Stärke seiner Billigung nach der Summe des Wohlergehens, das er beobachten konnte."[422]

Dies führt nach Rawls dazu, dass dem Individuum und seinen Bedürfnissen letztlich keine Beachtung geschenkt wird, da sie hinter das „Bedürfnissystem" zurücktreten. Der eigentümliche Widerspruch, den Rawls durch den Altruismus zu erkennen glaubt, zeigt sich aber genau dann, wenn man davon ausgeht, dass ein Altruist selbst keine anderen Interessen hat, als die, jene der anderen verwirklicht zu sehen:

> „Weil vollkommene Altruisten stets auf den anderen achten, der sich seinerseits nur für fremde Interessen einsetzt, erblicken sie im anderen interessenlose Subjekte. Da vollkommene Altruisten nichts finden, wofür sie sich einsetzen könnten, besteht ihre Kooperation in einem ewigen Leerlauf."[423]

Rawls selbst bringt es kurz und in diesem Zusammenhang treffend auf den Punkt, wenn er schreibt: „Der Fehler des Utilitarismus ist die Verwechslung

---

[421] Ebd., § 5, 45.
[422] Ebd., § 30, 213f.
[423] HÖFFE, Otfried: Einführung in Rawls' Theorie der Gerechtigkeit, in: DERS. (Hrsg.): John Rawls, 15.

von Unparteilichkeit mit Nicht-Person-Sein."[424] Im Gegensatz zu diesem für ihn angreifbaren utilitaristischen Begründungsmodell verzichtet Rawls in seiner Theorie daher auf ein gegenseitiges Interesse der Menschen im Urzustand. Es ist geradezu seine Stärke, dass jeder nur seinen Individualinteressen nachgeht und so ein stabiles System begründet, da es trotzdem allen anderen entgegenkommt und ein Höchstmaß an Stabilität sichert. Keineswegs wird aber die Idee eines Altruismus als Ganze abgelehnt. Lediglich die Berufung darauf hinsichtlich der Begründung eines gerechten institutionellen Rahmens erscheint Rawls als nicht opportun. Dabei differenziert er die beiden Begriffe von Liebe und Gerechtigkeit, betont aber zugleich, dass der eine im anderen enthalten ist. Die Liebe würde sich gerade in einem möglichen Urzustand auch dem Vorrang der Gerechtigkeit unterwerfen, der als Grundlage für eine gerechte Gesellschaft diente. Beide hätten nämlich durchaus unterschiedliche Ziele: Dem Modell des gerechten gesellschaftlichen Aufbaus liegt die realistische Beobachtung zugrunde, dass Interessensgegensätze ausgeglichen werden müssen. Dabei wäre allerdings ein liebender Altruismus überfordert:

„Diese Gesinnungen höherer Ordnung enthalten keine Grundsätze für das Rechte, um diese Gegensätze zu schlichten. Menschenliebe, die Menschen als verschiedene betrachten will, [...] wird also die beiden Gerechtigkeitsgrundsätze heranziehen."[425] Erst aber müssen diese Grundsätze erörtert und gewonnen werden, damit sich Liebe als Motivation sinnvoll auswirken kann: „Die Menschenliebe ist umfassender als der Gerechtigkeitssinn und führt im Unterschied zu diesem zu selbstlosen Handlungen."[426] Da aber von vornherein von keiner Person Selbstlosigkeit eingefordert werden kann, muss man sie als „Gesinnungen höherer Ordnung" innerhalb des Einforderbaren des Rechts und der Gerechtigkeit betrachten. Sie sind erwünschbar und innerhalb des Systems weiterhin ein wichtiger Bestandteil.

Und noch ein anderer Gedanke, der oben kurz angesprochen wurde und die personale Integrität betont, ist in moraltheologischer Hinsicht hervorzuheben: Anders als der Utilitarismus glaubt Rawls, dass seine Gerechtigkeitstheorie die Selbstachtung des Einzelnen und so die Stabilität der Gesellschaft fördert, gerade weil das Rechte dem Guten vorausgeht, und damit alle zum gegenseitigen Vorteil agieren. Anders ausgedrückt glaubt Rawls, dadurch eine wesentliche Zielbestimmung zu erreichen: „Die Gerechtigkeitsgrundsätze spiegeln in der gesellschaftlichen Grundstruktur den Wunsch der Menschen wider, einander nicht bloß als Mittel, sondern als Zweck an sich selbst zu behandeln."[427] Diese kantisch anmutende Zielsetzung ist ebenso wie der absolute Schutz der Freiheit der Person und dem oben geschilderten Verhältnis von Liebe und Gerechtigkeit durchaus mit der christlichen Tradition in Einklang zu bringen. Vor

[424] RAWLS, John: TG, § 30, 217.
[425] RAWLS, John: TG, § 30, 219.
[426] Ebd.
[427] Ebd., § 29, 205.

diesem Hintergrund ist Rawls' Bestreben klar, den von ihm erkannten Missstand des Utilitarismus zu beheben, der offensichtlich Schwierigkeiten hat, neben individuellen Rechten auch qualitative Unterscheidungen zu treffen: „Wenn es also den Menschen Freude macht, andere zu diskriminieren, ihnen weniger Freiheit zu gewähren, um ihr eigenes Selbstgefühl zu erhöhen, dann ist die Befriedigung dieser Bedürfnisse [...] mitzuzählen [...].“[428] Im Gegensatz dazu will die Theorie der Gerechtigkeit bereits den qualitativen Schlüssel mitliefern, um Handlungen an sich auszuschließen, gerade weil sie nicht sozialverträglich sind:

> „Nach der Gerechtigkeit als Fairneß dagegen akzeptieren die Menschen von Anfang an einen Grundsatz der gleichen Freiheit für alle [...]. Damit verstehen sie sich faktisch dazu, ihre Vorstellungen vom Guten den Grundsätzen der Gerechtigkeit anzupassen. [...] Die Freude an der Benachteiligung anderer ist an sich selbst unrecht: Sie erfordert die Verletzung eines Grundsatzes, dem man selber im Urzustand zustimmen würde.“[429]

Rawls argumentiert hier stark normativ, indem er natürlicherweise von Handlungen ausgeht, die an sich schlecht sind, womit er wohl noch einmal das wesentliche Problem des Utilitarismus deutlich macht. Wie oben bereits angeführt, haben Utilitaristen, allen voran John C. Harsanyi, versucht, diesem Problem durch den Präferenzutilitarismus zu begegnen, dem man, ob seiner moralischen Beurteilung von gutem und schlechtem Handeln, schnell versucht ist, Inkonsistenz vorzuwerfen, weil er sich damit außerhalb der eigenen Theorie bewegt. Dennoch kann man mit Hartmut Kliemt entgegenhalten, dass Harsanyis Überlegungen des Präferenzutilitarismus nicht ganz so weit von der Zielsetzung Rawls' entfernt sind: Gerade weil der Präferenzutilitarismus die Präferenzen jeder einzelnen Person in die Urteilsbildung einbezieht, scheint auch dieser die individuelle Person ganz ernst zu nehmen. Harsanyis Ansatz, der ebenso wie jener von Sidgwick davon ausgeht, dass alle Alltagshandlungen utilitaristisch ausgerichtet sind, versucht damit intuitiven Urteilen systematisch zu entsprechen. Vor allem in ihrem Bestreben, der „Eigenständigkeit der Person“ gerecht zu werden, sind sich beide Denker, Harsanyi und Rawls, durchaus ähnlich, wenn Rawls auch deutlich das Unparteilichkeitskonzept ablehnt.[430] Dennoch muss auch Kliemt einräumen, dass die „Eigenständigkeit der Person“ in Bezug auf die „ethische Urteilsbildung“ innerhalb des Utilitarismus problematisch bleibt.[431] Schließlich äußert er aber hinsichtlich der personalen Rechte eine durchaus treffende Kritik, die Rawls' Theorie ebenso wenig zur vollsten Zufriedenheit lösen kann wie der Utilitarismus: Angenommen, die Menschen in der Vertragssituation wüssten nichts über ihren Ge-

[428] Ebd., § 6, 49.
[429] Ebd.
[430] Vgl. KLIEMT, Hartmut: Rawls' Kritik am Utilitarismus, in: HÖFFE, Otfried (Hrsg.): John Rawls, 110.
[431] Vgl. ebd., 113.

sundheitszustand. Im Falle einer dialysepflichtigen Nierenkrankheit, die eine Transplantation indiziert, müsste unter den Voraussetzungen der Vertragssituation jeder Institutionen zustimmen, die eine Zwangstransplantation ermöglichen, da eine andere Person auch mit einer Niere relativ risikofrei weiterleben kann. Wenn Rawls' Forderung stimmt, dass die uns gegebenen Talente und Fähigkeiten als „öffentliches Gut“[432] angesehen werden können, hätte dies eine solche Entscheidung mitunter zur Folge, die in tiefgreifender Weise absolute Individualrechte beschneidet:

> „Zwangsmaßnahmen werden nur verharmlost, wenn man zuläßt, daß sie kontrafaktisch als fiktive Vereinbarungen fiktiver Individuen maskiert werden. [...] Eine Theorie, die die Eigenständigkeit verschiedener Personen vor alles andere stellt, sollte sich vertragstheoretischer ebensowenig wie anderer Fiktionen bedienen.“[433]

Doch hat Kliemt mit seiner hier drastisch formulierten Kritik recht? Auch wenn Rawls die persönlichen Fähigkeiten als öffentliches Gut betrachtet, muss dies nicht garantieren, dass die Menschen im Urzustand sich, wie in Kliemts Beispiel, für eine solche Zwangsmaßnahme entscheiden. Schließlich würde dies ihre eigene mögliche Verzweckung bedeuten. Aber allein der Hinweis, dass ein solches Beispiel innerhalb der Vertragstheorie zustande kommen könnte, wirft einen ersten Schatten auf Rawls' Theorie, die doch die Individualrechte absolut schützen will.

Für den Zusammenhang der vorliegenden Arbeit ist durch die Beschäftigung mit der Hermeneutik des Utilitarismus bei John Rawls festzuhalten: Die erste Auseinandersetzung Rawls' ist auf Verbesserung und innere Kohärenz des utilitaristischen Systems ausgerichtet. Diese Phase ließ er allerdings schnell hinter sich, nachdem ihn das utilitaristische System in seiner gesamten Konsequenz nicht überzeugt hatte. In einem zweiten Schritt kritisiert er daher von außen auftretende Probleme des Utilitarismus, die er durch seine eigene Theorie besser lösen will.

Die deutliche Ablehnung des Utilitarismus ist in einem besonderen Maße bemerkenswert: Gerade Rawls' Grundkritik am Utilitarismus ist im Wesentlichen darauf ausgerichtet, seine Missachtung der personalen und individuellen Rechte des Einzelnen herauszustellen. In diesem Zusammenhang verwundert es nicht, wenn seine Konzeption gerade durch das vertragstheoretische Basismodell einen zunächst individualistischen Charakter hat. Gerade dieser sollte in der Rezeptionsfolge immer wieder für Kritik an seinem Werk sorgen[434], obwohl er an anderen Stellen seiner Gerechtigkeitstheorie durchaus auch den sozialen Gemeinschaftscharakter betont.[435] Die gesamte Denkrichtung des

---

[432] Vgl. RAWLS, John: TG, § 29, 205.
[433] KLIEMT, Hartmut: Rawls' Kritik am Utilitarismus, in: HÖFFE, Otfried (Hrsg.): John Rawls, 115.
[434] Vgl. zusammenfassend dazu FRÜHBAUER, Johannes: John Rawls' Theorie, 100ff.
[435] Vgl. vor allem RAWLS, John: TG, § 79, 568f.

Kommunitarismus entstand im Zuge dieser Grundsatzdebatte in der Auseinandersetzung mit dem Werk John Rawls'.[436] Neben dieser kritischen Stoßrichtung darf man aber mit Otfried Höffe festhalten:

> „Rawls [spricht] jeder einzelnen Person ein Eigenrecht zu, das selbst im Namen des Wohlergehens der ganzen Gesellschaft [...] nicht verletzt werden darf [...]. In kompromißloser Ablehnung jeder Art von Sklaverei, Leibeigenschaft und Kastensystem hält er bestimmte Grund- und Menschenrechte für schlechthin gültig. Oder als Formel: Vorrang der (persönlichen) Rechte vor dem (kollektiven) Nutzen."[437]

Dieser Formel entsprechend, die das Kollektiv hinter den Rechten der Person verortet, überrascht es nicht, dass Rawls selbst dem Wert des Rechten auch vor dem Guten den Vorrang einräumt, um dieses individuelle Recht gegen eine andersdenkende Mehrheit zu schützen.[438] Hervorzuheben sind trotz der Ablehnung des Utilitarismus in der Theorie Rawls' doch nicht unwesentlich bleibende Bezüge: Der streng säkulare Charakter des Utilitarismus, der Versuch eine möglichst voraussetzungslose institutionell ausgerichtete Systematik im Bereich der Ethik zu entwickeln, findet sich auch in Rawls' Theorie. Mit Samuel Scheffler können wir in jedem Fall drei Ähnlichkeiten festhalten: Zum ersten teilt Rawls' Theorie explizit den systematischen und konstruktiven Charakter mit dem Utilitarismus. Zum zweiten erscheint die, schon durch Sidgwick angesprochene, anerkannte und geteilte Ansicht der Notwendigkeit, intuitive, moralische Urteile des gemeinen Menschenverstandes in ein System höherer Ordnung zu bringen und sie damit auch theoretisch abzusichern und drittens zeichnet beide Ansätze ein holistischer Charakter aus, der für Samuel Scheffler eng mit dem Bezug zur institutionellen Ordnung der Gesellschaft und ihren distributiven Aufgaben zusammenhängt.[439] Trotz dieser bleibenden Ähnlichkeiten darf festgehalten werden, dass Rawls sich deutlich gegen den Utilitarismus positioniert und aus dieser Opposition eine auf der Grundlage des Pluralismus aufbauende, unabhängige Theorie der wohlgeordneten, gerechten Gesellschaft entwickeln will. Im weiteren Verlauf steht daher zunächst die Entwicklung des normativen Anspruchs seiner Theorie im Vordergrund. Zugleich wird Rawls als Denker vorgestellt, dem religiöse Bezüge nicht fremd sind.

---

[436] Vgl. etwa REESE-SCHÄFER, Walter: Was ist Kommunitarismus? Frankfurt am Main 1995, 7: „Das kommunitaristische Denken kann als Versuch definiert werden, die in unseren westlichen Gesellschaften vorherrschenden philosophischen und politischen Konzeptionen einer gründlichen Selbstreflexion und Kritik von innen zu unterziehen. Eine Gesellschaft, die sich konsequent auf atomisierte, voneinander isolierte und ihrem Eigeninteresse folgende Individuen stützen will, untergräbt dadurch ihre eigenen Grundlagen."

[437] HÖFFE, Otfried: Einführung in Rawls' Theorie der Gerechtigkeit, in: DERS. (Hrsg.): John Rawls, 16.

[438] Vgl. RAWLS, John: TG, § 68, 486f.

[439] Vgl. SCHEFFLER, Samuel: Rawls and Utilitarianism, 442.

2.2 Normatives Denken und religiöser Bezug im Vorfeld der Theorie der Gerechtigkeit

Das Bemühen von John Rawls, gegen die Kritik des Utilitarismus zu argumentieren, ihn also nicht einfach schlechterdings abzulehnen, zeigt nicht nur Sein ambivalentes Verhältnis zum Utilitarismus[440]; es zeigt zudem indirekt sein Interesse an normativ ausgerichteten Ethiken:

> „...Rawls Interesse am sog. *linguistic turn* [...] scheint von Anfang an vergleichsweise schwach ausgeprägt zu sein. Vielleicht kann man dies damit erklären, dass Rawls' Arbeits- und Interessenschwerpunkt eindeutig im Bereich der normativen Ethik liegt und allgemein methodologische bzw. metaethische Grundlagenfragen nur insoweit Berücksichtigung finden, als sie ihm für die Klärung der normativen Probleme unmittelbar bedeutsam erscheinen. Am Beispiel seines Umganges mit dem Utilitarismus lässt sich dies mustergültig beobachten."[441]

Jene hier von Bormann angesprochene Orientierung Rawls' an der normativen Ethik, die die sprachanalytische Wende nicht wesentlich rezipiert, lässt sich in einem noch früheren Text von Rawls, in „Outline of a Decision Procedure of Ethics"[442], besonders deutlich nachweisen, auch wenn mit seinem darin enthaltenen konzeptuellen Vorgehen andere Fragen und mögliche Kritikpunkte aufgeworfen werden. Nicht nur an diesem Text soll exemplarisch deutlich gemacht werden, welche normativen Ziele John Rawls im Vorfeld seiner Theorie der Gerechtigkeit verfolgt. Zudem wird in den ausgewählten Texten aufgezeigt, wie er das Verhältnis von Staat und Religion denkt.

2.2.1 Die Objektivität moralischer Urteile

Der Artikel „Outline of a Decision Procedure of Ethics", der auch inhaltlich im Anschluss an Rawls' Dissertation publiziert wird[443], fragt nach einer grundsätzlichen Möglichkeit, ein Entscheidungsverfahren für moralische Abwägungen zu definieren, das noch dazu für eine rationale und zugleich objek-

---

[440] Vgl. ebd., 427: "To the extent that this is so, they can help to illuminate Rawls's complex attitude toward utilitarianism – an attitude that is marked by respect and areas of affinity as well as by sharp disagreements."

[441] BORMANN, Franz-Josef: Soziale Gerechtigkeit zwischen Fairness und Partizipation. John Rawls und die katholische Soziallehre, Freiburg/Schweiz 2006, 20.

[442] RAWLS, John: Outline of a Decision Procedure for Ethics, in: DERS.: Collected Papers, 1-20 (dt. in: BIRNBACHER, Dieter/ HOERSTER, Norbert (Hrsg.): Texte zur Ethik, München 1984, 124-138).

[443] RAWLS, John: A Study in the Grounds of Ethical Knowledge: Considered with Reference to Judgments on the Moral Worth of Character, Ph.D Dissertation, Princeton University 1950; Dissertation Abstracts 15 (1955).

tive Herangehensweise offen ist und so von der Mehrheit einer Gesellschaft akzeptiert werden kann. Die damit angestrebte Annäherung an objektive moralische Werturteile macht deutlich, dass Rawls selbstverständlich von einem moralischen Kognitivismus ausgeht:

> „Die alltägliche Erfahrung der Konflikthaftigkeit und Variabilität unserer moralischen Urteilspraxis nötigt s. E. also keineswegs zu dem verbreiteten, im Grunde aber resignativen Eingeständnis, dass so etwas wie eine objektive Erkenntnis des sittlich Richtigen für den Menschen letztlich unerreichbar ist. Ganz im Gegenteil hält Rawls ausdrücklich an der Vorstellung eines invarianten Kerns unseres lebensweltlichen Moralbewusstseins fest, der die Basis für die Objektivität moralischer Prinzipien und auf ihnen beruhender Entscheidungen bildet."[444]

John Rawls zeigt mit dieser normativen Intention des Nachweises eines unveränderlichen Bestands von sittlich richtigen Urteilen, die in diesem Text aus dem Jahr 1951 deutlich wird, dass er an der Notwendigkeit unhintergehbarer Werte auch in einer Gesellschaft festhalten will, in der unterschiedlichste Wertvorstellungen konkurrieren, ja sich durchaus widersprechen können. Allein: Eine universale Geltung ist nicht einfachhin postulierbar, sondern muss mühsam erschlossen und diskursiv ausgehandelt werden. Daher ist ein Entscheidungsverfahren notwendig, das sich diesen objektiven Standards zumindest annähern kann. Dafür geht Rawls argumentativ mit „induktiver Logik" vor: Für seine Argumentation definiert er eine Gruppe von moralischen Subjekten (*competent moral judges*), die mit gewissen persönlichen Eigenschaften ausgestattet sein sollen. Neben einer normalen Intelligenz, muss diese vernünftige Person über ein ausreichendes Weltverständnis, ein je nach Fall vorhandenes Faktenwissen und ein Interesse an der offenen, induktiven Moralabwägung verfügen, bei der allerdings auch persönlich vorhandene vorherige Werturteile und Erfahrungen einfließen. Nicht nur ist sich der von Rawls skizzierte ideale Beurteiler darüber im Klaren, zugleich bezieht er auch mitfühlend die Auswirkungen einer kontroversen Entscheidung auf andere Betroffene in sein Moralurteil ein.[445] Wir sehen bereits, dass Rawls' Argumentation schon mit der ersten Annahme, den idealtypischen „competent moral judges", starke Voraussetzungen benötigt[446]. Und schon an dieser Stelle könnte man die Kriteriologie für die idealen Moralbeurteiler in Frage stellen, die Rawls aufzählt. Auch, ob die richtige Auswahl derselben immer möglich ist, bleibt fraglich.

---

[444] BORMANN, Franz-Josef: Soziale Gerechtigkeit, 22.

[445] Vgl. RAWLS, John: Outline, 2f.

[446] An dieser Stelle darf auf die Ähnlichkeit der oben geschilderten Argumentation des qualitativen Utilitarismus bei John Stuart Mill hingewiesen werden, der ebenfalls die Unterscheidung von guten und besseren Genüssen der übereinstimmenden Erkenntnis vernünftiger Menschen anvertraut, vgl. dazu FORSCHNER, Maximilian: Gesellschaftlicher Nutzen, persönliches Vergnügen und menschliche Würde. Zur Theorie des guten menschlichen Lebens in John Stuart Mills Utilitarismus, in: BÖTTIGHEIMER, Christoph/ FISCHER, Norbert/ GERWING, Manfred (Hrsg.): Sein und Sollen des Menschen. Zum göttlich-freien Konzept vom Menschen, Münster 2009, 35-46, hier besonders 40f.

Rawls ist sich dieses Problems bewusst, betont aber, dass man den oben geschilderten Kriterien im täglichen Leben begegnet und diese für intuitiv sinnvoll und angemessen hält.[447] Im Sinne einer Objektivierung der durch das Verfahren gewonnenen Urteile legt Rawls den Akzent auf die universal gültigen Auswahlkriterien, die weder von „Rasse, sozialer Klasse, oder Gruppe" geprägt sind.[448] Auch wenn er in diesem Zusammenhang religiöse Unterschiede nicht nennt, könnten diese ohne weiteres in diesen Kontext eingeordnet werden, ohne die Intention des Autors zu verfälschen oder in eine andere Richtung zu lenken.

Rawls geht es um eine von diesen ausschließenden Charakteristika unabhängige Begründung von Moralurteilen. Diese universalistische Ausrichtung, die sich von vorprägenden und exklusiven Ideologien befreit hat und eine möglichst allen Menschen zugängliche Begründung liefern soll, wird auch in seinem Hauptwerk eine wesentliche Zielbestimmung ausmachen. Im Laufe seiner Argumentation geht er nun davon aus, nachdem er die weiteren Umstände des Entscheidungsverfahrens geschildert hat – der Beurteilende wird nicht persönlich belangt oder haftbar gemacht, seine Integrität wird gewahrt, der zu entscheidende Fall soll wirklichkeitsnah und nicht zu verwickelt sein, er muss über alle relevanten Zusammenhänge informiert sein, sein Urteil sollte stringent in einer Reihe ähnlicher Fälle und deren Beurteilung erscheinen, also Einigkeit zwischen unabhängigen vernünftigen Personen vorherrschen, und schließlich soll intuitiv und ohne die Berücksichtigung systematischer ethischer Prinzipien ablaufen, um einen Zirkelschluss zu vermeiden[449] –, dass auf diese Weise wohlüberlegte Urteile zustande kommen. Um daraus vernünftige und vertretbare Prinzipien zu gewinnen, muss in der Folge eine Erklärung (explication) der Einordnung oder Klassifizierung dieser so gewonnenen Urteile vorgenommen werden, um jene durch diese Abstraktionsleistung wiederum für konkrete Fälle nutzbar zu machen. Rawls schließt daher:

> „If reasonable principles exist for deciding moral questions, there is a presumption that the principles of a satisfactory explication of the total range of the con-

---

[447] Vgl. RAWLS, John: Outline, 4: "First, the tests for defining and determining the class of competent moral judges are vague; that is given a group of persons, there would be, in all probability, instances in which we could not decide whether a person is a competent moral judge or not. Yet we do recognize in everyday life the pattern of characteristics discussed above."

[448] Vgl. ebd., 5: "Finally, we can make these remarks clearer if we consider other methods of choosing the class of competent judges. It is one of the marks of an ideology that it violates the above criteria. Ideologies, of whatever type, claim a monopoly of the knowledge of truth and justice for some particular race, or social class, or institutional group, and competence is defined in terms of racial and/or sociological characteristics which have no known connection with coming to know. In the present method care has been exercised to select the class of component moral judges according to those characteristics which are associated with coming to know something, and not by means of characteristics which are the privileged possession of any race, class or group, but which can and often do belong, at least to a certain degree, to men everywhere."

[449] Vgl. ebd., 6f.

sidered judgments of competent judges will at least approximate them. On the basis of this presumption the explication of these judgments is designed to be a heuristic device for discovering reasonable principles."[450]

Rawls betont hier nicht nur mit aller Deutlichkeit, dass er von der Existenz von vernünftigen Prinzipien für moralische Entscheidungen ausgeht, sondern er unterstreicht gleichzeitig, dass er durch die oben geschilderte Methode ein Verfahren beschrieben hat, welches eine Annäherung an diese Prinzipien möglich macht.

Am Ende seiner Ausführungen zeigt Rawls, dass die dadurch gewonnenen Prinzipien beispielsweise auf dem Feld der Rede- und Gedankenfreiheit durchaus valide Begründungsmuster bieten. Sein erstes Beispiel entnimmt er einem religiösen Kontext: Rawls führt die Praxis der Inquisition an und betont, dass ihr Vorgehen durch die Prinzipien, die er durch sein Verfahren gewonnen hat, nicht gedeckt sei:

> „Consider the Inquisition, and recall that this institution justified its activity on the grounds that the teaching of heretics had the consequence of increasing the number of the damned and therefore of substantially interfering with the preeminent interests of other men in salvation. The difficulty is that there is no evidence, acceptable to the canons of inductive procedure, to support this belief, and therefore [...] the proceedings of the Inquisition were unjust."[451]

Rawls betont, dass die Glaubensgrundsätze, auf denen die Urteile der Inquisition beruhen, keinerlei Evidenz beanspruchen können und daher nicht durch das induktive Beurteilungsprinzip der idealen Moralbeurteiler unterstützt werden können. Da sich die Interessen und Ansprüche der Inquisition und der Häretiker unterscheiden, aber nicht in qualitativer Weise zugunsten einer Partei entschieden werden können, muss beiden das Recht auf ihren Glauben zugesprochen werden, ohne den anderen gewaltsam daran zu hindern. Die Annäherung an einen gesellschaftlichen Ausgleich von widerstrebenden Positionen bezieht Rawls in diesem Text vorwiegend auf religiöse Konflikte. So unterstreicht er diesbezüglich noch einmal:

> „...it is generally recognized that the articles of religious faith are not usually establishable by evidence acceptable to inductive criteria. Believers themselves are often anxious to grant this point frequently on the grounds that otherwise faith would not be faith. Yet no one, believer or unbeliever, is prepared to maintain that having religious beliefs is unjust, although some may think it mistaken. The having of such beliefs is an interest we respect, and a person is required to evidence his belief only when he proposes to take action on the basis of it which substantially interferes with the interests of other persons."[452]

Solange also der Gläubige seine Überzeugungen anderen nicht aufzwingen oder mit ihnen öffentlich wirksame Handlungen begründen will, steht es ihm

[450] Ebd., 7f.
[451] Ebd., 16.
[452] Ebd., 17.

frei, seinen Glauben auszuüben, mögen auch viele ihn für falsch halten; er muss in dieser Hinsicht respektiert werden. Hier eröffnet sich eine erste Einschätzung John Rawls' auf den Einfluss der Religion auch und gerade in der säkularen Gesellschaft. Sie wird als persönliche Überzeugung geachtet, die aber zugleich öffentlichen Spielregeln der Evidenz untergeordnet ist. Die Geltung religiöser Überzeugungen, die beispielsweise auf einer theologischen Genese beruhen, muss auf einem übergeordneten politischen Raum dennoch nicht verbannt werden. Wenn religiöse Überzeugungen hinsichtlich politischer Entscheidungen auch in evidenter Hinsicht die Mehrheit auf sich vereinen können, sind sie als zu übersetzende Grundlage durchaus legitim. Vorrang hat für Rawls, dies wird schon in diesem frühen Text deutlich, die Freiheit der Gerechtigkeit vor der individuellen Überzeugung:

> „...each man may belief what he sees fit to belief, but not at the peril of another; and in an action wherein the interests of others are affected, a necessary condition for its being just is that the beliefs on which it is based are evidenced beyond any reasonable doubt."[453]

Der Raum der Gerechtigkeit, den Rawls hier skizziert und der in kantischer Prägung den Freiheitsraum der Person durch den der anderen begrenzt sieht, bereitet die Idee der Gerechtigkeit als Fairness vor, die er als Zentrum seiner Theorie noch entwickeln sollte.

2.2.2 Personale Reziprozität

Einen Meilenstein in Rawls' Entwicklung markiert der Artikel „Justice as Fairness"[454] aus den Jahren 1957/1958. In ihm kommen die grundlegenden, für sein späteres Werk entscheidenden Gedanken zur Sprache, die zwar weiterentwickelt werden, aber doch merklich hier ihren festen Ausgangspunkt haben. Rawls weist darin zum ersten Mal darauf hin, dass Gerechtigkeit und Fairness nicht einfach identisch sind, sondern dass Fairness die Voraussetzung für Gerechtigkeit ist. Sein Ziel ist es schon hier, darüber hinaus zu zeigen, dass der Utilitarismus dieses konzeptuelle Verhältnis nicht begründen und die Idee des Gesellschaftsvertrages hierzu argumentativ hilfreich einbezogen werden kann. Zudem entwirft er seine Definition von Gerechtigkeit anhand von Institutionen – ebenfalls ein Zug, der für die Gesamttheorie nachhaltig beibehalten wird. Für Rawls ist dies die erste und grundlegende Formulierung einer eigenen Konzeption der Gerechtigkeit, die sich zudem, auch das wird hier zum ersten Mal formuliert, an zwei Prinzipien der Gerechtigkeit messen lassen muss:

---

[453] Ebd.
[454] RAWLS, John: Justice as Fairness, in: DERS.: Collected Papers, 47-72.

> „…first, each person participating in a practice, or affected by it, has an equal right to the most extensive liberty compatible with alike liberty for all; and second, inequalities are arbitrary unless it is reasonable to expect that they will work out for everyone's advantage, and provided the positions and offices to which they attach, or from which they may be gained, are open to all."[455]

Jene beiden Gerechtigkeitsprinzipien sind ebenfalls eine Grundkonstante im Werk von John Rawls, die Freiheit mit einer Form der (Chancen-)Gleichheit und der Förderung des Gemeinwohls verbinden wollen. Auch wenn dies bereits oben ausgeführt wurde, darf auch hier noch einmal auf die grundsätzliche Gegenposition zum Utilitarismus verwiesen werden, die vor allem durch das zweite Prinzip der Gerechtigkeit ausgedrückt wird: Rawls kann Ungleichheiten in der Gesellschaft nur akzeptieren, wenn sie sich zum allgemeinen Vorteil für jeden Einzelnen auswirken. Dies bedeutet zugleich, dass die erfahrene Ungleichheit einiger weniger nicht durch den größeren Vorteil anderer gesellschaftlicher Gruppen oder Individuen aufgewogen werden kann.[456] Rawls stellt an anderer Stelle einen direkten Gegenvergleich zwischen seiner Theorie und den beiden Prinzipien der Gerechtigkeit sowie dem klassischen Utilitarismus an. Er verwendet hier das Beispiel der Sklaverei, um aufzuzeigen, dass diese mit Sicherheit durch seine Theorie nicht gerechtfertigt werden kann.[457]

Auch den Weg zu diesen Prinzipien der Gerechtigkeit, die Entscheidungsfindung für eine wohlgeordnete Gesellschaft[458], entwirft Rawls bereits hier, indem rationale, mit Selbstinteressen ausgestattete Individuen über die Beschränkungen der Freiheit und die Partizipationsmöglichkeiten in einem Urzustand (*general position*) entscheiden. Dabei formuliert er scharf: „The restrictions which would so arise might be thought of as those a person would keep in mind if he were designing a practice in which his enemy were to assign him his place."[459] Gerade dort, wo die Stellung in der Gesellschaft unklar ist, ja diese sogar von einer feindlich gesinnten Person gewählt werden kann, wird sich, so Rawls' Annahme, jeder für größtmögliche Freiheiten entscheiden, für gleichen Zugang zu Ämtern und daher einer Form der Chancengleichheit und der Möglichkeit eines Ausgleichs von oben nach unten. Damit ist aber noch nicht der Weg zur Vertragstheorie vorgezeichnet.

Eine idale Gerechtigkeitstheorie hat für Rawls in Fällen widerstreitender Interessen und aufkommender Konflikte, in denen unterschiedliche Überzeugungen aus Selbstinteresse durchgesetzt werden wollen, einen vermittelnden Charakter aufzuweisen. Der Gegensatz einer solchen ausgleichenden Konfliktsituation, und wieder verwendet Rawls eine religiöse Metapher, sei eine Gemeinschaft der Heiligen:

---

[455] Ebd., 48.
[456] Vgl. ebd., 50.
[457] Vgl. ebd., 67f.
[458] Vgl. hierzu auch POGGE, Thomas: John Rawls, 133-134.
[459] RAWLS, John: Justice as Fairness, 54.

> „Among an association of saints, if such a community could really exist, the disputes about justice could hardly occur; for they would all work selflessly together for one end, the glory of God as defined by their common religion, and reference to this end would settle every question of right.“[460]

Rawls will hier den Status verdeutlichen, unter dem die Frage der Gerechtigkeit überhaupt als notwendig aufscheint. Eine Gemeinschaft von Heiligen, die sich gleichsam durch ein gemeinsames Ziel, die höhere Ehre Gottes, auszeichnet und die durch ihre gemeinsame Religion verbunden ist, bedürfe danach nicht der Suche nach Gerechtigkeit. Alle Gesetze, Normen und Regeln ergeben sich aus dem gemeinsam anerkannten Ziel in Gott.

Die gesellschaftliche Lebenswirklichkeit aber ist gerade durch unterschiedliche Interessengruppen, Parteien oder beispielsweise Glaubensgemeinschaften geprägt, sodass durchaus die notwendige Auseinandersetzung auf der Ebene der Gerechtigkeit erforderlich ist. Gerechtigkeit wird vor diesem Hintergrund als Suche nach Vermittlung und Ausgleich unterschiedlicher Lebens-, Welt- und Glaubensentwürfe betrachtet. Auf dieser Ebene will Rawls zeigen, dass Fairness die Grundlage der Gerechtigkeit ist. Gerade aus der freien Verständigung über Regeln, die für alle gelten sollen, erscheint eine faire Ausgangsbasis zudem als Sicherung des geschaffenen Systems, da alle diesem zugestimmt haben. Schon hier scheint das egalitaristische Moment Rawls' späterer Theorie deutlich auf. Darüber hinaus manifestiert sich die schon vorher vorhandene Konzentration auf die Errichtung von gerechten Institutionen, die einer bestimmten Verfahrensethik zum Durchbruch verhelfen. Rawls, der auf diese Weise zudem das kontraktualistische Moment seiner Theorie konstituiert, grenzt sich allerdings sogleich gegenüber den klassischen Vertragstheorien ab, wenn er seine Theorie weder als historisch, noch als fiktiv beschreibt. Die Parteien, die sich über die Form und die Prinzipien der Gerechtigkeit einigen, treten zum einen nicht wirklich zusammen, daher ist seine Theorie a-historisch: Es gibt keinen Nullpunkt der Geschichte.[461] Zum anderen ist eine praktische Anwendung dennoch möglich: „In any society where people reflect on their institutions […] there will be occasions when questions of justice are actually discussed in this way.“[462]

Dieser von Rawls hier skizzierte Urzustand macht noch einmal mehr als deutlich, inwiefern er das Verhältnis von Fairness und Gerechtigkeit definiert: Er schafft die Möglichkeit, dass sich freie und gleiche Personen über die Prinzipien der Gerechtigkeit einigen, ohne dass Einzelne oder unterschiedliche

---

[460] Ebd., 56f.

[461] Vgl. dazu FRÜHBAUER, Johannes: John Rawls' „Theorie der Gerechtigkeit“, Darmstadt 2007, 46: „Im Unterschied zu den klassischen Vertragstheorien hat das Rawls'sche Konzept der *original position* einen anderen Akzent. Hier geht es gerade nicht um das *exeundum e statu naturali*-Motiv, also darum, aus einem vorgesellschaftlichen Zustand des Neben- und Gegeneinanders der Individuen herauszukommen, um zu einer staatlich organisierten Verfassung zu gelangen.“

[462] RAWLS, John: Justice as Fairness, in: DERS.: Collected Papers, 58.

Gruppen dabei mehr Autorität als andere beanspruchen können. Nur so kann für Rawls wahre Gemeinschaft unter Menschen herrschen, die in einem Gemeinwesen zusammenwirken wollen, ohne dass dieses durch Zwang oder äußeren Druck aufrecht erhalten wird. Interessant für den späteren Zusammenhang, dies sei hier schon einmal festgehalten, ist der Begriff der Gemeinschaft. Rawls scheint es wichtig zu sein, die Möglichkeit der „true community", der wahren Gemeinschaft unter Menschen, in einer Gesellschaft begründen und sichern zu können. Die Sicherung dieses Wertes geschieht dabei in der inneren und vor allem freiwilligen Bindung an die als fair erkannten Prinzipien. Rawls spricht in diesem Zusammenhang von einer Prima-facie-Verpflichtung.[463] Auch wenn daher unter gewissen Gegebenheiten die als fair erkannten Prinzipien und Verfahren dem persönlichen Fortkommen schaden, müssen sie doch eingehalten werden. Dies bezeichnet Rawls als eine Form des „*fair play*". Diesen offensichtlichen Gedanken verknüpft er allerdings mit der fundamentalen Erkenntnis, dass dadurch eine andere Person – biblisch gesprochen: der Nächste – als Person mit gleichen Interessen und einem gleichen Wert anerkannt wird.[464] Dies mag einen evidenten moralischen Charakter haben, doch der Weg zur Erkenntnis, dass wir im Nächsten unsere eigene Existenz und zugleich Grenze finden, ist hiermit implizit ausgesagt. Rawls führt weiter aus, dass es bestimmte Handlungen und ein bestimmtes Verhalten erfordert, einen anderen als Person anzuerkennen. Diese Anerkennung kann nicht ohne die Prima-facie-Verpflichtungen umgesetzt werden. Diese Verpflichtungen, diese Umschreibung von Moral, sind für Rawls weder Ausdruck von Auswahl, unmittelbarer moralischer Erkenntnis oder einer gewissen Einstellung. Stattdessen betont er: „it is simply the possession of one of the forms of conduct in which the recognition of others as persons is manifested."[465] Herauszuheben sind in diesem Zusammenhang die Ausführungen Rawls', wenn er betont, dass vor allem die Anerkennung des reziproken Personalitätsprinzips das zu schaffende System der Gerechtigkeit untermauert:

> „The recognition of one another as persons with similar interests and capacities engaged in a common practice must, failing a special explanation, show itself in the acceptance of the principles of justice and the acknowledgment of the duty of fair play."[466]

Besonders die Tatsache, dass Rawls zugeben muss, dass eine genaue Erklärung dazu nicht gegeben werden kann, lässt zum ersten Mal den Schluss zu, dass er mit seiner hier formulierten Theorie nicht alle gewünschten Effekte begründen kann.

An dieser Stelle aber darf noch einmal die Wichtigkeit betont werden, mit der Rawls hier das Prinzip der reziproken Personalität unterstreicht und als

[463] Vgl. ebd., 60.
[464] Vgl. ebd., 62.
[465] Ebd., 63.
[466] Ebd.

notwendig und gut erachtet. Dies hat zur Folge, dass Bedürfnisse, die außerhalb dieser Ordnung stehen, kein Recht zur Durchsetzung haben: „Such a claim violates the conditions of reciprocity and community among persons, and he who presses it […] has no grounds for complaint when it is denied.“[467] Der Schutz der Gemeinschaft zwischen Personen ist daher das eigentliche Ziel, dem Rawls hier nachgeht.

Wenn Rawls im weiteren Verlauf dieses Aufsatzes die bis dahin sehr abstrakten Ideen anhand eines Vergleiches mit dem Utilitarismus bei Bentham und Sidgwick und der Wohlfahrtsökonomie verdeutlicht – er verwendet hier das Beispiel der Sklaverei –, bezieht er wiederum deutlich gegen den Utilitarismus Stellung. In einer Anmerkung[468], in der er die Behauptung aufgreift, Gerechtigkeit sei eine Art von Effizienz, führt er auch Hugo Grotius ins Feld, der von Bentham kritisiert wird, weil er bestreitet, dass Gerechtigkeit aus Nützlichkeit gefolgert werden kann. Grotius wird an dieser Stelle von Rawls also in positiver Weise rezipiert.

Insgesamt werden an diesem Text nicht nur wesentliche Schritte hin zur ausformulierten Theorie der Gerechtigkeit von 1971 deutlich.[469] Auch lässt er die innere Motivation und das Grundziel der Rawls'schen Gerechtigkeitstheorie erahnen, in der der Mensch als Person im Mittelpunkt steht und dessen Leben in Gemeinschaft gestaltet wird. Zudem stellt der Text die große Wichtigkeit vor Augen, die Rawls Begründungsverfahren beimisst, welche nicht einfach intuitiv aus willkürlichen oder nicht von allen geteilten Grundüberzeugungen generiert werden. Dem Geltungsanspruch der Gerechtigkeit als Fairness muss daher ebenso eine Genese vorangestellt werden, die Rawls' Überlegungen rechtfertigt. Dass er dabei auf normative Begriffe wie „Person“ zurückgreift und diesen als reziproken Begriff versteht, macht allerdings deutlich, dass er Überzeugungen hat, die nicht zwingend durch seine eigene Theorie gerechtfertigt werden können.

[467] Ebd.
[468] Vgl. ebd., 64, Anm. 16.
[469] Vgl. BORMANN, Franz-Josef: Soziale Gerechtigkeit, 33: „Da Rawls abgesehen von verschiedenen Zusätzen, Präzisierungen und Umstellungen, die er in den folgenden Jahren an den beiden hier erstmals formulierten Gerechtigkeitsprinzipien vornehmen wird, in allen teilweise dramatischen Umbrüchen seines Denkens sowohl an der zweigliedrigen Grundstruktur dieser Grundsätze wie auch an der sozialliberalen antiutilitaristischen Stoßrichtung seines Ansatzes festhält, kann ohne Übertreibung festgestellt werden, dass wir es hier mit fundamentalen Weichenstellungen seiner Position zu tun haben, über deren grundsätzliche Bedeutung man sich Rawls' eigener überaus zurückhaltender Selbsteinschätzung zum Trotz keine Illusionen machen sollte.“

2.2.3 Gerechtigkeit, konstitutionelle Freiheit und das Recht der Religion

In John Rawls' 1963 erschienenem Text „Constitutional Liberty and the Concept of Justice"[470] steht wiederum der Utilitarismus als Opponent deutlich im Fokus, wohingegen Rawls seine Systembegründung sowie die beiden Prinzipien der Gerechtigkeit[471] als weithin vertretbare und verallgemeinerbare Option expliziert. Zugleich ist es ein erster Schlüsseltext für die Einschätzung John Rawls' hinsichtlich seiner Stellung zu Religion und Glaube in einer säkularen Gesellschaft.

Rawls nutzt hier zur Verdeutlichung der Vorteile seiner Theorie zum einen das Beispiel des Kastensystems[472], dem er seine „offene Gesellschaft" gegenüberstellt.[473] Zum anderen bezieht sich John Rawls einmal mehr auf ein Beispiel aus dem religiösen Bereich, um seine Annahmen über die Prinzipien der Gerechtigkeit als plausibel erscheinen zu lassen. Dabei verknüpft er die Diskussion um die Risikobereitschaft in der Wahl eines Kastensystems mit der Frage der Religionsfreiheit: Ein einzelner Mann würde vielleicht wagen, das Risiko einer Kastengesellschaft einzugehen, um sich unter bestimmten Umständen in der höchsten Kaste wiederzufinden (Winner-take-all-Strategie). Anders aber ein Vater, der auch für seine Kinder und Enkel entscheiden muss: „For a man to face his children, he must insist on the two principles of justice."[474] Rawls wird diesen Gedanken in der Theorie der Gerechtigkeit weiter systematisieren, indem er von Vertretern von Abstammungsreihen sprechen wird, die über die gerechten Institutionen der Gesellschaft im Urzustand zu entscheiden haben. Gleiches gilt für Vertreter von Religionsgemeinschaften, seien dies Einzelpersonen oder etwa ein Konzil.[475] Rawls ist sich sicher: „For heads of churches to conduct themselves in any other way would imply, given the concept of religion, that they do not take their religion seriously."[476] Gerade aber von dieser Ernsthaftigkeit geht Rawls hinsichtlich des ureigenen Interesses der Religionsgemeinschaft aus, deren Wohl nicht gegen das säkulare Interesse oder das persönliche Fortkommen eines Einzelnen ausgespielt werden

---

[470] RAWLS, John: Constitutional Liberty and the Concept of Justice, in: DERS.: Collected Papers, 73-95.

[471] Vgl. ebd., 75f.

[472] Dabei setzt sich Rawls auch intensiv mit der Problematik auseinander, dass rationale Wesen durchaus die Nützlichkeitserwägungen den Gerechtigkeitsprinzipien vorziehen und das Risiko eingehen könnten, eine gute gesellschaftliche Position in einem Kastenwesen anzustreben, auch wenn die Chancen dazu gering sind. Dieser Möglichkeit hält Rawls entgegen, vgl. ebd., 86: "The refutation of the natural objection is that it presupposes a real risk and the possibility of accepting it in the case of the basic structure of the society in which each must begin, but this presupposition does not hold." Rawls geht daher nicht von einer Risikogesellschaft aus, sondern betont die Wahrscheinlichkeit, dass seine Gerechtigkeitsprinzipien anerkannt würden.

[473] Vgl. ebd., 80.

[474] Ebd., 86.

[475] Vgl. ebd.

[476] Ebd.

kann. Religionen und religiöse Gruppen – und dies ist gemeint, wenn Rawls von „concept of religion“ spricht – zielen darauf ab, ihre je eigenen Wertvorstellungen und Weltanschauungen, oder wie Rawls sagt, „the truth of one's religion“ zu bewahren. Gerade unter diesen Umständen würden auch Religionsgemeinschaften dazu tendieren, im Urzustand für gleiche Freiheitsrechte, ja für Religionsfreiheit einzutreten, weil sie dadurch ihren eigenen Bestand bewahren könnten, wie auch immer die Gesellschaft konkret ausgestaltet wäre und welche Religion die Majorität gewonnen hätte. Selbstverständlich darf nach der Meinung Rawls' ein Anhänger einer bestimmten Glaubensrichtung den nicht Glaubenden eines schweren, ja tödlichen Fehlers bezichtigen, nicht zu derselben Religionsgemeinschaft zu gehören und seine Glaubensgrundsätze zu teilen. Dies ist aus einer rein religiösen Sichtweise nachvollziehbar. Auf politischer Ebene, auf dem Feld der Gerechtigkeit aber, darf dies keinerlei Auswirkungen haben. So entgegnet Rawls auch dem möglichen Einwand, Religionsgemeinschaften und Sekten würden der religiösen Wahrheit und des göttlichen Gesetzes wegen einem solchen Prinzip der Gerechtigkeit nicht zustimmen können. Gerade unter der Voraussetzung, dass verschiedene Religionen und Konfessionen innerhalb einer Gesellschaft einen absoluten Wahrheitsanspruch erheben, erscheint die Wahl der gleichen Grundfreiheiten und damit auch der Religions- und Gewissensfreiheit als alternativlos. Und nicht nur eine negative Toleranz der Gewissensfreiheit wird hier betont. Rawls deutet es demgegenüber positiv als mögliches inneres Grundprinzip der Religion selbst:

> „One may add that, if God wills justice among men [...] and if God prefers the worship of men in a free society, then acknowledging an equal liberty is surely permissible, even given the absolute character of religious obligations. In this way, the argument for liberty of conscience from justice may be supported on theological grounds.“[477]

So gewendet, richtet sich das Prinzip der Freiheit nicht gegen Religion und religiöse Wahrheit, sondern ist innerstes Prinzip der Religion als Gottesglauben selbst, die sich nur in Freiheit wirklich entfalten und ihrem Wesen nachkommen kann. Rawls zeigt hier nicht nur, dass er Religion weiterhin als festen Bestandteil der Gesellschaft ansieht. Zugleich bettet er sie in die Genese seiner Theorie der Gerechtigkeit ein. Sie wird zum Paradigma einer gerechten Gesellschaft, die gleiche Grundfreiheiten auch jenen Gruppierungen zugestehen kann und will, die ihrem Wesen nach einen absoluten Wahrheitsanspruch vertreten.[478] Rawls ist sich allerdings bewusst, dass dieser absolute Anspruch lediglich auf der Ebene des *forum internum* angesiedelt ist. Dies meint er wohl, wenn er davon spricht, dass ein Gläubiger den Nichtgläubigen durchaus im Status des Fehlers ansehen darf. Auf der politischen Ebene allerdings begeg-

---

[477] Ebd., 87.

[478] Vgl. dazu BORMANN, Franz-Josef: Soziale Gerechtigkeit zwischen Fairness und Partizipation, 38.

nen sich die beiden Personen als gleiche Eigner einer übergeordneten und die Religion einbettenden Gerechtigkeit. Religion wird so nicht degradiert, aber ihr wird ihr bestimmter Platz in der Gesellschaft gewiesen. Rawls betont sogar an anderer Stelle, dass dies nicht heißt, dass staatliche Interessen als wichtiger erachtet würden als religiöse oder „kirchliche":

> „...it does not presuppose the notion that public interests are superior to private (or to ecclesiastical) interests. The acceptance of this limitation does not imply that the state is prepared to ignore private or religious matters as things indifferent or to claim the right to suppress or curb them when they conflict with its own affairs."[479]

Der Staat, wie ihn Rawls durch seine hier früh formulierten Gerechtigkeitsprinzipien denkt, ist gerade die Ermöglichung dieses religiösen Lebens, das nur im Sinne einer öffentlichen Ordnung und Sicherheit beschnitten werden darf, ansonsten aber der Selbstorganisation anvertraut ist. Diese öffentliche Ordnung (*public order*) bezieht sich nach Rawls gerade nicht auf metaphysische Systeme, sondern auf Common-sense-Überlegungen.[480] Nach Rawls werden diese durch seine Theorie befolgt, da hier im Urzustand die Prinzipien bestimmt werden, denen alle zustimmen können. So kann er schließen: „It follows, [...] that there should be equal liberty of conscience limited only where common sense establishes a reasonably certain interference with the essentials of public order."[481] Dadurch sieht Rawls bereits die wesentliche Begründung für Intoleranz konterkariert. Für eben jene Intoleranz verwendet er wiederum ein religiöses Beispiel und zeigt damit auch eine Auseinandersetzung mit dem Werk Thomas von Aquins, der die Todesstrafe für Häretiker akzeptierte, weil sie in seinen Augen die Glaubenslehre und damit die Seele der Menschen schädigten, wobei er sich auf die Textstelle der Summa Theologica, II-II, Quaestio 11, Artikel 3 beruft. Rawls betont in diesem Zusammenhang, dass die Denkvoraussetzungen des Thomas falsch sind und dem *common sense* widersprechen, wie er durch Rawls' eigene Theorie im Urzustand begründet sei:

> „But the premises on which Aquinas relies cannot be established by the methods of common sense. It is a matter of dogma that faith, as the Roman Church defines it, is the life of the soul and that suppression of heresy – that is, departures from orthodoxy in defiance of ecclesiastical authority – is necessary for the safety of the souls."[482]

Wie schon beim oben geschilderten Beispiel der Inquisition verwendet Rawls eine Darstellung aus der mittelalterlichen Geschichte der katholischen Kirche, mit der er sich offensichtlich in kritischer Weise beschäftigt hat, und stellt die dort getroffenen Entscheidungen als augenfälligen Gegensatz zu seiner Konzeption der offenen Gesellschaft dar. Entscheidend für ihn ist dabei die Tatsa-

---

[479] RAWLS, John: Constitutional Liberty and the Concept of Justice, 89.
[480] Vgl. ebd., 90.
[481] Ebd., 91.
[482] Ebd.

che, was die Begründung für ein solches Handeln – in diesem Fall die mögliche Todesstrafe für Häretiker – darstellt. Denn Thomas, aber auch die protestantischen Reformatoren, die Rawls in diesem Zusammenhang nennt, gründen ihre Entscheidung, auch wenn diese zur Sicherung der öffentlichen Ordnung dienen soll, auf Glaubensgrundsätzen, die beträchtliche Folgen für jene haben, die von diesen abweichen. Die begrenzte Toleranz gegenüber verschiedenen Religionen im Rahmen der Aufrechterhaltung der öffentlichen Ordnung würde aber unter der Prämisse des Urzustandes gewählt werden. Die Gerechtigkeitstheorie will und kann daher eigentlich nicht die metaphysische Wahrheitsfrage zulassen oder gar beantworten, sondern stellt – ganz in der grotianischen Tradition – das pragmatische und irenische Zusammenleben in einer pluralen Gesellschaft in den Vordergrund. Damit erheben die Theorie der Gerechtigkeit und die damit verbundene Common-sense-Logik allerdings selbst indirekt den neuen Wahrheitsanspruch, der aber – anders als der mittelalterliche und auf Glaubenssätzen beruhende – Freiheiten für alle Bürger und alle Glaubensüberzeugungen zulässt, solange sie nicht die öffentliche Sicherheit gefährden. Daher geht Rawls über Jean-Jacques Rousseau hinaus, dessen Denken er hinsichtlich seiner Meinung zum Verhältnis von Religion und Staat kritisiert, wenn Rousseau sagt: „Es ist unmöglich, mit Leuten in Frieden zu leben, die man für verdammt hält; sie lieben, hieße Gott hassen, der sie in die Hölle stößt; man muß sie unbedingt bekehren oder aber peinigen.“[483] Für Rousseau ist es bereits dieser dogmatische Glaube, der ausreicht, um sich als Feind der Gesellschaft zu definieren. Rawls hingegen will Einschränkungen der Religionsfreiheit nur bei Gefährdung der öffentlichen Sicherheit akzeptieren. Den Wert der Religion und die Freiheit des Bekenntnisses erachtet Rawls offensichtlich als so hohes Gut, dass es nur in Ausnahmefällen beschnitten werden darf.[484] Auch hinsichtlich einer intoleranten Sekte betont Rawls daher: „This means that the fundamental position of equal citizenship, with all its constitutional liberties, should be upheld as far as possible without putting liberty itself in danger.“[485] Der Wert der gleichen Grundfreiheiten aller und der offenen Gesellschaft soll daher nicht zugunsten der Sicherheit gefährdet werden. Rawls vertraut dabei auf die überzeugende Wirkung der Sicherung der Grundfreiheiten aller Bürger. Rawls' Stellung zur Religion in der zu schaffenden Gesellschaft ist daher von großem Verständnis und Wohlwollen geprägt. Er lehnt mithin jedwede Form des Indifferentismus oder des philosophischen

[483] ROUSSEAU, Jean-Jacques: Der Gesellschaftsvertrag. Oder Prinzipien des Staatsrechts, Wiesbaden 2012, Buch IV, Kap. 8, 222.

[484] Vgl. dazu auch VOGT, Peter: Was man nicht ändern kann, darüber muß man schweigen, in: FAZ, 26.02.2001, Nr. 48, 55: „Rawls' Liberalismus, nicht zuletzt dies bezeugen die in den ‚Collected Papers' versammelten Arbeiten, hält Religion für viel zu wichtig, um sie zum Spielball öffentlicher Interessen verkommen zu lassen. Nicht einer Privatisierung der Religion wird das Wort geredet, lediglich – und hier steht Rawls ganz im Banne Tocquevilles – ihre Instrumentalisierung für politische Zwecke scharf zurückgewiesen.“

[485] RAWLS, John: Constitutional Liberty and the Concept of Justice, 93.

Skeptizismus ab, da sie keine geeignete Grundlage für die Sicherung des Staates darstellen.[486] Rawls erkennt die Ausübung religiöser Überzeugungen als wesentliche Grundvollzüge des Menschlichen an. Religion wird nicht als überkommene oder falsche Überzeugung angesehen, sondern als freie Grundüberzeugung eines jeden Menschen akzeptiert. Sie hat daher auch wesentlichen Anteil an der personalen Entwicklung. Wir dürfen festhalten: Religion und religiöse Überzeugungen werden durch Rawls auch zu diesem Zeitpunkt seines Denkens nicht verdrängt – im Gegenteil. Es ist auffällig, wie stark er die Rolle der Religion als Herausforderung für den säkularen Staat betont. Religion wird sozusagen als *die* Bewährungsprobe einer gerechten Gesellschaft betrachtet.

2.3 Grundzüge der Theorie der Gerechtigkeit: Eine Antithese zur Religion?

Das „Rawls'sche Projekt", John Rawls' Denken nach dem Zweiten Weltkrieg, so drückt es sein deutscher Schüler Thomas Pogge aus, verdankt sich einer fast theologischen Fragestellung: Rawls stellte sich die tiefgreifende Frage, ob das menschliche Leben „erlösbar" („redeemable") sei.[487] Pogge interpretiert diese Motivation als Frage nach der Sinnhaftigkeit des menschlichen Lebens selbst: „Hier geht es darum, ob Menschen – als Einzelne und kollektiv – so leben können, daß ihr Leben es wert ist, gelebt zu werden; oder in Kants Worten, daß es Wert hat, daß Menschen auf Erden leben."[488] Unter dieser Prämisse kann auch Rawls' Hauptwerk verstanden werden, in der das kollektive Moment dieser Frage besonders im Fokus steht: Wie muss eine Gesellschaft gestaltet sein, in der es sich zu leben lohnt, in der sich jeder Einzelne persönlich entfalten kann? Für Pogge ist dies die Frage nach einer „realistischen Utopie", die denkbar und unter existierenden Bedingungen möglich ist.

---

[486] Vgl. ebd., 95.

[487] Das Motiv, Philosophie zu betreiben und in ihrem Kern auf den Status der Erlösung hinzuweisen, zeigt sich auch bei ADORNO, Theodor W.: Minima Moralia. Reflexionen aus dem beschädigten Leben, Frankfurt am Main 2012, 283: „Philosophie, wie sie im Angesicht der Verzweiflung einzig noch zu vertreten ist, wäre der Versuch, alle Dinge so zu betrachten, wie sie vom Standpunkt der Erlösung aus sich darstellen. Erkenntnis hat kein Licht, als das von der Erlösung her auf die Welt scheint: alles andere erschöpft sich in der Nachkonstruktion und bleibt ein Stück Technik. Perspektiven müssen hergestellt werden, in denen die Welt ähnlich sich versetzt, verfremdet, ihre Risse und Schründe offenbart, wie sie einmal als bedürftig und entstellt im Messianischen Lichte daliegen wird. Ohne Willkür und Gewalt, ganz aus der Fühlung mit den Gegenständen heraus solche Perspektiven zu gewinnen, darauf allein kommt es dem Denken an."

[488] POGGE, Thomas: John Rawls, 34.

Trotz des Anspruches der Umsetzbarkeit sieht Rawls selbst seinen Versuch der Begründung einer solchen Gesellschaft schon allein deswegen als sinnvoll an, weil er die Hoffnung auf eine bessere Welt ermöglicht und bestehende Verhältnisse in Frage stellt. Das Ideal der gerechten Gesellschaft ist bereits der Hinweis auf ihre Veränderbarkeit. Rawls selbst sagt daher, dass seine Frage eine „religiöse Form" hat.[489]

In den vergangenen Kapiteln wurde auf einige der Entstehungsschritte dieser realistischen Utopie hingewiesen und in diesem Zusammenhang auch bereits der Einfluss deutlich gemacht, den Religion als einzubettende Sphäre ausübt. Zudem konnte in einem Schritt zuvor die Gegenstellung zum Utilitarismus intensiv dargestellt werden. Darüber hinaus wesentliche Vorbedingungen für sein Hauptwerk hat Rawls in den Beiträgen „The Sense of Justice"[490], „Legal Obligation and the Duty of Fair Play"[491], „Distributive Justice"[492], „The Justification of Civil Disobedience"[493] und „Justice as Reciprocity"[494] vorgelegt, die sich in Teilen und wesentlich erweitert in der Theorie der Gerechtigkeit wiederfinden.[495] Im Endergebnis liegt ein Werk vor, von dessen Umfang John Rawls selbst überrascht war, „als ihm die Harvard University Press 587 Druckfahnen zur Korrektur und Anfertigung eines Registers überreichte."[496]

Nun soll dennoch in aller Kürze auf die für die vorliegende Arbeit wichtigen Hauptgedanken von „Eine Theorie der Gerechtigkeit" eingegangen werden. Dieses Unterfangen ist jedoch kurz zu halten, weil es nicht nur bereits viele, sondern auch qualitativ hervorragende Zusammenfassungen und einleitende Sekundärliteratur gibt.[497] Ich erhebe daher nicht den Anspruch, hier eine umfangreiche Nacherzählung anzustellen. Vielmehr geht es dabei um ein grundlegendes Verständnis seiner Ideen, die eine angemessene Basis für eine Kritik einzelner Gedankengänge und Synthesen bilden. Daher wird an dieser Stelle auch wenig Neues stehen. Trotzdem erachte ich die kurze Darstellung als notwendig, weil sie hilft, sich zu vergegenwärtigen, was Rawls' Ziel mit

---

489 Vgl. ebd., 35.

490 RAWLS, John: The Sense of Justice, in: DERS.: Collected Papers, 96-116.

491 RAWLS, John: Legal Obligation and the Duty of Fair Play, in: DERS.: Collected Papers, 117-129.

492 RAWLS, John: Distributive Justice, in: DERS.: Collected Papers, 130-153.

493 RAWLS, John: The Justification of Civil Disobedience, in: DERS.: Collected Papers, 176-189.

494 RAWLS, John: Justice as Reciprocity, in: DERS.: Collected Papers, 190-224.

495 Vgl. dazu im Vorwort von RAWLS, John: TG, 11: „Wenn ich hier eine Theorie der Gerechtigkeit vorlege, so habe ich damit versucht, die Gedanken systematisch zusammenzufassen, die ich etwa während der letzten zehn Jahre in meinen Aufsätzen dargelegt habe. Alle wichtigen Themen dieser Aufsätze werden wieder aufgenommen, in der Regel bedeutend ausführlicher."

496 POGGE, Thomas: John Rawls, 30.

497 An dieser Stelle darf darauf hingewiesen werden, dass der Umfang an Sekundärliteratur zum Werk John Rawls' kaum mehr überschaubar ist. Daher wird besonders der eigentliche Grundlagentext selbst im Vordergrund stehen. Die verwendete Sekundärliteratur ist aber eine repräsentative Auswahl vor allem der deutschen Debatte.

seiner Theorie war und wie er diesbezüglich argumentativ vorgeht. Zudem werden einige Punkte wieder aufgegriffen, wenn ich mich dem Frühwerk zuwende. Der wiederum vorbereitende Charakter mag die Kürze und die subjektive Auswahl für diesen Abschnitt erklären.

2.3.1 Eine gerechte Gesellschaft: Die zwei Prinzipien der Gerechtigkeit

Der Blick wird in diesem Unterkapitel zunächst auf die entscheidenden Ergebnisse der Theorie der Gerechtigkeit gerichtet. Dies ist gewissermaßen der zweite Schritt vor dem ersten. Rawls selbst unterteilt seinen Ansatz in zwei Stufen: Zunächst besteht seine Aufgabe in der Aufstellung und Konkretisierung der Situation des Urzustandes. In einem zweiten Schritt – eben dem, dem ich mich nun zuerst zuwende – muss verdeutlicht werden, welche Grundsätze unter dieser Voraussetzung gewählt würden.[498] Wenn oben ausgeführt wurde, dass Rawls eine umsetzbare Utopie vor Augen hat, dann bündelt sich der Charakter eben dieser Utopie in den beiden Gerechtigkeitsprinzipien. Diese Prinzipien sind wiederum auf die institutionelle Ebene verwiesen, die „Grundstruktur der Gesellschaft", die bei Rawls schon im Vorfeld der Theorie der Gerechtigkeit deutlich im Fokus seiner Bemühungen stand und die Verteilung der materiellen und immateriellen Grundgüter umfasst.[499] Die beiden Prinzipien lauten in ihrer einfachen Fassung:

> „1. Jedermann soll gleiches Recht auf das umfangsreichste System gleicher Grundfreiheiten haben, das mit dem gleichen System für alle anderen vertretbar ist.
>
> 2. Soziale und wirtschaftliche Ungleichheiten sind so zu gestalten, daß (a) vernünftigerweise zu erwarten ist, daß sie zu jedermanns Vorteil dienen, und (b) sie mit Positionen und Ämtern verbunden sind, die jedem offen stehen."[500]

Die beiden im Laufe der Arbeit noch weiter zu präzisierenden[501] Grundsätze stellen einen weiten Interpretations- und Widerspruchsraum dar. Vor allem der zweite Grundsatz ist in wesentlichen Teilen kritisiert worden. Zunächst will ich mich jedoch kurz dem ersten Gerechtigkeitsprinzip zuwenden: Erstes und wesentliches Prinzip, das den liberalen Charakter des Rawls'schen Werkes ausmacht, ist der grundsätzliche Vorrang der Freiheit, die als Gut betrachtet wird, das jeder im Rahmen der Situation des Urzustandes anstrebt.[502] Jene

---

[498] Vgl. RAWLS, John: TG, 2. Kapitel, 74.
[499] Vgl. ebd., § 10, 74.
[500] Ebd., § 11, 81.
[501] Vgl. dazu ebd., § 46, 336.
[502] Vgl. dazu auch EBERT, Thomas: Soziale Gerechtigkeit. Ideen, Geschichte, Kontroversen, Bonn 2010, 225: „Der erste Gerechtigkeitsgrundsatz ist das Freiheitsprinzip. Es formuliert die Grundsätze der politischen Gerechtigkeit im engeren Sinne und beinhaltet die klassischen Persönlichkeitsrechte des Liberalismus, wie sie im deutschen Grundgesetz und in ähnlicher

größtmögliche Freiheit begründet sich, wie später noch genauer zu erläutern sein wird, in der autonomen Entscheidung der Menschen im Urzustand. Rawls will so vermeiden, dass die Gewissens- und Gedankenfreiheit etwa gegen religiöse oder moralische Überzeugungen durchgesetzt werden: „Die Gerechtigkeitsgrundsätze sind ein gangbarer Weg zwischen Dogmatismus und Intoleranz auf der einen Seite und einem Reduktionismus, der Religion und Moral als bloße Geschmackssache ansieht, auf der anderen."[503] Das Verständnis Rawls' hinsichtlich der größtmöglichen Freiheiten ist innerhalb seiner Liberalismuskonzeption wiederum dezidiert nicht antireligiös, sondern ist um Vermittlung verschiedener persönlicher Überzeugungen bemüht, in denen gerade religiösen Überzeugungen ein erster Rang eingeräumt wird. Religion als natürlicher Bestandteil der Gesellschaft wird damit nicht nur negativ anerkannt, sondern auch positiv eingebettet. Dass wiederum gerade die Gewissensfreiheit, die er freilich mit der Gedankenfreiheit koppelt, hier als erstes Prinzip der Freiheit aufgeführt wird, zeigt, wie sehr sich der Eindruck verfestigt, dass Religion – bei aller Zurückhaltung der eigenen Überzeugungen von Rawls selbst – stets eine präsente Größe, ja wenn nicht gar eine wesentliche Motivation des Rawls'schen Denkens darstellt.[504] Der Umgang mit Religion erscheint hier einmal mehr als tiefgreifender Ernstfall einer liberalen, offenen Gesellschaft,

---

Form auch in den Verfassungen aller modernen demokratischen Staaten verankert sind: Recht auf Leben, körperliche Unversehrtheit, Freiheit, freie Entfaltung der Persönlichkeit, Gleichheit vor dem Gesetz, Religionsfreiheit, Meinungs-, Presse- und Informationsfreiheit, Eigentum, Freizügigkeit, Versammlungs- und Demonstrations-freiheit, Berufsfreiheit, Koalitionsfreiheit, Schutz der Privatsphäre usw. sowie Teilhaberechte wie das Wahlrecht und die Grundsätze der konstitutionellen Demokratie. Mit dem Freiheitsprinzip befindet sich Rawls in völliger Übereinstimmung mit der Tradition des Liberalismus, die von John Locke begründet worden ist."

[503] RAWLS, John: TG, § 39, 275.

[504] Betrachtet man den Entstehungszeitraum dieses Gedankens und seine erste Formulierung 1963, ist auffällig, dass die Katholische Kirche nur wenig später exakt den gleichen Gedankengang ausführt. In der Erklärung des II. Vatikanums „Dignitatis humanae" wird die Religionsfreiheit wie bei Rawls als die wesentliche Dimension der menschlichen Freiheit bezeichnet, vgl. RAHNER, Karl/ VORGRIMLER, Herbert: Kleines Konzilskompendium. Sämtliche Texte des Zweiten Vatikanums, Freiburg im Breisgau 1966, 661: „Diese Forderung nach Freiheit in der menschlichen Gesellschaft bezieht sich besonders auf die geistigen Werte des Menschen und am meisten auf das, was zur freien Übung der Religion in der Gesellschaft gehört." Doch nicht nur diese Definition entspricht der Rawls'schen These von der Gewissensfreiheit. Auch ein weiterer wesentlicher Punkt, die Erhaltung der öffentlichen Ordnung, korreliert in diesem Zusammenhang auffällig, vgl. ebd., 663: „So bleibt das Recht auf religiöse Freiheit auch denjenigen erhalten, die ihrer Pflicht, die Wahrheit zu suchen und daran festzuhalten, nicht nachkommen, und ihre Ausübung darf nicht gehemmt werden, wenn nur die gerechte öffentliche Ordnung gewahrt bleibt." Schließlich stimmt auch die Einschätzung des Verhältnisses von Staat und Religion überein, vgl. ebd., 664: „Hinzu kommt, daß die religiösen Akte, womit sich der Mensch privat und öffentlich aufgrund einer geistigen Entscheidung auf Gott hinordnet, ihrem Wesen nach die irdische und zeitliche Ordnung übersteigen. Demnach muß die staatliche Gewalt, deren Wesenszweck in der Sorge für das zeitliche Gemeinwohl besteht, das religiöse Leben der Bürger nur anerkennen und begünstigen, sie würde aber, wie hier betont werden muß, ihre Grenzen überschreiten, wenn sie so weit ginge, religiöse Akte zu bestimmen oder zu verhindern."

die sich keinem ethischen und begründungstheoretischen Reduktionismus anheimgeben will. Der Wert der Freiheit ist, dies wird durch die lexikalische Ordnung ausgedrückt, zuerst durchzusetzen, bevor weitere Erwägungen über die Gerechtigkeit angestellt werden.[505]

Die Gründe für den Vorrang der Freiheit erläutert Rawls im späteren Abschnitt 82 seiner Theorie: Dabei verweist er zunächst auf die Bedingungen des Urzustandes. In ihm würden sich die Menschen gerade deswegen für größtmögliche Freiheiten entscheiden, weil jeder dieser moralischen Subjekte seine persönlichen Ziele und Interessen verwirklichen will. Da im Rahmen der Gleichheit jedem dieses Recht zusteht, muss so jedes gerechtfertigte Interesse zu gleichen Teilen in die Theorie der gerechten Institutionen einfließen. Als augenfälliges Beispiel dient Rawls einmal mehr der Wunsch nach freier Religionsausübung. Und dies nicht nur abstrakt, sondern tatsächlich in konkretem Sinne: „Sie [die moralischen Subjekte im Urzustand, Anm.d.A.] haben nicht nur den Wunsch, irgendeine Religion ausüben zu dürfen, sondern eine ganz bestimmte, nämlich ihre, welche es dann auch sein möge."[506] Da man aber davon ausgehen kann, dass sich in der später offen gelegten Gesellschaft eine Vielzahl von Religionsgemeinschaften mit absolutem Wahrheitsanspruch wiederfinden, muss jeder dieser Gemeinschaften und damit auch ihren Anhängern diese größtmögliche Freiheit zugestanden werden. Als liberale Theorie geht Rawls' Gerechtigkeitsentwurf als universeller Ansatz daher natürlicherweise von einer integrativen Leistung seiner Theorie aus, die dem Faktum des Pluralismus *per se* Rechnung trägt und die verschiedenen Interessen der Bürger ernst nimmt. Der Vorrang der Freiheit ergibt sich aus dem Wunsch der moralischen Subjekte nach möglichst umfassender Umsetzung ihrer persönlichen Ziele. Alle anderen Bedürfnisse sind dem lexikalisch untergeordnet. Für Rawls wird gerade durch den Vorrang der Freiheit zugleich die Sicherung der Selbstachtung jedes Menschen garantiert.[507] Der einzige Grund, die Freiheit einzugrenzen, ist daher auch nur der Schutz der Freiheit selbst. Dafür führt Rawls das Beispiel der militanten Sekten an, die aus Überzeugung handeln und meinen, „einer höheren Sache zu dienen."[508] Wenn diese aufgrund ihrer Überzeugungen den Vorrang der Freiheit der anderen nicht akzeptieren, muss ihre Freiheit beschränkt werden, um die gleiche Freiheit aller zu sichern. Dies führt zu einer Beschränkung der Freiheit, lässt aber das Prinzip der gleichen Freiheit weiterhin gelten. Rawls macht dies an der gleichen Gewissensfreiheit deutlich: Wenn die Beteiligten der verfassungsgebenden Versammlung davon ausgehen, dass sie ihre Ziele in möglichst großem Umfang durchsetzen wollen und dazu auch zählt, moralische und religiöse Überzeugungen leben zu können, ist es für Rawls evident, dass aus ihrem übergeordneten Ziel der Durch-

---

[505] Vgl. RAWLS, John: TG, § 39, 275.
[506] Ebd., § 82, 588.
[507] Vgl. ebd., 594.
[508] Ebd., § 39, 276.

setzung ihrer Interessen die Wahl auf größtmögliche Freiheiten fallen würde. Noch dazu, weil niemand weiß, ob seine Religion in der Rolle einer Mehrheit oder Minderheit existiert: „Sie können nicht ihre Freiheit aufs Spiel setzen, indem sie der vorherrschenden religiösen oder moralischen Lehre die Verfolgung oder Unterdrückung anderer gestatten.“[509] Das Beispiel der religiösen Überzeugungen scheint für Rawls wohl deswegen als so geeignet, weil keine Überzeugung in positiver wie negativer Hinsicht als so bindend angesehen wird wie die religiösen Überzeugungen. Eben gerade weil Rawls die bindende Kraft der religiösen Überzeugung erkennt und anerkennt, dient sie ihm als besonders eindrückliches Beispiel für die Begründung von gleichen Grundfreiheiten. Selbst religiöse Sekten, die einen Absolutheitsanspruch vertreten und diesen eigentlich nicht aufgeben können, müssen eingestehen, dass sie ihre eigenen Freiheiten schützen müssen. Gerade auch vor dem Hintergrund ihrer Verantwortung vor den kommenden Generationen wird dieses Argument noch verstärkt. Daraus ergibt sich für den zu entwickelnden Staat ein klares Verhältnis zu religiösen Gemeinschaften:

> „Der Staat darf keine Religionen bevorzugen, und es dürfen keinerlei Nachteile damit verbunden sein, daß jemand Mitglied einer bestimmten Religionsgemeinschaft ist oder nicht. Der Konfessionsstaat wird abgelehnt. Stattdessen dürfen sich Vereinigungen frei nach dem Willen ihrer Mitglieder bilden, sie können ihre inneren Angelegenheiten regeln und eine eigene Disziplin aufrichten, nur daß ihre Mitglieder eine echte Möglichkeit zum Austritt haben müssen. Das Gesetz schützt das Asylrecht in dem Sinne, daß Abtrünnigkeit nicht als Gesetzesbruch gilt und noch viel weniger bestraft wird, ebensowenig die Religionslosigkeit. So erhält der Staat die moralische und religiöse Freiheit aufrecht.“[510]

Dieses Zitat macht mehr als deutlich, wie sich Rawls die Einbettung der Religion in einem Staat vorstellt, der nach seinen Gerechtigkeitsprinzipien entwickelt wurde. Religion wird als fester Bestandteil des menschlichen Strebens und der persönlichen Überzeugungen anerkannt. Zugleich wird aber auch zugestanden, dass die Religion kein absolutes Recht über ihre Mitglieder haben kann, ja dass selbst Religionslosigkeit kein zu ahndendes Delikt darstellt. Der Vorrang der Freiheit kommt damit der persönlichen Überzeugung jeder Person entgegen, die sich in Freiheit in *und* außerhalb der Religion entfalten kann. Auf diese Weise leistet John Rawls keinen Versuch der Verdrängung der Religion aus dem öffentlichen Leben. Vielmehr wird hier eine durchweg positive Wirkkraft der religiösen Überzeugungen transportiert, die nicht auf Irrationalität reduziert wird. Während also das Durchgriffsrecht der Religion im Namen der Freiheit beschränkt wird, wird zugleich das Durchgriffsrecht des Staates deutlich auf seine Kernaufgaben der Sicherung der öffentlichen Ordnung reduziert: „Daher wird auch der allmächtige laizistische Staat abgelehnt […]“[511]

---

[509] Ebd., § 33, 235.
[510] Ebd., § 34, 241.
[511] Ebd., 242.

Diese Überzeugungen, die bereits in „Constitutional Liberty and the Concept of Justice" ausgeführt wurden, werden hier zu einer wesentlichen Begründungsfigur des ersten Gerechtigkeitsprinzips der gleichen Grundfreiheiten, das auf diese Weise zugleich auch eine deutliche Aussage zum Verhältnis von Staat und Religion leistet und möglicherweise auch den persönlichen Zugang von John Rawls zur Religion als gesellschaftliche Größe als positiv erscheinen lässt. Inwieweit Rawls' Argumentation für den absoluten Vorrang der Freiheit jedoch immer greift, kann hier nicht erörtert werden.[512] In jedem Fall bewegt er sich mit der umfassenden Forderung nach Freiheit im wesentlichen Topos des klassischen Liberalismus. Dies kann vom zweiten Prinzip nicht behauptet werden, das wohl die Wendung in der Theorie der Gerechtigkeit darstellt, die die meiste Kritik hervorgerufen hat: das Differenzprinzip.

Rawls geht grundsätzlich davon aus, dass Ungerechtigkeit durch Ungleichheit ausgelöst wird, die nicht „jedermann" zum Vorteil gereicht.[513] Deswegen zielt seine Theorie darauf ab, jene Ungleichheiten zu beseitigen, so gut dies eben möglich ist. Dies führt dazu, dass alle Grundgüter (*primary social goods*) – Freiheit, Chancen, Besitz, Einkommen etc. – gleichmäßig zu verteilen sind. Dabei steht wiederum die Kritik am Utilitarismus im Hintergrund, der mitunter die Machtverhältnisse und die dabei erzielte Nutzensumme einiger weniger gegen die Chancenlosigkeit einer anderen Gruppe aufrechnet und damit legitimiert. Deswegen betont Rawls: „Unterschiede des Einkommens oder der Macht und Verantwortung dürfen nicht dadurch gerechtfertigt werden, daß die Nachteile derer in einer bestimmten Position durch die größeren Vorteile derer in einer anderen aufgewogen würden."[514] Eine erste Annäherung zur Umsetzung dieses Prinzips, durch das der Begriff „zu jedermanns Vorteil" umgesetzt werden könnte, ist das Pareto-Prinzip, das auf den italienischen Ökonomen Vilfredo Pareto (1848–1923) zurückgeht. Dieses besagt, dass eine Umverteilung dann optimal ist, wenn sich mindestens einer besser stellt und keiner schlechter als zuvor. Bezogen auf Produktionsverhältnisse bedeutet dies: „Die Organisation der Produktion ist optimal, wenn man nicht von mindestens einem Gut mehr produzieren kann, ohne von irgendeinem weniger zu produzieren."[515] Allein das Pareto-Prinzip kann kein sicheres Kriterium für gerechte Zustände bieten. Rawls verwendet hier wiederum das Beispiel der Sklaverei, um zu verdeutlichen, dass sich bei einer möglichen Veränderung des Systems der Sklavenhalter schlechter stellen würde als vorher. Dies wäre intuitiv zwar

[512] Vgl. dazu etwa KERSTING, Wolfgang: John Rawls, 74: „Wenn Rawls jedoch behauptet [...], daß die Menschen sich im Urzustand auf die Regel von der absoluten Vorrangigkeit der Grundfreiheiten einigen würden, muß das bezweifelt werden. Denn wenn das der Fall wäre, müßten die idealisierten Verfassungswähler im Fundus ihres allgemeinen Wissens über die Menschen die Überzeugung finden, daß Menschen immer und unter allen Umständen den Grundfreiheiten den Vorrang vor ökonomischen Gütern einräumen würden. Diese Überzeugung ist eindeutig falsch."

[513] Vgl. Rawls, John: TG, § 11, 83.

[514] Ebd., 85.

[515] Ebd., 88.

gerecht, jedoch nicht pareto-optimal. Daher muss dieses Prinzip ergänzt werden, um auch die Anforderung der Gerechtigkeit zu befriedigen. Dafür muss die grundlegende Anfangsverteilung in den Blick geraten, denn sie ist es, die alle weiteren Kriterien beeinflusst. Für Rawls liegt genau hier das erklärte Ziel seiner liberalen Auffassung: „Intuitiv erscheint es als die krasseste Ungerechtigkeit des Systems der natürlichen Freiheit, daß die Verteilung ungebührlich von diesen Faktoren beeinflußt werden darf, die unter moralischen Gesichtspunkten so willkürlich sind.“[516] Rawls betrachtet nämlich den *status quo* der Verteilung an Vermögen und Einkommen als mehr oder weniger unverdient, da dieser durch Glück und Unglück, mithin Zufall entstanden ist. Sein Ziel ist es daher, alle für ihn nicht relevanten Kriterien auszuschalten, und damit die Lotterie der Natur auszugleichen.

Mit diesem egalitären Ansatz greift er zutiefst in die Gesellschaftsstruktur und die natürliche Verteilung an Fähigkeiten und Fertigkeiten ein und stellt sie in Frage. Dieser Gedankengang äußert sich im Differenzprinzip, das den Blick immer auf den am wenigsten Begünstigen lenkt und Handlungen danach bewertet und als gerecht ansieht, inwieweit sie dem am wenigsten Begünstigten zum Vorteil dienen: „Wie sehr sich auch die Verhältnisse des einen verbessern, nach dem Unterschiedsprinzip ist das nur dann besser, wenn sich auch der andere verbessert.“[517] So werden beispielsweise Vermögensanhäufungen einiger weniger nicht mehr möglich sein, wenn davon nicht die profitieren, die am schlechtesten gestellt sind. Nicht mehr der wirtschaftliche Erfolg und das Nutzendenken allein sind Maßstab des Handelns. Die Bewertung von wirtschaftlichen, politischen und gesellschaftlichen Entscheidungen wird daran bemessen, wie sie sich auf diejenigen auswirken, die zu diesem Zeitpunkt am schlechtesten gestellt sind. Ihr Status ist damit untrennbar mit dem Status der bisherigen Gewinner der Gesellschaft verknüpft. Das Differenzprinzip als gesellschaftlicher Mechanismus kann, weil es beständig denjenigen im Fokus hat, dem es relativ am schlechtesten geht, als „Herzstück seines egalitären Liberalismus oder liberalen Egalitarismus“[518] angesehen werden. Gekoppelt ist dieser Mechanismus mit der Forderung, dass Ämter, Positionen und administrative Posten nicht nur einigen wenigen Personen offen stehen dürfen, die diese Positionen womöglich aufgrund eben jener von Rawls stark kritisierten natürlichen Lotterie „gewonnen“ haben. Das Postulat der fairen Chancengleichheit fordert eine „Offenheit der Laufbahnen“, die nicht nur formal gewährleistet wird, sondern tatsächlich material geboten sein muss. Rawls führt in diesem Zusammenhang aus: „Menschen mit ähnlichen Fähigkeiten sollten ähnliche Lebenschancen haben.“[519] Rawls geht es hier in erster Linie darum, dass das menschliche Potential, das zweifellos in allen sozialen Schichten vorhan-

[516] Ebd., 93.
[517] Ebd., 97.
[518] EBERT, Thomas: Soziale Gerechtigkeit, 229.
[519] RAWLS, John: TG, § 12, 93.

den ist, nicht nur deswegen nicht zur Geltung kommt, weil die formale Möglichkeit nicht ausreicht. Ungleichheiten werden toleriert, aber nur in dem Maße, wie sie den Blick für den am relativ schlechtesten Gestellten nicht verlieren und jedem die Möglichkeit lassen, je nach seinem eigenen Leistungsvermögen adäquate Positionen durch die Offenheit der Laufbahnen zu erhalten. Rawls' Ablehnung richtet sich dabei offensichtlich gegen statische Systeme, die keinerlei Durchlässigkeit von unten nach oben zulassen und einen Status der Ungleichheit manifestieren, der aus Sicht der Theorie der Gerechtigkeit gerade aufgelöst werden soll. An dieser Stelle wird besonders deutlich, wie sehr Rawls die Zufälligkeiten der Natur als a-moralisch ansieht und sie durch seinen systematischen Ansatz und den Status des fairen Ausgangspunktes ausgleichen will: „Da nun Ungleichheiten der Geburt und der natürlichen Gaben unverdient sind, müssen sie irgendwie ausgeglichen werden. [...] Der Gedanke ist der, die zufälligen Unterschiede möglichst auszugleichen.“[520] Hier begegnet man explizit der Grundidee der Infragestellung des persönlichen Verdienstes: Welchen Anteil habe ich an meiner gesellschaftlichen Position? Habe ich sie mir verdient? Dies sind Fragen, mit denen sich Rawls intensiv auseinandersetzt und die den Nährboden für das Differenzprinzip bilden. Ein Weiteres wird in diesem Zusammenhang deutlich: Tatsächlich sieht Rawls die natürlichen Gaben als Gemeinschaftswert an! Das bedeutet, dass der Einzelne keine absolute Verfügungsgewalt über seine angeborenen Fähigkeiten und Fertigkeiten besitzt, sondern, dass diese auch der Gemeinschaft zur Verfügung gestellt werden müssen. Rawls wird an einer Stelle diesbezüglich sehr deutlich, wenn er sagt: „Wer von der Natur begünstigt ist, sei es, wer es wolle, der darf sich der Früchte nur so weit erfreuen, wie das auch die Lage der Benachteiligten verbessert.“[521] Auch wenn er die Unterschiede nicht ganz beseitigen will und die Unverletzlichkeit der Person wahren will[522], macht er doch deutlich, dass die zufällige natürliche Verteilung kein adäquater Ausgangspunkt für gesellschaftliche Gerechtigkeit sein kann.[523] Die zu bildenden gesellschaft-

[520] Ebd., § 17, 121.

[521] Ebd., 122.

[522] Vgl. ebd., § 17, 125: „Natürlich haben die Begünstigen ein Recht auf ihre natürlichen Gaben wie jeder andere auch; dieses Recht fällt unter den ersten Grundsatz, und zwar unter die Grundfreiheit der Unverletzlichkeit der Person.“

[523] Gerade an diesem entscheidenden Punkt aber ist Kritik möglich. So könnte man mit Wolfgang Kersting festhalten, dass gerade die Leugnung unhintergehbarer und eben naturbedingter Faktizität ein Grundproblem in Rawls' Theorie und besonders hinsichtlich des Differenzprinzips darstellt, vgl. KERSTING, Wolfgang: John Rawls, 88f.: „Rawls' Argument von der moralischen Willkür ist unvernünftig. Es ist unvernünftig, die natürlichen Eigenschaften der Menschen aus der Perspektive einer distributiven Gerechtigkeit zu gewichten. Diese Form von moralischer Naturkritik ist absurd, ist Ausdruck einer grammatischen Verfehlung, einer Verletzung der Grenzen des Handlungssprachspiels im allgemeinen und des moralischen Sprachspiels im besonderen. Die Natur hätte nicht anders handeln können. Mehr noch, sie handelt nicht und trifft auch keine Verteilungsentscheidungen. Die Natur liegt jenseits der Anwendungsgrenzen des Willkürbegriffs. Unsere Naturausstattung ist schiere Faktizität; man

lichen Institutionen müssen daher so aufgestellt sein, dass sie diesen amoralischen Zufälligkeiten Rechnung tragen und diese ausgleichen. Anders als aristokratische Gesellschaften oder Kastengesellschaften findet sich die Rawls'sche Gesellschaft nicht mit den Gegebenheiten der natürlichen Willkür ab, sondern sieht sie gerade als Voraussetzung des ethisch normativen Anspruches auf Veränderung und Gestaltung dieser Zustände.[524] Das demokratisch gedeutete Differenzprinzip, das für Rawls neben diesem Ausgleichscharakter auch die Ansätze der Reziprozität[525] und der Brüderlichkeit[526] beachtet und fördert, drückt ein bestimmtes Ideal von Gesellschaft aus: Es zeichnet sich wesentlich durch personale Verbundenheit aus, ist daher reziprok, nicht-egoistisch und beinhaltet einen starken egalitären Charakter. Die Personen erkennen nachhaltig ihre gegenseitige Verpflichtung zu ihrem jeweiligen Vorteil an. Die Gesellschaft ist ihrem Ideal nach so konzipiert, dass es keine Polarisierung der Schichten geben soll. Es ist keine meritokratische Gesellschaft, sondern eine reziproke Gesellschaft mit der Betonung der bleibenden gegenseitigen Verantwortung zum gegenseitigen Vorteil.[527] So sind die Individuen, die die Gesellschaft begründen, immer auch auf die Gemeinschaft verwiesen, ohne jedoch in ihr völlig aufzugehen.

Diese beiden Gerechtigkeitsprinzipien werden durch die Konstruktion des Urzustandes generiert, die den eigentlichen Angelpunkt in Rawls' Theorie darstellt. Für den hier aufzuzeigenden Charakter von Rawls' Werk ist der Urzustand als Begründungsfigur ebenso wesentlicher Bezugspunkt und zugleich – besonders neben dem Differenzprinzip – argumentatives Einfallstor für Kritik und Dekonstruktion der Theorie. Zuvor soll aber die begriffliche Definition

---

kann sich über sie grämen, man kann sie aber nicht zum Gegenstand moralischer Kritik machen."

524 Vgl. TG, 123.

525 Vgl. ebd.

526 Vgl. ebd., 126.

527 Allerdings muss hier noch erwähnt werden, dass sich eine wesentliche gerechtigkeitstheoretische Lücke auftut, die sich vor allem auf die Einschätzung der Rawls'schen Theorie auf die Begründung des Sozialstaates auswirkt. Das Differenzprinzip ist immer dezidiert ein Prinzip zwischen Kooperationspartnern, d.h. Rawls geht in seiner Theorie nicht auf jene ein, die innerhalb des Austauschsystems zum gegenseitigen Vorteil nichts anzubieten haben. Diesen Punkt macht Nussbaum in ihrem John Rawls' gewidmetem Werk „Die Grenzen der Gerechtigkeit" deutlich und versucht diese Lücke zu schließen, vgl. NUSSBAUM, Martha C.: Die Grenzen der Gerechtigkeit, 44ff. und 246ff. Aber auch Kersting verweist auf diesen Punkt der idealen Theorie Rawls', die damit drängende praktische Fragen der Lebenswirklichkeit ausklammert, vgl. KERSTING, Wolfgang: John Rawls, 91f.: „Für Rawls konvergieren Gerechtigkeitsgemeinschaft und Kooperationsgemeinschaft (im Org. kursiv). Daher vermag seine Gerechtigkeitstheorie keine Sozialstaatsbegründung, keine Begründung der moralischen Vorzugswürdigkeit kollektiver Sicherungssysteme zu liefern. [...] Eine normative Sozialstaatsbegründung muß zeigen, daß die Gerechtigkeitsgemeinschaft auf die Gruppe der Selbstversorgungsunfähigen ausgedehnt werden muß, muß nicht nur Regeln für die innerkooperationsgemeinschaftliche Grundgüterverteilung entwickeln, sondern auch Regeln für eine Umverteilung von der Kooperationsgemeinschaft zu den Selbstversorgungsunfähigen vorschlagen."

des Guten dargestellt und zugleich das Verhältnis von Gutheit und Gerechtigkeit im Sinne Rawls' aufgezeigt werden.

2.3.2 Allgemeine Gerechtigkeit vor individueller Gutheit oder: Das wirklich geglückte Leben

John Rawls unterscheidet innerhalb seines Theoriegebäudes zwei unterschiedliche, aber aufeinander bezogene Ebenen des Guten. Diese beiden Ebenen werden getrennt durch die Prinzipien der Gerechtigkeit, die durch vernünftige Entscheider aufgestellt werden. Diese müssen aber, um überhaupt etwas als vorzugswürdiger zu erachten, eine Vorstellung des Guten haben, ohne die jede Einschätzung und jedes Wünschen ziellos wäre. Rawls stellt daher zunächst die schwache Theorie des Guten auf, die sich als Grundgütertheorie darstellt und mit der er den Anspruch erhebt, „eine allgemeingültige Fundamentalteleologie des menschlichen Handelns“[528] formuliert zu haben. In diesem Sinne hat sie zwar eine eigentlich vorgeordnete Stellung gegenüber der Gerechtigkeitstheorie, jedoch in einer dienenden Funktion für die Aufstellung der Gerechtigkeitsprinzipien: „Wir brauchen die schwache Theorie des Guten, um den vernünftigen Wunsch nach Grundgütern und den Begriff der Vernünftigkeit zu erklären, der der Wahl der Grundsätze im Urzustand zugrundeliegt.“[529] Die so entstehenden Kriterien der Gerechtigkeit geben wiederum den Ausgangspunkt vor, um die vollständige Theorie des Guten aufzustellen. Mit Kersting können wir daher sagen, dass es sich bei der schwachen Theorie des Guten um ein universalteleologisches Fundament handelt, während die vollständige Theorie des Guten die partikularteleologische Gestalt des Guten darstellt. Genau bei der Aufstellung dieser Grundgüter aber zeigt Kersting die Schwierigkeiten, die Rawls' Konzept beinhaltet.[530] Die vollständige Theorie des Guten ist in jedem Fall eng mit den Prinzipien der Gerechtigkeit verknüpft,

> „...und zwar deshalb, weil in der Theorie der Gerechtigkeit als Faineß der Begriff des Rechten dem des Guten vorgeordnet ist. Anders als in teleologischen Theorien ist etwas nur dann gut, wenn es zu Lebensformen paßt, die mit den bereits vorhandenen Grundsätzen des Rechten übereinstimmen.“[531]

Die vollständige Theorie des Guten findet sich also eingegrenzt vor, ist nicht beliebig, sondern von bestimmten Voraussetzungen der Gerechtigkeitskrite-

---

[528] KERSTING, Wolfgang: Die Gerechtigkeit zieht die Grenze, in: HÖFFE, Otfried (Hrsg.): John Rawls, 209-230, hier 212.

[529] RAWLS, John: TG, § 60, 435.

[530] Vgl. KERSTING, Wolfgang: John Rawls, 55ff.; auch BORMANN, Franz-Josef: Deontologische Ansprüche und die Grenzen der Abwägung in der Gerechtigkeitstheorie von John Rawls, in: DERS./ SCHRÖER, Christian (Hrsg.): Abwägende Vernunft. Praktische Rationalität in historischer, systematischer und religionsphilosophischer Perspektive, Berlin 2004, 450-470, 466ff.

[531] RAWLS, John: TG, § 60, 434.

rien abhängig. Wie aber definiert Rawls dieses Gute konkret, wenn er sogar davon ausgeht, dass es in einer (fast) gerechten Gesellschaft etwas Gutes ist, ein guter Mensch zu sein?[532] Rawls' Begriff des Guten folgt einer einfachen definitorischen Gleichung:

> „A ist ein gutes X für K (wo K ein Mensch ist) genau dann, wenn A die Eigenschaften hat, die K vernünftigerweise an einem X wünschen kann im Hinblick auf seine Verhältnisse, Fähigkeiten und seinen Lebensplan (sein Zielsystem), also im Hinblick darauf, was er mit X tun möchte."[533]

An die weitere Ausführung dieses formalen Begriffes des Guten schließt Rawls die Überlegung an, dass besonders „menschliche Güter" – Freiheit, Chancen und Selbstwertgefühl – unter die mit Vernunft wünschbaren Dingen fallen. In der daran anschließenden Fußnote[534] gibt Rawls dafür wesentliche Referenzen an. Neben Aristoteles, der in der Nikomachischen Ethik im ersten und zehnten Buch eine ähnliche Annäherung an das Gute unternimmt, bezieht sich Rawls zunächst auch auf Thomas von Aquin. Dabei verweist er nicht nur auf die *Summa theologica*, 1-1, q. 5-6, sondern auch auf die *Summa contra gentiles*.

Rawls kommt zu dem Schluss, dass „die Definition des Guten keine allgemeine Bestimmung" enthalten kann sowie, dass der „Standpunkt, von dem aus Dinge als gut oder schlecht beurteilt werden, [...] nicht notwendig recht oder moralisch richtig [ist, Anm.d.A.]".[535] Das moralisch Gute ist auf die von der Gerechtigkeitstheorie aufgestellten Maßstäbe angewiesen und wird erst von dieser Grundlage aus ersichtlich.[536] In einem weiteren Schritt aber muss Rawls genauer klären, wann ein X für K, den Menschen also, tatsächlich gut ist: „Der Grundgedanke der dritten Stufe ist nun, die Definition des Guten auf Lebenspläne anzuwenden. Der vernünftige Lebensplan eines Menschen bestimmt, was für ihn gut ist."[537] Vernünftig ist ein solcher Lebensplan, wenn dieser „den Grundsätzen der Entscheidung, angewandt auf alle maßgebenden Eigenschaften einer Situation" entspricht, und er durch einen Menschen mit „vollem Einsatz der abwägenden Vernunft"[538] gewählt würde. Wünsche, Interessen und Ziele dieses Menschen sind daher als vernünftig anzusehen, wenn sie in diesen vernünftigen Lebensplan passen. Rawls versteht den vernünftigen Le-

---

[532] Vgl. ebd., 435.
[533] Ebd., 437.
[534] Vgl. TG, § 61, 438, FN 2.
[535] Ebd., 441.
[536] Vgl. in diesem Zusammenhang die Darstellung der Tragfähigkeit dieses Konzepts im Vergleich bei BORMANN, Franz-Josef: Zwischen partikularer Hermeneutik und universaler Objektivität. MacIntyre, Rawls und Taylor auf der Suche nach dem Guten, in: KÜHNLEIN, Michael/ LUTZ-BACHMANN, Matthias (Hrsg.): Unerfüllte Moderne? Neue Perspektiven auf das Werk von Charles Taylor, 161-184, hier 168f.
[537] TG, 446.
[538] Den Begriff der abwägenden Vernunft übernimmt Rawls von Sidgwick, vgl. TG, § 64, 454ff. sowie SIDGWICK, Henry: The Methods of Ethics, 111.

bensplan deswegen als Dreh- und Angelpunkt, um auch festzustellen, ob ein Mensch glücklich ist. Er ist demnach als glücklich zu bezeichnen, wenn er im Begriff ist, seinen vernünftig aufgestellten Lebensplan auszuführen. Dabei wird nochmals eine Erkenntnis bemüht, die schon Aristoteles gewonnen hatte: „Da sich vernünftige Pläne bei den einzelnen Menschen je nach ihren Begabungen, Verhältnissen u. ä. unterscheiden, werden verschiedene Menschen durch verschiedene Tätigkeiten glücklich."[539] Rawls legt hier also eine formale Bestimmung des gelungenen Lebens vor, die eng an die Vernunft geknüpft ist, die allgemeine Wahrheiten über den Menschen schon im Urzustand versteht und anerkennt, und die sonst keine weitere materiale Ausgestaltung erhält. Diese formale Bestimmung findet sich auch bei der genaueren Betrachtung der Lebenspläne. Wiederum geht Rawls auf einen aristotelischen Grundsatz ein, wenn er betont, dass Menschen „Bedürfnisse höherer Ordnung"[540] verfolgen und man eine Sache vorzieht, die komplizierter und fordernder ist.[541] Festzuhalten bleibt allerdings, dass Rawls hier nicht über den formalen Charakter des Guten und damit des geglückten Lebens eines Menschen hinausgeht: „Die Vorstellung vom Guten als dem Vernünftigen überläßt diese Frage dem einzelnen Menschen und den Zufälligkeiten seiner Lage."[542]

Lehnt Rawls daher die Idee eines absoluten Guten ab? Er selbst nimmt an anderer Stelle dazu eine deutliche Position ein und kontrastiert seine Entscheidung mit dem Hintergrund der christlichen Suche nach dem Guten an sich, nach Gott als übergeordnetem Ziel. Rawls entwickelt die Auseinandersetzung mit dem übergeordneten Ziel zunächst anhand der Entscheidungsschwierigkeit zwischen zwei heterogenen Wünschen. Als Beispiel verwendet er hier die Reiseplanung nach Rom oder Paris: „Wenn man sowohl die berühmteste Kirche der Christenheit als auch das berühmteste Museum sehen möchte, dann kommt man wohl nicht weiter."[543] Gerade vor dem Hintergrund der Heterogenität der persönlichen Wünsche erscheint der Gedanke eines übergeordneten Zieles sehr reizvoll zu sein.[544] Alle Überlegungen hätten einen Ausgangs- und Zielpunkt und alle untergeordneten Möglichkeiten würden sich nicht nur von selbst ordnen, sondern auch in den Dienst der je größeren Sache stellen. Was aber könnte dieses letzte Ziel sein, um dessen Willen das Verfahren einer Entscheidung konstruiert werden könnte und das absoluten Vorrang genießt? In einem ersten Beispiel geht Rawls auf Ignatius von Loyola ein, wie das folgende längere Zitat verdeutlicht:

---

[539] TG, § 64, 447.
[540] Ebd., 452.
[541] Zum aristotelischen Grundsatz weiterhin zu beachten: TG, § 65, 463ff.
[542] Ebd., 462.
[543] Ebd., 598.
[544] Diesen Punkt betont auch DOMBROWSKI, Daniel A.: Rawlsian Explorations in Religion and Applied Philosophy, University Park 2011, 93: "It is in these moments of literal *in*decision that a single, dominant end seems alluring. A dominant end is different from an inclusive end. An inclusive end like happiness still leaves us with many decisions to make, both trivial […] and serious […]."

> „So sagt Ignatius von Loyola, das übergeordnete Ziel sei, Gott zu dienen und dadurch unsere Seele zu retten. Ganz konsequent ist für ihn die Orientierung am göttlichen Willen das einzige Kriterium für die Abwägung untergeordneter Ziele gegeneinander. Allein aus diesem Grund soll man die Gesundheit der Krankheit vorziehen, den Reichtum der Armut, die Ehre der Unehre, ein langes Leben einem kurzen und, so könnte man hinzufügen, Freundschaft und Zuneigung dem Haß und der Feindseligkeit. Man muß, so sagt er, allen Neigungen gegenüber gleichgültig sein, denn diese sind ungehörig, wenn sie uns daran hindern, wie Waagschalen im Gleichgewicht und bereit zu sein, das zu tun, von dem wir glauben, daß es Gottes Ruhm am besten diene."[545]

Dabei ist nicht nur erstaunlich, dass Rawls die *Exercitia Spiritualia* des Ignatius kennt und gelesen hat, sondern dass er darin zugleich ein wesentliches Gegenbeispiel seiner eigenen heterogenen Theorie des Glücks und der wohlüberlegten Entscheidungen für rationale Lebenspläne erblickt.
Tatsächlich ist der Unterschied beider Ansichten mehr als auffällig und führt jedem die sehr verschiedenen Argumentationsketten vor Augen.[546] Allerdings ist die in diesem Fall ignatianische Suche nach einem letzten Ziel keineswegs irrational.[547]

In einem zweiten Beispiel wendet sich John Rawls noch einmal Thomas von Aquin zu, dessen Schriften er offensichtlich gut kannte:

> „Thomas von Aquin hält zwar die Schau Gottes für das letzte Ziel alles menschlichen Wissens und Strebens, doch räumt er dem Spiel und den Vergnügungen einen Platz in unserem Leben ein. Jedoch sind diese Freuden nur in dem Maße

---

[545] TG, § 83, 600.

[546] Die Stellen, auf die sich Rawls in den Geistlichen Übungen des Ignatius aus dem Jahr 1522 bezieht, lauten im Wortlaut: vgl. etwa IGNATIUS VON LOYOLA: Die Geistlichen Übungen, Regensburg 1922, 29f.: „Der Mensch ist geschaffen, um Gott unseren Herrn zu loben, ihm Ehrfurcht zu erweisen und ihm zu dienen und dadurch seine Seele zu retten. Und die übrigen Dinge auf Erden sind des Menschen wegen erschaffen und damit sie ihm zur *Erreichung* des Zieles, für das er geschaffen ist, behilflich seien. Hieraus folgt, daß der Mensch dieselben insoweit zu gebrauchen hat, als sie ihm zur Erreichung seines Zieles dienen, und daß er sich von ihnen insoweit freimachen muß, als sie ihn daran hindern."; sowie ebd., 80f.: „Bei jeder guten Wahl muß, soweit es von uns abhängt, das Auge unserer Absicht einfältig sein, indem es einzig auf das Ziel schaut, zu dem ich erschaffen bin, nämlich zum Lobe Gottes unseres Herrn und zum Heile meiner Seele. Deshalb muß alles, was immer ich wähle, darauf *gerichtet* sein, daß es mir zum Ziele diene, zu dem ich erschaffen bin, so daß ich nicht das Ziel dem Mittel unterordne und anpasse, sondern das Mittel dem Ziele. […]"

[547] Vgl. DOMBROWKSI, John A.: Rawlsian Explorations, 95f.: "There is a long tradition, especially in Catholic Christianity, of emphasizing the need to use natural *reason* to figure out exactly how we should lead our lives, choose our careers, and so on. That is, the solution to the problem of how to achieve happiness is only apparently solved by Ignatius's supposed dominant end view in that, even in his own terms, we must balance principles and pieces of evidence, and we must determine precedence. Even if we accept Ignatius's motto in the effort to achieve ultimate happiness, we must still *work* to bring about harmony among all of the complex factors involved. This need for intellectual effort indicates that his theocentric 'dominant' end does not really dominate, despite the language about all of one's strength, and does so on. It operates merely as a heuristic device to help a theist along the way. […] There seems to be no escape from 'discernment', to use an Ignatian term. And it is precisely this need for discernment that prevents Ignatius's dominant end view from becoming irrational or mad."

> erlaubt, wie das übergeordnete Ziel durch sie gefördert oder zumindest nicht behindert wird. Man muß dafür sorgen, daß die Beschäftigung mit Nichtigkeiten und Scherzen, die Hingabe an Zuneigung und Freundschaft nicht die vollkommene Erreichung unseres Endzieles stört."[548]

In diesem Abschnitt, in dem Rawls sich wiederum auf die *Summa contra gentiles* (Buch 3, Kap. 25) stützt, wird zwar den untergeordneten Zielen ein bestimmter Wert zugemessen, jedoch nur in dem Maße, wie diese das Erreichen des übergeordneten Zieles nicht behindern oder diesem Erreichen eventuell sogar nützen. Dies ist für Rawls eben das Verlockende aber auch zu sehr Vereinfachende an dem übergeordneten Ziel: Es erlaubt uns, jede Tätigkeit und jede vorherige Entscheidung in das Maß der Letzterfüllung einzubetten. Dies aber muss bedeuten, dass wir um den genauen Inhalt dieser Letzterfüllung, in diesem Zusammenhang Gott, wissen müssen. Der Wille Gottes muss ganz offenbar oder der menschlichen Vernunft ganz zugänglich sein, um uns an diesem ausrichten zu können. Für Rawls, der diese Voraussetzung aber offensichtlich als nicht gegeben sieht, steht damit die theologische Ethik vor den gleichen Herausforderungen wie sein säkulares Modell der vernünftigen Entscheidung: „Innerhalb dieser Grenzen steht eine theologische Morallehre den gleichen schwierigen Problemen des Abwägens von Grundsätzen und der Bestimmung von Vorrängen gegenüber, wie andere Auffassungen."[549] Rawls erachtet von daher die Lösung der theologischen Ethik als „Scheinlösung" und sieht noch eine weitere Gefahr in der Verabsolutierung eines Endziels: Wenn man davon ausgeht, dass alle Entscheidungen, alles Wollen und Streben einer übergeordneten Sache untergeordnet wird, hier nennt er vor allem Macht und Reichtum, dann ist der Weg zu einem unmenschlichen System nicht weit. Daher betont Rawls auch die Heterogenität des menschlichen Strebens, die durch seine Gerechtigkeitstheorie weithin ermöglicht werden soll. Rawls will daher begründungstheoretisch nicht auf eine solche übergeordnete absolute Idee rekurrieren, um sein System der gerechten Gesellschaft zu begründen. Vielmehr ist es die interpersonale Struktur des Gesellschaftsvertrags, die eine evidente und vernunftgeleitete Begründung gibt.

Rawls will demnach gerade keinen absoluten Wahrheitsanspruch des Einzelnen gewähren, insofern dieser die öffentliche Ordnung gefährden könnte. Vielmehr will er die allgemeine Gerechtigkeit sichern, um so den Raum für die je unterschiedlichen Vorstellungen von persönlichem Glück und Gutheit gewährleisten zu können. Daher auch sein Verständnis von der individuellen Gutheit, die hinter der Gerechtigkeit zurücktritt. So kann er schließen: „Im allgemeinen [sic!] ist es etwas Gutes, wenn die Vorstellungen der Menschen von ihrem Wohl wesentlich verschieden sind, nicht aber, wenn es ihre Vorstellungen vom Rechten sind."[550] Innerhalb des Rahmens der Gerechtigkeit ergibt

[548] TG, § 83, 600f.
[549] Ebd., § 83, 601.
[550] Ebd., § 68, 487.

sich die Möglichkeit der individuellen Gutheit. Die schwache Theorie als „universalteleologisches Fundament“ des Guten aber liegt den Kriterien der Gerechtigkeit voraus. Sie ist notwendig, um überhaupt definieren zu können, was im Urzustand gewählt werden würde. Zugleich vertritt er die Wahrheit der Gerechtigkeit als allgemeines und evidentes Prinzip, das in der Vernunft seinen Kulminationspunkt findet. Vernunft als unhintergehbare Schwelle der Evidenz ist – und damit kann leicht der Bogen zu Hugo Grotius geschlagen werden – die Schwelle des Guten, vor deren Hintergrund eine stete Kriteriologie des Handelns aufscheint. Rawls selbst verwirft den Gedanken der Evidenz im herkömmlichen Sinne zwar.[551] Doch vertritt er trotz allem einen klaren normativen Anspruch: Es gibt eine Gutheit, die sich außerhalb des Rahmens der Gerechtigkeit verwirklichen kann. Jedoch keine Gutheit, die dem Rahmen der Gerechtigkeit widersprechen würde. Die Rawls'sche Theorie des Guten lässt Raum für jedwede persönliche Ausrichtung. Sie will nicht definieren, was das Gute an sich ist, wenn dies überhaupt möglich ist. Vielmehr wird der Rahmen definiert, innerhalb dessen verschiedene Ausprägungen persönlicher Interessen ausgelebt und verwirklicht werden können. Hier kommt wiederum deutlich die oben geschilderte Grundfrage zum Tragen, die Rawls durch sein ganzes Werk hindurch antreibt: Wie kann menschliches Leben gelingen? Durch die hier erläuterte Theorie des Guten ist ein Minimalstandard für jene persönliche Erfüllung des individuellen Lebensplanes hergestellt, der gerade durch die Einschränkung der Lebenspläne aller den Freiheitsraum für geglücktes Leben öffnet. Rawls sollte diesen Punkt in seinem späteren Denken hinsichtlich seines politischen Liberalismus weiterführen.[552]

---

[551] Vgl. ebd., § 4, 38f.: „Auf dem Weg zu der bevorzugten Konkretisierung der Ausgangssituation berufe ich mich an keinem Punkt auf die Evidenz – im herkömmlichen Sinne – allgemeiner Vorstellungen oder spezieller Überzeugungen. Von den vorgeschlagenen Gerechtigkeitsgrundsätzen behaupte ich nicht, sie seien notwendige Wahrheiten oder aus solchen ableitbar.“

[552] Vgl. KERSTING, Wolfgang: John Rawls, 190: „Es ist zu beachten, daß die politische Gerechtigkeitskonzeption Rawls' eine Antwort auf einen doppelten Pluralismus darstellt. Es geht nicht nur um den Pluralismus individueller Glückstrategien und Konzeptionen eines gelingenden Lebens; dieser verlegt zwar der Möglichkeit den Weg, eine Gerechtigkeitskonzeption auf den Begriff des Guten zu gründen, und besiegelt damit die Priorität der Gerechtigkeit gegenüber dem Guten, aber er ist gleichwohl mit einer metaphysischen, wahrheitsorientierten und rechtsbegründenden Gerechtigkeitskonzeption vereinbar. Es geht zusätzlich um einen Pluralismus umfassender philosophischer, moralischer und religiöser Theorien, die zwar einerseits bestimmte Konzepte sinnvoller Lebensführung beinhalten, andererseits aber auch als Theorien wahrheitsorientierter Begründungsverfahren diese selbst mit dem Gift des Pluralismus zu impfen, so daß eine konsensorientierte Gerechtigkeitstheorie auf Begründungsverfahren dieser Art verzichten muß.“

2.3.3 Vernunft und Autonomie: Der Urzustand und der Schleier des Nichtwissens als rechtfertigungstheoretische Konstruktion

Die Theorie der Gerechtigkeit ist eine Theorie der vernünftigen Entscheidung. Um diese vernünftige Entscheidung in einem Rahmen der gleichen Bedingungen für alle Entscheider fällen zu lassen, bedient sich John Rawls der Idee eines Urzustandes. Dieser entspricht der oben bereits angesprochenen Forderung Rawls', dass Gerechtigkeit unter der Bedingung der Fairness, also der gleichen Ausgangssituation, erreicht wird. Für Rawls ist daher eine Vorstellung von Gerechtigkeit besser vertretbar, wenn diese unter den gegebenen gleichen Bedingungen des Urzustandes von vernünftigen Menschen bevorzugt wird.[553] Wie Rawls selbst ausführt, greift er mit der Idee des Urzustandes die neuzeitliche Theorie des Gesellschaftsvertrages auf und will diese „verallgemeinern und auf eine höhere Abstraktionsebene heben".[554] Innerhalb dieses theoretischen Urzustandes, der für Rawls den eigentlichen Mittelpunkt der Theorie der Gerechtigkeit darstellt[555], müssen die Entscheider die für sie bindenden Regelungen innerhalb einer zu schaffenden Gesellschaft wählen. Die in dieser Situation getroffenen Entscheidungen geben schließlich für Rawls an, was wir als gerecht und was wir als ungerecht betrachten können. In diesem Zusammenhang kommt Rawls auf die wohl bekannteste Wortschöpfung der Theorie zu sprechen:

> „Zu den wesentlichen Eigenschaften dieser Situation gehört, daß niemand seine Stellung in der Gesellschaft kennt, seine Klasse oder seinen Status, ebensowenig sein Los bei der Verteilung natürlicher Gaben wie Intelligenz oder Körperkraft. Ich nehme sogar an, daß die Beteiligten ihre Vorstellungen vom Guten und ihre besonderen psychologischen Neigungen nicht kennen. Die Grundsätze der Gerechtigkeit werden hinter einem Schleier des Nichtwissens festgelegt."[556]

In diesem kurzen Abschnitt nimmt Rawls mehrere entscheidende Präzisierungen vor. Zunächst setzt er voraus, dass in der Entscheidungssituation die jeweiligen Individuen nur sehr eingeschränkt Kenntnis ihres persönlichen Status haben. Der „Schleier des Nichtwissens", der sich um jeden Einzelnen hüllt, verhindert, dass Partikularinteressen in den Vordergrund treten, die nicht mehr eine möglichst gerechte Ausgangssituation gewährleisten. Alle befinden sich daher im gleichen Status, von dem aus die Entscheidungen über eine gerechte Gesellschaft getroffen werden müssen. Es entsteht so eine Situation des „idealen Diskurses"[557]. Er stellt eine Objektivierungsinstanz dar, durch die der Blick auf eine Fragestellung gleichsam aus einer universalen Position ermög-

---

[553] Vgl. RAWLS, John: TG, § 4, 35.
[554] Ebd., § 3, 27f.
[555] Vgl. ebd., § 78, 560.
[556] Ebd., § 3, 29.
[557] HÖFFE, Otfried: Lebenskunst und Moral. Oder: Macht Tugend glücklich?, München 2007, 282.

licht werden soll. Rawls bezeichnet den Urzustand daher als „idealen Ausgangszustand", durch den faire Entscheidungen für gerechte Institutionen zustande kommen.[558] Dieser Konstruktion liegt der einfache, aber doch treffende Gedanke zugrunde, dass man, eben weil man nicht weiß, in welcher persönlichen Situation man sich befindet, eine Gesellschaft präferieren würde, in der für möglichst alle persönlichen Situationen die besten Ergebnisse erzielt werden. Also, dass man auch unter schlechten realen Bedingungen, nachdem der Schleier des Nichtwissens gelüftet wurde, Möglichkeiten zur Verbesserung seiner jeweiligen Lage habe. Würde man bereits im Vorfeld wissen, dass man körperlich wie geistig anderen überlegen wäre, würde man eine solche institutionelle Ordnung wählen – gesetzt den Fall, man wäre in erster Linie an seinem eigenen Erfolg interessiert –, die einen nicht dazu zwingt, andere an den natürlichen Gaben seiner Person teilhaben zu lassen.

Offensichtlich erscheint an dieser Stelle ein erster stark egalitaristischer Ausdruck der Rawls'schen Theorie. Er erblickt in den uns unterscheidenden Merkmalen gerade nicht das unser Wesen als Person ausmachende Kriterium, sondern nur das Ergebnis einer zufälligen natürlichen Lotterie. Diese jedoch darf nicht normativ sein. Sie ist vorgefunden und gerade deshalb veränderbar. Für ihn ist es daher nicht verständlich, warum gerade diese zufällige Zuteilung die gesellschaftlichen Bedingungen bleibend bestimmen sollte. Sein Ziel, und dies gewährleistet er mit dem Urzustand und dem Schleier des Nichtwissens, ist es gerade, auf diese künstliche Weise eine Situation der Gleichheit zu schaffen, die als Ausgangspunkt für die Konstruktion einer gerechten Gesellschaft fungiert, an der alle Individuen unter der Voraussetzung der Gleichheit teilhaben. Rawls' Theorie ist damit zutiefst ein ethisches und egalitäres Projekt, das sich der Vorstellung der Veränderbarkeit der vorgefundenen Bedingungen verdankt. Diesem Ansatz kann man allerdings deutlich widersprechen: Die Eingriffsrechte, die ein egalitärer Ansatz vornehmen würde, so könnte man argumentieren, gehen weit über die staatlichen Aufgaben hinaus. Eben jene persönlichen, genetischen Eigenschaften und auch das soziale Umfeld, in dem eine Person aufwächst, fallen unter das Bild der natürlichen Lotterie. Sie basieren nicht auf eigener Leistung und müssten somit Gegenstand der staatlichen Umverteilung sein. Ist es aber zum einen überhaupt möglich, wirklich zwischen verdienten und unverdienten Gütern und Eigenschaften zu unterscheiden? Und des Weiteren: Nimmt uns die Forderung nach Kollektivierung unserer persönlichen Leistungsfähigkeit nicht die Freiheit der Person, die Rawls doch eigentlich gerade schützen will?[559]

Der damit vorgelegte rechtfertigungstheoretische Kontraktualismus Rawls' weicht, wie Wolfgang Kersting betont, von seinem neuzeitlichen Vorbild, wie etwa bei Thomas Hobbes und John Locke, ab. Er ist nicht wie seine Vorgän-

---

558 Vgl. RAWLS, John: TG, § 4, 36.

559 Vgl. hier pointiert KERSTING, Wolfgang: Verteidigung des Liberalismus, Hamburg 2009, 120ff.

ger an der Rechtfertigung staatlicher Macht interessiert, verwendet aber dennoch eine wesentliche Begründungsfigur, die durch die Vertragssituation erreicht wird, nämlich „das Moment der Geltungsstiftung durch die autonome Zustimmung aller."[560] Die Legitimation der Geltung wird angestrebt und durch den konsensualen Prozess der Vertragssituation unter gleichen Bedingungen erreicht. Es ist Wolfgang Kersting darin zuzustimmen, dass hier ein wesentlicher Kerngedanke der neuzeitlichen Ideenentwicklung vorliegt, nachdem die homogenen philosophischen Systeme des Mittelalters abgelöst wurden:

> „Gesellschaftsvertragstheorien sind dem rechtfertigungstheoretischen Individualismus verpflichtet, der für die Moderne charakteristisch ist und metaphysikfreie Begründung erlaubt. [...] Die einzige Instanz, auf die sich die philosophische Begründung stützen konnte, war das souveräne und autonome Individuum."[561]

Die Tradition, in der John Rawls hier steht, und die er wiederum für die Rechtfertigung seiner Theorie verwendet, verdankt sich eben jener Entwicklung, die metaphysikfreie und daher autonome Begründungstheorie sein will. Für Kersting ist daher zu Recht der Gesellschaftsvertrag immer auch „ein rechtfertigungsmethodologisches Autonomiesymbol"[562]. Jener Autonomiegedanke wird tatsächlich auch bei John Rawls selbst angestrebt. Er geht in der Beschäftigung mit der Kongruenz von Rechtem und Gutem in wohlgeordneten Gesellschaften auf die Entstehung des Gerechtigkeitssinnes ein. Die wohlgeordnete Gesellschaft versteht Rawls dabei als Institution, in der alle Mitglieder die gleichen Gerechtigkeitsgrundsätze anerkennen und dies auch von allen anderen und den staatlichen Institutionen erwarten können. Diese Grundsätze sind öffentlicher Natur und evident annehmbar. Sie sind nicht angewiesen auf eine übergeordnete, etwa metaphysische Begründungsstruktur, sondern den Urzustand:

> „Man braucht zur Begründung ihrer Grundsätze keine theologischen oder metaphysischen Lehren heranzuziehen, auch kein Jenseits, in dem die von den beiden Grundsätzen im Diesseits zugelassenen Ungleichheiten ausgeglichen würden. Eine Gerechtigkeitsvorstellung muß aufgrund der uns bekannten Bedingungen des menschlichen Lebens gerechtfertigt sein, oder sie es überhaupt nicht."[563]

Da der Gerechtigkeitssinn als evidente, nicht-metaphysisch begründete moralische „Gesinnung" in mehreren Stufen entsteht[564] und dabei für Rawls auch Unterwerfung und Autorität zu der Entwicklung desselben beitragen, könnte man ihn als unrechtmäßige und willkürliche Konditionierung und Konvention betrachten und ihn im Sinne dieser wohlgeordneten Gesellschaft in Frage stel-

---

560 KERSTING, Wolfgang: John Rawls, 108.

561 KERSTING, Wolfgang: Theorien der sozialen Gerechtigkeit, Stuttgart 2000, 68.

562 Ebd., 69.

563 RAWLS, John: TG, § 69, 494.

564 Dabei geht Rawls auf die autoritätsorientierte, die gruppenorientierte und die grundsatzorientierte Moralität ein, vgl. RAWLS, John: TG, § 70-72.

len.[565] Rawls erachtet es demgegenüber als notwendig, aufzuzeigen, dass gerade für die Stabilität der wohlgeordneten Gesellschaft die Überzeugung wesentlich ist, dass man Gerechtigkeit als ein Gut betrachtet und die Menschen dieser Gesellschaft das „Bedürfnis haben, gerecht zu handeln“.[566] Dabei betont Rawls, dass die Moralvorstellungen, die im Urzustand beschlossen wurden – „unabhängig von natürlichen und gesellschaftlichen Zufälligkeiten“[567] – deswegen Geltung beanspruchen können, weil sie unter fairen Bedingungen der Gleichheit gewählt wurden. Daher schließt er folgerichtig:

> „Der Gerechtigkeitssinn eines Menschen ist kein psychologischer Zwangsmechanismus, der von der Autoritätsperson klüglich in Gang gesetzt würde, um die unerschütterliche Befolgung von Regeln zu gewährleisten, die ihren Interessen dienen. Die Erziehung ist auch nicht bloß eine kausale Abfolge, die als Endergebnis die moralische Gesinnung hervorbringen soll. Jede Stufe läßt in der Lehre und Erklärung so weit wie möglich die Vorstellung vom Rechten und der Gerechtigkeit ahnen, auf die sie hinzielt, und die uns später erkennen läßt, daß die uns gelehrten moralischen Grundsätze gerechtfertigt sind.“[568]

Rawls, der im Zusammenhang dieser Ausführungen auch seine Auseinandersetzung mit den Theorien des moralischen Lernens etwa von Jean Piaget, John Stuart Mill, Jean-Jacques Rousseau und Immanuel Kant[569] im Blick hat, sieht in der so verstandenen Erziehung zur Gerechtigkeit und zum Rechten eine Notwendigkeit für die Stabilität von Gesellschaftssystemen, die durch die Vertragstheorie im Urzustand gerechtfertigt wird.[570] Kantisch gesprochen ist im Handeln nach diesen Grundsätzen gerade die Autonomie des Menschen inkludiert: „Die moralische Erziehung ist also Erziehung zur Autonomie.“[571] Diese Feststellung führt Rawls zu der Auffassung, dass Freiheit und Vernunft offensichtlich keine gegensätzlichen Größen sind, sondern vor dem Hintergrund des Urzustandes vereinbar:

> „Autonom handeln heißt also nach den Grundsätzen handeln, denen man als freies und gleiches Vernunftwesen zustimmen würde […]. Diese Grundsätze sind auch objektiv. Es sind Grundsätze, von denen man wünschen würde, daß jeder (auch man selbst) sie befolge, wenn sich nur alle eine hinreichende Betrachtungsweise zu eigen machen. Diese wird durch den Urzustand definiert, und dessen Bestimmungsmerkmale schließen die Objektivität mit ein.“[572]

Rawls' Begründung von objektiven Urteilen, allen voran dem der Gerechtigkeit, hat in der Konstruktion des Urzustandes und im Schleier des Nichtwis-

---

565 Vgl. ebd., § 78, 558.
566 Ebd.
567 Ebd., 559.
568 Ebd.
569 Vgl. ebd., § 69, 500.
570 Vgl. zum Begriff der Stabilität und der Kongruenz des Guten und des Gerechten auch HINSCH, Wilfried: Das Gut der Gerechtigkeit, in: HÖFFE, Otfried (Hrsg.): John Rawls, 251-269.
571 TG., 560.
572 Ebd., 561.

sens als Instanz der Objektivierung von öffentlichen Urteilen über gerechte Institutionen seinen Ursprung. Die Suche nach Objektivität ist dabei zugleich verbunden mit dem Wunsch nach Stabilität: Jene Entscheidungen, die unter den gleichen Bedingungen der Fairness getroffen wurden, enthalten die Pflicht zur Einhaltung, weil alle ihr im Urzustand unter dem Schleier des Nichtwissens zugestimmt haben. Danach zu handeln, nachdem der Schleier des Nichtwissens gelüftet ist, bedeutet dennoch autonom zu handeln, obwohl einzelne damit begründete Entscheidungen in manchen Fällen einer Person nicht den größten Nutzen bringen. Die damit erzielte Stabilität verdankt sich somit eben nicht einem von außen auferlegten Druck, sondern ist bestimmt durch den interpersonalen Vertrag von autonomen Menschen. Selbstbestimmung hat daher nicht den Einschlag der Willkür. Diese will Rawls möglichst ausschließen. Dies gilt im Übrigen auch für Gewissensentscheidungen, die ebenfalls durch den Urzustand bewertet werden können: „Das Gewissen eines Menschen ist fehlgeleitet, wenn er den anderen Bedingungen aufdrängen möchte, die die Grundsätze verletzen, denen jeder in dieser Situation zustimmen würde."[573] Rawls' Begründungstheorie des Urzustandes hat dementsprechend den Anspruch, objektive Urteile durch vernünftige, freie und gleiche menschliche Wesen zu formulieren, die – seiner Ansicht nach – unweigerlich zu stabiler institutioneller Gerechtigkeit führen. Darin enthalten ist wiederum ein typischer Zug der klassischen neuzeitlichen Entwicklung, die bereits im Werk Grotius' anklingt: Evidenz. In der evidenten und kumulativen Vernunft der Entscheider liegt der Schlüssel zur Geltung von Regelungen und Verfahren. Es wird dabei auch von Rawls betont, dass es sich dann um offensichtliche und weithin akzeptierte Entscheidungen handelt, die zugleich von sehr schwachen Voraussetzungen abhängen.[574] Dies wäre in unserem Sinne der Bezug zur Evidenz. Diese Voraussetzungen benötigen schließlich keine höhere Macht und kein metaphysisches System mehr.

[573] Ebd., 563.
[574] Vgl. ebd., § 4.

2.4 Ertrag II: Säkulare Genese einer säkularen Geltung?

Mit seiner Theorie der Gerechtigkeit erreichte John Rawls eine Wiederbelebung der politischen Philosophie als normatives Fach. Er stellt also wieder die Frage des Sollens, des guten Lebens in den Vordergrund des philosophischen Denkens.[575] Ein Denken freilich, dass sich der gesellschaftlichen Konstruktion und ihrer zu begründenden Gerechtigkeit zuwendete. Diese „Wiederbelebung" war, wie Johannes Frühbauer in seiner Einführung in das Werk Rawls' zurecht verdeutlicht, gerade vor dem Hintergrund der „Feststellung des Todes" der politischen Philosophie durch Peter Laslett („political philosophy is dead")[576] wenige Jahre zuvor besonders bemerkenswert und mithin ein Paradigmenwechsel. Die Jahrzehnte zuvor hatte die politische Philosophie auf ihrer Suche nach gültigen Normen und deren Begründung mit dem Vorwurf zu kämpfen, einem immer noch metaphysischen und daher irrationalen Wissenschaftsideal anzuhängen.[577] Die Kritik wurde von zwei Seiten aus durchaus unterschiedlichen Motivationen vorgetragen. Zum einen durch die phänomenologische Schule – vor allem Husserl und Heidegger –, zum anderen durch die „logisch-empiristische Tradition, im Wiener Kreis und bei Wittgenstein".[578] In der obigen Darstellung wurde dies auch im Rahmen der Auseinandersetzung mit dem Utilitarismus deutlich, der schließlich den normativen Anspruch seiner Entstehungszeit abstreifen sollte. Für Laslett, der den Exitus der politischen Philosophie, die normativen Anspruch hegte, feststellte, ist es vor allem jener logische Empirismus, der den größten Anteil an der Verdrängung der praktisch-ethischen Fragen der Philosophie hatte und sie lediglich als historisch interessanten Gegenstand gelten ließ. Wolfgang Kersting fasst die ganze Tragweite dieser Entwicklung treffend zusammen:

> „Der logische Empirismus läßt in der Nachfolge David Humes nur empirische und analytische Sätze als sinnvolle Sätze gelten. Dieses empiristische Sinnkriterium verweist damit alle Sätze, die weder etwas empirisch Überprüfbares über die Wirklichkeit sagen noch logische Beziehungen zwischen Sätzen erhellen, in den Bereich der Sinnlosigkeit. Unter der Ägide dieses harschen Verständlichkeitsrichters kann Philosophie nur als Wissenschaftstheorie überleben. Damit verschwindet der ganze Kranz traditioneller philosophischer Arbeitsgebiete. Ausdrücklich wird alle normative praktische Philosophie aus dem Bereich ver-

---

[575] Rawls stellt gerade wieder die normativ aufgeladene Frage nach dem richtigen Leben in den Fokus, die Adorno in der Minima Moralia als *die* vergessene Frage der Philosophie unterstreicht, vgl. ADORNO, Theodor: Minima Moralia, 13: „Die traurige Wissenschaft, aus der ich meinem Freunde einiges darbiete, bezieht sich auf einen Bereich, der für undenkliche Zeiten als der eigentliche der Philosophie galt, seit deren Verwandlung in Methode aber der intellektuellen Nichtachtung, der sententiösen Willkür und am Ende der Vergessenheit verfiel: die Lehre vom richtigen Leben."

[576] LASLETT, Peter: Philosophy, Politics and Society. A Collection, Oxford 1956, VII.

[577] Vgl. FRÜHBAUER, Johannes: John Rawls' Theorie, 13f.

[578] HORN, Christoph: Einführung in die Politische Philosophie, Darmstadt 2003, 10.

> antwortbarer philosophischer Tätigkeit verbannt und alles Nachdenken über das Gute und Gerechte, über Werte und Legitimation unter das Verdikt des Unsinns gestellt."[579]

Wie oben verdeutlicht, folgt Rawls weder dem Konzept des Utilitarismus, das ja am Anfang gerade durch die Hinwendung zur Empirie überzeugte, noch will er die normativen Fragen der politischen Philosophie gänzlich außer Acht lassen und nimmt damit einen Traditionsstrang auf, dessen theoretisches Begräbnis ihn daran nicht hinderte. Indem er also dem „Verdikt des Unsinns" hinsichtlich wertorientierter und gerechtigkeitstheoretischer Fragen der Philosophie nicht folgte und dies mit seiner Theorie der Gerechtigkeit eindrucksvoll unter Beweis stellte, wird in ihm wohl zurecht die Wiederbelebung der politischen Philosophie verortet. Doch auch John Rawls konnte nicht unbeeindruckt von dem Vorwurf der Irrationalität normativer Urteile sein, die nur mehr als „indiskutable Geschmacksangelegenheiten"[580] angesehen wurden. Daher wendet Rawls einen großen Teil seiner Kraft gerade für die Begründungstheorie auf, mit der jede Akzeptanz einer Theorie steht und fällt. Dies ist keineswegs revolutionär. Vielmehr, auch das ist oben aufgezeigt worden, bedient sich Rawls älterer Begriffs- und Argumentationsstrukturen, die er im Lichte seiner Zeit modernisiert und, wie es sein ausdrückliches Ziel war, auf eine neue Ebene der Abstraktion hebt. Das Gedankenexperiment des Urzustandes ist von daher eine Frucht der Neuzeit[581], die im Werk John Rawls' zum begründungstheoretischen Dreh- und Angelpunkt wird. Die Suche nach einer normativen Geltung für die moderne Gegenwart ist daher nicht eigentlich neu, sondern ein Rückgriff auf Ideale der Neuzeit. Dennoch ist bereits dieser Rückgriff eine Leistung, die sich der gültigen wissenschaftlichen Mehrheitsmeinung der damaligen Zeit entgegenstellt. Rawls will mit seiner umfassenden Konzeption allerdings noch mehr: Der Rückgriff auf neuzeitliche Begriffsmodelle wird mit dem Anspruch kombiniert, auch die dafür moralischen und psychologischen Prinzipien einzubinden und zu einer gemeinsamen Geltung zu bündeln.[582] Die Suche nach normativer Geltung kulminiert in der

---

579 KERSTING, Wolfgang: John Rawls, 16.

580 Vgl. ebd., 17.

581 Dabei ist der Urzustand selbstverständlich keineswegs das einzige philosophische Gedankenexperiment und letzteres geht als philosophische Gattung auch über den Zusammenhang der Neuzeit weit hinaus. Vgl. zur Geschichte und dem wissenschaftstheoretischen Hintergrund jüngst BERTRAM, Georg W. (Hrsg.): Philosophische Gedankenexperimente. Ein Lese- und Studienbuch, Stuttgart 2012, besonders 182-187 u. 229-234.

582 Vgl. KERSTING, Wolfgang: Die Gerechtigkeit zieht die Grenze, und das Gute setzt das Ziel, in: HÖFFE, Otfried (Hrsg.): John Rawls, 209-230, hier 210: „Für die neuzeitliche praktische Philosophie ist es kennzeichnend, daß sie rechtsphilosophische von moralphilosophischen Untersuchungen trennt und die Fragen der Gerechtigkeitsbegründung, des Zwangsbeweises und der institutionellen Rechtsverwirklichung deutlich von der Entwicklung moralischer Prinzipien und der moralpsychologischen Analyse sozialen Verhaltens sondert. Rawls hebt diese Trennung auf und strebt ein umfassendes Konzept praktischer Philosophie an, bleibt aber dabei durchaus innerhalb des Rahmens moderner Rechtfertigungsmethodologie und verläßt nie den Boden neuzeitlicher Vernunft."

Konstruktion. Die Gesellschaft und in ihr der Mensch, so das Rollenverständnis der Rawls'schen politischen Philosophie, sind auf Gestaltung ausgerichtet, die durch eine begründungstheoretisch überzeugende und möglichst allgemeingültige und daher übergreifende Theorie gewährleistet werden kann, die gerade deswegen nicht religiösen Ursprungs sein will:

> „Die von John Rawls in seinem ersten großen Werk wiederbelebte Philosophenrolle ist in ihrer radikalsten Ausprägung in der Tat die des universalistischen Nomotheten, des Verfassungsgebers, der im Verein der mit der allgemeinen menschlichen Vernunft von einem archimedischen, gesellschafts- und geschichtsjenseitigen Standort aus eine allgemeingültige Ordnung des menschlichen Zusammenlebens zu entwerfen und den Menschen die unverrückbaren Grundsätze der Gerechtigkeit zu zeigen versucht."[583]

Doch gelingt es John Rawls, diese unverrückbaren Grundsätze aufzuzeigen? Im Vorfeld des Versuchs der Beantwortung dieses Zusammenhangs muss aber zunächst eine Frage aufgegriffen werden, die ganz am Beginn dieses Kapitels gestellt wurde. Dort wurde gefragt: Will John Rawls absolute Werte begründen? Mit dem bisher Gesagten und mit Blick auf das letzte Kapitel darf man konstatieren: Ja, Rawls suchte mit der Konzeption der Theorie der Gerechtigkeit nach eben jenem archimedischen Punkt, der ihn den Wechselfällen der Zeit enthebt und in eine Position bringt, allgemeingültige und daher absolut zu vertretende Werte begründen zu können. Rawls macht das am Ende seines Werkes sehr deutlich, indem er betont, dass seine Theorie gerade nicht zeitgebunden ist:

> „Die Menschen werden nicht alle zu einer Person zusammengefaßt, sondern als unabhängige einzelne genommen, und doch kann man unparteiisch sein, sogar gegenüber Menschen, die keine Zeitgenossen sind, sondern ganz anderen Generationen angehören. Unsere Stellung in der Gesellschaft unter diesem Blickwinkel sehen heißt also sie sub specie aeternitatis sehen: Es bedeutet, daß die Situation des Menschen nicht nur unter allen gesellschaftlichen Gesichtspunkten, sondern von allen Zeiten her gesehen wird. Der Blickwinkel der Ewigkeit ist nicht der eines bestimmten Ortes außerhalb der Welt, auch nicht der eines transzendenten Wesens; vielmehr ist er eine bestimmte Form des Denkens und Empfindens, die sich vernunftgeleitete Menschen in der Welt zu eigen machen können."[584]

John Rawls' Theorie hat also keinen geringeren Anspruch als den der zeitübergreifenden und daher absoluten Geltung von Normen und Grundsätzen, die zudem universalen Charakter haben und somit eine jeden betreffende Bindung besitzen. Es wird zudem noch einmal ganz am Ende betont, das sich diese Voraussetzung des Blickpunktes der Ewigkeit nicht außerhalb der Welt befindet und schon gar nicht ein transzendentes Wesen – Gott – benötigt, son-

---

[583] KERSTING, Wolfgang: John Rawls, 25.
[584] TG, § 87, 637f.

dern den autonomen und vernunftgeleiteten Menschen allein.[585] Die Geltung dieser Werte ist daher dezidiert säkularer Natur; auch dies ist ein Ziel der Rawls'schen Begründungstheorie. Das Verhältnis der säkularen Geltung zur Genese ergibt sich, wenn wir uns die Begründungstheorie noch einmal vor Augen führen. Es ist eben jene Konstruktion des Urzustandes, die – freilich als Gedankenexperiment – die Grundlage der Argumentation einer zu schaffenden idealen Gesellschaft bildet. Diese genetische Konstruktion ist, dies hat sie mit ihren neuzeitlichen Vorgängern gemein, ebenfalls und gerade säkular und nicht-metaphysisch, weil sie den Unterschied zwischen persönlicher Überzeugung und öffentlicher Begründung überwinden will.

Der Urzustand, und in diesem Punkt unterscheidet er sich kaum vom Naturzustand wie etwa bei Hobbes, ermöglicht eine künstliche Gleichstellung aller am Diskurs Teilnehmenden. Die sonst so unterschiedlichen Interessen werden hier im Falle der Konstruktion Rawls' mit der Anwendung des „Schleiers des Nichtwissens" gebündelt, ohne jedoch das Individuum hinter der Gesellschaft zurücktreten zu lassen. Von da aus ist es möglich, mit Hilfe der zurecht umstrittenen Grundgütertheorie, eine übergreifende Theorie der Gerechtigkeit zu entwerfen, die bei allen Diskursteilnehmern des Urzustandes zustimmungsfähig ist: Eine Zustimmung, die größtmögliche Freiheit bei größtmöglicher Sicherheit umfasst. Offensichtlich ist kein Raum für eine außerweltliche Instanz notwendig. Die Stärke des Rawls'schen Systems bildet dabei scheinbar gerade die Verbindung von säkularer Genese und säkularer Geltung. Genese und Geltung sind hier nicht widerstreitende Größen, sondern logischerweise bleibend aufeinander bezogen. Sie unterscheiden sich nicht argumentativ, sondern nur temporär in ihrer Abfolge. Bleibt man gedanklich innerhalb des Systems, das Rawls damit konstruiert, stellt sich dies zunächst als schlagender und auch praktischer Gedankengang dar. Er ist fast voraussetzungslos und damit umfassender als jedes religiöse System.[586] Die Suche nach Evidenz, die spätestens in

[585] Vgl. dazu auch KERSTING, Wolfgang: John Rawls, 111: „Da die oberste gesetzgebende göttliche Autorität der Tradition in unseren säkularisierten Zeiten keine akzeptable Berufungsinstanz mehr ist und den Erfordernissen einer rationalen Verbindlichkeitsbegründung nicht genügen kann, muß es jedem einzelnen anheimgestellt werden, welche Grundsätze er als verbindliche Handlungsregeln erkennt. Das autonome Individuum ist der uneingeschränkte Herr seiner Verbindlichkeiten […]. Daher kann eine unter dieser Autonomiebedingung akzeptable Normenrechtfertigung nur eine solche sein, die von der Autonomie der Person ausgeht, für die diese Normen gelten sollen. Das besagt jedoch, daß eine Rechtfertigung von Grundsätzen des gesellschaftlichen Zusammenlebens und von gesellschaftsgestaltenden ethischen Prinzipien die Zustimmung und Billigung aller Beteiligten verlangt."

[586] Dies betont Rawls auch an späterer Stelle, vgl. RAWLS, John: Politischer Liberalismus, Frankfurt am Main 1998, 12f.: „Das ernste Problem ist das folgende: Eine moderne demokratische Gesellschaft ist nicht einfach durch einen Pluralismus umfassender religiöser, philosophischer und moralischer Lehren gekennzeichnet, sondern durch einen Pluralismus zwar einander ausschließender, aber gleichwohl vernünftiger umfassender Lehren. Keine dieser Lehren wird von Bürgern allgemein bejaht. Und es ist nicht zu erwarten, daß eine von ihnen (oder irgendeine andere vernünftige Lehre) in absehbarer Zeit von allen oder fast allen Bürgern bejaht wird. Der politische Liberalismus geht davon aus, daß eine Pluralität vernünftiger und

jedem Fall aber nachhaltig bei Hugo Grotius begann und mit der Umformung des Gottesgedankens ins Werk gesetzt wurde, findet hier indirekt seine Entsprechung im Diktum der abgeschlossenen Säkularität und unmittelbaren Einsichtigkeit durch das Überlegungsgleichgewicht. Rawls' Theorie könnte man daher als bestechende Antwort auf die Probleme und Herausforderungen bezeichnen, die die „Moderne als mühseliges Geschäft"[587] eröffnet hat. Doch ist das System tatsächlich so argumentativ schlagend wie man *prima facie* meinen könnte? Der Kontraktualismus selbst ist dabei Einfallstor für fundamentale Kritik, wie Johannes Frühbauer zusammenfassend darstellt.[588] Der springende Punkt jedoch ist der einer Begründung von umfassenden Werten. Tatsächlich erscheint der Vertrag in seiner theoretischen Variante, wie in Rawls' Theorie, als zu schwach, um wirklich bindenden Charakter zu beinhalten: „Wie können Verträge, die sich allein in Gedanken ereignen, Auskunft geben über die Berechtigung des Gerechtigkeitsanspruchs wirklicher Gesellschaftsordnungen?"[589] Wirkliche Verträge als historische Fakten können aber wiederum nicht für die darüber hinausgehende philosophische Begründung universalisiert werden. Auf ein Weiteres macht Johannes Frühbauer in diesem Zusammenhang zurecht aufmerksam:

> „Mit Blick auf den hypothetischen Charakter der im Paradigma des Kontraktualismus angelegten Verträge bleibt überdies auch kritisch zu fragen, ob durch die Normativität des Vertrages nicht durch die Hintertüre wieder hereinkommt, was eigentlich durch den normativen Individualismus zur Vordertüre hinaus verabschiedet wurde: objektive Geltungsansprüche."[590]

Mit der Betonung der entstehenden objektiven Geltungsansprüche ist genau der Punkt angesprochen, der weiter oben bereits unterstrichen wurde: John Rawls' Werk will zwar von möglichst schwachen Voraussetzungen ausgehen, mündet aber in der Forderung absoluter Werte, deren Geltung er sogar unabhängig von zeitlichen Entwicklungen postuliert. Da aber der Kontraktualismus diese absoluten Normen nicht allein begründen kann, wendet sich der Blick auf die Voraussetzungen, die Rawls selbst einbringt. Man kann bis hierhin zusammenfassend sagen: Die Vertragstheorie beweist vor diesem Argumentationshintergrund nichts, oder genauer nur das, was man sich von ihr erwartet.

---

dennoch einander ausschließender umfassender Lehren das natürliche Ergebnis des Gebrauchs der menschlichen Vernunft innerhalb des Rahmens der freien Institutionen einer konstitutionellen Demokratie ist. Der politische Liberalismus nimmt auch an, daß eine vernünftige umfassende Lehre die wesentlichen Merkmale einer demokratischen Ordnung nicht ablehnt. Natürlich kann es in einer Gesellschaft auch unvernünftige und irrationale und sogar irrsinnige umfassende Lehren geben. Was sie betrifft, besteht das Problem darin, sie so einzudämmen, daß sie nicht die Einheit und die Gerechtigkeit der Gesellschaft untergraben."

587 SCHRAMM, Michael: Sozialethisches Kontingenzmanagement. Das Gerechte in John Rawls' politischem Liberalismus, in: RAUSCHER, Anton (Hrsg.): Soziale Gerechtigkeit (Mönchengladbacher Gespräche, 22), Köln 2002, 111-138, hier 111.

588 Vgl. FRÜHBAUER, Johannes: John Rawls' Theorie, 29.

589 KERSTING, Wolfgang: John Rawls, 112.

590 FRÜHBAUER, Johannes: John Rawls' Theorie, 30.

Die Ergebnisse sagen von daher mehr über die Person aus, die den Kontraktualismus konstruiert, als über den Kontraktualismus selbst: „Die in sie [die kontraktualistische Begründungstheorie, Anm.d.A.] eingehenden, von ihr interpretierten deskriptiven und normativen Voraussetzungen müssen unstrittig sein, andernfalls bietet sie keine tragfähige Basis für eine Prinzipienbegründung […].“[591] Doch sind gerade die in die Theorie Rawls' einfließenden Voraussetzungen seiner Konstruktion unumstritten? Die klassischen Varianten des Kontraktualismus waren nicht auf die differenzierte Art des sozialen Ausgleichs gerichtet – wie Rawls' Theorie durch den Schleier des Nichtwissens. Sie hatten lediglich das einfache Ziel der existentiellen Selbsterhaltung im Auge. In der modernen Variante bei Rawls – mithin durch die Universalisierung durch den Schleier des Nichtwissens – kann die Konstruktion von einer Person überprüft werden und sie selbst kann die Grundsätze in diesem „fiktiven Zustand“ wählen, die sie für allgemein die besten hält, die also jedem in jeder Situation am besten dienen:

> „Und wenn nun ein solcher fiktiver Zustand nach der Überzeugung mancher Philosophen als geeigneter Ausgangspunkt für eine Rechtfertigung normativer Grundsätze angesehen werden kann, so liegt das allein daran, daß die kontrafaktischen Zustandsmerkmale weitgehend unserer Auffassung von einem fairen Verfahren und einer unparteilichen Wahl, also weitgehend unseren Fairneß- und Gerechtigkeitsvorstellungen entsprechen.“[592]

Es sind hier also unsere ohnehin schon vorhandenen Vorstellungen von moralisch richtigem Handeln, die wesentlich zum Funktionieren dieser Konstruktion beitragen. Es sind folglich diese Vorbedingungen unserer ethischen Wahrnehmung, die das Ergebnis des Vertrages erst realisieren und konkretisieren. Ein weiterer damit zusammenhängender Aspekt aber ist wohl die eigentliche Schwierigkeit in der Normenbegründung bei Rawls: Der Schleier des Nichtwissens entindividualisiert nicht nur den Entscheider im Urzustand und lässt ihn einen unparteiischen, moralischen Standpunkt einnehmen, er führt zudem zu einer „unintendierten, von außen aufgenötigten Verallgemeinerung, zu einer Moralisierung der entscheidungstheoretischen Egoisten wider Willen.“[593] Dieser den egalitären Ansatz erklärende Gedanke führt dazu, den Menschen als moralische Person in zwei sehr ungleiche Hälften zu teilen. Der erste Part, der des unpersönlichen Entscheiders, der im Rahmen des Schleiers des Nichtwissens nichts über seine Eigenschaften und Fähigkeiten weiß, ist das eigentliche moralische Subjekt *a priori*, dessen Verfassungswahl der zu schaffenden Gesellschaft das Subjekt *a posteriori* in seiner Ausführung bestimmt, das Verwirklicher der *a priori* getroffenen Entscheidung ist.[594] Entscheidend scheint hier aber vor allem die ungewollte Moralisierung zu sein, die den Ent-

---

591 KERSTING, Wolfgang: John Rawls, 115.
592 Ebd., 119.
593 Ebd., 122.
594 Vgl. KERSTING, Wolfgang: Theorien der sozialen Gerechtigkeit, 138.

scheider eben nicht als autonomen, rationalen Überzeugten erscheinen lässt, sondern als erzwungenen Vollstrecker von Rawls' Plan der Begründung der Gerechtigkeitsprinzipien, was zu einem begründungstheoretischen Syllogismus führt: „Die Gerechtigkeitsprinzipien explizieren qua Konklusionen die Fairneß- und Gerechtigkeitsbedingungen, die in die Urzustandsbeschreibungen qua Prämissen eingegangen sind."[595] Wäre der Urzustand anders konstruiert, würde er also auch andere Ergebnisse hervorrufen. Es wird an dieser Stelle mehr als deutlich, dass der Urzustand die eigentliche Entscheidung über die Gerechtigkeitsprinzipien bereits vorgibt. Es gibt keine wirkliche Wahl mehr, die doch eigentlich die interpersonale Begründungsqualität und Bindung garantieren sollte. Begründet werden müssten also nicht in aller erster Linie die Ergebnisse, sondern die für sie entscheidende Konstruktion des Ausgangszustandes.

Die Motivation, sich dem utilitaristischen Paradigma entgegenzustellen, mag dafür zunächst die erklärte und auch naheliegendste Begründung sein. Dadurch wird nochmals unterstrichen, dass Rawls die intuitiven moralischen Alltagsüberzeugungen nicht im System des Utilitarismus begründet und systematisiert sieht. Er hat, von daher gesehen, eine starke Vorstellung des Guten und angemessenen Lebens, die sich ohne Frage auch in seinem Hauptwerk widerspiegelt. Doch es wird zu überprüfen sein, ob die frühen Schriften Rawls' nicht auch etwas zur Beantwortung der Frage nach der inneren Motivation beitragen können. In jedem Fall ist sich Rawls selbst der Problematik der Prinzipiengewinnung durch das vertragstheoretische Konstruktionsmodell bewusst. Von daher dient es tatsächlich eher der Explikation von vorhandenen moralischen Einzelurteilen. An dieser Stelle kommt es zu einer Wechselwirkung der Gerechtigkeitsprinzipien mit den allgemein anerkannten Normen, die Rawls durch das System des Überlegungsgleichgewichts systematisiert und damit definiert. Mit Hilfe des Überlegungsgleichgewichts, dessen erste Formulierung sich, wie dargestellt, in „Outline of a Decision Procedure for Ethics" findet, will er die begründungstheoretische Lücke schließen, die die Vertragstheorie alleine nicht schließen konnte. Die vorhandenen moralischen (Alltags-)Urteile werden anhand von rationalen Kriterien eingeordnet und bewertet.[596] Aufgrund dieser Kriterien wird der Schleier des Nichtwissens als Rationalisierungs- und Universalisierungsfunktion gedacht und angewendet. In Wirklichkeit aber enthebt er den Auswählenden seiner wirklichen Wahlfreiheit. Es ist daher eine beschränkte Rationalität, die Rawls hier konstruiert. Und genau der sich aus dem Überlegungsgleichgewicht durch die Interpretation Rawls' ergebende Schleier des Nichtwissens ist es, der eben jenen archimedischen Punkt definiert, den Rawls glaubte, durch seine Theorie erreicht zu

---

[595] KERSTING, Wolfgang: John Rawls, 122.

[596] Kersting fasst sie wie folgt zusammen: 1. Allgemeinheit, 2. Uneingeschränkte Anwendbarkeit (Universalität), 3. Öffentlichkeit, 4. Geordnetheit (hierarchischer Charakter eines Prinzipienpluralismus), 5. Letztinstanzlichkeit, vgl. ebd., 137.

haben. Man muss die Kritik Kerstings teilen, wenn er dahingehend betont, dass eine Position außerhalb dieser Theorie eine ganz unterschiedliche Einschätzung ermöglicht:

> „Was aus der Binnenperspektive des Rechtfertigungsarguments als Archimedischer Punkt erscheint, entdeckt sich äußerer, kritischer Betrachtung als Resultat einer philosophischen Abstraktion, das wie jedes Abstraktionsprodukt, die Spuren seiner Herkunft an sich trägt. [...] Die philosophische Abstraktion der ethischen Überzeugungen des Common sense kann das ihm anhaftende Konventionalistische, Geschichtliche und Zeitbedingte nicht abschütteln. Mit der Wahl des Kohärenzmodells für philosophische Rechtfertigungszwecke ist strukturell Verzicht auf Letztbegründung und zeitlose Gültigkeit geleistet worden."[597]

Die theoretische und systematische Aufnahme des allgemein vorherrschenden moralischen Verständnisses des zeitlichen Kontextes von Rawls ist daher untrennbar in die Konstruktion des Urzustandes und daher auch in die durch ihn bedingten Ergebnisse eingeflossen.[598] Rawls irrte also, wenn er darin den archimedischen und mithin zeitenthobenen Punkt sah, der schließlich eine universelle Antwort auf die Fragen nach dem Guten und dem Gerechten liefern sollte. Rawls' Theorie gelingt schließlich keine Letztbegründung, die für den Autor der Theorie anscheinend mehr als verlockend war. In diesem Punkt aber zeigt sich die begründungstheoretische Problematik der Theorie der Gerechtigkeit, die ihre Ergebnisse als zeitgebunden und als vorläufig erscheinen lässt. Das nimmt der gesamten Theorie nicht ihre Größe und schmälert in keiner Weise die Leistung, John Rawls' normative Fragen wiederum ins Zentrum der politischen Philosophie zu rücken. Dennoch muss man bei seiner Theorie in diesem Punkt auf ihre tatsächlichen Möglichkeiten hinweisen, die schließlich keine absoluten Ansprüche rechtfertigen. Dass Rawls diese aber begründen wollte, lässt nach seiner Motivation und seinem persönlichen und mithin theo-

---

[597] Ebd., 143f.

[598] Gestützt wird diese kritische Sicht auch durch Gerhard Ernst, der Rawls als Antimonopolisten darstellt und ihm eine Erklärung „von innen" vorwirft, vgl. ERNST, Gerhard: Die Objektivität der Moral, 164f.: „Eine Erklärung der Moral ‚von innen' kann ganz unterschiedliche Formen annehmen. Und deshalb können auch so viele verschiedene Positionen als antimonopolistisch gelten: Man kann etwa versuchen, den Begriff der richtigen Handlung mithilfe des Begriffs eines (richtig erzogenen daher) *tugendhaften* Menschen verständlicher zu machen – richtig ist etwa das, was der moralisch Gebildete oder Tugendhafte täte – oder mithilfe des Begriff der unvoreingenommenen, gut informierten, völlig *rationalen* Menschen – richtig ist, was dieser tut –, oder vielleicht ist auch die Handlung richtig, die den Normen entspricht, auf die sich eine Gemeinschaft in einer idealen Verhandlungssituation einigen würde usw. Entscheidend ist, dass sich solche Erklärungen, was die Frage der Objektivität angeht, im Kreis drehen: Denn damit diese Erklärungen adäquat sind, muss das jeweilige Expanans [sic!], moralisch aufgeladen verstanden werden. Der Begriff der Tugendhaftigkeit ist offensichtlich ein moralischer Begriff. Aber auch die Begriffe Rationalität und Idealität müssen hier im Sinne *externer* Rationalität und *moralischer* Idealität verstanden werden. Damit übertragen sich aber die Eigentümlichkeiten des Explanandums direkt auf das Explanans, das entsprechend in genau der gleichen Weise rätselhaft ist."

logischen Hintergrund fragen.[599] Denn gerade die theologische Ethik will, in Ergänzung zur Diskursethik und über ihre Grenzen hinaus, den Ansatz der reinen Vernunftstruktur der gesellschaftlichen Ordnung richtig einordnen. Eben weil die säkulare Ethik, und der Ansatz Rawls zählt zu ihren einflussreichsten Beispielen, offensichtlich auf Voraussetzungen angewiesen ist, die nicht durch sie selbst gewonnen werden können, muss nach dem gefragt werden, was über ihre dargestellten Grenzen hinaus weist. Günther Wilhelms unterstreicht daher zurecht das bleibende Proprium der Theologie im Feld des Nachdenkens über Individuum und Gesellschaft:

> „Aus dem Glauben wird man der gesuchten Maßstäbe gewahr in der Erfahrung unbedingter Zuwendung und wo diese Unbedingtheit immer wieder neu erfahren werden kann in der wechselseitigen Anerkennung – als Personen, nicht als Argumentationspartner. Das ‚Andere' der Vernunft offen zu halten, das ‚Seinsollende nicht in der Ordnung der Dinge verankert zu sehen', ist das Proprium religiöser Rede vom Unbedingten. Religiöse Vollzüge vermitteln das Unverfügbare, Nichtinstrumentalisierbare und Außeralltägliche als auch die unmittelbaren, emotionalen, lebensweltlichen eingebundenen Persönlichkeitsanteile."[600]

Die Ethik Rawls'scher Prägung hat gerade durch die Betonung der Vernünftigkeit der Argumentationspartner, wie gezeigt werden konnte, kein unbedingtes personales Verständnis ausgebildet, sondern setzt Vernunft als wesentliches Anerkennungskriterium voraus. Das Unbedingte der menschlichen Person wird auch in dieser Hinsicht nicht gewahrt.

Ein Weiteres haben die Ausführungen dieses zweiten Kapitels verdeutlichen wollen: Die Rolle der Religion im späteren Werk John Rawls' ist mehr als auffällig.[601] Er stellt sich selbst in der Theorie der Gerechtigkeit als guter Kenner der christlichen Tradition heraus. Er hat nicht nur Thomas von Aquin

---

[599] Einen ähnlichen Gedanken formuliert Bormann, der hinsichtlich der Vorstellungen, die in die Urzustandskonstruktion bei Rawls eingeflossen sind, ausführt, vgl. BORMANN, Franz Josef: Soziale Gerechtigkeit, 101: „Die beinahe quietistisch anmutende Schilderung der besonderen Interessenlage der Menschen im Urzustand legt jedenfalls den Verdacht nahe, dass die vermeintlich überzeitliche, streng universalistische Perspektive der urzuständlichen Prinzipienwahl hier unter der wirkmächtigen Regie der Plausibilitätsstrukturen einer bürgerlich-intellektuellen puritanisch gefärbten Lebensform des Verfassers empfindlich eingeschränkt wird."

[600] WILHELMS, Günther: Christliche Sozialethik, Paderborn 2010, 93f.

[601] Ein intimer Kenner Rawls', sein Schüler Thomas Nagel, kann daher auf die permanente religiöse Note im Werk Rawls' verweisen, vgl. NAGEL, Thomas: The Writings of John Rawls, in: Concealment and Exposure: And Other Essays, 75-106, Oxford 2002, hier 76: "Though his work is entirely secular, he has, I believe, a religious temperament and an understanding of both the power of danger of transcendence, with its capacity to overwhelm worldly constraints."; in ganz anderer, gar polemischer Weise äußert sich Michael Weinstein, der im reifen Werk John Rawls' einen säkularisierten Calvinismus zu erkennen glaubt, vgl. WEINSTEIN, Michael: John Rawls: Secularized Calvinism, Moralized Protestant Vocationalism. A postmodern critique of a significant book on political philosophy, in: C-Theory, 1993, abrufbar unter: http://socialdems.net/page.asp?PID=1467 [letzter Zugriff: 15.01.2013]; vgl. dazu auch jüngst WEITHMAN, Paul J.: Does Justice as Fairness Have a Religious Aspect?, in: MANDL, Jon/ REIDY, David A. (Hrsg.): A Companion to Rawls, Chichester 2014, 31-56.

aufmerksam und kritisch gelesen[602], sondern sich explizit auch mit Ignatius von Loyola und Entwicklungen der Kirchengeschichte auseinandergesetzt. Auch wenn Religion und dabei vor allem die christliche Religion als Herausforderung für den liberalen Rechtsstaat gesehen wird: Die Frage nach der Einbettung der Religion in einen modernen, säkularen Staat erscheint bei Rawls und seinem egalitären Liberalismus als Bewährungsprobe für eine funktionierende Gesellschaft. Dies ist augenfällig die Brücke zum einführenden Kapitel, das die Entwicklung des Gottesgedankens für eine zu schaffende politische Ethik darstellt: Erst im Konfessionalismus der Neuzeit entsteht die Idee des Pluralismus. Dies hat das Kapitel über Hugo Grotius und seine Zeit deutlich gemacht, was die beiden Denker zumindest in diesem Punkt verbindet. All dies lässt nach den Quellen fragen, aus denen John Rawls schöpfte und durch die er sich hindurch entwickelt hat. Vor allem der letzte Punkt, die starke religiöse Prägung, erscheint in der deutschsprachigen Debatte als bisher zu wenig ausgeleuchtet. Mit Blick auf sein Frühwerk erhält diese Frage nun einen neuen, erhellenden Hintergrund und kann so zu einem tiefergehenden Verständnis der Begriffe von Genese und Geltung beitragen. Dies ist Grund genug, nachdem das bisher Aufgezeigte keineswegs den Anspruch des ganz Neuen erfüllen wollte, sich diesem nun zu widmen.

---

[602] Die bleibende Beschäftigung mit Thomas von Aquin spiegelt sich indirekt auch in der Zweitbetreuung der 1988 abgeschlossenen Dissertation von Paul J. Weithman mit dem Titel „Justice, Charity and Property: The Centrality of Sin to the Political Thought of Thomas Aquinas" wider. Rawls ließ Weithman große Freiheiten bei der Erstellung seiner Arbeit. Er ließ dabei nicht durchblicken, dass er sich selbst intensiv in seiner ersten größeren Arbeit vor dem Krieg mit dem Begriff der Sünde und auch mit Thomas von Aquin beschäftigt hatte. Dies lässt – mit aller Vorsicht – den Schluss zu, dass er sich selbst innerlich von der thematischen Auseinandersetzung dieser Zeit verabschiedet hatte. Aus der nicht veröffentlichten Dissertation fertigte Weithman einen Artikel an, der die in der Arbeit wesentlichen Erkenntnisse verarbeitet, vgl. WEITHMAN, Paul J.: Augustine and Aquinas on Original Sin and the Function of Political Authority, in: JHP, 30 (1992), 353-376; zugleich wirft die dargestellte Beschäftigung Rawls' mit Thomas von Aquin weitere inhaltliche Fragen auf. So darf nicht verhehlt werden, dass auch eine andere Sichtweise auf den Toleranzbegriff möglich ist und Rawls' Interpretation zu einseitig ausfällt, vgl. hierzu FONTANA MAGEE, Maria: A Thomistic Case for Tolerance, 1999, abrufbar unter: www.aquinasonline.com/Topics/tolerance.html [letzter Zugriff: 26.01.2013]: "It seems plausible to accuse Rawls in this matter of a superficial reading of Thomas, depending on one passage in the Summa Theologiae (II-II, q. 11, a. 3) without placing that passage in its larger context.[…] Thomas advocates tolerance of the rites of unbelievers and even of such evils as prostitution."; vgl. dazu auch DI LEO, Daniele: Thomas Aquinas and the Overlapping Consensus, in: Commonwealth: A Journal of Political Science, 13 (2007), abrufbar unter http://www.personal.psu.edu/faculty/d/x/dxd22/Aquinas.htm [letzter Zugriff: 30.01.2013]: "Aquinas shares many of the core beliefs of contemporary liberal theorists as spelled out by Galston. He values our earthly existence and the fulfillment of our individual purposes, both as intrinsic goods and as instrumental goods. He also believes that we all possess natural reason, which enables us to restrain our passions in our dealings with others and to take a moderate approach to politics."

3. Der frühe Rawls: Theologisches Denken und die Möglichkeit der Übersetzung

Mit Blick auf das letzte Kapitel und den darin dargestellten Weg zur Entstehung von „Eine Theorie der Gerechtigkeit" ist die Einschätzung, dass John Rawls ein rein säkularer Moralphilosoph war, bereits anfanghaft in Zweifel gezogen worden. Durch die religiösen Motive, die Auseinandersetzung von Rawls mit dezidiert theologischen Autoren und nicht zuletzt durch die dauerhafte Beschäftigung mit der Religion als gesellschaftlichem Grundphänomen, ist die Frage aufgetreten, auf welchen Wurzeln und auf welcher Prägung John Rawls' Denken basiert. Schon allein ein genauer Blick auf das Hauptwerk von John Rawls zeigt, dass Religion ein wesentlicher Bezugspunkt seines Denkens war. In diesem Zusammenhang erscheint allerdings darüber hinaus das Frühwerk Rawls' in Form seiner Bachelorarbeit mit dem Titel „Eine kurze Untersuchung über die Bedeutung von Sünde und Glaube (engl. Org.: A Brief Inquiry into the Meaning of Sin and Faith)" als Verdeutlichung eines ganz anderen Rawls-Bildes, das zwar nicht einfach das spätere Hauptwerk vorweg nimmt, wohl aber wesentliche Erkenntnisse darüber eröffnet, was im Vorfeld der Theoriebildung thematisch, aber auch ganz persönlich im Fokus des jungen, noch studierenden John Rawls stand. Dabei ist es erstaunlich, dass gerade der weithin als führender Vertreter des sozialen Liberalismus im englischsprachigen Raum geltende und in seinen Hauptarbeiten streng nicht-metaphysisch argumentierende John Rawls hier eine ganz unerwartet starke religiöse Prägung zeigt. Dies ermöglicht, so ist zu hoffen, einen genaueren Blick auf die ganz andere Genese seines Werkes zu werfen, dessen Geltung nun in säkularer Weise bereits beschrieben wurde.

Ein Weiteres muss in diesem Kontext erstaunen: Trotz der Ausnahmestellung als wesentlicher Referenzpunkt der Sozialwissenschaften ist dem Frühwerk John Rawls' in den Vereinigten Staaten, noch mehr allerdings im deutschsprachigen Raum, bisher nur wenig Beachtung geschenkt worden. Seit 2009 ist der Text auch einem breiteren Publikum in englischer Sprache durch die Publikation Thomas Nagels zugänglich.[603] In deutscher Sprache erschien das Werk samt einem Nachwort von Jürgen Habermas 2010.[604] Die vorliegende Arbeit hat sich daher auch die Aufgabe gestellt, die bisherige Diskussion um sein Frühwerk im deutschen und englischen Sprachraum darzustellen, um sich ihm dann in eigener Weise zu nähern.

---

[603] Rawls, John: A Brief Inquiry into the Meaning of Sin and Faith. With "On My Religion". Ed. by Thomas Nagel, Cambridge 2009.

[604] Rawls, John: Über Sünde, Glaube und Religion. Hrsg. durch Thomas Nagel, Frankfurt am Main 2010.

3.1 Eine amerikanische Debatte? Die Entdeckung des religiösen Rawls

3.1.1 Erste Phase: Die Wiederentdeckung

John Rawls zeigte eine akribische Arbeitsweise nicht nur in der Erstellung seiner eigenen Texte, sondern auch hinsichtlich des Umganges mit den Texten seiner Kritiker, zu denen er detailliert Stellung bezog. Doch auch was die Ordnung seiner eigenen Schriften betrifft, zeigte er sich überaus umsichtig. In den Jahren vor seinem Tod, bereits durch einen Schlaganfall beeinträchtigt, ordnete er seine persönlichen Schriften und Unterlagen, die für die Nachwelt von Interesse sein konnten. Sie wurden, so noch die genauen Daten vorlagen oder rekonstruiert werden konnten, mit zusätzlichen Informationen versehen und in geordneter Weise vor allem dem Archiv der Harvard University zugänglich gemacht. Darunter fehlte auch seine Bachelorarbeit nicht, die allerdings in zwei fast identischen Ausführungen erhalten ist.[605] Neben der Harvard-Kopie gibt es eine zweite Version, die am Ort ihrer Abgabe, in Princeton, im Archiv lagerte, und dort von Eric Gregory, seit 2001 Professor am Department für Religion in Princeton, im Zuge der Recherchen im Katalog für Abschlussarbeiten entdeckt wurde.

Gregory, der die Tragweite seiner Entdeckung sofort erkannte, machte sich für die Publikation stark und trat in dieser Sache an die Witwe des kurz zuvor verstorbenen John Rawls heran. Die Entscheidung für eine Publikation – zweiter Nachlassverwalter war Thomas Michael Scanlon – gestaltete sich zunächst schwierig, da davon auszugehen war, dass Rawls selbst offensichtlich kein Interesse an der Veröffentlichung hatte. So sollte es noch einige Zeit dauern, bis die Arbeit in publizierter Form vorliegen sollte.[606] Dementsprechend gab es zunächst nur unter Rawls-Kennern ein erhöhtes Interesse an der Lektüre des bisher weitgehend unbekannten oder zumindest unbeachteten Textes und die Arbeit Gregorys änderte daran zunächst nichts Wesentliches. Doch die aufgrund Gregorys Entdeckung folgende Veröffentlichung über das Frühwerk John Rawls' verdient eine genauere Betrachtung, da die dort verdeutlichten Einschätzungen bereits wesentliche Grundlinien der Interpretation des Werkes beinhalten. Mit dem Essay „Before the Original Position“[607] entwirft Gregory eine erste größere Interpretation des Werkes und beleuchtet in prägnanter

---

[605] Vgl. RAWLS, John: Über Sünde, Glaube und Religion, 125.
[606] Vgl. ebd., 9f.
[607] GREGORY, Eric: Before the Original Position. The Neo-Orthodox Theology of the Young John Rawls, in: J Relig Ethics 35 (2007), 179-206, hier 179f.

Weise die Zusammenhänge der neo-orthodoxen Schule und des frühen Denkens von John Rawls.

In diesem Papier verfolgt Gregory zwei Ziele: Er will zunächst die Grundlinien der Argumentation des jungen Rawls darstellen und schließlich einen Beitrag zur intensiven Debatte über Religion und Liberalismus in den Vereinigten Staaten leisten.[608] Zu Beginn seines Beitrages verweist er auf den Einfluss, den die reifen Schriften Rawls' im Gegensatz zum großen protestantischen Theologen Reinhold Niebuhr[609] auf die gesellschaftlichen Debatten im Amerika der siebziger Jahre des 20. Jahrhunderts ausübten. In diesem Sinne charakterisiert er das Jahr 1971 – das Jahr der Publikation von „Eine Theorie der Gerechtigkeit" und zugleich Todesjahr Niebuhrs – als Schlüsseljahr für die programmatische Wachablösung des Einflusses der beiden Denker, die trotz ihrer bleibenden Ähnlichkeiten von völlig verschiedenen Argumentationssträngen ausgehen. So fasst Gregory einen kurzen Vergleich der beiden pointiert zusammen, wenn er fragt:

> „Is Rawls's mythical description of the ‚original position' functionally similar to the constraints imposed by Niebuhr's mythical description of 'original sin'? Does the distinction between political and comprehensive liberalism do the same work for Rawls that the Augustinian distinction between an earthly city and a heavenly city does for Niebuhr? Does Rawls's antiutilitarian appeal to the 'separateness of persons' overlap with Niebuhr's antitotalitarian appeal to the 'image of God'? Whatever similarities can be found between Rawls and Niebuhr, however, their cultural locations reflect fundamentally different assumptions about how best to think about and to pursue liberal justice."[610]

In ihrer je eigenen Weise nähern sich Rawls und Niebuhr einem bestimmten Ideal der liberalen Gesellschaft an, weisen dabei in ihrem Denken wesentliche Ähnlichkeiten auf, unterscheiden sich jedoch fundamental in ihren Begründungsstrukturen. Niebuhr entwirft dabei eine augustinisch geprägte Vorstellung des Liberalismus, die den Begriff der Sünde als wesentliches und bleibendes Merkmal der Unvollkommenheit der menschlichen, weltlichen Gesellschaft kennzeichnet und dem Staat die Pflicht zukommen lässt, durch Gesetze und sein Gewaltmonopol ihre negativen Auswirkungen einzudämmen.[611] Nur

---

[608] Vgl. ebd., 183.

[609] Vgl. zur Einführung STONE, Ronald H.: Professor Reinhold Niebuhr. A Mentor to the Twentieth Century, Louisville 1992.

[610] GREGORY, Eric: Before the Original Position, 181.

[611] Die Beschäftigung mit Augustinus erscheint bei Niebuhr als wichtige Inspirationsquelle, vgl. STONE, Ronald H.: Professor Reinhold Niebuhr, 204: "The lectures on Augustine had been among the strongest in his History of Christian Ethics course, and he refined a Columbia lecture on Augustine to take central place in *Christian Realism and Political Problems* in 1953. Augustine fit: a civilization had just been racked by a civil war, and it faced another resolute foe. Christianity subdued in Eastern Europe was threatened by war and secularism in its Western homes. Niebuhr as an ethicist for the empire appreciated Augustine's sense of publicly responsible Christianity and his use of love and natural law. For Niebuhr, Augustine was the first Christian realist."

dadurch kann das Ideal erreicht werden, das jedem Menschen gleiche Entwicklungsmöglichkeiten in Freiheit gewährleistet. Der Liebesbegriff ist dabei für Niebuhr ungeeignet, um ein soziales oder politisches Programm zu entwerfen. Die Einsicht der bleibenden Unvollkommenheit des Weltlichen ist es, die den demokratischen Liberalismus als beste Möglichkeit kennzeichnet, mit dem Vorläufigen umzugehen. Die Utopie der Vollkommenheit ist es dagegen gerade, die Totalität in säkularer und auch religiöser Weise zulässt.[612]

Gregory beleuchtet auch in aller Kürze den Entstehungszusammenhang der frühen Arbeit Rawls', die wohl durch Walter T. Stace und Theodore M. Greene betreut und von diesen sehr gut bewertet wurde. Er skizziert die intellektuelle und theologisch geprägte Zeit vor dem Zweiten Weltkrieg, in der die Theologischen Fakultäten an den großen Universitäten der Vereinigten Staaten im Zentrum der intellektuellen, gesellschaftlichen Auseinandersetzungen standen. Rawls selbst gibt in seiner Arbeit die wesentlichen Autoren an, auf die er sich bezieht, und die ihn in seinem theologischen Denken besonders geprägt haben: Anders Nygren, William Temple, Reinhold Niebuhr und nicht zuletzt der Schweizer Theologe Emil Brunner.[613] Nachdem Eric Gregory die verschiedenen Themen, denen Rawls sich zuwendet, aufgreift – allen voran die Auseinandersetzung mit dem Naturalismus und dem Personalismus, sein Verständnis von Gemeinschaft und schließlich das daraus abgeleitete Verständnis von Sünde – kann er festhalten: „Rawls's grammar of Christian faith has important implications for his nascent political theory."[614] Dennoch weist Gregory auf einen wesentlichen Unterschied hinsichtlich der späteren Entwicklung hin: Der frühe Rawls lehnt die Konstruktion der Vertragstheorie als falsch ab, da sie nicht den fundamentalen Gemeinschaftscharakter betont, sondern auf das unverbundene Individuum hin angelegt ist.[615] Von diesem Punkt sollte John Rawls in seinem Hauptwerk fundamental abrücken.

Als wichtig erscheint darüber hinaus die Schlussfolgerung für den Diskurs über die Rolle der Religion im säkularen Staat. Dabei kritisiert Gregory Rawls' Konzeption des öffentlichen Vernunftgebrauchs (*public reason*), der nur solche Argumente gelten lässt, die allen Diskursteilnehmern, unabhängig von ihrem philosophischen oder religiösen Hintergrund, verständlich sind. Anders gewendet und im Kontext dieser Arbeit hieße das, dass also die theologische Genese von persönlichen Überzeugungen in eine säkulare und damit für alle annehmbare rationale Geltung übersetzt werden muss. Diese Begrenzung der persönlichen Überzeugungen im Forum der öffentlichen Vernunft sieht Gregory kritisch: Er hält sie nicht nur für impraktikabel, historisch naiv und strategisch kontraproduktiv, sondern auch antidemokratisch: „…these restrictions impose an unjust political burden on many religious citizens that

[612] Vgl. GREGORY, Eric: Before the Original Position, 180.
[613] Vgl. ebd., 185f.
[614] Ebd., 194.
[615] Vgl. ebd.

often betrays an excessive fear of democratic politics itself."[616] Rawls selbst hat dies mehr und mehr erkannt, in seinen späten Schriften dazu Stellung genommen und diese Position abgeschwächt.[617] Dennoch, so betont Gregory, gibt Rawls die grotianisch gewendete Suche nach gemeinsam zu teilenden Werten – also die Suche nach der universalen Geltung, die sich an einer Vorstellung der Vernunft orientiert – nicht auf. Der öffentliche Diskurs bleibt in dieser Perspektive bestimmt und beschränkt durch ein Ideal der Vernunft, das alle anderen Versuche der wie auch immer begründeten öffentlichen Rede bewertet und so dominiert. Für Gregory ist klar: „Any ethics of citizenship should offer moral constraints on political discourse, but these constraints need not take account of whether or not such speech is 'religious' or not."[618] Der Hang der öffentlichen Debatte, religiöse Motivation und Überzeugung an sich als irrational zu bewerten, ist nicht zwingend im Liberalismus angelegt. Ebenso wenig beinhaltet dieser zwingend eine rein säkulare Debatte. Gregory spricht sich daher für eine größere Offenheit gegenüber verschiedenen Annährungen und motivationaler Rede im öffentlichen Diskurs aus, gerade weil die Lücke zwischen einem Liberalismus Rawls'scher Prägung und der Demokratie als solcher nicht größer werden sollte. Gregory bezieht sich in diesem Zusammenhang auf die Kritik Sheldon Wolins, der in seiner 2004 erschienen Arbeit „Politics and Vision" gerade die Selbstsäkularisierung liberaler Denker für das Phänomen der Verdrängung des offen Religiösen aus der Debatte verantwortlich macht und besonders hinsichtlich der Entwicklung Rawls' einen wunden Punkt trifft, wenn er das Religiöse nun in einer politischen Umformung erkennt:

> „There politics is purified into an idealized theoretical realm where the outcasts – the disadvantaged, the helpless, the victims of discrimination – are to be vindicated. The political becomes the sign of the lost religion. The repressed religious impulse returns in the form of a political that addresses the politics of conflict as though dealing with doctrinal disputations while excluding the 'earthiness' of the economic."[619]

Der hier zum ersten Mal formulierten Idee einer bleibenden, aber umgewendeten religiösen Identität im Werk John Rawls' werden wir in einem eigenen Kapitel nachgehen müssen. Der erste Hinweis jedoch, dass auch die späteren Schriften Rawls' einen versteckten, subtilen religiösen Kern aufweisen, der politisch umgewendet ist, muss an dieser Stelle bereits unterstrichen werden. Eric Gregory betont am Ende seiner Auseinandersetzung mit der Frühschrift Rawls' und der darauf aufbauenden Neuinterpretation seines Hauptwerkes, dass sie eine neue Chance der Auseinandersetzung zwischen christlichen und

---

[616] Ebd., 198.
[617] Vgl. RAWLS, John: Politischer Liberalismus, 127ff.
[618] GREGORY, Eric: Before the Original Position, 199.
[619] WOLIN, Sheldon: Politics and Vision: Continuity and Innovation in Western Political Thought. Expanded edition. Princeton, 2006, 542 [Zitiert nach GREGORY, Eric: Before the Original Position, 200].

säkularen Denkern darstellen kann, die die Rolle der Religion und ihrer Ausübung für den amerikanischen Liberalismus neu entdecken können.

Die Arbeiten Gregorys, die Entdeckung der Frühschrift und die erste tiefgehende wissenschaftliche Auseinandersetzung haben bereits wesentliche Fragestellungen formuliert, denen wir im Folgenden nachgehen müssen. Die damit angestoßene Debatte allerdings blieb zunächst auf wenige Experten beschränkt. Erst die breite Publikation des Werkes durch Thomas Nagel ermöglichte einen weiteren Schritt zu einer umfassenderen Rezeption.

3.1.2 Zweite Phase: Publikation und erste Kommentierung

Im Vorfeld der Publikation gab es zwei wesentliche Gegenargumente für die Veröffentlichung von Rawls' Abschlussarbeit. Zum einen das offensichtliche Desinteresse von Rawls' selbst, dieses Werk öffentlich zu machen. Der vermutete Wille des kurz zuvor Verstorbenen spielte in den Überlegungen der Verantwortlichen eine nicht unwichtige Rolle. Rawls selbst ist wohl zu dem Schluss gekommen, dass er die in dieser Arbeit vorgetragene Argumentation nicht mehr teilt und durch sie keinen Gewinn für sein Gesamtwerk erwartete. Zum anderen aber, und dies wog für die Verantwortlichen noch sehr viel schwerer, waren Zweifel an der Qualität des Werkes aufgekommen und damit die Angst, dem verstorbenen Moralphilosophen posthum in seiner Wahrnehmung zu schaden und damit der Loyalitätsverpflichtung nicht nachzukommen. Joshua Cohen und Thomas Nagel zerstreuten diese Zweifel, wenn sie rückblickend auf den Prozess der Publikation und ihrer letztendlich positiven Entscheidung ausführen:

> „Sie zu lesen ist ein bewegendes Erlebnis: Die Arbeit ist außergewöhnlich für einen Einundzwanzigjährigen, voller jugendlicher Leidenschaft und kraftvoller ethischer Überzeugungen, die oft lebhaft zum Ausdruck gebracht werden, sowie geprägt von Belesenheit und tiefer psychologischer Reflexion. […] Aufgrund der beachtlichen intellektuellen und persönlichen Qualitäten, welche die Arbeit zeigt, kann man nicht sagen, daß es seinem Andenken schadet, wenn wir die Arbeit breiter verfügbar machen."[620]

Man entschied sich daher also, die Arbeit, ähnlich wie es üblicherweise mit Korrespondenz von Wissenschaftlern geschieht, die die Genese eines Werkes oder weiterführende Gedankengänge präsentiert, in dieser Form herauszugeben.

Man fügte darüber hinaus, sozusagen um dem Kontext des Religiösen eine zeitliche Klammer zu setzen, einen Text von 1997 an – „On my Religion" –, in dem Rawls sehr persönlich über seine religiöse Entwicklung berichtet und der mithin offenbart, welchen geistigen Weg er weiterhin beschritten hat und

---

[620] COHEN, Joshua/ NAGEL, Thomas: Einleitung, in: RAWLS, John: Über Sünde, Glaube und Religion, 12.

wie er diesen selbstreflexiv einschätzt.[621] Schließlich wird den beiden Texten neben der Einleitung ein längerer Text von Robert Merrihew Adams vorangestellt, der sich mit der theologischen Ethik des jungen Rawls auseinandersetzt und nach dem Hintergrund seiner Schlussfolgerungen fragt.[622]

In der Einleitung bilden Cohen und Nagel nicht nur den Entstehungsprozess des vorgelegten Bandes in aller Kürze ab, sondern nehmen auch Stellung zum Standort dieser Arbeit im Gesamtwerk von John Rawls. Damit liegen neben Eric Gregorys Artikel zwei weitere Sekundärtexte vor, die das Werk des jungen Rawls einordnen.

Cohen und Nagel betonen anfangs, dass vor allem die Menschen und Kollegen, die John Rawls persönlich besser kannten, auch das religiöse Moment seines Wesens – womit keineswegs der dezidierte Glaube an den christlichen Gott gemeint sein muss – wahrnehmen konnten. Und dieses Wesen spiegle sich eben auch in seinen Schriften wider. Sie betonen beispielsweise, dass sich gerade der erste Gerechtigkeitsgrundsatz mit der religiösen Toleranz beschäftigt. Gerade daher ist die persönliche Entwicklung, die durch diese Texte, aber vor allem eben innerhalb seiner Abschlussarbeit Ausdruck findet, von höchstem Interesse für die Einschätzung des Gesamtwerkes. Dabei spielen für die beiden Autoren zwei Aspekte eine übergeordnete Rolle:

> „Erstens zeigen sie die tiefgreifende Beschäftigung mit und Kenntnis der Religion, die den Hintergrund für Rawls' spätere Auffassungen über die Notwendigkeit der Trennung von Religion und Politik bilden. Im Gegensatz zu vielen Liberalen war Rawls kein Kind einer säkularen Kultur. [...] Rawls' wiederholte Betonung der Bedeutung religiöser Überzeugungen im Leben der Gläubigen in seinem späteren Werk [...] und die Notwendigkeit einer Theorie der Gerechtigkeit, diese Überzeugungen ernst zu nehmen, wurden aus seiner persönlichen Glaubenserfahrung gespeist. Zweitens sind die moralischen und sozialen Überzeugungen, die in der Abschlußarbeit in religiöser Form Ausdruck finden, auf komplexe und erhellende Weise mit den zentralen Ideen von Rawls' späteren Schriften über Moraltheorie und Politische Philosophie verbunden."[623]

Der letzten These verleihen die beiden Autoren Nachdruck, wenn sie konkret die Verbindungspunkte zwischen dem jungen und dem reifen Rawls benennen. Im Wesentlichen sind es fünf Elemente, die als verbindend herausgestellt werden: (1) Zunächst die durch interpersonale Beziehung entstehende Moral,

---

[621] Der Text "On my Religion" findet sich im größeren Zusammenhang seiner autobiographischen Schriften, die in den Archiven der Universität Harvard zugänglich sind, vgl. RAWLS, John: Autobiographical Notes – John Rawls, HUM 48, Harvard University Archives (= Papers of John Rawls), Folder 12, Box 42; veröffentlicht wurde er mit seiner Abschlussarbeit 2009, vgl. RAWLS, John: A Brief Inquiry, 259-269.

[622] ADAMS, Robert Merrihew: The Theological Ethics of the Young John Rawls and Its Background, in: RAWLS, John: A Brief Inquiry, 24-102 (dt. Übersetzung: Die theologische Ethik des jungen Rawls und ihr Hintergrund, in: RAWLS, John: Über Sünde, Glaube und Religion, 35-122).

[623] COHEN, Joshua/ NAGEL, Thomas: Einleitung, in: RAWLS, John: Über Sünde, Glaube und Religion, 15.

die die Idee eines höchsten Gutes verwirft, (2) die Betonung der personalen Integrität, die nicht durch die Gemeinschaft absorbiert wird, (3) die Stärkung der Idee, dass die Gesellschaft nicht aufgrund eines Vertrages durch egoistische Individuen gebildet wird, (4) eine Ablehnung der starren gesellschaftlichen Ungleichheit und schließlich, (5) dass die Idee des Verdienstes an der gesellschaftlichen Position abgelehnt wird.[624] Diese Punkte, die grundsätzlich im vorigen Kapitel vorbereitend dargestellt wurden, sollen noch einmal in der Beschäftigung mit dem Text Rawls' selbst behandelt werden.

Anders als Eric Gregory sehen die beiden Autoren den größten Unterschied zwischen Früh- und Spätwerk im Fehlen des politischen Standpunktes, der zugunsten des moralischen keinen Raum in der frühen Arbeit Rawls' ausfülle.[625] Gregory hingegen hatte betont, dass es die Ablehnung des vertragstheoretischen Momentes sei, die den jungen vom reiferen Rawls am wesentlichsten unterscheidet.[626] Cohen und Nagel führen dagegen die „Zurückweisung der Vorstellung, Gesellschaft sei ein Vertrag oder Handel zwischen egoistischen Einzelpersonen" als bleibendes und verbindendes Element beider Phasen an. Ergibt sich aus diesen Darstellungen ein Widerspruch? Nicht unbedingt: Gregory hat in jedem Fall damit Recht, wenn er die Hinwendung zum Kontraktualismus als Bruch mit der vorherigen Ablehnung desselben beschreibt. Dennoch wollte Rawls keinem abgeschlossenen, atomistischen Gesellschaftsbild das Wort reden. Vielmehr verwendet er die Vertragstheorie und den damit verbundenen Status des Urzustandes als Mittel der Darstellung des unabhängigen moralischen Standortes, von dem aus objektive Urteile über die Gerechtigkeitsfrage gewonnen werden können. Rawls selbst ging aber nicht davon aus, dass die Gesellschaft aus egoistischen Einzelpersonen bestände. In diesem Punkt unterscheiden sich die Ansichten des jungen und des reifen Rawls nicht voneinander.[627] Cohen und Nagel machen dies an anderer Stelle noch einmal deutlich:

> „In seinem späteren Werk ist Rawls kein Theoretiker des Gesellschaftsvertrages in diesem [etwa Hobbes'schen, Anm.d.A.] Sinn, weil seine Darstellung der Gerechtigkeit als Fairneß die Idee des Vertrages unter dem Schleier des Nichtwis-

---

[624] Vgl. ebd., 16.

[625] Vgl. ebd.

[626] Vgl. GREGORY, Eric: Before the Original Position, 194.

[627] Mit Gilbert Meilaender darf man allerdings kritisch anmerken, dass diese bleibende Zielbestimmung im Werk Rawls', die Überwindung des Egoismus, nicht wirklich gelingt, vgl. MEILAENDER, Gilbert: We Were Believers Then, and Young, in: First Things 47 (2009), 49-53, hier 51: "In their introduction, however, Cohen and Nagel argue that such is not the case. Rawls' mature concept of justice as fairness did not depend, they suggest, on a vision of self-interested individuals bargaining about the terms on which they would live together in society. Rather, he used 'the idea of a contract under the veil of ignorance principally as a device for representing the value of fairness'. This seems strained, for, even behind the imagined veil of ignorance, in which one does not know one's own life circumstances, one must somehow ask what sort of risks one would be willing to run in order to share a life in community. Self-interest has not been eliminated."

sens vornehmlich als Mittel zur Repräsentation des Wertes der Fairneß und der gleichen Freiheit moralischer Personen heranzieht.“[628]

Fraglos aber ist die Feststellung Cohens und Nagels richtig, dass das politische Moment in seinem Frühwerk schlichtweg nicht im Sinne des Spätwerkes vorhanden ist und das religiös-moralische Denken im Vordergrund steht. Dennoch ist auch das Politische nicht völlig ausgespart. Rawls denkt Politik allerdings nur in Verbindung mit seinen religiösen Überzeugungen, wenn er eine gemeinsame Aufgabe beider Sphären lokalisiert: „Das Problem der Ethik wie auch das der Politik lautet: Wie kann angesichts der Sünde in der Welt Gemeinschaft hergestellt werden? Das ethische Problem ist daher gemeinschaftlich und personal.“[629] Daher ergibt sich ein wesentlicher Unterschied zu seinem späteren Werk: Die Konzeption des Denkens in seinem Frühwerk lässt Politik als fast zu vernachlässigende Größe erscheinen, denn er geht nicht von einem breiten Pluralismus aus, der für seine reifen Schriften die eigentliche Grundlage und Motivation bildet.[630] Der weitere Fokus der Autoren liegt in der Darstellung des Denkens Rawls' über Naturalismus und Personalität und führt die oben genannten verbindenden Eckpunkte zwischen Früh- und Spätwerk aus, die in der folgenden Auseinandersetzung der Autoren mit Rawls' Untersuchung von Glaube und Sünde noch eingehend aufgegriffen werden müssen. Auch die darin ausgeführten Verbindungen zu „Über meine Religion“ werden weiter unten dargestellt.

Der bis dahin weitgehend umfangreichste Beitrag zum Frühwerk Rawls' und seinem theologischen Hintergrund stammt von Robert Merrihew Adams. Dieser liefert im ersten Abschnitt eine besonders konzise Darstellung des geistigen Nährbodens, auf dem die in Rawls' Arbeit vorgetragenen Gedanken gedeihen.[631]

Dieser Nährboden könnte vereinfacht mit der protestantischen Bewegung der Neoorthodoxie umschrieben werden. Darunter ist eine vielschichtige und stark binnendifferenzierte theologische Bewegung zu verstehen, die sich in den Jahren nach dem Ersten Weltkrieg gegen das theologische Programm der liberalen Theologie des 19. Jahrhunderts wendet. Als typische Autoren für diese durchaus heterogene Gruppe, die im deutschen Sprachraum als Theologie der Krise oder auch dialektische Theologie firmiert, können Karl Barth und Emil Brunner, aber auch Friedrich Gogarten und Rudolf Bultmann genannt werden. Über den deutschsprachigen Raum hinaus wurden Theologen wie Reinhold Niebuhr oder Anders Nygren, mit denen sich der junge Rawls intensiv beschäftigte, von der dialektischen Theologie stark beeinflusst. Gegenüber der natürlichen Theologie eine kritische Haltung einnehmend, betont

---

[628] COHEN, Joshua/ NAGEL, Thomas: Einleitung, in: RAWLS, John: Über Sünde, Glaube und Religion, 23.

[629] RAWLS, John: Über Sünde, Glaube und Religion, 156.

[630] Vgl. COHEN, Joshua/ NAGEL, Thomas: Einleitung, in: RAWLS, John: Über Sünde, Glaube und Religion, 30.

[631] Vgl. ADAMS, Robert Merrihew: The Theological Ethics of the Young John Rawls, 36-44.

die dialektische Theologie die Begrenztheit der menschlichen Gotteserkenntnis und strebt dagegen eine erneuerte Hinwendung zu den Überzeugungen der lutherischen Rechtfertigungslehre sowie den Grundlagen der paulinisch-reformatorischen Theologie an. Theologische Grundbegriffe wie Sünde und Gnade werden von Gottes Wirken und seiner gnadenhaften Hinwendung zum Menschen her interpretiert und in ihrem Widerspruch, in ihrer Dialektik, ausgehalten. Nur im gläubigen Hören auf das Wort Gottes wird man sich der unverfügbaren Offenbarung annähern und nur Gott selbst kann den Menschen aus der Sünde befreien.[632]

Daneben ist vor allem die kontrastierte Darstellung von „Über Sünde und Glaube“ und „Über meine Religion“ am Ende von Adams' Essay hervorzuheben. Adams' Interpretation betont in diesem Zusammenhang das bleibende Interesse Rawls' am Religiösen, wenn auch nicht mehr in aller Deutlichkeit von einem persönlichen Glauben an den Gott in Jesus Christus und an die konkrete christliche Offenbarung getragen, wie es vor dem Krieg konstatiert werden kann. Die Möglichkeit eines allgemeinen Theismus scheine bei Rawls jedoch weiterhin durch.[633]

Mit der Publikation des Bandes, der damit nicht nur zwei Texte von Rawls in kontrastierender Weise vor Augen führt, sondern auch drei Autoren zu Wort kommen lässt, die bereits wesentliche Interpretationsschlüssel liefern, konnte eine breitere Öffentlichkeit erreicht werden, als dies noch durch Eric Gregorys Artikel möglich war. Dementsprechend folgten auf die Publikation nicht wenige Buchbesprechungen und Rezensionen, die nun im Folgenden behandelt werden.

3.1.3 Dritte Phase: Breite Rezeption und wissenschaftliche Auseinandersetzung in den Vereinigten Staaten

Die Publikation von Rawls' Frühwerk vergrößerte naturgemäß die Rezeption wesentlich und vor allem Rezensionen waren in breiterem Umfang angefertigt worden. Diese sollen nun in aller Kürze eingeordnet werden, wofür bestimmte Grundfragen an die Texte gestellt werden. Dabei ist eine Systematisierung durchaus schwierig, ob der unterschiedlichen Qualität der Publikationen, die im Rahmen der Debatte um das Frühwerk von John Rawls entstanden sind. Die klassischen Rezensionen kommen zunächst ihrer Hauptintention nach, den Inhalt der Abschlussarbeit von Rawls darzustellen.[634] Einige legen besonderen Wert auf die Darstellung von Rawls' persönlicher spiritueller Entwicklung[635],

[632] Vgl. BEINTKER, Martin: Art. „Dialektische Theologie“, in: LThK³, 189-191.
[633] Vgl. ADAMS, Robert Merrihew: The Theological Ethics of the Young John Rawls, 119-121.
[634] Vgl. etwa APPIAH, Kwame Anthony: Religious Faith and John Rawls, in: New York Rev Books 57 (2010), 51-52.
[635] Vgl. etwa DOUGLASS, R. Bruce: Reasonable God, in: Christian Century 126 (2009), 29-32.

andere stellen sogleich den Bezug zum Hauptwerk heraus und verweisen zugleich auf die bleibenden Themen in Rawls' Hauptwerk, die auch Nagel und Cohen unterstreichen.[636] Einige der Rezensionen heben sich von einer vorwiegend deskriptiven Darstellung allerdings deutlich ab. Ein wichtiger Punkt aus der frühen Arbeit Rawls' wird so besonders bei Jude P. Dougherty herausgestellt: die Kritik an der Hellenisierung des Christentums in den ersten Jahrhunderten.[637] Diesem Thema wird ein eigenes Kapitel in dieser Arbeit gewidmet. Gilbert Meilaender fragt dagegen zunächst bei der Lektüre erstaunt, ob Autor und Text tatsächlich übereinstimmen.[638] Für Meilaender ist es zudem ungewöhnlich, dass eine Abschlussarbeit eines Studenten überhaupt eine solche Aufmerksamkeit erfährt und darüber hinaus nicht nur publiziert, sondern auch akribisch kommentiert wird:

> „…though seldom has a piece of undergraduate writing received such rigorous analysis from an eminent scholar [gemeint ist Adams, Anm.d.A.], and it led me (perhaps counterintuitively) to wonder whether the thesis really merits quite this level of attention.“[639]

Zwar gibt Meilaender zu, dass Rawls bereits in dieser frühen Arbeit spätere intellektuelle Qualitäten deutlich erkennen lässt. Doch besonders die Tatsache, dass sich der junge Rawls kaum damit abgebe, im Wesentlichen auf arrivierte Denker Bezug zu nehmen, sondern vielmehr auf eigene Konstruktionen setze, erscheint ihm in diesem frühen Stadium seiner Entwicklung als problematisch: „Even granting that a senior thesis comes at the end of the undergraduate experience, one's energies may be better focused on understanding and analyzing the thought of important thinkers than of constructing one's own system.“[640] Meilaender betont in diesem Zusammenhang auch, dass eine Gegenüberstellung des Früh- und Spätwerkes und der Hinweis auf mögliche Kontinuitäten keinen wirklichen Mehrwert darstellen. Gerade weil Meilaender selbst Kontinuitäten betont[641], erscheint dieser Punkt nicht wirklich nachvollziehbar: Am Ende verweist Gilbert Meilaender sogar selbst darauf, dass eine Form der eschatologischen Hoffnung auch in den späten Werken, vor allem in *The Law of Peoples*, bestehen bleibt, auch wenn sie sich stark von der Hoffnung unterscheidet, die den jungen Rawls angetrieben haben mag.[642] Seine Reaktion auf die Publikation von Rawls Abschlussarbeit ist deswegen so inte-

[636] Vgl. SCHAEFER, David L.: John Rawls, A Brief Inquiry into the Meaning of Sin & Faith, With 'On My Religion'. Ed. by Thomas Nagel, in: Society 47 (2010), 276-278. Schaefer nutzt die Herausstellung der Ähnlichkeiten allerdings in kritischer Weise.

[637] Vgl. DOUGHERTY, Jude P.: A Brief Inquiry into the Meaning of Sin and Faith, with 'On My Religion', in: Rev. Metaphys. 63 (2009), 208-210.

[638] Vgl. MEILAENDER, Gilbert: We Were Believers Then, and Young, 49: "To read A Brief Inquiry is to be led to ponder whether, as Wordsworth wrote, the child is father of the man."

[639] Ebd.

[640] Ebd., 50.

[641] Vgl. ebd.: "…one can see the germ of Rawls's later Kantianism, which took shape in a theory of justice based not on goods to be sought but on fair terms of cooperation."

[642] Vgl. ebd., 53.

ressant, weil sie auf Probleme hinweist, die Rawls' frühes Denken aufweist. Dies mag zunächst überkritisch anmuten, eröffnet aber wesentliche Fragestellungen, denen es nachzugehen gilt. Dennoch bleibt der Impetus Meilaenders hinsichtlich des Wertes von Rawls früher Arbeit sehr kritisch. Auch die Auseinandersetzung Jonathan Harmons mit „A Brief Inquiry Into the Meaning of Sin and Faith" folgt dieser kritischen Sicht.[643]

Peter Berkowitz nimmt die Publikation von Rawls' Frühwerk zum Anlass, die Frage nach den Wurzeln seines Liberalismus neu zu stellen. Er führt mithin in die Grundfrage der vorliegenden Arbeit ein, indem er das frühe Denken Rawls' als genetischen Fingerabdruck auch in der Geltung des reifen Werkes andeutet.[644] Während weithin davon ausgegangen wurde, dass der Liberalismus rein rationalen Prinzipien einer säkularen Logik folgt und damit ohne jeglichen Bezug auf religiöse Konstruktionen auskommt, betont Berkowitz die schon in den Vorlesungen Rawls' deutlich werdende Bezugnahme auf metaphysische Konzepte – namentlich bei Kant, dessen Ansatz er bekanntlich auf eine höhere Abstraktionseben heben wollte: „Therefore, it was of great interest to learn from the *Lectures* that in Rawls's view, Kant's moral philosophy, both celebrated and denounced for its rigorous rationalism, was only fully intelligible with a view to its religious dimension."[645] Auf den religiösen Einfluss, unter dem Kants Philosophie stand, in diesem Fall war es der Pietismus, wird immer wieder hingewiesen.[646] Dieser religiöse Einfluss wurde auch durch Rawls selbst in seinen Vorlesungen als wichtiger Faktor gedeutet.[647] Rawls'

---

[643] Vgl. HARMON, Jonathan: Review of John Rawls, A Brief Inquiry into the Meaning of Sin and Faith, in: PhilosSocCrit 37 (2011), 735-739

[644] Schon ohne das frühe Denken Rawls' zu kennen, betonte er an anderer Stelle die inhaltliche Prägung, die einen religiösen Hintergrund vermuten ließ, vgl. BERKOWITZ, Peter: The Ambiguities of Rawls's Influence, in: Perspectives on Politics 4 (2006), 121-133, hier 133: "Particularly intriguing is the question about foundations to which Rawls himself constantly returned and to which gave consistently conflicting indications. On the one hand, he suggests that the founding moral intuitions are all but self-evident. On the other, he holds that they rest on faith. Yet if good arguments can be made on behalf of both propositions, then what is most evident is the doubt about how precisely to understand liberalism's moral foundations. So it would be reasonable to pursue the stimulating thought that Rawls's freestanding liberalism is not only consistent with a variety of religious perspectives, as he emphasizes, but derives critical support from specific form of religious faith, which he gestures at. Perhaps Rawls's conflicting accounts can be reconciled, as the Declaration of Independence suggests, through the idea that a certain faith impels us to hold as self-evident the truth that all persons are by nature free and equal."

[645] BERKOWITZ, Peter: God and John Rawls, in: Policy Rev, Juni/Juli (2009), 83-90, abgerufen unter: http://www.hoover.org/publications/policy-review/article/5573 [letzter Zugriff: 17.02.2013]

[646] Vgl. FISCHER, Norbert: Kants Verhältnis zum christlichen Glauben, Theologie und Glaube 102 (2012), 25-44; vgl. weiterführend FISCHER, Norbert/ FORSCHNER, Maximilian (Hrsg.): Die Gottesfrage in der Philosophie Immanuel Kants, Freiburg im Breisgau 2010.

[647] Vgl. RAWLS, John: Geschichte der Moralphilosophie. Hume – Leibniz – Kant – Hegel, Frankfurt am Main 2002, 223: „Diese religiösen, ja pietistischen Aspekte von Kants Moralphilosophie sind offenkundig. Jede Darstellung, bei der diese Aspekte unberücksichtigt bleiben, übersieht viele wesentliche Seiten dieser Philosophie."

religiöse Bezüge aber sind für Berkowitz überraschend wenig beleuchtet worden, weswegen seinem frühen Werk eine Schlüsselaufgabe zukommt: „Rawls's undergraduate thesis does not in itself offer an answer to these fascinating questions, but it does provide an important piece to the puzzle."[648] So ist für Berkowitz gerade die Frage nach der Begründung von gleichen Rechten und der gleichen Würde des Menschen entscheidend, die heute so aktuell sei wie am Beginn allen ethischen Nachdenkens:

> „One can disagree with the young Rawls about Christian doctrine and human nature's defining features. However, his conclusion that serious moral and political theory must be grounded in, and constantly informed by, a defensible conception of human nature is as compelling today as it was when Rawls submitted his Princeton senior thesis. Indeed, it is as compelling as it was when Plato's Socrates made the case."[649]

Doch wie die Auseinandersetzung mit der theoretischen Konzeption von Rawls' Gerechtigkeitstheorie gezeigt hat, will er in seinem reifen Werk nicht an die Erkenntnisse und Überzeugungen seines frühen Werkes anknüpfen. Die innere Überzeugung, eine unabhängige Begründung liefern zu können, ließ Rawls wohl davor zurückschrecken, es Kant aber auch Sidgwick gleich zu tun, die beide zu einem religiösen Moment der Begründungstheorie zurückkehren mussten. Berkowitz versucht diese Frage auf zwei mögliche Antworten hin aufzulösen:

> „One possibility is that on this point the young Rawls and the mature Rawls diverge, and that the manifest achievement of Rawlsian liberalism refutes the young Rawls's Socratic conviction. Another possibility is that the mature Rawls relied upon but suppressed the religious understanding of human nature that gives life to his liberalism."[650]

Vor allem die zweite Antwort, die für Berkowitz dic offensichtlich reizvollere darstellt, würde eine völlig neue Sichtweise auf das Gesamtwerk Rawls' ermöglichen und dem religiösen Moment eine subtile, aber doch konstante und entscheidende Rolle zuweisen.[651] Bereits hier tritt also die erneut zu stellende Frage nach dem Verhältnis von Genese und Geltung in deutlicher Weise in Erscheinung: Wie wirkt sich die nun aufgedeckte religiöse Genese von John Rawls' Denken auf die späteren Werke aus? In welchem Verhältnis stehen Anfang und Ende seines Denkens? Auch wenn Berkowitz an dieser Stelle kei-

---

648 BERKOWITZ, Peter: God and John Rawls.

649 Ebd.

650 Ebd.

651 Weithman betont, dass Galston in eine ähnliche Richtung argumentiert, vgl. GALSTON, William: On Rawls, abrufbar unter: http://www.newrepublic.com/blog/william-galston/rawls# [letzter Zugriff: 18.02.2013]: "Still, one has to wonder whether the residuum of religious belief helped Rawls affirm the basics of his philosophy with more confidence than he otherwise could have mustered. Otherwise (and more bluntly) put: Rawls's religious background may account for the aspects of his political philosophy that I and many others find oddly otherworldly."

ne endgültige Antwort zu geben vermag, macht er doch deutlich, dass die Entdeckung des Frühwerkes zumindest die Frage nach den Grundlagen des Rawls'schen Liberalismus neu stellt.[652]

Zwei weitere Autoren können bezüglich der Rezeption des Frühwerkes Rawls' besonders herausgestellt werden, da ihre Auseinandersetzung noch einen weiteren qualitativen Sprung bedeutet. Zunächst lieferte Paul Weithman, dessen Dissertation über den Begriff von Sünde bei Thomas von Aquin von Judith Shklar und John Rawls betreut wurde, wesentliche Interpretationsschlüssel, die nicht nur Ausdruck in einer umfangreichen Rezension finden, sondern auch in einem wissenschaftlichen Artikel dargestellt sind. Weithmans Beitrag überzeugt zunächst durch interessante Zusatzinformationen, die die Entwicklung und die Exegese des frühen Textes Rawls' betreffen. Er zeigt nicht nur die kritischen Bezüge der Abschlussarbeit mit dem *Book of Common Prayer* auf [653], sondern weist auch auf die bereits durch Thomas Nagel versuchte Lokalisierung der genauen Bibelübersetzung hin, deren Ursprung wohl nicht mehr sicher festgestellt werden kann. Er zieht aus der vergeblichen Suche einen weiterführenden Schluss für die Einschätzung von Rawls' religiöser Bildung:

> „Like other people who had a religious education and whose families attended church regularly, Rawls would have had significant exposure to the Bible growing up, probably the King James Version. The biblical citations in his thesis look to me like those of someone who had a very retentive mind, who knew the Bible well and who – under the pressure of time – tried to quote it from memory."[654]

Tatsächlich scheint diese Erklärung stimmig zu sein, obwohl Rawls selbst betont, aus einer religiös lediglich konventionellen Familie zu stammen. Trotz dieses Umstands wird ihm spätestens während seiner Zeit auf der „Kent School" der Umgang mit der Bibel intensiv nahegebracht worden sein, auch wenn die Zeit für ihn intellektuell wenig fordernd und unkreativ war.

Obwohl Rawls' Arbeit im Ganzen ambitioniert ist und sein großes Talent deutlich aufscheinen lässt, äußert Weithman auch deutliche Kritik. So greift Weithman die These Adams' auf, dass die Sicht auf einige theologische Entwicklungen, allen voran jene, die Rawls Naturalismus nennt, durchaus als ein-

---

[652] Vgl. BERKOWITZ, Peter: God and John Rawls: "Such considerations provide more than ample reason for scholars to vigorously open or reopen the question of Rawlsian liberalism's – and the larger liberal traditions's – religious roots."

[653] Vgl. WEITHMAN, Paul: John Rawls. A Brief Inquiry into the Meaning of Sin & Faith, in: Notre Dame Philosophical Reviews. An Electronic Journal, August (2009), Anm. 9: "Let me make my doubts about the orthodoxy of the young Rawls more precise. The 1928 edition of the Book of Common Prayer, which is the edition Rawls would have grown up with, includes a Catechism with 'articles of faith'. Rawls commits himself to a number of the articles in the course of the thesis. While he does not deny any of the articles, the views expressed in A Brief Inquiry are consistent with the falsity of at least half of them. The catechism can be found on-line at: http://justus.anglican.org/resources/bcp/1928Standard/catechism.pdf."; vgl. dazu RAWLS, John: Über Sünde, Glaube und Religion, 275.

[654] Ebd., Anm. 2.

seitig eingeschätzt werden kann. In jedem Fall aber betont er, dass die Kenntnis seiner Frühschrift die Sicht auf sein Gesamtwerk deutlich verändern wird; zumindest für jene, die in seinem Werk eine areligiöse oder gar antireligiöse Variante des Liberalismus sahen. Weithman erkennt in der Auseinandersetzung mit der frühen Schrift gerade den Beweis, dass Rawls einigen Themen zeit seines Lebens treu bleibt: „I believe, on the contrary, that Rawls maintained a disciplined focus on a few questions he took to be central. Continuities of concern and motivation tie his mature work together […].“[655] Schon in dieser Rezension zeichnet er wesentliche Denkschritte nach, die das frühe und das spätere Werk Rawls' verbinden, wodurch sich Weithman zugleich gegen eine Hermeneutik eines Bruches wendet: „If we take Rawls's later descriptions of his earlier self at face value, we may well mistake the views of the thesis and read him as a thinker of clean breaks rather than continuous development."[656] Gerade die Begriffe der Gemeinschaft, der Person und der Freiheit stehen dabei im Fokus. Die Annäherung an diese Probleme geschieht, anders als in seinem Hauptwerk, theologisch. Weithman kann daraus aber nicht schließen, dass Rawls die politischen Probleme deswegen fremd sind; die theologische Beschäftigung ist der politischen Problemlösung lediglich vorgeordnet. In seiner frühen Arbeit drückt der junge Rawls aus, dass die innere Bekehrung zur Gemeinschaft jene Probleme, die die Politik institutionell zu lösen versucht, erst gar nicht entstehen lässt: „Figuring out what such a society would have to be like remained Rawls's driving concern, but he came to think that conversion to the type of Christianity found in his thesis is neither sufficient nor necessary […].“[657] Die Grundfrage wird von Rawls also anders beantwortet, er bleibt sich aber im Sinne der eigentlichen Motivation treu. Später steht die scheinbar selbstständige Begründung durch institutionelle Gerechtigkeit im Fokus der Beantwortung dieser Frage. Obwohl im Denken Rawls' für Weithman eine offensichtlich starke Entwicklung stattgefunden hat, betont er doch deutlich die bleibenden Grundintentionen im Werk John Rawls'.

In seinem Essay „On John Rawls's A Brief Inquiry Into the Meaning of Sin and Faith“[658] setzt Weithman das Denken in der Hermeneutik der Kontinuität fort, wenn er die grundsätzliche Teleologiekritik Rawls' und das Denken über die moralische Natur des Menschen bereits im Frühwerk verortet sieht. Dabei steht die Erkenntnis im Vordergrund, dass Rawls in seiner Abschlussarbeit eine Form des Christentums ablehnt, das eben solche teleologischen Ansichten hat. Weithman parallelisiert hier also jeweils die zwei diachronen Gegenpole von Rawls' Arbeiten: Auf der einen Seite steht ein, in der Diktion Rawls', naturalistisches Christentum, dem Rawls sein Konzept der Gemeinschaft und Entnaturalisierung – oder besser – Personalisierung entgegenstellt. Bei Rawls'

---

[655] Ebd.
[656] Ebd.
[657] Ebd.
[658] WEITHMAN, Paul: On John Rawls's A Brief Inquiry Into the Meaning of Sin and Faith, in: J Relig Ethics 40 (2012), 557-582.

späterem Denken ist es nach Weithman die Auseinandersetzung mit übergeordneten Zielen[659], denen Rawls in seiner Gerechtigkeitstheorie als Option die formale Bestimmung der vernünftigen Lebenspläne entgegenstellt. Auf diese Weise will Weithman den grundsätzlichen Mehrwert der Auseinandersetzung mit dem Frühwerk Rawls' verteidigen – namentlich gegen die Ansätze von Jonathan Harmon, Gilbert Meilaender und David L. Schaefer.

Schließlich muss in der Auseinandersetzung mit der Rezeption des Frühwerkes Rawls' die Arbeit von Priscilla McKenzie-Bok herausgestellt werden. Schon 2009 macht sie mit einer Rezension auf sich aufmerksam, die allein durch den Titel ihre Absicht deutlich macht, die bleibenden Verbindungen zwischen Früh- und Spätwerk aufzuzeigen. „When Rawls Met Jesus. How the Philosopher's Early Religious Beliefs Guided His Secular Thinking" zeigt zunächst deutlich, wie sehr Rawls mit religiösen Fragen auch persönlich vertraut ist: „...while in his later work Rawls keeps his own religious views to himself, in the thesis he wears them on his sleeve."[660] Die Kernbotschaft, die McKenzie-Bok bereits 2009 in dieser kurzen Rezension vertritt, ist ebenso wie bei Weithman die Hermeneutik der Kontinuität trotz offensichtlicher Ablösung von einem konkreten christlichen Glauben. Dennoch spitzt sie in diesem Zusammenhang zu, wenn sie unumwunden betont: „Though Rawls abandoned his religious views, some of the central themes of his undergratuate thesis appear in secular form in his later work."[661] Die Hermeneutik der Kontinuität erscheint hier in der Form eines formalistischen Wandlungsprozesses, während die materiale, thematische Ausrichtung in wesentlichen Punkten gleich bleibt. Im Zentrum dieser so verstandenen Kontinuität steht die bleibende Ablehnung des Naturalismus in Rawls' Diktion, die sich auch in der Ablehnung des Utilitarismus widerspiegele: „Utilitarianism is, in Rawls's sense, a form of naturalism."[662] Auch der Utilitarismus missachtet in den Augen Rawls' zutiefst die gemeinschaftliche Struktur der Person. In ähnlicher Weise werden dabei die Begriffe der Personalität und der Gemeinschaft beibehalten, die McKenzie-Bok ebenso wie Weithman als Konstanten im Werk Rawls' ansieht. Das gesellschaftliche Zusammenleben, das die Person ausmacht, die mit gleicher Würde und Freiheit ausgestattet ist, bestimmt weiterhin sein Denken, weswegen in seiner Gerechtigkeitstheorie in politischer Weise nach Gestaltung gefragt wird: „While he gave up his religious beliefs, he never abandoned this task."[663] Die Beschäftigung McKenzie-Boks mit dem Frühwerk Rawls' ist damit allerdings keineswegs abgeschlossen. Den herausragenden Punkt ihrer Auseinandersetzung mit dem jungen Rawls stellt nämlich ihre in der Folge

---

[659] Vgl. hier RAWLS, John: TG, §§ 83-85.
[660] MCKENZIE-BOK, Priscilla: When Rawls Met Jesus. How the Philosopher's Early Religious Beliefs Guided His Secular Thinking, in: Democracy. A Journal of Ideas 14 (2009), abrufbar unter: http://www.democracyjournal.org/14/6717.php?page=all [letzter Zugriff: 18.02.2013]
[661] Ebd.
[662] Ebd.
[663] Ebd.

angefertigte, bisher allerdings unveröffentlichte, ausgezeichnete[664] Abschlussarbeit an der Universität Harvard im Fach Geschichte dar, in der sie detail- und kenntnisreich die historischen Zusammenhänge von Rawls' Abschlussarbeit darstellt. „Does life need to be redeemed? The Religious Origins of John Rawls's Liberalism“ ist daher eine stark historisch ausgerichtete Arbeit, die die Bewertung einer bestimmten Zeit und damit auch ihres geistesgeschichtlichen Hintergrundes in den Forschungsfokus stellt. McKenzie-Boks Arbeit beginnt auf der personalen Ebene: Geschichte wird für sie dort lebendig, wo ihr ein Gesicht, eine Lebensgeschichte zugeordnet werden kann. Auf diese Weise findet sie einen einfachen, naheliegenden und gerade deshalb erhellenden Einstieg in die Frage nach der Entwicklung von Rawls' Denken und auch des gesamten Problemaufrisses der Arbeit. Im Kapitel „A Biographical Scetch of Rawls at Princeton“ geht sie dabei vor allem auf die universitäre Prägung ein. Wesentliche Erkenntnisse von ihr sollen auch in diese Arbeit einfließen. McKenzie-Bok, hier ganz historisch arbeitend, hat die Archive in Princeton nach weiterführenden Hinweisen und Spuren des Studenten John Rawls durchsucht und hat einige erstaunliche Ergebnisse zutage gefördert. Sie erlauben eine genauere Einschätzung des Glaubenswegs des jungen Philosophen. Zugleich aber zeigen sie bereits die Grenzen auf, die das Innere und den gesamten Wandlungsprozess nicht genau erkennen lassen können.[665]

Die Arbeit verfolgt dabei ein ganz wesentliches Ziel: Sie will eine Lücke in der bisherigen Rezeption schließen, die McKenzie-Bok in der ahistorischen Gegenüberstellung von Früh- und Hauptwerk verortet hat. Ein Fokus ihrer Forschung richtet sich daher zum einen auf den Entstehungskontext der Arbeit und zum anderen auf die unveröffentlichten Schriften in der Dekade nach dem Zweiten Weltkrieg. In letzteren sieht sie eine Brückenfunktion zwischen den scheinbar polaren Entwicklungsphasen Rawls'. Damit unterstützt sie die These der Kontinuität des religiösen Einflusses und wendet sich so gegen eine die jeweiligen Werke isolierende Sicht, die sie etwa in der Interpretation von Joshua Cohen und Thomas Nagel erkennt, denen sie ein interpretatives Vakuum unterstellt.[666]

Ihre historische Sichtweise fügt der bisherigen Rezeption damit tatsächlich eine höhere Erkenntnisstufe hinzu. Sie lehnt sich damit an die geschichtstheoretische Kontext-Interpretation von Quentin Skinner an, mit der sie die frühe Rawls-Schrift interpretiert:

---

664 Vgl. Faculty of Arts and Sciences 2010-2011, Student Prize Recipients, abrufbar unter: http://isites.harvard.edu/fs/docs/icb.topic884019.files/updated_2010-2011.pdf [letzter Zugriff: 21.02.2013]

665 Vgl. McKENZIE-BOK, Priscilla: Does life need to be redeemed? The Religious Origins of John Rawls's Liberalism, (Harvard University Archive) HUA, HU 92.2011.76, Cambridge 2011, 18-31.

666 Vgl. ebd., 6: “To read Rawls's thesis in a vacuum, populated only by the shadows of his future self and his future interlocutors, is to miss the rich traditions in which the thesis is actually grounded.”

> „Rawls's thesis, then, cannot properly understood when read as a precursor to *A Theory of Justice*; according to Skinner's reformulation of intellectual history, it must be read as the creation of the young Rawls, a product of its own time, in order to be interpreted historically.“[667]

Gerade Weggefährten und Schüler von Rawls müssten eben mit dieser Perspektive Schwierigkeiten haben, könnten sie doch McKenzie-Bok selbst vorwerfen, in ein interpretatives Vakuum geraten zu sein. Schließlich ist sie es, die das Ergebnis der Arbeit zunächst lediglich im zeitlichen Kontext stehen lassen will und von daher den Blick nach vorne richtet. Rawls' Untersuchung über Sünde und Religion ist aber gerade deswegen von größerem Wert, weil sie vor dem Hintergrund des Hauptwerkes von Rawls interessante Einblicke in seine Entwicklung zulässt. Der Versuch, deswegen vom Hauptwerk her auf die frühe Arbeit zu blicken, ist besonders naheliegend. Beide Blickwinkel aber haben ihre Berechtigung. In jedem Fall fügt McKenzie-Bok der Rezeptionsgeschichte so einen neuen erhellenden Aspekt hinzu.

In ihrer Arbeit geht sie dabei auf zwei wesentliche Einflussfaktoren für Rawls' Denken vor dem Zweiten Weltkrieg ein: Auch wenn er – und dies ist das Bemerkenswerte an seiner frühen Arbeit – ein sehr eigenständiges System entwirft, beeinflussen ihn besonders die Werke von Reinhold Niebuhr und Emil Brunner. Auch McKenzie-Bok stellt diese beiden Denker in besonderem Maße in den Vordergrund, wenn es um den ideengeschichtlichen Entstehungskontext der Arbeit geht. Auch die vorliegende Arbeit wird daher die beiden Autoren als wesentliche Einflussfaktoren genauer herausstellen müssen. McKenzie-Bok lässt aber auch andere wesentliche Einflüsse nicht ungenannt: Vor allem Philip Leon und seinem heute fast vergessenen Werk „The Ethics of Power“[668] verdankt Rawls die für ihn wichtige Unterscheidung zwischen *egoism* und *egotism.* Während *egoism* die Selbstliebe meint, die uns nach Befriedigung unserer natürlichen Neigungen antreibt, meint *egotism* die Selbstliebe, die sich in der personalen Überlegenheit zeigt und daher als Geltungssucht bezeichnet werden kann. Für Leon ist Letzteres die eigentliche Ursache des Bösen, da sie den je anderen Menschen aktiv herabsetzt.[669] Zum großen Einfluss Leons hinsichtlich Rawls' Anthropologie kann McKenzie-Bok pointiert festhalten: „Leon's account of egotism helped Rawls to establish an important claim: the idea that evil is somehow woven into human personality, not as an defect but as an unavoidable potentiality of relations between

---

[667] Ebd. 10.

[668] LEON, Philip: The Ethics of Power, London 1935.

[669] Vgl. MCKENZIE-BOK, Priscilla: Does life need to be redeemed?, 35f.: "According to Leon, egoism is the sort of 'self-love' which prompts humans to satisfy their natural appetites. Egotism, in contrast, is self-love distorted into 'live of the self's positions, supremacy, or superiority'. […] Leon argued that egotism, not egoism, is the source of evil between human beings, since the egoist may temporarily forget about others in pursuit of a natural appetite but the egotist will actively subjugate others for the sake of achieving supremacy."

persons."[670] Damit greift der junge Rawls mit dem Sündenbegriff ein wesentliches theologisches Topos seiner Zeit auf, das besonders auch bei Reinhold Niebuhr seinen Niederschlag findet.

Hinsichtlich Niebuhrs Werk verweist McKenzie-Bok besonders auf „The Nature and Destiny of Man"[671]. Nachdem sie sich dem Begriff der Neo-Orthodoxie kritisch nähert, stellt sie die Bezugnahmen zu Niebuhrs Denken in Rawls' früher Arbeit dar.

Dabei weist sie zugleich darauf hin, dass Rawls über Niebuhrs Ansatz hinaus nach einer Lösung dieser Verstrickung des Menschen in der Sünde sucht.[672] Auch wenn sich Niebuhrs Denken nicht allein auf den Sündenbegriff fokussiert, ist die Beschäftigung mit der Sünde vor allem in dem von Rawls zu seinen Hauptquellen gezählten „The Nature and Destiny of Man" aus dem Jahr 1941 herauszustellen. Es gehörte damit gleichzeitig zu den neuesten Quellen, die Rawls verwendete.[673] McKenzie-Bok weist darauf hin, dass sich zwischen der Arbeit Rawls' und Niebuhrs Ansatz zunächst vor allem strukturelle Parallelen ergeben: Niebuhr diagnostiziert eine Krise des Idealismus, für ihn also jene Denkrichtung, die das spezifisch Menschliche in der Vernunftbegabung verortet, und des Naturalismus, einer Sicht auf den Menschen, die ihn materialistisch definiert, die nur durch eine christliche Option aufgelöst werden kann.[674] Obwohl Rawls den Begriff des Naturalismus in seiner Abschlussarbeit in anderer Weise versteht, besteht zwischen den Ansätzen Rawls' und Niebuhrs doch Einigkeit darin, dass eine wesentliche Dimension des Menschlichen den kontemporären Anthropologien fehlt. Während Niebuhr dieses fehlende Element allerdings in der individuellen Freiheit durch das christliche Verständnis der Einheit von Leib und Seele verorte, betone Rawls die Begriffe von Personalität und Gemeinschaft.[675] Trotz dieser strukturellen Anlehnung ergeben sich für McKenzie-Bok aber auch wesentliche Unterschiede: Gerade zentrale Begriffe werden inhaltlich anders konnotiert und ausgelegt, selbst an Stellen an denen sich Rawls auf Niebuhr bezieht. Während so beispielsweise für Niebuhr die Angst (*anxiety*) die anthropologische Voraussetzung für Sünde ist, versteht Rawls sie als Folge der Sünde, die in Einsamkeit mündet, nachdem man die Gemeinschaft mit Gott und den Menschen geschädigt hat.[676] Der

---

670 Ebd., 37.

671 NIEBUHR, Reinhold: The Nature and Destiny of Man. A Christian Interpretation, New York 1941 (1964).

672 Vgl. MCKENZIE-BOK, Priscilla: Does life need to be redeemed?, 32.

673 Allerdings stellt McKenzie-Bok zurecht die nicht erfolgte Rezeption des zweiten Bandes heraus, vgl. ebd. 40f.: "As a result of Niebuhr's activities in support of the war, however, he did not publish the second volume until January 1943, one month after Rawls turned in his thesis [Anm. 27]. So although Niebuhr had urged his readers not to judge the first book before reading the second, only the first volume informed the view of Niebuhr presented in Rawls's thesis [Anm. 28]."

674 Vgl. ebd., 41.

675 Vgl. ebd., 43f.

676 Vgl. ebd., 45.

zentrale Sündenbegriff wird ebenfalls anders verstanden: „So for Niebuhr, sin was the prideful assertion of the individual self in place of God, while for Rawls sin was the crime of destroying community by not acknowledging the full personhood of others."[677] Für Rawls steht immer wieder offensichtlich die Gemeinschaft und die Gefahr ihrer Zerstörung im Zentrum des Sündenbegriffes. Es wird damit keine klassische vertikale Struktur der Sünde vorgetragen, die das Verhältnis von Gott und Mensch in den Vordergrund stellt, sondern ein mehrdimensionaler Sündenbegriff, der durch menschliche Beziehungen und der daraus entstehenden Gemeinschaft gedacht wird. Niebuhrs Ansatz ist mehr analytisch ausgerichtet, während Rawls nach konkreten Lösungen sucht, den Status der Sünde zu überwinden: „To redeem life, the life of human persons enmeshed in community, Rawls turned to the work of Emil Brunner."[678] Von Brunner übernahm Rawls die Idee einer vermittelnden Gemeinschaft: „Brunner's vision of Christian community, which Rawls adopted, was grounded in Brunner's conviction that a ‚point of contact' between God and human beings was possible."[679] In diesem Sinne wandte sich Rawls vom Grundanliegen der „Theologie der Krise", der Diagnose der Sünde, ab und verfolgte einen lösungs-, ja erlösungsorientierten Ansatz: „...the redemptive vision of a renewed community between God and all human persons."[680] Im Kapitel über das Verhältnis zwischen Rawls' Denken und Brunners Werk geht McKenzie-Bok nicht nur auf die Kontroverse zur natürlichen Theologie und Gotteserkenntnis sowie dem damit verbundenen Offenbarungsbegriff zwischen Karl Barth und Emil Brunner ein[681], sondern zeigt auch konzis die Verbindungspunkte auf, die in einer grundlegenden Erkenntnis münden: „When Rawls described the ‚nexus' of personal relations between God and all people, he imitated Brunner."[682] Tatsächlich entwickelt Brunner einen dezidiert dialogischen Personalismus[683], der den Personenbegriff als Relationsmodell denkt.[684] McKenzie-Bok stellt zudem klar heraus, das selbst das relationale Denken Bubers, lediglich vermittelt durch Brunners Werk, in die Arbeit des

---

[677] Ebd., 46.
[678] Ebd., 50.
[679] Ebd., 51.
[680] Ebd., 52.
[681] Vgl. ebd. 52-56; vgl. auch BRUNNER, Emil: Natur und Gnade. Zum Gespräch mit Karl Barth, Tübingen 1935²; vgl. dazu die zusammenfassende Darstellung von OKAYAMA, Kotaro: Zur Grundlegung christlicher Ethik. Konzeptionen der Gegenwart im Lichte des Analogie-Problems, Berlin 1976, 11: „Der entscheidende Streitpunkt über die Möglichkeit der Gotteserkenntnis aus der Schöpfung zwischen Barth und Brunner scheint [...] die Frage nach der Funktion der Gottesoffenbarung in Christus zu sein. Für Barth ist es selbstverständlich, daß der sich offenbarende Gott immer den verborgenen Gott voraussetzt."
[682] MCKENZIE-BOK, Priscilla: Does life need to be redeemed?, 56.
[683] Vgl. zur Rezeption der dialogischen Philosophie bei Brunner: LEINER, Martin: Gottes Gegenwart. Martin Bubers Philosophie des Dialogs und der Ansatz ihrer theologischen Rezeption bei Friedrich Gogarten und Emil Brunner, Gütersloh 2000, 257-276.
[684] Vgl. JEWETT, Paul King: Emil Brunner's Concept of Revelation, London 1954, 77-82; vgl. ebenso LANGEMEYER, Bernhard: Der dialogische Personalismus, Paderborn 1963, 109-141.

jungen Rawls einfloss.[685] Darüber hinaus ergibt sich hier zugleich die Verbindung zu Sören Kierkegaard, den Rawls ebenfalls als Quelle verwendet: „In Brunner's view, Kierkegaard was the originator of the idea that the individual's sense of existence is only defined in relation to another […]. It was likely Brunner who inspired Rawls to turn to Kierkegaard […].“[686] Der Adaption Kierkegaards ist es dann auch geschuldet, dass Rawls von der Idee einer absolut liebenden Hinwendung Gottes zum Menschen ausgehen kann, die in der Inkarnation Gottes ihren Niederschlag findet, um dem Menschen zu begegnen und Gemeinschaft zu ermöglichen.[687] Auch menschliche Gemeinschaft ist auf das Ideal der Begegnung in Gleichheit angewiesen, wozu *egotism* dann auch genau den Gegenpart darstellt.

Schließlich verweist McKenzie-Bok auf den Einfluss von Anders Nygren und sein Werk „Agape und Eros“[688] und die darin zum Ausdruck kommende kritische Haltung zur Verbindung von christlicher Offenbarung mit antiken philosophischen Konzepten.[689] Neben der historisch wertvollen Darstellung der wissenschaftlichen Entwicklung in Princeton nach dem Zweiten Weltkrieg[690] widmet sich McKenzie in einem kurzen Abschnitt abschließend den Cornell Lectures von Rawls in den fünfziger Jahren.[691]

McKenzie-Bok interpretiert die Lebensgeschichte Rawls' als exemplarische Geschichte der geistesgeschichtlichen Wendungen des 20. Jahrhunderts. Trotz dieser Wendungen ist sich John Rawls, so McKenzie-Bok, in einer bestimmten, fragenden Weise treu geblieben. „Does life need to be redeemed" ist, obwohl unveröffentlicht, die bisher tiefgreifendste Studie zu Rawls' Denken, was die vierziger und fünfziger Jahre betrifft, und füllt damit tatsächlich eine Lücke in der bisherigen Rawls-Forschung. Von daher ist es zu verschmerzen, dass nur andeutungsweise dic konkreten Verbindungen zwischen Früh- und Hauptwerk gezogen werden. Priscilla McKenzie-Bok ist es mit ihrer Arbeit eindrucksvoll gelungen, wesentliche Entwicklungsschritte und Quellen des frühen Denkens von John Rawls zu erschließen und diese mit weiterführenden Fakten aus seiner Studienzeit zu bereichern.

Im Anschluss an McKenzie-Boks Abschlussarbeit in Harvard entstand im Rahmen einer Fachtagung anlässlich des 10. Todestages John Rawls' an der Universität Yale im November 2012 ein weiterer Artikel, der einen anderen Einzelaspekt des frühen Denkens verdeutlicht. In „Personhood and the Nature of Morality in the Early Rawls“ geht McKenzie-Bok auf einen der wichtigsten Teilbereiche der bleibenden Beschäftigung des frühen wie des reifen Rawls

---

685 Vgl. McKENZIE-BOK, Priscilla: Does life need to be redeemed?, 63.
686 Ebd.,64.
687 Vgl. ebd., 65f.
688 Vgl. die deutsche Ausgabe von NYGREN, Anders: Agape und Eros, Berlin 1955.
689 Vgl. McKENZIE-BOK, Priscilla: Does life need to be redeemed?, 67ff.
690 Vgl. ebd., 74-109.
691 Vgl. ebd., 110-128.

ein: die Betonung der Anerkennung des Personalitätsprinzips.[692] Neben den Arbeiten Paul Weithmans erarbeitete sie damit fraglos die wesentliche Bezugsquelle in der Beschäftigung mit dem frühen Rawls.

3.1.4 Jenseits von Amerika: Habermas und der frühe Rawls

Kurz soll an dieser Stelle die deutschsprachige Rezeption von Rawls' Frühwerk aufgegriffen werden. Dabei fokussiert sich diese, abgesehen von den wenigen Besprechungen der Publikation im englischen Original[693] oder in deutscher Sprache im Jahr 2010[694], vor allem auf den Beitrag, den Jürgen Habermas in Reaktion auf Rawls' *senior thesis* lieferte.[695]

Habermas liest die „historische Quelle" selbstverständlich vor dem ihm vor Augen stehenden Hauptwerk, wenn er auf die „starken normativen Grundbegriffe" im Politischen Liberalismus Rawls' und an die gleichsam „dogmatische Weichenstellung" hinsichtlich der Begriffe wie „Person" und „Gesellschaft" in der Theorie der Gerechtigkeit hinweist. Begründet habe Rawls diese normative Weichenstellung allerdings vornehmlich mit Immanuel Kant und Georg Wilhelm Friedrich Hegel. Mit Letzterem begründe Rawls gerade das soziale Prinzip des menschlichen Wesens.[696] Genau hier setzt nach Habermas die Erkenntniskraft der neu entdeckten Arbeit des jungen religiösen Rawls an, wenn er betont: „Nun zeigt die neu entdeckte historische Quelle, dass sich Rawls nicht erst durch Kant und Hegel von diesen Prämissen hat überzeugen lassen müssen."[697] Und besonders im Zusammenhang der vorliegenden Untersuchung von Genese und Geltung ist wichtig, dass Habermas festhalten kann:

---

[692] Vgl. MCKENZIE-BOK, Priscilla: Personhood and the Nature of Morality in the Early Rawls, abrufbar unter: http://www.yale.edu/macmillan/globaljustice/rawlsPapers/BOK_EarlyRawlsPersonhood.pdf [letzter Zugriff: 31.01.2014]

[693] Vgl. KEMMERER, Alexandra: Das höchste Gut bleibt außen vor, in: FAZ, 26.09.2009, abrufbar unter: http://www.faz.net/aktuell/feuilleton/buecher/rezensionen/sachbuch/john-rawls-a-brief-inquiry-into-the-meaning-of-sin-and-faith-das-hoechste-gut-bleibt-aussen-vor-1824802.html [letzter Zugriff: 10.09.2012]

[694] Vgl. etwa die Rezension des evangelischen Theologen Martin Hailer, der prägnant die wichtigsten Leitlinien des Bandes zusammenfasst und zudem auf die teilweise missverständlichen Übersetzungen aus dem Englischen aufmerksam macht: HAILER, Martin: Rezension zu „John Rawls – Über Sünde, Glaube und Religion", in: Das Argument (2010), 873-874; WENZEL, Uwe Justus: Gewichtungen. John Rawls und die Religion, in: NZZ, 4.10.2010, abrufbar unter: http://www.nzz.ch/aktuell/startseite/gewichtungen-1.7800729[letzter Zugriff, 10.09.2012].

[695] Vgl. HABERMAS, Jürgen: Das ‚gute Leben' eine ‚abscheuliche Phrase'. Welche Bedeutung hat die religiöse Ethik des jungen Rawls für dessen politische Theorie?, in: RAWLS, John: Über Sünde, Glaube und Religion, 315-336. Ersterscheinung in: Deutsche Zeitschrift für Philosophie 58 (2010), 797-809; die Seitenangaben beziehen sich im Folgenden auf die letzte Angabe.

[696] Vgl. ebd., 798.

[697] Ebd.

„Von den Grundüberzeugungen dieser allerdings ganz aus christlichem Geist entworfenen Ethik zehren auch noch die scheinbar dogmatischen Anfänge der ausgearbeiteten Politischen Theorie."[698] Habermas geht also von einer dezidierten Persistenz der frühen Ideen im späteren Werk aus. Zwar diagnostiziert Habermas in Rawls' Bachelorarbeit eine „selektive Sicht" auf Person und Gesellschaft, die eine „institutionelle Dimension" ausblendet. Dennoch sieht er hier bereits den normativen Nährboden für Rawls' spätere Entwicklung angelegt:

> „Schon hier begegnet uns die charakteristische Verbindung eines kompromisslosen Individualismus verantwortlicher Lebensführung mit der vorbehaltlos egalitären Inklusion aller Einzelnen in das soziale Netz von reziproken Anerkennungsbezeugungen."[699]

Jürgen Habermas sieht gerade das im Frühwerk Rawls' herausgestellte dialogische Prinzip als bemerkenswerte Erkenntnis an, die beim reifen Rawls nicht zum Tragen kommt. Rawls sollte, so Habermas, die „kommunikativ vermittelten Interaktionen" später „aus den Augen verlieren".[700] Für Habermas aber ist gerade diese kommunikationstheoretische Ausrichtung der Kern der religiösen Ethik des jungen Rawls.

Im zweiten Abschnitt geht Habermas auf die „triadische Struktur" ein, die Rawls als gemeinschaftsbildend betont und die für den Gesamtentwurf seines Werkes höchste Wichtigkeit erlangt. Dabei ist die interpersonale Beziehung eingebettet in die vertikale Beziehung mit Gott. Habermas ist sich sicher:

> „Sie [die triadische Struktur, Anm.d.A.] bestimmt nämlich die vier Aspekte, die nicht nur für die religiöse Ethik des jungen Rawls wesentlich sind, sondern gleichermaßen für die säkulare, ‚aus Vernunft allein' begründete Sollensethik kantischer Prägung wesentlich bleiben – und somit auch für Rawls spätere Politische Theorie."[701]

Mit den vier Aspekten meint Habermas zunächst die streng deontologische Ausrichtung, die sich in „unbedingten", also mithin absoluten moralischen Werten zeigt und zum zweiten die absolute personale Würde, die das Individuum zwar nicht von ihrem sozialen Kontext, also der Gemeinschaft, ablöst, es aber doch als zugleich verantwortlich und unverletzlich kennzeichnet. Hier verweist Habermas wie bereits Weithman und McKenzie-Bok auf die bleibende Gegnerschaft Rawls' zum Utilitarismus. Der dritte und vierte Aspekt sind aufeinander bezogen und verweisen auf die „radikale Gleichbehandlung" der Personen, was bereits auf eine egalitär-universalistische Entwicklung hindeutet. Schließlich nennt Habermas die „vollständige Inklusion" als zunächst religiöse „Bundesgenossenschaft", die sich später in einer säkularen Antidiskri-

---

[698] Ebd., 798f.
[699] Ebd.
[700] Ebd.
[701] Ebd., 801.

minierung eines anderen durch die Gesellschaftsmehrheit wiederfindet. Mit Blick auf die bleibenden Hauptmotive in Rawls' Werkgeschichte – deontologischer Absolutheitsanspruch, striktes Personalitätsprinzip, universalistischer Egalitarismus, Inklusion – stellt Habermas fest: „In der Werkgeschichte von John Rawls wiederholt sich eine philosophische Umformung religiöser Gedanken, wie sie als erster Kant vorgenommen hat."[702] Im säkularen Denken Rawls' steht demnach nicht mehr Gott als übergeordnete und alles überwölbende Größe im Zentrum der Einheit, sondern die menschliche Vernunft, die kraft ihrer Autonomie ethische Fragen beantworten kann. Für Habermas wird die „kategorische Geltung" aber trotzdem durchgehalten; sie wird der „praktischen Vernunft internalisiert". Die Transzendenz wird weltlich und bleibt doch Transzendenz, weil sie weiterhin Objektivität fordert. Die für Habermas hier „sublimierte" Umwertung des „Gottesstandpunktes", findet ihren Widerhall auch in der strukturellen und operativen Begründung von Gerechtigkeit im späteren Werk Rawls'.[703]

Schließlich wendet sich Habermas noch einem anderen Aspekt im Zusammenhang der Entdeckung dieser Arbeit zu. Rawls widme sich, so meint Habermas, nach den Auseinandersetzungen um seine Theorie der Gerechtigkeit mehr und mehr auch der Frage nach der Rolle der Religion im liberalen Verfassungsstaat: „Schließlich gelangt er zu der Auffassung, dass die liberale Gerechtigkeitskonzeption in einem Gemeinwesen erst dann Fleisch und Blut gewinnt, wenn sie in religiösen und weltanschaulichen Kontexten Halt findet."[704] Die Anerkennung seiner Theorie durch einen überlappenden Konsens verschiedener weltanschaulicher Gruppen bringt Habermas dazu, darin ein Fortwirken von Rawls' religiöser Prägung zu vermuten: „Moralische Überzeugungen lassen sich, wenn sie ihre existenziell tragende und motivierende Kraft nicht einbüßen sollen, vom dichten Kontext einer ‚umfassenden' religiösen oder metaphysischen Lehre nicht abtrennen."[705] Dies wirft für Habermas ein neues Licht auf den Einfluss der Religion als Ursprung einer liberalen Wert- und Gesellschaftsordnung und auch auf deren bleibende Rolle innerhalb moderner Gesellschaften. Rawls trägt der Erkenntnis Rechnung, dass die „Säkularisierung des Staates" nicht gleichbedeutend mit einer „Säkularisierung der Gesellschaft" ist.[706] Ganz am Ende gibt Habermas bereits die Richtung vor, die auch die vorliegende Arbeit schließlich einschlagen muss. Indem Rawls der Religion eine kognitive Funktion in der Anerkennung von Verfassungsprinzipien zuspricht, verwässert er die Alleinstellung der Vernunft. Habermas stellt daher fest:

[702] Ebd., 803.
[703] Vgl. ebd., 804f.
[704] Ebd., 806.
[705] Ebd.
[706] Ebd., 807.

> „Es bleibt unklar, ob der überlappende Konsens der Glaubensgemeinschaft nur für die faktische Anerkennung, also die Stabilität einer in Kraft gesetzten Verfassung, nötig ist oder auch für die Anerkennungswürdigkeit, also die Geltung der Verfassungsprinzipien, selbst.“[707]

Die philosophische Übersetzungsleistung von religiöser Motivation findet ihren Ausdruck bei Rawls in neuer Weise in seiner Gerechtigkeitstheorie innerhalb des Politischen Liberalismus. Durch die Entdeckung und die Beschäftigung mit seinem Frühwerk ist nun für Habermas verständlicher, warum die Rolle der Religion bei John Rawls bleibende Relevanz besitzt. Die Problematik aber um das Verhältnis von Genese und Geltung ist damit vollends aufgeworfen. An dieser Stelle gilt es anzusetzen und mit Blick auf Rawls' frühestes Werk zu fragen, welches Verständnis von religiöser Einbettung vor dem Hintergrund der Abschlussarbeit wirklich lokalisiert werden kann.

Der Blick der meisten Autoren, die sich bisher mit dem frühen Werk Rawls' beschäftigt haben, entstammt mehrheitlich einer philosophischen, bei Bok einer dezidiert historischen Perspektive. Man kann zusammenfassend kurz festhalten: Alle Autoren machen auf die innere Spannung im Werk Rawls' aufmerksam. Dabei steht die Hermeneutik des Bruchs mehrheitlich im Vordergrund, während die bleibenden Bezüge und grundlegenden Fragestellungen zwischen beiden Werkepochen besonders bei Weithman und McKenzie-Bok, aber eben auch bei Habermas hervorgehoben werden. Keiner der Autoren kann sich der Faszination entziehen, die gerade diese unerwartete Erkenntnis der Entdeckung des religiösen Rawls bietet. In der Verbindung mit dem Essay „Über meine Religion“ stellt das Werk Rawls' in seiner Gesamtschau gerade die Idealsituation dar, den Doppelbegriff von Genese und Geltung exemplarisch an ihm zu entwickeln. An die hier dargestellte amerikanische und wesentlich begrenztere deutschsprachige Debatte, die bereits wesentliche Interpretationsmomente geliefert haben, muss daher jede neue Auseinandersetzung anknüpfen – so auch die vorliegende Arbeit.

Eine Sicht der katholischen Theologie auf das frühe Werk soll hier nun anfanghaft geleistet werden. Dabei soll besonders auch Rawls' vielschichtige Auseinandersetzung mit Augustinus und Grundfragen der Theologie herausgestellt werden. Auch sollen grundlegende Ansichten Rawls' kritisch hinterfragt werden, die er in „Über Sünde und Glaube“ mit großem Selbstbewusstsein vorträgt.

[707] Ebd., 808.

3.2 Zwischen Glaube und Verlust: Biographische Einschnitte bei John Rawls

Der Blick auf die äußeren Lebensumstände von John Rawls bildet keineswegs seine Person in ihrer Gesamtheit als solche ab. Der hier vorgelegte Abschnitt will also in keinem Fall psychologisieren, aber doch den bescheidenen Versuch unternehmen, zugängliche Lebensereignisse und frühe Erfahrungen des Philosophen zu interpretieren und in den Zusammenhang der thematischen Abfolge dieser Arbeit einfließen zu lassen. Dabei wird sich dieser Abschnitt vor allem auf die autobiographischen Aufzeichnungen Rawls' selbst stützen, die im Archiv der Universität Harvard in seinen Unterlagen zu finden sind. Dabei war Rawls selbst, ob aus Koketterie oder – viel wahrscheinlicher – aus Bescheidenheit, nicht zu bewegen, eine Autobiographie zu schreiben.
Es blieb daher bei wenigen Seiten, denen er den simplen Titel „Just Jack" gab – so wie er von engen Freunden genannt wurde.[708] Daneben dienen auch die kurzen, aber pointierten Schilderungen von Thomas Pogge[709] als vorzügliche Quellen, da er sich auf Interviews mit Rawls selbst stützt. Als neueste Quelle wird die noch unveröffentlichte Arbeit Priscilla McKenzie-Boks[710] verwendet, die neuere Erkenntnisse besonders hinsichtlich der Zeit in Princeton beisteuern kann.

Der Fokus soll dabei, und dies ist selbstverständlich der Thematik der vorliegenden Arbeit geschuldet, den Blick auf die Frage lenken, wie es zur Wandlung Rawls' von einem stürmischen Verfechter des Glaubens zu einem säkular argumentierenden Philosophen kommen konnte. Nicht zuletzt ragt ein Text in diesem Zusammenhang besonders heraus: Mit „Über meine Religion" (im englischen Original: „*On my Religion*"[711]) legte Rawls ein abschließendes und erhellendes, wenn auch schwierig zu interpretierendes Zeugnis seiner religiösen Selbsteinschätzung und seines inneren Weges vor, das wesentliche Erkenntnisse hinsichtlich seiner Entwicklung ermöglicht.

John Boardley Rawls wurde am 21. Februar 1921 in Baltimore/ Maryland (USA) als zweiter von fünf Söhnen geboren.[712] Sein Vater William Lee Rawls, geboren 1883, und seine Mutter, Anna Abell Stump, waren stark poli-

---

[708] Vgl. RAWLS, John: Autobiographical Notes – John Rawls, in: Papers of John Rawls, Folder 12, Box 42.

[709] Vgl. POGGE, Thomas: John Rawls, 11-35.

[710] Vgl. MCKENZIE-BOK, Priscilla: Does life need to be redeemed?, 18-31.

[711] Vgl. RAWLS, John: A Brief Inquiry, 259-269.

[712] William Stowe war der ältere Bruder Johns. Robert Lee, der nur eineinhalb Jahre jünger als Rawls war, war derjenige Bruder, mit dem er das beste Verhältnis hatte. Es folgten Thomas Hamilton und Richard Howland, letzterer 12 Jahre jünger als John, vgl. RAWLS, John: Autobiographical Notes – John Rawls, in: Papers of John Rawls, Folder 12, Box 42.

tisch engagiert. Seine Mutter setzte sich als Präsidentin der *Baltimore League of Women Voters* für das Wahlrecht der Frauen ein.[713]
Hier mag eine der Ursachen für Rawls' Bemühungen liegen, sich auch für die Gleichberechtigung der Frau an den Universitäten einzusetzen. Durch die juristische Tätigkeit des Vaters lebte die Familie in einer wohlsituierten Lage und hatte in der Zeit um Johns Geburt auch ein einfaches Ferienhaus in Brooklin/Maine erworben. John Rawls verbrachte dort jeden Sommer bis zum Zweiten Weltkrieg.[714] Thomas Pogge hält in diesem Zusammenhang eine wichtige Erfahrung von Rawls fest, die auch wesentliche Ziele seines späteren Denkens beeinflusst haben könnte:

> „Hier wurde John mit armen Weißen konfrontiert, den sogenannten Eingeborenen (natives), die das Sommerhaus instandhielten. John hatte einige ‚eingeborene' Spielgefährten, und es fiel ihm auf, daß sie ganz andere Bildungsmöglichkeiten und Lebenschancen hatten als er selbst. John hat diese Kindheitserfahrungen nie vergessen. Er ist sich bewußt, allerlei unverdiente Privilegien genossen zu haben, die in einer freiheitlichen demokratischen Gesellschaft nicht so ungleich verteilt sein sollten."[715]

Besonders zwei Aspekte können hier bereits unterstrichen werden, die Rawls später deutlich aufgriff: Die Idee vom eigenen Verdienst an der gesellschaftlichen Stellung einerseits und das Problem der unterschiedlichen Verteilung von Chancen in einer Gesellschaft andererseits. Beides sind wesentliche Motive des späteren Werkes.

In den Jahren 1928 und 1929 erkrankte John Rawls an Diphterie und steckte damit seinen Bruder Robert an. Während John Rawls die Krankheit überlebte, starb sein jüngerer Bruder daran. Rawls gibt an, dass er sich an diese Zeit, obwohl selbst noch nicht vollständig genesen, eindrücklich erinnert:

> „I remember vividly the day he was buried. […] I saw his bed was empty. I knew instinctively that he had died, and that the house was quiet because the rest of the family was at the funeral. I started to cry inconsolably, all the more so when Nannie said to me that Bobby was better off than I was. What thing to tell a child!"[716]

Dies ist offensichtlich das erste einschneidende Erlebnis, das John Rawls sein Leben lang beschäftigte, zumal er sich nicht unschuldig am Tod seines Bruders fühlte.[717]

Kurz nach seiner Genesung von der Diphterie erkrankte John an einer Lungenentzündung. Diesmal steckte sich der jüngere Bruder Thomas an und starb in Folge der Krankheit: „So once again one of my younger brothers had died

[713] Vgl. ebd.
[714] Vgl. ebd.
[715] POGGE, Thomas: John Rawls, 14f.
[716] RAWLS, John: Autobiographical Notes – John Rawls, in: Papers of John Rawls, Folder 12, Box 42.
[717] Vgl. auch POGGE, Thomas: John Rawls, 12.

of an illness he caught from me. Or so I long thought, seeing myself as guilty, and hence as responsible for my own isolation and loneliness."[718] Welche persönliche Belastung diese beiden Todesfälle für den jungen John darstellten, ist offensichtlich. Er fühlte sich nicht nur schuldig für den Tod seiner beiden Brüder, sondern empfand das Zurückbleiben als bedrückend, weil er nun seine eigene Einsamkeit verursacht hatte. Noch Jahre später beschäftigten ihn diese Vorkommnisse. So berichtet Rawls von einem Gespräch aus dem akademischen Jahr 1969-1970: „...Howard Schneiderman, a psychotherapist and also a Fellow at the Center, told me, after listening to how I described my brothers' deaths, that I clearly felt guilty, after all these years. Perhaps he was right."[719]

Rawls' Schulbildung begann von 1927 bis 1933 an der Calvert School in Baltimore. Danach besuchte er zwei Jahre die öffentliche Roland Park Jr. High[720], um dann die Kent School zu besuchen. Es lohnt sich, besonders auf die letzte Schulstation zu blicken: Die Kent School in Connecticut war eine private episkopale Bildungseinrichtung der High Church, die von Father Sill, Mitglied des Order of the Holy Cross, betreut wurde.[721] Rawls berichtet von einem strengen und unfairen Regiment mit geringer Freiheit und dem verpflichtenden täglichen und sonntäglich zweimal stattfindenden Gottesdienstbesuch: Obwohl kein schlechter Schüler, hatte er keine besonders positive Erinnerung an diese Zeit. Eine eingehende Reflexion dieser Jahre hatte Rawls zwar geschrieben – Anlass war das fünfzigste Jahrestreffen seines Jahrganges –, diese aber nicht in seinem Nachlass hinterlegt. 1939 schloss er dort die Schule ab. Er verbindet dieses persönliche Ereignis aber zugleich mit der kurz darauffolgenden Nachricht „that Hitler had just invaded Poland"[722] und damit dem Beginn des Zweiten Weltkriegs.

Ein sehr interessanter Einblick bietet auch der Abschnitt „My moment of Work"[723]: Johns wohlhabender Vater wollte eine geplante Segeltour mit Freunden aus dem College nicht einfach bezahlen. Rawls notiert dazu: „To my surprise and chagrin, he said it would do me good to go to work for a change and to pay as much as I could myself. [...] for about six weeks, I found out what work was, never to try it again!"[724] Rawls fand also im Sommer 1941 einen Ferienjob in einer Fabrik, wo er einfache Tätigkeiten ausführen musste.

[718] RAWLS, John: Autobiographical Notes – John Rawls, in: Papers of John Rawls, Folder 12, Box 42.

[719] Ebd.

[720] Vgl. POGGE, Thomas: John Rawls, 13: „Sein Vater war zu dieser Zeit ehrenamtlicher Aufsichtsratspräsident des öffentlichen Schulwesens von Baltimore und wollte deshalb seinen Sohn nicht auf eine Privatschule schicken. Nach Ablauf seiner Amtszeit wurde John dann, wie in den ‚besseren' Kreisen Baltimores üblich, auf ein privates Internat geschickt..."

[721] Vgl. ebd., 15.

[722] RAWLS, John: Autobiographical Notes – John Rawls, in: Papers of John Rawls, Folder 12, Box 42.

[723] Vgl. ebd.

[724] Ebd.

Eine Begegnung mit einem dort fest angestellten Kollegen beeindruckte Rawls nachhaltig: Seine resignative Art, seinen Beruf auszuführen und sich in sein Schicksal zu ergeben, machte Rawls nachdenklich. Er selbst, der nach jeder Schicht vom Chauffeur seines Vaters und dessen Wagen abgeholt wurde, suchte bereits nach zwei Wochen das Weite und fand eine andere, leichtere Arbeit. Der kurzzeitige Kollege jedoch blieb ihm gut im Gedächtnis und prägte auch seine eigene Berufswahl und die Aussicht auf ein gelungenes Leben:

> „So that was how most people spent their lives, of course not literally, but to all practical purposes: pointless labor for not much pay, and even if well paid, it led nowhere. Even business and law struck me as dead ends. While trying not to forget the plight of the Earnies [Rawls' Kollege während des Ferienjobs, Anm.d.A.] of this world, I had to find my place in life in some other way."[725]

Diese frühen Erfahrungen können erklären, warum Rawls später so viel über die Ermöglichung von größtmöglicher Chancengleichheit nachdachte. Nicht zuletzt seine Überlegungen zum Differenzprinzip könnten indirekt daraus resultieren: „Did these things in [sic!] influence me in proposing the difference principle years later? I wouldn't claim so. But how would I know?"[726]

In dieser Zeit hatte er bereits sein erstes Jahr an der Universität Princeton hinter sich. Gerade weil Rawls seine *senior thesis* in Princeton geschrieben hat, soll der Fokus nun auf dieser Zeit liegen.

Rawls probiert sich in verschiedenen Fächern aus und kommt erst über Umwege zur Philosophie. Nach dem Abbruch des Mathematikstudiums sagte Professor A.W. Tucker zu dem jungen Studenten: „I hope you find something you can do, Rawls..."[727] Eine überraschende Tatsache mit Blick auf die spätere Weltgeltung des Philosophen John Rawls.

Sein Lebensweg weist schon zu diesem frühen Zeitpunkt relativ prägende Ereignisse auf. Auch Verluste und Niederlagen hatten ihn geprägt. Daher war sein Verständnis für jene, die niemals auf die Siegerstraße kamen, wahrscheinlich so groß. Dort, wo er Erfolg hatte, relativierte er dabei immer seine Leistung, sein Zutun: sein eigenes Verdienst am Erfolg. Ein Charakterzug, der sich wesentlich in der Theorie der Gerechtigkeit widerspiegelt und schon sein theologisches Denken bestimmt.

Nach langer Suche fand er zur Philosophie und wurde Schüler von David Bowers, Norman Malcolm und Walter Stace. Letzterer, wie oben geschildert, sollte Betreuer seiner *senior thesis* werden. Dass die Philosophie sein letztendliches Ziel war, bezeichnet Rawls trotz oder gerade wegen der gescheiterten Fächerwahl im Vorfeld als wenig überraschend:

> „And though it may seem that my wanderings betray a certain aimlessness, I had off and on been deeply engaged by philosophical and religious questions, even at

[725] Ebd.
[726] Ebd.
[727] Ebd.

> Kent School – which hardly encouraged reflection – so my ending in Philosophy as I did is not altogether surprising.“[728]

Während der wechselvollen Phase hörte Rawls neben seinen Hauptstudien, zuletzt Kunst, auch immer wieder Philosophie, unter anderem Kant und die Philosophie des neunzehnten Jahrhunderts, aber auch philosophisch-theologische Kurse wie „Christian Thought to the Reformation“ bei George F. Thomas. Aufgrund seines wachsenden Interesses an der Philosophie entschied er sich dann für den endgültigen Wechsel an die philosophische Fakultät.[729]

Rawls selbst führt zu den Inhalten des Studiums an dieser Stelle wenig aus, sondern verweist auf Pogge, der diesen Part gut ausgearbeitet habe. Bei Walter Terence Stace (1886–1967), der von 1932 bis 1955 in Princeton lehrte, wurde Rawls vor allem mit dem Utilitarismus vertraut gemacht. Bei ihm hörte er in seinem zweiten Jahr Moralphilosophie, wo Kant, Mill und Staces eigenes Werk „The Concept of Morals“[730] von 1937 im Vordergrund standen: „Der wichtigste Einfluß ging jedoch von Malcolm aus.“[731] Norman Malcolm (1911–1990) war erst 1939 von einem Studienaufenthalt in Cambridge nach Harvard zurückgekehrt, wo er intensive Studien bei Ludwig Wittgenstein durchgeführt hatte, um sein Promotionsprojekt zu Ende zu führen.

Beim jungen Norman Malcolm, der nur 10 Jahre älter war als Rawls, setzte sich Rawls auch mit theologischen Themen auseinander und sein schon vorhandenes Interesse wurde dadurch stark entfacht. Ein Kurs im Frühjahr 1942 beschäftigte sich mit der Frage des Bösen im Menschen – Pogge vermutet in diesem Thema den Einfluss des Krieges –, und es wurden neben antiken Autoren dezidiert christliche Texte von Augustinus, Joseph Butler, Reinhold Niebuhr und Philip Leon behandelt – vor allem Niebuhr und Leon, aber auch Augustinus sollten wesentliche Bezugspunkte in seiner Abschlussarbeit sein. Pogge erwähnt in diesem Zusammenhang auch die Abschlussarbeit Rawls', auf die er aber nicht weiter eingeht.[732]

Rawls selbst erwähnt den Titel oder das theologisch relevante Thema seiner Abschlussarbeit in Princeton nicht in seinen autobiographischen Aufzeichnungen. Dabei scheint das theologische Interesse vor allem durch die intellektuelle Beschäftigung mit einschlägigen Autoren, aber auch durch das generelle Klima im Princeton dieser Zeit, das Raum für theologische Diskussionen ermöglichte, geprägt worden zu sein. Rawls beschreibt in seinen späteren Aufzeichnungen, dass die religiöse Erziehung in seinem Elternhaus keineswegs

---

[728] Ebd.

[729] Vgl. McKenzie-Bok, Priscilla: Does Life Need to be Redeemed?, 23.

[730] Stace, Walter T.: The Concept of Morals, London 1937.

[731] Pogge, Thomas: John Rawls, 17.

[732] Vgl. ebd., 18f.: „Auf Rawls hat der Kurs jedenfalls einen mächtigen Eindruck gemacht: Sein Interesse an der Religion wurde für die nächsten drei Jahre neu belebt, er schrieb seine Collegeabschlußarbeit (senior thesis) über dieses Thema und sogar seine Doktorarbeit beschäftigte sich mit Fragen der Charakterbewertung.“[732]

intensiv oder streng gewesen ist. Seine Eltern gehörten unterschiedlichen kirchlichen Gemeinschaften an:

> „Ich wurde in eine Familie mit konventioneller Religiosität hineingeboren. Meine Mutter war eine Episcopalian, mein Vater war ein Southern Methodist, meine Eltern sind aber zur selben Gemeinde der Episkopalkirche in Baltimore gegangen. Ich hatte nie das Gefühl, daß einer der beiden mehr als nur konventionell religiös war."[733]

Da Rawls später auf die Kent School ging, ist zu vermuten, dass seine Mutter den größeren religiösen Einfluss – für diese Zeit keineswegs untypisch – auf den jungen John hatte. Obwohl in der Familie also kein ausgeprägtes religiöses Leben gepflegt wurde, war Rawls selbst zum Zeitpunkt seiner Einschreibung in Princeton als Mitglied der Episkopalkirche ausgewiesen, wie seine Immatrikulationsbescheinigung zeigt. Dennoch scheint er in seinen ersten Jahren in Princeton dem religiösen Leben in praktischer Hinsicht nicht besonders zugewandt gewesen zu sein, da er als einer der wenigen nur sehr selten die Gottesdienste besuchte. Auch war er nicht Mitglied der episkopalen Hochschulgemeinde St. Paul's.[734] Seine ersten Jahre in Princeton waren also von einer zumindest äußeren Distanz zur eigenen Religion gekennzeichnet, was sich in den letzten beiden Studienjahren allerdings drastisch ändern sollte: „...ich war nur konventionell religiös, bis zu meinen letzten beiden Jahren in Princeton."[735] Diese innere Hinwendung zum Religiösen scheint, wie oben bereits angedeutet, einer intellektuellen Annäherung geschuldet zu sein, die sich dann auch in praktischen Vorhaben äußerte. Über wahrscheinliche Einflüsse außerhalb der intellektuellen Beschäftigung im Studium durch Freunde, Zimmerkollegen oder beispielsweise auch Geistliche kann man nur Vermutungen anstellen.[736]

Eine andere Information lässt aber in diesem Kontext noch mehr aufhorchen: In der Zeit nach seinem vorgezogenen Abschluss, den er im Januar 1943 mit der Bestnote „*summa cum laude*" erreichte, überlegte er, in das noch heute bestehende episkopale Virginia Theological Seminary einzutreten, um Geistlicher zu werden. Er entschied sich allerdings wie die große Mehrheit seiner Kommilitonen, zunächst in die Armee einzutreten.[737] Diese ernsthafte Erwägung zeugt von der starken inneren religiösen Überzeugung des jungen Rawls. Allein aber das erklärte Ziel, Geistlicher zu werden, macht deutlich, wie sehr ihn das Studium der Philosophie und der theologischen Schriften religiös inspiriert hatte. Später distanzierte sich Rawls allerdings von diesem Gedanken und maß ihm auch nur geringe Wichtigkeit zu. Dies würde erklären, warum

---

[733] RAWLS, John: Über meine Religion, in: DERS.: Über Sünde, Glaube und Religion, 303.
[734] Vgl. MCKENZIE-BOK, Priscilla: Does Life Need to be Redeemed?, 21f.
[735] RAWLS, John: Über meine Religion, in: DERS.: Über Sünde, Glaube und Religion, 303.
[736] Vgl. hierzu vor allem MCKENZIE-BOK, Priscilla: Does Life Need to be Redeemed?, 24f.
[737] Vgl. RAWLS, John: Autobiographical Notes – John Rawls, in: Papers of John Rawls, Folder 12, Box 42.

der Rückblick auf diese Zeit mit nur wenigen Hinweisen auf seine stark religiöse „Erweckung“ und dem Interesse an theologischen Fragen auskommt. Sein persönliches Fazit in seinen autobio-graphischen Schriften ist dementsprechend nüchtern, auch was seine späteren Erfolge betrifft: „So while I look upon my academic career at Princeton as largely a failure in the various subjects I tried to pursue, it did point me in the direction I was at follow after the war with some success.“[738] Man darf also ohne Anmaßung festhalten: Am Ende seines Studiums war Rawls ein zutiefst gläubiger Christ, erwog sogar den Eintritt ins Priesterseminar der Episkopalkirche und stellte den Wunsch, Geistlicher zu werden, nur zurück, um seinem Land im Krieg zu dienen. Zu Beginn des Krieges zieht ein religiös überzeugter, gläubiger Rawls in den Kriegsdienst.

Der Krieg, der ihn schon seit Beginn des Studiums beschäftigt hatte, begleitete die gesamte Zeit seines Aufenthaltes in Princeton. In Rawls' Umfeld war man darauf eingestellt, dass die USA früher oder später in den Krieg eintreten mussten, um Großbritannien zu unterstützen. Dies führte aber nicht dazu, dass sich Rawls, wie viele seiner Kommilitonen, schon zu einem frühen Zeitpunkt für die Ausbildung als Reserve Offizier (ROTC) meldete.[739]

Nach der Grundausbildung in South Carolina und einer Spezialausbildung als Funker wurde er im August 1944 in den südlichen Pazifik verlegt, wo er dem 128. Regiment der 32. Infanteriedivision zugeordnet wurde, um gegen die Japaner zu kämpfen.[740] Dabei ragt die Bedeutung des letzten Kriegsjahres für den Kontext der hier vorliegenden Arbeit besonders heraus. Rawls hält in seinen autobiographischen Notizen lakonisch fest: „After the army, my desire to study for the priesthood was gone.“[741] Und nicht nur das: Vielmehr hat er den Glauben gänzlich verloren, der ihn in den zwei Jahren zuvor doch so stark geprägt hatte.[742] Während die Überlegung zum Eintritt in das Seminar der Episkopalkirche durchaus auch während des Krieges präsent war[743], änderte sich dies durch ein Zusammenwirken mehrerer Erfahrungen, von denen Rawls eindrücklich an anderer Stelle berichtet, ohne allerdings selbst genau nachvollziehen zu können, warum sich sein Glaube so radikal änderte.

Das erste Ereignis geschah während eines Gottesdienstes, der nach der Eroberung einer Stadt gehalten wurde: „Eines Tages kam ein lutherischer Pastor

[738] Ebd.

[739] Vgl. POGGE, Thomas: John Rawls, 16.

[740] RAWLS, John: Autobiographical Notes – John Rawls, in: Papers of John Rawls, Folder 12, Box 42.

[741] Ebd.

[742] Vgl. RAWLS, John: Über meine Religion, in: DERS.: Über Sünde, Glaube und Religion, 303: „Ich begann als gläubiger, orthodox-episkopaler Christ, gab diesen Glauben aber bis zum Juni 1945 gänzlich auf.“

[743] Vgl. ebd.: „Ich konnte mich nicht davon überzeugen, daß meine Motive aufrichtig waren, und hatte ohnehin das Gefühl, meinen Dienst an der Waffe ableisten zu sollen, wie es so viele meiner Freunde und Klassenkameraden taten. Diese Phase hielt die meiste Zeit des Krieges an, aber all das veränderte sich ungefähr im letzten Kriegsjahr.“

hoch und hielt während seines Gottesdienstes eine kurze Predigt, in der er sagte, Gott hätte unsere Kugeln auf die Japaner gelenkt, während er uns vor den ihren schützte."[744] Rawls erschien diese Gottesvorstellung absurd und er lehnte es ab, den Glauben für solche Zwecke zu verwenden.

Während dieser Vorfall nicht unbedingt am persönlichen Glauben rütteln musste, erscheint die zweite Begebenheit wesentlich erschütternder: Deacon, ein Kamerad Rawls', und John sollten als Freiwillige jeweils einen Dienst versehen. Der eine sollte Blut für verwundete Kameraden spenden, der andere japanische Stellungen erkunden. Die Blutgruppe entschied über die Auswahl und mithin das Schicksal: Während Rawls demnach für das Blutspenden in Frage kam, musste Deacon die Stellungen auskundschaften. Bei der Patrouille kam Deacon unter Beschuss und starb durch eine japanische Mörsergranate. Rawls berührte der Tod seines besten Kameraden sehr, auch und gerade deswegen, weil auch er an seiner Stelle hätte sein können. Wie beim Tod seiner Brüder überlebte er.

Drittens war die Beschäftigung mit dem Holocaust eine wesentliche Triebfeder seiner inneren Wandlung: „Wie konnte ich beten und Gott für mich oder meine Familie oder mein Land oder irgendetwas anderes, was ich schätzte und mir wichtig war, um Hilfe bitten, wenn Gott Millionen von Juden nicht vor Hitler retten würde."[745] Sein Glaube hatte angesichts des unvorstellbaren Leides keinen Bestand mehr. Rawls konnte nicht an einen Gott glauben, dessen Wille so etwas zuließ: „Um die Geschichte als Ausdruck des Willens Gottes interpretieren zu können, muß Gottes Wille mit dem einhergehen, was wir für die grundlegendsten Vorstellungen von Gerechtigkeit halten."[746] Die Diskrepanz zwischen dem Ideal der Gerechtigkeit und der ernüchternden Wirklichkeit erschien vor dem Hintergrund der Kriegserfahrungen nicht mit Hilfe des Gottesglaubens überbrückbar.

Mit der Erkenntnis, dass Rawls durch mit dem Krieg verbundene Vorkommnisse das Vorhaben, die geistliche Laufbahn einzuschlagen, aufgibt und darüber hinaus auch seine Glaubensüberzeugungen neu definiert, könnte dieses Kapitel abschließen. So wäre ein deutlicher Bruch angezeigt, der einen religiösen Rawls vor dem Krieg und einen nicht-religiösen nach dem Krieg darstellt. Mit einem genaueren Blick auf wissenschaftliche Arbeiten von John Rawls nach dem Krieg und auch auf seine Lehrveranstaltungen an der Cornell Universität kann aber ein viel differenzierteres Bild, das einem vor Augen führt, dass es sich um einen längeren und mithin komplizierteren Prozess handelt, der nur unzureichend als einfacher Bruch zu bezeichnen ist, gezeichnet werden. Dieser Aufgabe widmet sich diese Arbeit im nächsten Kapitel. In diesem Zusammenhang ist aber bereits auf die Darstellung des sich nach dem Krieg verändernden wissenschaftlichen Arbeitens in Princeton zu verwei-

[744] Ebd., 304.
[745] Ebd., 305.
[746] Ebd.

sen.[747] Rawls fand sich nach dem Krieg in einer Diskussion über die Säkularisierung von Ethik wieder, die von seinem Lehrer, Walter T. Stace, angefacht wurde, wie McKenzie-Bok zeigen kann:

> „Stace's article, which called for a new secular foundation for morality, provoked an acrimonious debate between him and one of the university chaplains [...]. This episode demonstrates the antogonistic relationship between religion and philosophy that Rawls encountered as a graduate student."[748]

Rawls kommt also hinsichtlich seiner religiösen Ausrichtung verwandelt aus dem Krieg zurück – dies macht er selbst mehr als deutlich – und findet zudem ein religionskritisches akademisches Klima vor. Doch thematisch bleibt er theologischen Themen keineswegs verschlossen. In einem späteren Kapitel werden daher diese Arbeiten, die sich im Nachlass Rawls' finden, eingehend behandelt. Sie verweisen auf Aspekte der thematischen Kontinuität, während wir über die innere Kontinuität und das Wie seines Wandels nur rätseln können. Der innerliche Wandel von einem persönlichen, konkret christlichen Bekenntnis zu einem respektvollen, aber innerlich distanzierten Verhältnis zur Religion erscheint aber dennoch als sicher, während die Thematik der Theologie und die damit verbundenen Herausforderungen entweder inhaltlich in offener Weise weitergeführt werden, oder aber in säkularem Gewand erscheinen.

---

[747] Vgl. hier vor allem McKenzie-Bok, Priscilla: Does Life need to be Redeemed?, 74-109.
[748] Ebd., 76f.

3.3 „Eine kurze Untersuchung über die Bedeutung von Sünde und Glaube“ als theologischer Referenzpunkt

3.3.1 Der Gottesgedanke und der junge Rawls

John Rawls' Abschlussarbeit zeichnet sich durch ihre inhaltliche wie sprachliche Klarheit aus. Diese Klarheit wird gerade am Beginn deutlich, wenn Rawls einleitend wesentliche Grundannahmen seines Denkens offenlegt, die er für die Konsistenz einer Arbeit für unerlässlich hält: Wenn die Grundannahmen stimmten, sei auch das, was aus ihnen folge, richtig und verständlich.[749] Umso überraschender – gerade vor dem Hintergrund des durch die Beschäftigung mit dem Hauptwerk gezeichneten Bildes von Rawls – sind aber eben jene Grundannahmen, die jedwede Unklarheit hinsichtlich seiner damaligen Überzeugungen ausräumen. Die erste und daher grundlegende Prämisse für Rawls ist der Gottesglaube. Und dabei wird Rawls konkret: „Wir nehmen also an, daß Gott existiert und daß Er diejenige Art von Gott ist, von der die Bibel spricht, und daß Er sein Wesen in Christus offenbarte.“[750] Es ist nicht der Gott der Philosophen, kein ferner unpersönlicher Gott, nicht das Absolute als Objekt des Denkens. Es ist der Gott, der sich in Jesus Christus den Menschen gezeigt und zugeneigt hat. Es ist der Gott, der Person geworden ist und von dem her wir unser Personsein ableiten können. Doch, so fragt indirekt auch John Rawls in diesem Abschnitt: Was können wir über diesen Gott wissen? Ist nicht jede Spekulation über sein Wesen, seine „metaphysischen Qualitäten“ der Beginn einer offensichtlichen Anmaßung? In der Beantwortung dieser Frage vertraut der junge Student nicht so sehr auf die natürliche Theologie als auf die biblische Offenbarung: „Die Bibel hat uns alles gesagt, was wir über Gott wissen müssen, und jeder, der mehr herauszufinden versucht, ist zum Scheitern verurteilt.“[751] Hier wird die theologische Prägung deutlich, vor dessen Hintergrund Rawls sein Denken entfaltet. Schon an dieser frühen Stelle seiner Abschlussarbeit ist der Bezug zur Theologie Emil Brunners ersichtlich, der die Gott-Mensch-Beziehung herausgestellt und gegenüber Karl Barth den nahen, sich offenbarenden Gott betont hat.[752] Diese erste Grundannahme be-

---

[749] Vgl. RAWLS, John: Über Sünde, Glaube und Religion, 135.

[750] Ebd.

[751] Ebd., 136.

[752] Zur Auseinandersetzung zwischen Brunner und Barth vgl. Brunners Selbsteinschätzung in BRUNNER, Emil: Der Mensch im Widerspruch: Die christliche Lehre vom wahren und vom wirklichen Menschen, Zürich/ Stuttgart 1937, 509: „Der Gegensatz zwischen Barth und mir besteht hauptsächlich in zwei Punkten: daß ich im Gegensatz zu Barth, aber im Einklang mit der Schrift und den Reformatoren behaupte, daß Gott auch jetzt noch in seinem Schöpfungswerk offenbar sei, und zweitens, daß ich das Menschsein des Menschen nicht als eine Baga-

tont Rawls als die wichtigste. Die weiteren Annahmen bauen auf ihr auf: das Prinzip der Personalität und das der Gemeinschaft. Rawls geht davon aus, dass Menschen, anders als Pflanzen und Tiere, Personen sind. Das heißt zwar, dass sie abgrenzbare Individuen sind, aber dass sie einen Geist besitzen, der über sie hinausweist. Eng wiederum mit dem Personalitätsprinzip ist das Prinzip der Gemeinschaft verbunden. Das Wort Gemeinschaft bezeichnet in dem Sinn, in dem Rawls es anwendet, eine Entität, die über eine Ansammlung von „Einzeldingen“[753] hinausgeht. Der Begriff der Gemeinschaft ist, gerade weil damit etwas anderes gemeint ist als eine Ansammlung von Gegenständen, auf die Voraussetzung der Personalität verwiesen. Zugleich denkt Rawls Personalität und Gemeinschaft als reziproken Prozess gegenseitiger Bedingtheit: „Wenn wir keine Gemeinschaft haben, haben wir keine Personalität. Individuen werden zu Personen, sofern sie in Gemeinschaft leben.“[754] Noch einmal anders gewendet: Gemeinschaft generiert unser Personsein; unsere Personalität ist wiederum die Voraussetzung für Gemeinschaft. Dieser Hauptgedanke von Rawls' Arbeit ist von Emil Brunner entlehnt, den Rawls schließlich auch als seine prägendste Quelle kennzeichnet.[755] Brunner macht die Erkenntnis des Zusammenhanges von Person und Gemeinschaft als Bedingungsverhältnis eindrücklich in seinem Werk „Der Mensch im Widerspruch“ deutlich, das Rawls in der englischen Übersetzung aus demselben Jahr verwendet[756]:

> „Das menschliche Du ist nicht Akzidens seines Menschseins, etwas, das seinem an sich bestehenden Menschsein einen neuen Inhalt und Reichtum gibt; sondern es ist die Bedingung des Menschseins. Er kann nicht anders als liebend Mensch sein. Damit ist ein Humanitätsbegriff gefunden, der das ‚eigentlich Menschliche‘, den Kern der Menschlichkeit nicht in der schaffenden Vernunft, sondern in der Gemeinschaft als Erfüllung der Verantwortlichkeit bestimmt.“[757]

Ein solches Verständnis von Gemeinschaft liegt nun auch dem Werk Rawls' zugrunde. Es ist eine klare Absage an jeden Versuch, das menschliche Individuum als autonomes Wesen in dem Sinne zu charakterisieren, als sei die Gemeinschaft der Menschen etwas Sekundäres, etwas, das erst von den Menschen als Individuen selbst gebildet werden müsste. Vielmehr geht die Gemeinschaft jedem Menschen voraus und ist Grundbedingung der menschlichen Existenz als Person.

---

telle, sondern als eine theologisch relevante Tatsache ansehe, die nur vom Gedanken der Gottebenbildlichkeit aus verstanden werden könne.“; vgl. dazu auch die Briefwechsel zwischen Barth und Brunner, erschienen in BARTH, Karl: Gesamtausgabe, Karl Barth-Emil Brunner. Briefwechsel 1916–1966. Hrsgg. von Eberhard Busch, Karl Barth Forschungsstelle an der Universität Göttingen, Zürich 2000.

753 RAWLS, John: Über Sünde, Glaube und Religion, 136.

754 Ebd.,137.

755 Vgl. ebd., 132: „Ich denke, von den Theologen habe ich am meisten von Brunner gelernt, und sein Werk illustriert am besten, was ich mit einer Theologie der intimen und personalen Qualität des Universums meine…“

756 Vgl. BRUNNER, Emil: The Man in Revolt, New York 1937.

757 BRUNNER, Emil: Der Mensch im Widerspruch, 108.

Die vierte Annahme definiert eine wichtige und für die Abschlussarbeit fundamentale Unterscheidung. Es gibt in diesem Sinne eine Sphäre des Natürlichen und des Personalen: „Als Folge dieser Unterscheidung zwischen dem Natürlichen und dem Personalen gibt es zwei Arten von Beziehungen, natürliche und personale.“[758] Rawls verwendet zentrale Teile seiner Arbeit darauf, dieses Verhältnis genau aufzuschlüsseln.

Vor dem Hintergrund dieser vier Grundannahmen entwickelt Rawls sein Denken, dass vor allem die These des „Naturalismus“ als „A-Personalismus“ angreift. Dabei ist erstaunlich, wie stark und umfassend, ja holistisch das Weltbild im Zuge der theologischen Prämissen gezeichnet wird. Rawls betont in diesem Zusammenhang:

> „Ferner wird sich [...] unser Begriff des Universums ergeben, das heißt [...], daß das Universum in geistiger Hinsicht eine Gemeinschaft von Personen ist, welche die Herrlichkeit Gottes offenbart und mit Ihm verbunden ist. [...] Die Welt ist in ihrem Kern eine Gemeinschaft, eine Gemeinschaft von Schöpfer und Erschaffenen, und sie hat ihren Ursprung in Gott.“[759]

Es zeugt von großem Selbstbewusstsein, die eigene theoretische Konstruktion in den Zusammenhang einer universalen Weltdeutung münden zu lassen. Dabei ist sich Rawls der spitzen Formulierung dieser nicht weiter hinterfragten Voraussetzungen wohl bewusst. Er verweist hinsichtlich der Begründung lediglich auf den Erfahrungshorizont von „Gemeinschaft“ und „Personalität“ und bezeichnet sie von daher als empirische Entitäten. Die Gottesfrage ist für ihn zwar kein empirisches Prinzip, dennoch ist auch hier das mit Selbstbewusstsein vorgetragene Argument eines der Erfahrung: „Wir halten das, was wir sagen, weder für Unsinn noch für eine Deduktion aus arbiträren Postulaten.“[760]

Schließlich geht Rawls auf das Verhältnis seines theologisch-ethischen Entwurfes mit der Weltdeutung als solche ein und betont die soziale Dimension der Ethik als zentrales Interpretationsmuster: „Überhaupt sollte Ethik eine Untersuchung des Wesens der Gemeinschaft und der Personalität sein. Wie man mit sich selbst und anderen Menschen leben soll, ist die zentrale moralische Frage der Menschheit.“[761] Er verortet sein Nachdenken, das schließlich als umfassende Weltdeutung dient, im Kern des menschlichen Fragens nach dem „guten Leben“, mithin also als universale Suche nach befriedigender Beantwortung der Frage nach dem Standort des Menschen zu sich und seiner Umwelt. In diesem Sinne sieht der junge Rawls keine wesentliche Notwendigkeit der Trennung von Politik und Religion. Vielmehr sind beide Sphären mit denselben Fragen nach dem Verhältnis personaler Beziehungen befasst. Daher entwirft Rawls, der in seiner Abschlussarbeit das personale Prinzip zum

---

[758] RAWLS, John: Über Sünde, Glaube und Religion, 137.
[759] Ebd., 137f.
[760] Ebd., 138.
[761] Ebd.

Angelpunkt seiner Weltdeutung gemacht hat, sein Modell an einem Gegenüber, das er als „natürliche Ethik" bezeichnet: Eine Ethik, die das Gute als Objekt anstrebt, die sogar Gott versachlicht und die – in den Augen Rawls' – die personale Struktur der Ethik vernachlässigt. Dies ist der Kern seiner Arbeit. Die Hauptelemente sollen nun genauer betrachtet werden, um Rawls' Argumentation besser zu verstehen, aber auch, um mögliche Schwachstellen seiner Konstruktion ausfindig zu machen. Schließlich sollen innerhalb dieser Hauptelemente auch Bezüge zum reiferen Rawls hergestellt werden.

3.3.2 Der „Naturalismus" und das Hellenisierungsparadigma – Rawls' Kampf gegen ein naturalistisches Christentum

Eine Hauptintention seiner Abschlussarbeit besteht für John Rawls darin, sich gegen einen Naturalismus zu wenden, der Beziehungen entpersonalisiert, da er alle Beziehungen als natürliche und damit zugleich als nicht-gemeinschaftlich versteht und dem Individualismus so Tür und Tor öffnet. Rawls lokalisiert dieses Denken im Westen zuerst bei Augustinus.[762] Grundsätzlich sieht er dabei den griechischen Einfluss als entscheidend an. Daher macht er gleich zu Beginn seiner Arbeit deutlich, wie er die Beziehung zwischen dem frühen Christentum und seiner heidnischen Umgebung einschätzt: „Ich glaube nicht, daß sich die griechische Tradition sehr gut mit dem Christentum verträgt, und je früher wir aufhören, vor Platon und Aristoteles den Kotau zu machen, desto besser."[763] Stellt das frühe Christentum einen Gegensatz zur hellenistischen Welt dar? Ist der Einfluss der griechischen Kultur, ist die Beschäftigung mit der Offenbarung mit den kulturellen Werkzeugen der damaligen Welt bereits eine Entfremdung? Tatsächlich nimmt der einundzwanzigjährige Rawls hier

---

[762] Vgl. ebd., 131; Augustinus ist nicht nur für Rawls wesentlicher Bezugspunkt. Er ist als Bezugsquelle, als Streitobjekt und als Ausgangspunkt eigener Gedanken in der abendländischen Geistesgeschichte eine bleibende Hauptfigur für verschiedene Wissenschaften, vgl. WOLF, Erik: Studien zur Geschichte des Rechtsdenkens, Frankfurt am Main 1982, 79: „Vielseitig veranlagt und weithin wirksam, ist Augustins geistesgeschichtlich mehrdeutige Gestalt immer wieder anders gesehen und infolgedessen widersprüchlich beurteilt worden. Theologen und Philosophen wie Historiker und Juristen suchten in *ihrem* Sachbereich jeweils dort, wo Zeit und Ort es zu fordern schienen, seines Fragens Mitte auf. Jede Fakultät fand bei ihm ein ‚Leitmotiv', das ihr Anliegen verbindlich bestimmte. Theologen beanspruchten ihn als maßgebenden Lehrer der abendländischen Kirche, der ihre Offenbarungs-Wahrheit methodisch sachgerecht dargestellt hat, indem er das Bekenntnis apostolischer Zeugen mit den konziliaren Lehren der entstehenden lateinischen Kirche und ihrer rechtlichen Ordnung zu einem Ganzen der Erkenntnis christlicher Existenz verband […]."; vgl. auch FLASCH, Kurt: Augustin. Einführung in sein Denken, Stuttgart 2003, 9: „Am 31. März 1883 schrieb Nietzsche an Overbeck, beim Lesen Augustins sehe man ‚dem Christentum in den Bauch'. Nietzsche hat untertrieben. Denn beim Lesen Augustins sieht man ebenso der europäischen Philosophie, der europäischen Wissenschaft und vielen Institutionen – von der Familie über den Staat zur Kirche – in den Bauch. Sofern jemand heute noch in den Bahnen der europäischen Tradition lebt und denkt, sieht er beim Studium Augustins sich selbst in den Bauch."

[763] RAWLS, John: Über Sünde, Glaube und Religion, 131.

eine kritische Tradition auf, die, wie Jude P. Dougherty deutlich macht, bereits in der Antike selbst für Diskussion sorgte:

> „Tertullian had asked, ‚What does Athens have to do with Jerusalem?‘ and that question has in the Hellenistic learning of their day, for the most part regarded revelation as complementing what they already knew from philosophical sources.“[764]

Doch, so muss auch Dougherty zugeben, Tertullian war eine Ausnahme seiner Zeit. Die Theologen des frühen Christentums, die Kirchenväter, waren in großem Maße in der Kultur und im Denken der griechischen Antike und ihrer Philosophie geschult und drückten die biblischen Glaubenssätze eben in jener Denkweise und jenen Begriffen aus, die nicht genuin christlich waren.[765] Die kritische Diskussion darüber hielt sich entsprechend in engen Grenzen. Die Frage nach der Hellenisierung zielt dabei auf das innerste Wesen des Christentums selbst. Ist durch den griechischen Einfluss der eigentliche Rahmen des neutestamentlichen Glaubens nicht bereits gesprengt und sein Inhalt damit verfälscht worden? Ist es nicht eine kulturelle Überformung, die hier stattgefunden hat und die Wurzeln des biblisch-christlichen Glaubens überlagerte?

Erst in der Neuzeit wird die Frage nach der Hellenisierung[766] eigentlich zum Problem. Ohne die Debatte hier detailreich wiedergeben zu können, muss man doch festhalten: Auf katholischer Seite, etwa bei Guillaume Budé (1468–1540), und dann vor allem auf protestantischer Seite begann die Debatte nicht zuletzt vor dem Hintergrund der Wiederentdeckung der Antike und der immer

---

[764] DOUGHERTY, Jude P.: A Brief Inquiry into the Meaning of Sin and Faith, with ‘On My Religion’, 209.

[765] Vgl. ebd.: “Tertullian was an exception. Justin the Martyr, Clement, the two Gregories, Marius Victorinus, Jerome, and Augustine, to be sure, were all indebted to Athens in their attempts to understand the ‘Memories of the Apostles’, as the Gospels were first known.”; vgl. auch BRAGUE, Rémy: Athen – Jerusalem – Rom, in: IkaZ Communio 41 (2012), 535-548, hier 536: „Die Vorstellung, nach der Athen und Jerusalem zwei entgegengesetzte, ja unvereinbare Pole bilden, zwischen denen immer wieder Krieg ausbricht, so dass wir uns für einen der beiden entscheiden müssen, ohne nur davon träumen zu dürfen, zwischen den beiden eine Brücke zu schlagen, diese Haltung hat ihre Wurzeln nicht im Judentum, sondern im Christentum. Der lateinische Kirchenvater Tertullian prägte im 3. Jahrhundert diesen Ausruf: ‚Was ist zwischen Athen und Jerusalem gemeinsam? Was zwischen der Akademie und der Kirche? Und was zwischen Heiden und Christen?‘ […] Der rhetorisch geschulte Hitzkopf brachte eine Haltung zum Ausdruck, die in gewissen Perioden der christlichen Ideengeschichte (z.B. bei Petrus Damianus, Luther u.a.) auftrat, jedoch ständig von deren Hauptströmung in Schach gehalten wurde. Denn die Hauptvertreter des christlichen Denkens seit Justin haben immer wieder die Konvergenz zwischen heidnischer Kultur und christlicher Heilsbotschaft betont: die Idee einer christlichen Weisheit (sapientia christiana) oder des Wortes Gottes, des Logos, der jedes menschliche Streben nach Gott durchzog, bevor das Wort in Jesus Fleisch wurde, rührt ja gerade von der Grundannahme, dass eine Synthese möglich, ja, dass sie in Christus schon vorhanden ist. Daher blieb die Überspitzung des Dilemmas eine Ausnahme im Christentum.“; das Zitat von Tertullian, auf das sich hier bezogen wird, findet sich bei TERTULLIAN: De praescriptione ad haereticos, Kap. 7, PL 2, 23a.

[766] Zur Begriffsgeschichte vgl. MARKSCHIES, Christoph: Hellenisierung des Christentums. Sinn und Unsinn einer historischen Deutungskategorie, Leipzig 2012, hier 33-62.

deutlicher werdenden Wahrnehmung einer Differenz zwischen biblischer Botschaft und kirchlicher Glaubenslehre. Es setzte so eine Diskussion ein, die zunächst die *„simplicitas"* des ursprünglichen Christentums suchte und später in der Unterscheidung zwischen Orthodoxie und Häresie mündete.[767] Die Einflüsse der griechischen Philosophie und der hellenistischen Kultur auf Dogmatik und Liturgie wurde so von einigen als heilsam und notwendig erachtet, von anderen aber auch als verfälschend und als zu überwindende Fehlentwicklung gekennzeichnet. In jedem Fall kann man mit Blick auf die Diskursgeschichte eine schnelle Überwindung der reinen Deskription hin zu einer wertenden Dimension der Hellenisierungsthese ausmachen.[768] Hinzu kommt, dass die Thematik als Streitgegenstand ungebrochen aktuell ist.[769]

Die wertende, normative Dimension der Hellenisierungsthese ist grundsätzlich auf zwei Interpretationsstränge zuzuspitzen. Zum einen sind jene Vertreter des Paradigmas zu nennen, die in ihm Verfall und Entfremdung des Christentums zu erkennen glauben. Zu den bekanntesten Vertretern gehört hier vor allem Adolf von Harnack. In seinem Lehrbuch der Dogmengeschichte schreibt er: „Das Dogma ist in seiner Conception und in seinem Ausbau ein Werk des griechischen Geistes auf dem Boden des Evangeliums."[770] Gerade die Reformation habe es sich dagegen zur Aufgabe gemacht, das Eigentliche des Evangeliums herauszuarbeiten und ihm zu seinem Durchbruch zu verhelfen: „Das Evangelium arbeitet sich seit der Reformation [...] doch aus den Formen heraus, die es einst annehmen musste, und eine reine Erkenntnis seiner Geschichte wird auch dazu beitragen können, diesen Process zu beschleunigen."[771] Das Evangelium sei das Ursprüngliche und müsse durch die Erkenntnis der Entstehung des kirchlichen Dogmas unter dem Einfluss des griechischen Denkens

---

[767] Vgl. DRUMM, Joachim: Art. „Hellenisierung", in: LThK³, IV, 1995, 1407-1409, hier 1407.

[768] Vgl. ESSEN, Georg: Hellenisierung des Christentums. Zur Problematik und Überwindung einer polarisierenden Denkfigur, in: Theologie und Philosophie 87 (2012), 1-17, hier 4: „In deskriptiver Hinsicht besagt die Rede von der Hellenisierung des Christentums zunächst nicht mehr, als dass das Christentum in der Spätantike durch die hellenistische Kultur geprägt ist, und zwar schlicht und ergreifend deshalb, weil es von seinen Anfängen her und dann als Folge seiner Ausbreitung in diesem Kulturraum beheimatet ist. Näherhin versteht man unter ‚Hellenisierung' die soziale und kulturelle, die literarische und theologische Formung des Christentums, die als Folge seiner überregionalen Ausbreitung zu einer Selbstverortung innerhalb des hellenistischen Kulturraums führte."; ebd., 5: „Die Hellenisierungsproblematik im engeren Sinne wiederum entzündet sich an der Deutung dieser Transformationsprozesse, und zwar im Blick auf deren Folgen für den christlichen Glauben. Hier ist dann auch die Stelle erreicht, an der ein normativer Gebrauch der Hellenisierungskategorie den deskriptiven zu überlagern beginnt [...]."

[769] Vgl. ebd., 1: „Ausgelöst durch die ‚Regensburger Rede' von Papst Benedikt XVI. über ‚Glaube und Vernunft' [Anm.3] hat das Thema seit einiger Zeit wieder Hochkonjunktur. Zuvor, in den 90er-Jahren, war die Hellenisierungsthese wiederum Gegenstand eines Disputs zwischen Johann Baptist Metz und Jürgen Habermas."

[770] HARNACK, Adolf von: Lehrbuch der Dogmengeschichte, 1. Bd., Freiburg im Breisgau 1888², 18.

[771] Ebd., 22.

erst wieder freigelegt werden. Die Hellenisierung des Christentums erscheint so als Verdunklungs- und Verfremdungsgeschichte:

> „Die verfallstheoretische Deutung, die die nachfolgende Hellenisierung als Abfall vom ursprünglichen biblischen Christentum begreift, ist die zweifelsohne prominentere Position; sie weiß sich jedenfalls effektvoll in Szene zu setzen, so beispielsweise beim Altmeister der Hellenisierungsthese Adolf von Harnack. Die ‚Umbildung‘ vom Evangelium zum Dogma als Produkt dieser Hellenisierung sei, so seine Grundthese, ein Verrat, weil das Dogma das Evangelium nicht nur formell, sondern auch materiell verändert habe…“[772]

Harnacks Begriff der Hellenisierung erlaubt wichtige Einschränkungen in seiner Bewertung als Kritiker jenes griechischen Einflusses des frühen Christentums. Markschies, der sich dabei auf den holländischen Patristiker Eginhard Meijering und seine Untersuchung zur Einschätzung der Hellenisierung des Christentums in Harnacks Werk stützt[773], verweist auf die wohlwollende Sicht Harnacks hinsichtlich einiger „Apologeten und sogenannter altkatholischer Väter wie Irenaeus von Lyon“.[774] Besonderes Augenmerk in dieser Hinsicht erfährt aber Augustinus, wie Christoph Markschies hervorhebt:

> „Augustinus, den Harnack geradezu liebte, hat schließlich die ‚hellenisierte‘ Theologie in bestimmten Punkten wieder in Hinsicht auf das Evangelium reformiert: Er lehrt ein personales Gottesbild, einen Christus mit menschlichen Zügen und formuliert eine von Paulus beeinflusste Gnadenlehre.“[775]

Harnacks Augustinus-Interpretation wäre demnach ausgewogener als die des jungen Rawls und dies vor allem hinsichtlich seiner Sicht auf das personale Element der Gottesbeziehung bei Augustinus.
Jene normative und kritische Interpretation des Hellenisierungsparadigmas findet zum anderen etwa bei Joseph Ratzinger seine positive Entsprechung. Nicht nur in seiner Regensburger Rede greift Benedikt XVI. das Paradigma in positiver Weise auf[776], bereits zu einem früheren Zeitpunkt stellt er sich gegen eine negative Sicht des Einflusses der antiken, griechischen Philosophie auf das frühe Christentum. Dabei verweist Ratzinger auf zwei Einwände gegen eine negative Sicht der Hellenisierung. Zum einen betont er die Tatsache, dass sich die Genese des biblischen Glaubens bereits innerhalb einer hellenistisch durchdrungenen Welt vollzogen hat und daher die Interpretation einer Diffe-

---

772 ESSEN, Georg: Hellenisierung des Christentums, 5f.

773 Vgl. MEIJERING, Eginhard P.: Die Hellenisierung des Christentums im Urteil Adolf von Harnacks. Verhandelingen der Koninklijke Nederlandse Akademie van Wetenschappen, Afd. Letterkunde, Nieuwe Reeks, deel 128. Amsterdam: North-Holland Publishing Company 1985 [Zitiert nach MARKSCHIES, Christoph: Hellenisierung des Christentums, 136].

774 MARKSCHIES, Christoph: Hellenisierung des Christentums, 52.

775 Ebd.

776 Vgl. LESSING, Eckhard: Glaube, Vernunft und Universität. Eine theologiegeschichtliche Anmerkung zur Regensburger Rede Benedikts XVI., in: MIGGELBRINK, Ralf/ SATTLER, Dorothea/ ZENGER, Erich (Hrsg.): Gotteswege. Für Herbert Vorgrimler, Paderborn u.a. 2009, 86f.; ESSEN, Georg: Hellenisierung des Christentums, 6.

renzierung in ein ursprüngliches, reines und dann verfälschtes Christentum nur schwer zulässt: „Die alte Kirche hat konsequent eine interkulturelle Begegnung weiter entfaltet, die im Kern des biblischen Glaubens selbst verankert ist.“[777] Zum anderen geht er auf die Problematik von biblischem Glauben und seiner sprachlichen Umsetzung durch philosophisches Denken ein, wenn er hervorhebt:

> „Die großen Grundentscheidungen der alten Konzilien, die sich in den Glaubensbekenntnissen niedergeschlagen haben, biegen nicht den Glauben in eine philosophische Theorie um, sondern geben zwei wesentlichen Konstanten des biblischen Glaubens sprachliche Gestalt: Sie stehen ein für den Realismus des biblischen Glaubens und wehren einer bloß symbolisch-mythologischen Deutung; sie stehen ein für die Rationalität des biblischen Glaubens, der zwar das Eigene der Vernunft und ihrer möglichen ‚Erfahrungen‘ überschreitet, aber doch an die Vernunft appelliert und mit dem Anspruch auftritt, Wahrheit auszusagen [...].“[778]

Welcher normativen Einschätzung hinsichtlich des Hellenisierungsparadigmas man auch zuneigt: Dass die Frage der Hellenisierung des Christentums eine wesentliche Frage des christlichen Selbstverständnisses ist, zeigt allein schon die bleibende Aktualität der Thematik. Christoph Markschies weist deswegen zu Recht zunächst auch auf die Unschärfe der Begrifflichkeit „Hellenismus“ hin.[779]

Gerade diese im Hintergrund stehende Unschärfe gilt es bei Rawls und seiner Beschäftigung mit dem griechischen Einfluss auf das Christentum in den Blick zu nehmen. Was genau, so muss man hier also fragen, meint Rawls mit der „griechischen Tradition“? Rawls konzentriert seine Kritik der Hellenisierung ausschließlich auf den Bereich des philosophischen Denkens, das einen für ihn entfremdenden Einfluss auf die biblische Botschaft hatte und vor allem hinsichtlich der personalen Gottesbeziehung defizitär war.

Zu Beginn seiner Abschlussarbeit unterscheidet Rawls drei verschiedene Möglichkeiten von Beziehungen: „(a) personale und gemeinschaftliche, (b) natürliche und (c) kausale.“[780] Während er kausale Beziehungen weitgehend außer Acht lässt, ist für ihn die Unterscheidung von personalen und natürlichen Beziehungen wesentliche Grundlage des Denkens dieser frühen Arbeit. Er fasst die Grundkritik prägnant zusammen, wenn er kritisiert: „Viele Philosophen und Theologen haben natürliche mit personalen Beziehungen verwechselt, und wir sind daher gezwungen, diese Denker zu kritisieren.“[781] Zu

---

[777] RATZINGER, Joseph: Glaube, Wahrheit, Toleranz. Das Christentum und die Weltreligionen, Freiburg im Breisgau 2005, 76.
[778] Ebd.
[779] Dies beginnt schon, neben der Auseinandersetzung Walther Glawes, mit der Definition des Hellenismus bei Johann Gustav Droysen (1808–1884), vgl. MARKSCHIES, Christoph: Hellenisierung des Christentums, 42ff.
[780] RAWLS, John: Über Sünde, Glauben und Religion, 140.
[781] Ebd.

eben jenen Protagonisten, die die Ebenen des Beziehungsverständnisses in Richtung einer natürlichen Dimension verlagerten, gehören für Rawls nicht nur Platon und Aristoteles, sondern in ihrer Nachfolge eben auch die christlichen Theologen Augustinus und Thomas von Aquin:

> „Sie alle sind daran gescheitert, das Problem der Gemeinschaft zu verstehen, und verstehen Ethik als eine Sache der Beziehung von Personen zu geeigneten Objekten, etwa zur Idee des Guten, zur Wahrheit oder zu Gott, der von Augustinus und Thomas von Aquin als das begehrenswerteste Objekt überhaupt betrachtet wird.“[782]

Bevor wir die Thesen von John Rawls hinsichtlich des griechischen Einflusses auf diese Hauptvertreter der christlichen Theologie eingehender betrachten, soll noch etwas genauer sein Verständnis des Unterschieds von personaler und natürlicher Beziehung im Fokus stehen: Rawls macht detailliert deutlich, wo für ihn die Differenzen verortet sind. Zunächst zeichnen sich die personalen im Gegensatz zu natürlichen Beziehungen dadurch aus, dass ein „Du“ (*Thou*) dem „Ich“ (*I*) gegenübersteht. Im Hintergrund steht hierbei wiederum Brunners Denken, der im Du zugleich die Grenze des Ich verortet und damit wesentlich auch Rawls' Verständnis von Gemeinschaft prägt.[783] Diese Beziehungsart ist eben deswegen personal, weil wir einer Person gegenüber stehen. Dies hat für Rawls mithin zur Folge, dass beide Seiten – das Ich und das Du – die Beziehungen gestalten und ausmachen, dass personale Beziehungen jeweils mit anderen personalen Beziehungen verbunden sind und sich gegenseitig beeinflussen, dass durch sie die eigene Existenz vor einer bewertenden und gebenden Person erfahren wird, und schließlich, dass eine Beziehung aufgebaut wird, die wahre Gemeinschaft sein kann. All dies führt dazu, dass personale Beziehungen „einzigartig“ sind, also die je andere Person nicht einfach austauschbar ist.[784] Jene Merkmale gelten eben gerade nicht für natürliche Beziehungen, die keine personale Begegnung zulassen. Auch, dass personale Beziehungen dadurch gekennzeichnet sind, dass in ihnen eine gegenseitige Offenbarung stattfinden muss, ist nachvollziehbar, ist der Mensch doch bleibendes Geheimnis. Aus der Unterscheidung von personaler und natürlicher Beziehung geht auch Rawls' Verständnis des Naturalismus hervor. Diesen versteht er nicht im Sinne eines Materialismus, sondern er bezeichnet damit ein

---

[782] Ebd., 140f.

[783] Vgl. BRUNNER, Emil: Der Mensch im Widerspruch, 109: „Im christlichen Gedanken aber ist die Gemeinschaft nicht nur eine konkrete Auswirkung der Bestimmung, sondern zugleich konkrete Begrenzung des Ich. Dem göttlichen Du steht nicht das eine menschliche Ich gegenüber – das wäre kein wahrhaft gebundenes, verantwortliches Ich –, sondern ihm steht die Vielheit der Iche gegenüber, die ihre Gebundenheit an Gott zugleich als Gebundenheit aneinander erkennen. Wie der Schöpfer dem Menschen in der Gemeinschaft, in der Liebe die Menschlichkeit seines Lebens gibt, so gibt er ihm in der Gebundenheit an die anderen seine Grenze. Das menschliche Ich ist von vornherein ein vom konkreten Du begrenztes und darin erst konkret verantwortliches Ich. Nicht nur die Autarkie, sondern auch der Titanismus der autonomen Vernunft ist damit ausgeschlossen.“

[784] Vgl. RAWLS, John: Über Sünde, Glauben und Religion, 141ff.

Verständnis, eine Sicht auf die Welt, die alle Beziehungen in natürlichen Dimensionen denkt.[785]

Ein so verstandener Naturalismus ist, wie er darstellt, wesentliches Merkmal einer griechischen Tradition, gegen die er sich deutlich wendet, und er kann, bezogen auf die eben genannten Philosophen und Theologen, betonen: „Für uns sind die Philosophien von Platon und Aristoteles sowie die Theologien von Augustinus und Thomas von Aquin naturalistisch."[786] Wie aber kommt Rawls zu diesem kritischen Urteil? Allein die Terminologie der Denker ist es, die eine erste Antwort erlaubt:

„Seine [des Naturalismus, Anm.d.A.] beliebtesten Wörter sind ‚Verlangen', ‚Objekt', ‚Gut', ‚Zweck', ‚Hunger', ‚richtige Handlungen' (insbesondere bei Aristoteles und Augustinus), ‚genießen' (Augustinus) und so weiter."[787] Für Rawls sind jene Denker deswegen typische Vertreter einer naturalistischen Ethik, weil alles auf die Bildung des richtigen Verlangens ankommt. Von personaler Beziehung sei dagegen nicht die Rede: „Die natürliche Ethik, sei es bei Platon oder Augustinus, bei Aristoteles oder Thomas von Aquin, befaßt sich mit dem Problem, das Verlangen (caritas) auf das richtige Objekt und Ziel zu lenken."[788] Demnach wird in Rawls' Augen letztlich sogar Gott „naturalisiert", ganz zu schweigen vom Nächsten.

Rawls' Interpretation erscheint jedoch hinsichtlich seiner Bewertung gerade der Theologen, also Augustinus und Thomas, recht einseitig. Natürlich verwendet Thomas von Aquin das begriffliche Instrumentarium des Aristoteles, ohne dabei jedoch selbst im eigentlichen Sinne Aristoteliker zu sein.[789] In seiner Kritik verweist Rawls exemplarisch auf das dritte Buch der *Summa contra gentiles*[790], auf das er sich schließlich auch in „Eine Theorie der Gerechtigkeit" im 83. Kapitel beziehen sollte. Thomas von Aquin nähert sich darin der Hinordnung des Menschen zu Gott, den er gleich zu Beginn, im ersten Kapitel, als vollkommenes Subjekt, als *den* Handelnden überhaupt kennzeichnet: „…es gibt nichts, was sich seiner Leitung entzieht, wie es auch nichts gibt, was nicht von ihm das Sein erhält. Gott ist also, wie er im Sein und Verursa-

---

785 Vgl. ebd., 145f.

786 Ebd., 146.

787 Ebd.

788 Ebd.

789 Vgl. HENDRIKS, Lambert: Choosing from Love. The concept of "Electio" in the Structure of the Human Act According to Thomas Aquinas, Siena 2010, 36f.: "The use of Aristotle by Aquinas has not been without opposition. However, Thomas's own commentary regarding the use of philosophy in theology is quite illustrative. He points out that philosophy is not like water that waters down the wine of theology, but rather theology turns the water of philosophy into wine. The reason that Aquinas can build on Aristotle despite their differences in background, is that their starting points are the same […]"; Hendriks bezieht sich in diesem Zusammenhang auf THOMAS VON AQUIN: Super Boetium De Trinitate, 2, 3, ad 5: „Unde illi, qui utuntur philosophicis documentis in sacra doctrina redigendo in obsequium fidei, non miscent aquam vino, sed acquam convertunt in vinum."

790 RAWLS, John: Über Sünde, Glauben und Religion, 146, Anm. 1.

chen vollkommen ist, so auch im Lenken vollkommen."[791] Tatsächlich entwickelt Thomas daraufhin seine anthropologischen Annahmen und setzt sie in Beziehung zu eben diesem Gott, der das Gute an sich ist, nach dem jedes Tätige strebt, und daher das absolute Ziel des Menschen darstellt: *omnia ordinantur in Deum.*[792] Gott wird also als das letzte Ziel überhaupt definiert. Ohne Frage betont Thomas damit den Ursprung und die Zielrichtung des Menschen. Doch heißt das, dass bei ihm damit zugleich keinerlei personale Gottesbeziehung, keine Gemeinschaft mit Gott zu finden ist? Oder noch deutlicher gefragt: Ist der Gedanke, das zu erstrebende höchste Ziel des Menschen in Gott selbst zu sehen, also schon eine Entpersonalisierung Gottes? Ist es bereits die für Rawls nicht akzeptable Naturalisierung einer eigentlich personalen Beziehung? Rawls stört sich daran, dass Gott zum Objekt des Menschen wird, das er erstreben soll. Doch diese Objektebene steht keineswegs im Gegensatz zu einem personalen Verhältnis. Mit Blick auf den Personenbegriff bei Thomas fällt auf, dass die Einteilung in personale und naturale Strukturen hier nicht den Kern der Sache trifft: Thomas versteht genau wie Boethius unter Person eine *substantia individua rationalis naturae*, also eine Substanz individueller Vernunftnatur.[793] Diese kann sich durch ihre Vernunft ihrem letzten Ziel und mithin ihrer Vervollkommnung zuwenden, die in Gott zu finden ist. Gott als Objekt der personalen Vervollkommnung und letztes Ziel ist damit keineswegs entpersonalisiert, sondern vielmehr durch ihn selbst gewollte, unerlässliche Komplementarität der menschlichen Person.

Ein anderer Aspekt in der Theologie des Thomas muss an dieser Stelle ebenfalls ins Feld geführt werden: die Gnadentheologie. Dabei spielt die personale Beziehungsebene durchaus eine große Rolle:

> „Grace bespeaks a deeper relationship to God than does nature; it is what Jesus called the reign of God, or what John and Paul called the Spirit indwelling. Having established human and divine principles of supernatural life (Ia IIae), Aquinas turned to its realization in active persons (IIa IIae). Personality and grace combine to enact a Christian life; they delineate the subjects and agents, the vir-

---

[791] ScG, III, 1 (dt. Zitate der ScG nach: THOMAS VON AQUIN: Summa contra gentiles, hrsgg. von Albert, Karl/ Allgaier, Karl u.a., Darmstadt 2001).

[792] Vgl. etwa ScG, III, 17: „Es ist daher aber offenbar, daß alles auf ein einziges Gutes als das letzte Ziel hingeordnet ist. Wenn nämlich alles nach (etwa als) seinem Ziel nur strebt, insofern es gut ist, muß also das Gute als Gutes Ziel sein. Das höchste Gut ist demnach im höchsten Maße das Ziel aller. Das höchste Gute ist aber nur eines, nämlich Gott, wie im ersten Buch erwiesen wurde (I 42). Alles also ist auf das höchste Gute, das Gott ist, als sein Ziel hingeordnet."

[793] Vgl. STh, I, 29, 1: „„...et ideo etiam inter ceteras substantias quoddam speciale nomen habent singularia rationalis naturae. et hoc nomen est persona."; explizite Verweise zu Boethius: vgl. STh I, 29 u. 30, sowie schon ScG, IV, 10, 35, 38 u. 41.

tues and beatitudes, and finally the states and offices where grace is concretized in social life.“[794]

Gnade in diesem Sinne setzt also nach der bekannten Diktion des Thomas die Natur voraus und vollendet sie. Und gerade durch die Gnade entsteht Beziehung, wie sie im reinen Status der Natur nicht entstehen kann – Beziehung zu Gott, die zugleich das soziale Leben beeinflusst. Diesen Aspekt hat Rawls in seinen Überlegungen ausgespart.

Obwohl also durchaus fruchtbare Ansätze der tiefergehenden Auseinandersetzung mit dem Werk des Thomas in dieser Frage gegeben sind, muss man zugeben, dass seine Theologie für die Kritik Rawls' besonders zugänglich ist, weil sie vordergründig nicht auf die Gemeinschaft als Konstruktionspunkt setzt, sondern zunächst dem rationalen Individuum Geltung verschafft. Dadurch wird jedoch keineswegs ausgeschlossen, dass die Beziehung Gott-Mensch nicht durchaus auch bei Thomas als personale Begegnung gedacht werden kann.

Hinsichtlich der Kritik an Augustinus bezieht sich Rawls in seiner Abschlussarbeit auf das fünfzehnte Buch des Gottesstaates. Darin geht Augustinus der Bildung der beiden Staaten oder besser Bürgerschaften nach, die in Kain und Abel ihre Entsprechung finden. In diesem Kapitel, das starke Bezüge zur Zeit des Augustinus aufweist und so das Motiv des vorläufigen Staates mit Blick auf das gefährdete römische Reich unterstreicht, wird der apologetische Aspekt besonders deutlich. Das Christentum sollte von dem Vorwurf entlastet werden, Schuld am drohenden Untergang der damaligen römischen Weltordnung zu haben.[795] Kain und Abel werden dabei exemplarisch zu den gegensätzlichen Ausrichtungen des Menschen stilisiert, da sie in ihrer Polarität vor Augen führen, welche Beziehungsebenen sie gegenüber Gott einnehmen. Augustinus, der ganz der biblischen und persönlichen Darstellung Gottes verpflichtet ist, entwirft im Kontext der Frage, warum Gott Kains Opfer geringer schätzte, eine Grundaussage über das Ideal der Gottesbeziehung des Men-

[794] O'MEARA, Thomas F.: Interpreting Thomas Aquinas: Aspects of the Dominican School of Moral Theology in the Twentieth Century, in: POPE, Stephen J. (Hrsg.): The Ethics of Aquinas, Washington 2002, 355-373, hier 356.

[795] Vgl. AUGUSTINUS: De civitate Dei, XV, 5; MIGNE, PL 41, Sp. 441: „Primus itaque fuit terrenae civitatis conditor fratricida: nam suum fratrem civem civitatis aeternae in hac terra peregrinantem invidentia victus occidit. Unde mirandum non est, quod tanto post in ea civitate condenda, quae fuerat hujus terrenae civitatis, de qua loquimur, caput futura, et tam multis gentibus regnatura, huic primo exemplo et, ut Graeci appellant, ἀρχετύπῳ, quaedam sui generis imago respondit.“ [dt.: AUGUSTINUS: Vom Gottesstaat. Übers. von Wilhelm Thimme, Bd. 2, 218: „Der erste Gründer des irdischen Staates also war ein Brudermörder, denn er tötete, von Neid übermannt, seinen Bruder, der als Bürger des ewigen Staates auf dieser Erde ein Fremdling war. So ist es kein Wunder, daß lange hernach bei der Gründung der Stadt, die das Haupt des irdischen Staates, von dem wir reden, werden und über so viele Völker herrschen sollte, diesem ersten Vorbild und Archetyp, wie die Griechen es nennen, das Abbild in seiner Art entsprach.“].

schen. So geht er davon aus, dass Gott Kains Opfer deshalb geringer schätzte als das seines Bruders,

> „weil Kain insofern schlecht teilte, als er Gott zwar etwas von dem Seinen gab, aber nicht sich selbst. Das tun alle, die nicht Gottes Willen folgen, sondern ihrem eigenen, demnach nicht rechtschaffenen, sondern verkehrten Herzens leben und dennoch Gott eine Gabe darbringen, seine Gunst zu erkaufen, daß er ihnen behilflich sei, nicht etwa ihre bösen Begierden abzulegen, sondern sie zu befriedigen."[796]

Kain lässt sich nicht von Gott verwandeln, sondern setzt sich und seinen Willen über den Willen Gottes. Er will Gott für seine Zwecke benutzen. Daher kann Augustinus schließen: „Denn die Guten gebrauchen die Welt zu dem Zweck, Gott zu genießen; die Bösen dagegen wollen Gott gebrauchen, um die Welt zu genießen, wofern sie überhaupt glauben, daß er ist und sich um die menschlichen Verhältnisse kümmert."[797] Hier erscheint ein für Augustinus grundsätzlicher Topos, dessen Dualität in der Polarität von Kain und Abel aufscheint: (be-)nutzen und genießen; *uti* und *frui*. Um dies zu verdeutlichen, kann man einen Blick auf den Liebesbegriff bei Augustinus werfen. Dieser Zentralbegriff seines Denkens ist gerade hinsichtlich des Personenbegriffes differenziert zu betrachten. Tatsächlich ist es Gott, der als eigentliches Ziel geliebt werden soll. Die menschliche Liebe gewinnt nur von daher ihren Wert. Sie bleibt vorläufig und defizitär; sie ist lediglich etwas Vorläufiges auf dem Weg zur Gottesliebe und bleibt daher immer Mittel zum Zweck.

Kurt Flasch bringt die Kritik Rawls' dem Sinn nach genau zum Ausdruck, wenn er betont, dass gerade die Verzweckung der anderen Person eine Erfahrung der Gemeinschaft nicht zulässt: „Diese Instrumentalisierung des eigenen und jeden fremden Lebens zerstört die Erfahrung eines anderen Menschen als Person."[798] Der Mensch gebraucht die Welt und daher auch seine Mitmenschen, um Gott zu genießen, der als alleiniger Selbstzweck und höchstes Glück anerkannt wird: „Die rigorose Anwendung des Begriffspaars ‚gebrauchen – genießen' verhindert von Grund auf eine Theorie der Liebe, gebietet sie doch, das eigene Leben und das Leben des Nächsten als Mittel zu einem überirdischen Zweck zu ‚gebrauchen'."[799] Die Analyse Flaschs deckt sich an dieser Stelle in erstaunlicher Weise mit der, die Rawls hier liefert. Dort wo Rawls die falsche Naturalisierung von eigentlich personalen Beziehungen bei

---

[796] Ebd., XV, 7; MIGNE, PL 41, Sp. 444: „…quia hoc ipso male dividebat, dans Deo aliquid suum, sibi autem se ipsum. Quod omens faciunt qui non Dei, sed suam sectantes voluntatem, id est, non recto, sed perverso corde viventes, offerunt tamen Deo munus, quo putant eum redimi, ut eorum non opituletur sanandis pravis cupiditatibus, sed explendis." [dt.: AUGUSTINUS: Vom Gottesstaat. Übers. von Wilhelm Thimme, Bd. 2, 223].

[797] Ebd.: „Boni quippe ad hoc utuntur mundo, ut fruantur Deo: mali autem contra, ut fruantur mundo, uti volunt Deo; qui tamen eum vel esse, vel res humanas curare jam credunt." [dt.: AUGUSTINUS: Vom Gottesstaat. Übers. von Wilhelm Thimme, Bd. 2, 223].

[798] FLASCH, Kurt: Augustinus, 135.

[799] Ebd., 135f.

Augustinus anprangert, spricht Flasch von „Instrumentalisierung“ oder „technischen Denkformen“, die Augustinus mit seinem Begriffspaar *uti* und *frui* vertritt.[800] Auch die liebende Hinwendung Gottes zu den Menschen ist in den Augen Flaschs bei Augustinus nicht oder nur schwach ausgeprägt. Vielmehr bleibt Gott der, der sich selbst genügt: „Augustins Gott ist das höchste Gut. Es genügt sich selbst. Es sucht nichts. Es hat alles Leben in sich. Warum sollte es aus seiner Selbstgenügsamkeit heraustreten?“[801] Auch wenn Augustinus oft von der Hinwendung Gottes zu den Menschen predigt, für Flasch ist es genau wie für Rawls eben jener griechisch-philosophische Einfluss, der verhindert, dass ein wirklich personaler, gemeinschaftlicher Charakter der Gottesliebe entstehen kann. Das Denken des höchsten Gutes, genau das, was Rawls als griechischen und mithin schädlichen Einfluss ausgemacht hat, ist auch in den Augen Flaschs das wesentliche Hindernis zur wahren Gemeinschaft: „Eine reale Wechselseitigkeit der Liebe zwischen Gott und Menschen hat Augustinus nie ins Auge gefasst.“[802] Hat Rawls mit seiner Kritik an Augustinus also unzweifelhaft recht? Auch wenn Augustins Verständnis von Person nicht in jeder Hinsicht befriedigend ist, können wir schon mit Kurt Flasch aber doch darauf hinweisen, dass es Punkte im Werk Augustins gibt, die eine völlige Einseitigkeit aufheben, und interessanterweise ist dies gerade durch ein griechisches Topos möglich, „die Vergottung“: „Nach Augustin wird der Liebende zu dem, was er liebt. Indem wir das göttliche Eine lieben, werden wir es selbst.“[803] Hier ergibt sich doch eine erste dynamische, personale Entwicklung, die über das starre hierarchische Verhältnis von Gott und Mensch hinaus geht. Es ist ein erster Hinweis auf die Fähigkeit zur Gemeinschaft mit Gott, auch wenn dieses Denken nur eine zarte Pflanze im Vergleich zur Mehrheit seiner Aussagen zum Verhältnis von Mensch und Gott ist: „Dennoch eröffnete er dadurch einen Weg, den Menschen nicht primär mit Naturkategorien zu beschreiben.“[804] Augustinus selbst hatte also für Flasch anfanghaft die starre Naturalisierung überwunden, die seine sonstige Systematik prägte.

Die forsche Kritik des einundzwanzigjährigen Rawls verdient allerdings noch einen genaueren Blick auf das Personenverständnis Augustins und das Gegensatzpaar *uti/frui*: Die Interpretationsgeschichte nimmt ihren Ausgang von der Darstellung Joseph Mausbachs (1861–1931) zur Ethik des Augustinus.[805] Dieser identifizierte *uti* mit der *cupiditas*, *frui* mit der *caritas*. Seitdem ist eine breite Auseinandersetzung zum Begriffspaar *uti/frui* entstanden, die

[800] Vgl. ebd.
[801] Ebd., 137.
[802] Ebd., 138.
[803] Ebd.
[804] Ebd., 139.
[805] Vgl. MAUSBACH, Joseph: Die Ethik des Heiligen Augustinus, Freiburg im Breisgau 1909.

an dieser Stelle nicht wiedergegeben werden kann.[806] Wichtig aber erscheint hinsichtlich der Annäherung von Rawls an das Verständnis von *uti* und *frui* die Interpretation Anders Nygrens zu sein, der Rawls durch das Werk „Eros und Agape“ stark geprägt hat. Darin macht Nygren ein konventionelles und zugleich problemorientiertes Interpretationsmuster geltend, wenn er Liebe als zweckorientiert ansieht. Nygren verweist dabei auch auf das Hellenisierungsparadigma, das vor allem bei Augustinus zu finden sei:

> „Auch mit dem Begriffspaar uti-frui ist Augustin nicht über die übliche hellenistische Erosanschauung hinausgekommen. Wenn er sagt, man solle die Welt gebrauchen, um zu dem Genießen Gottes zu gelangen, dann ist das im Grunde derselbe Gedanke wie bei Plato, der mahnt, sich von den Dingen in der Welt nicht binden zu lassen, sondern sie als Stufen für den Aufstieg zu der höheren Welt zu benutzen.“[807]

Dieses Interpretationsmuster greift Rawls in seiner Abschlussarbeit auf, was sich besonders in der Bewertung des Liebesbegriffes bei Augustinus zeigt. Jede vom letzten Ziel abweichende Liebe, etwa die zwischen zwei Personen, sei demnach minderwertig, da sie nicht auf das eigentliche „Objekt“ Gott abzielt:

> „Die Unterscheidung der Begriffe frui und uti zielt darauf ab, die Liebe zur Welt relativ zu machen, und zwar in doppelter Hinsicht: Einerseits wird sie ihres absoluten Charakters beraubt, andrerseits wird sie in Beziehung zur Gottesliebe als Mittel für diese gesetzt“[808]

Nygren sieht also letztlich in den Begriffen von Mittel und Zweck die Entsprechung von *uti* und *frui*. Auch Nächstenliebe sei demnach nur ein Mittel zum Zweck und damit herabgestuft, weil lediglich vorläufig: „Thus, according to Nygren, there will always be an element of self-interest in *uti*, and consequently in love for neighbour. The desire for rest in God will properly predominate.“[809] Raymond Canning macht in der Auseinandersetzung mit dem Ansatz Nygrens bereits deutlich, dass dieser einer komplexeren Bedeutung des Begriffspaars von *uti* und *frui*, losgelöst von der zeitgenössischen Entstehung und seinem stoischen Hintergrund[810], nicht gerecht wird.[811]

In diesem Zusammenhang kann man zudem auf die Ergebnisse Anthony Duponts hinweisen, der sich dem Begriffspaar hinreichend genähert hat, um

---

[806] Vgl. zur Interpretationsgeschichte DUPONT, Anthony: Using or Enjoying Humans. Uti and frui in Augustine, in: Augustiniana 54 (2004) (Mélanges offerts à T.J. Bavel à l'occasion de son 80e anniversaire, Leuven 2004), 475-506, hier besonders 476ff.

[807] NYGREN, Anders: Agape und Eros, Berlin 1955, 402; zu Nygrens erweiterter Kritik an Augustins Liebesbegriff vgl. BURNELL, Peter: The Augustinian Person, Washington 2005, 105f.

[808] NYGREN, Anders: Agape und Eros, 401.

[809] CANNING, Raymond: The Augustinian uti/frui Distinction in the Relation between Love for Neighbour and Love for God, in: Augustiniana 33 (1983), 165-231, hier 218.

[810] Vgl. ebd., 168f.

[811] Vgl. ebd., 220: "To say the least, the distinction is more complicated in its origins than [...] Nygren [...] acknowledge[s]. [...] Nygren fails to take sufficient account of this special status of *uti*-love for neighbour which brings it very close to *frui*."

seine ganze Komplexität im Werk Augustins herauszustellen: Dupont betrachtet sowohl das Verhältnis Mensch zu Gott wie Mensch zu Mensch, das heißt, er bildet eben jene beiden Ebenen ab, die auch für Rawls aufeinander bezogen sind. Dabei nimmt er nicht die einseitige Position von Rawls und Flasch ein, sondern zeigt ähnlich wie schon Canning die Ambivalenz der Begrifflichkeiten auf und gesteht ihnen ihre genuine Mehrdimensionalität zu. So kann er herausstellen, dass der Nächste zwar nicht absolut um seiner selbst willen geliebt wird, also nicht Zweck an sich ist, jedoch *durch* diesen Zweck, der nur Gott selbst sein kann, seine volle menschliche Größe entfaltet:

> „Because of the divine presence in humans, humans can be an end for each other and thus not a means. In that sense, humans can enjoy each other. Nevertheless, humans are not an absolute end for each other, only God is. That is why humans remain an usable instrument. To use neighbours, however, does not mean in this context an egoistic manipulating of neighbours, but a loving taking care of them. Augustine expresses this complex relationship between humans by showing that humans can *uti* AND *frui* each-other."[812]

Dupont zeigt also, dass sich die Begriffe nicht einfach in einer abgegrenzten Dualität gegenüberstehen. Sie schließen sich nicht aus und können nebeneinander bestehen. In diesem Sinne ist Augustinus komplexer, als seine Kritiker in dieser Frage vielfach annehmen. Man kann davon ausgehen, dass Rawls ein unterkomplexes Verständnis vor allem vom Begriff des *uti* hatte, das den anderen in seinen Augen naturalisiert: *uti* meint hingegen nicht unbedingt ein entwürdigendes Ausnutzen des Nächsten, sondern ist auch eine Form der liebenden Zuwendung, wenn auch nicht als Zweck an sich.[813] Diese Unterscheidung ist von eklatanter Bedeutung, will man der einseitigen Interpretation Rawls' adäquat begegnen. Sie zeigt, dass das Schema *uti/frui* Augustins nicht zwangsläufig der naturalistischen Logik von Rawls' Begrifflichkeiten folgt. Dupont kann daher auf die Frage, wie nun mit dem Nächsten im Sinne von *uti* und *frui* umgegangen werden sollte, antworten:

> „Yes, the fellow-man is there to use, but in a moderate and non-utilitarian way, namely by taking care of him. Yes, the fellow-man is there to enjoy, but in Domino. Yes, the fellow-man is there to use and enjoy. While investigating Augustine's quest for these answers, we also noticed the subtle and complex relation between love for God and love for humans. They are two sides of the same coin."[814]

Duponts Gegenentwurf zu einem rein utilitaristischen Verständnis des *uti* bei Augustinus, das Rawls in seiner *senior thesis* vertritt, weil er eine Naturalisierung und Entpersonalisierung vermutet, ist deswegen so wichtig, weil Rawls' Werk weiterhin mit dem Begriff des *uti* im utilitaristischen Sinne kämpft und

---

[812] DUPONT, Anthony: Using or Enjoying Humans, 500.

[813] Vgl. ebd.: "Meanwhile, it is clear that *uti homine* is not utilitarian and selfish, but a sort of love. *Uti* (of the neighbour) has to happen in an ordered, moderate and rational fashion."

[814] Ebd.

diesen, wie ausführlich gezeigt werden konnte[815], als Hauptgegner seiner Gerechtigkeitstheorie erklärt. Der Vorwurf der Entpersonalisierung im Denken Augustins verfängt hier in seiner Schablonenhaftigkeit schlechterdings nicht. Und mehr noch: Auch Augustins generelles Personenverständnis und seine Bedeutung für die westliche Geistesgeschichte kann als komplexer eingestuft werden, als Rawls und die populäre Kritik dies tun. So kann Mary T. Clark festhalten:

> „In focusing upon the human being as an image of God Augustine highlighted the value of every person. But it is above all in his Confessions that one finds the earliest exploration of that unique subjectivity which has become central to the modern concept of person. The Greeks had spoken of the human being in the third person. Augustine wrote an autobiography. He used the ‘I’.“[816]

Gerade in diesem wichtigen Punkt übersteigt Augustinus das griechische Denken, dem er in den Augen Rawls’ angeblich anhängt, und formuliert die Grundzüge eines christlichen Personalismus, der nicht dem Vorwurf des hellenistischen Denkens ausgesetzt sein kann. Das augustinische Denken füllt gerade mit seinem Personalismus eine Lücke, die das griechische Denken der Antike nicht zu füllen vermochte.[817] Das „Ich“ seines Personenverständnisses ist aber auf die korrektive Freundschaft und Gemeinschaft verwiesen. Die Person ist nach Augustinus nicht einfach Individuum, sondern Person im reziproken Sinne[818], die sich in und durch die Gemeinschaft Gott zuwendet, der selbst wiederum Gemeinschaft ist. Auf diesen Zusammenhang macht Jennifer Ebeler aufmerksam, wenn sie in ihrer Studie betont:

> „In Augustine’s view, the institution of friendship existed in the Christian community as much to facilitate the participants’ progress toward a more perfect knowledge of the Christian God as to unite soul mates in the enjoyment of another.“[819]

Auch wenn also wiederum Gott als Ziel und Endpunkt allen Seins in diesem Konzept von Freundschaft und Gemeinschaft aufscheint, ist der Mensch ohne

---

[815] Vgl. Kap. 2.1.3 dieser Arbeit.

[816] CLARK, Mary T.: Augustine on Person: Divine and Human, in: LIENHARD, J.T./ MULLER, E.C./ TESKE, R.J. (Hrsg.): Collectanea. Augustine: Presbyter Factus Sum, New York 1993, 99-120, hier 115.

[817] Vgl. HENRY, Paul: Saint Augustine on Personality (The Saint Augustine Lecture 1959), New York 1960, 3f.

[818] Vgl. ebd., 23f.: “Augustine teaches us the fundamental truth that we are really persons only inasmuch as we recognize the full status of other persons as related to us; that personality is not egocentric but altruistic; that its natural movements and richness are not centripetal but centrifugal, that the more we are ourselves, not only as individuals but as persons, the more we exist with and for others and are drawn to others and others are drawn to us. He teaches us that personality expresses itself in giving and receiving; in ‘communicability’, rather than in ‘incommunicability’, in sharing rather than in possessing, in togetherness and closeness rather than in proud isolationism, whether this be intellectual, cultural, economic or political.”

[819] EBELER, Jennifer: Disciplining Christians. Correction and Community in Augustine’s Letters, New York 2012, 29.

Gemeinschaft doch nicht denkbar. Zugleich sind eine falsch verstandene Gemeinschaft und eine distanzlose Freundschaft, die bestimmte Grenzen nicht akzeptiert, problematisch und führen zur Sünde:

> „As he eventually concluded, an ideal friend was not a second self but, rather, a fellow traveler on the obstacle-filled journey toward eternal life. A failure to understand the limits that governed a proper relationship between individuals in the community resulted in sin."[820]

Gemeinschaft und noch mehr Freundschaft – trotz ihrer möglichen Unsicherheit[821] – sind für Augustinus elementare Voraussetzungen für ein gelungenes Leben, das freilich in der Schau Gottes sein Ziel hat. Immer ist daher Gott in die gute menschliche Gemeinschaft einbezogen. Das Gute, das wir durch Freunde und in der menschlichen Gemeinschaft erfahren, ist zuletzt immer auch durch Gott gewährt[822]: „Das Neue, das Augustinus über die Freundschaft bringt, besteht darin, dass er Gott und Christus in das Erleben der Freundschaft mit einbezieht."[823] So werden Freundschaft und damit die menschliche Gemeinschaft nicht etwa verzweckt oder herabgestuft, sondern gerade aufgewertet, da in ihnen die Liebe Gottes anfanghaft erfahren werden kann. Augustinus kann deswegen geradezu als „Christian philosopher of Community"[824] bezeichnet werden.

Augustins Verständnis von Gemeinschaft ist ebenso wie sein Personenbegriff ambivalent und muss in seiner gesamten Komplexität anerkannt werden. Der Ansatz des jungen Rawls geht gerade vom Begriff der Gemeinschaft aus. Daher muss er all jene Denker kritisieren, welche die naturale Komponente der Beziehungen mit der personalen verwechselt haben und echte Gemeinschaft nicht zulassen. Man darf angesichts der bei Thomas und Augustinus dargestellten Probleme aber durchaus in Zweifel ziehen, ob die Einteilung Rawls' tatsächlich in ihrer Einfachheit und in ihrer zugegebenen Klarheit hinreichend ist. Es darf mit anderen Worten also bezweifelt werden, ob er damit

---

820 Ebd., 30f.

821 Vgl. VAN BAVEL, Tarcisius J.: Von Liebe und Freundschaft. Augustinus über das christliche Leben, Würzburg 2009, 34f.: „Widerstrebende Kräfte sind im Menschen wirksam. Alles Zeitliche ist Veränderungen unterworfen, es kann keinen Augenblick dasselbe sein und bleiben; es entgleitet und entrinnt. […] Gerade diese Wandelbarkeit des Menschen zeigt, dass man seiner Sache nicht ganz sicher sein kann; es wäre sogar unvernünftig, bei einem anderen Menschen völlig sicher sein zu wollen."

822 Vgl. AUGUSTINUS: Ep. 130, 2, 4: „Wenn Armut schwer lastet und Trauer niederbeugt, wenn Körperschmerz die Ruhe nimmt und Fernsein von der Heimat traurig stimmt, wenn sonst irgendein Ungemach quält, sobald gute Menschen sich nahen, die mit den Fröhlichen sich freuen, aber mit den Weinenden auch weinen können und es verstehen, Worte heilenden Trostes zu finden und zu sprechen, dann wir in den meisten Fällen das Raue gemildert, das Schwere erleichtert und das Widerwärtige überwunden. Das bewirkt jedoch in den Guten und durch sie kein anderer als Gott, der ihnen durch seinen Geist das Gutsein gibt." [Zitiert nach VAN BAVEL, Tarcisius J.: Von Liebe und Freundschaft, 37f.].

823 VAN BAVEL, Tarcisius J.: Von Liebe und Freundschaft, 36.

824 CLARK, Mary T.: Augustinian Personalism (The Saint Augustine Lecture 1969), Villanova 1970, 1.

sowohl Thomas als auch Augustinus gerecht wird, die aus einem je eigenen zeitlichen Kontext Theologie betrieben und vom jungen Rawls in ihrer Komplexität teilweise nicht erfasst werden. Dies zu betonen erscheint deswegen so wichtig, weil es nicht nur der wissenschaftlichen Redlichkeit entspricht, einseitige Interpretationen als solche zu kennzeichnen und eine Gegenoption zu entwerfen, sondern auch, weil John Rawls an dieser Einschätzung auch später festhielt und die beiden christlichen Autoren in einen Problemzusammenhang mit der utilitaristischen Theorie verortet.

3.3.3 Soziale Sünde oder: Die Zerstörung der Gemeinschaft

Der theologische Begriff der Sünde[825] ist umstritten, interpretierbar und in der gegenwärtigen moraltheologischen Diskussion vor allem eins: an den Rand gedrängt. Die Erfahrung des Bösen und die Möglichkeit der persönlichen Verfehlung verschwimmen dort, wo kein klares Bild mehr von der Idealität des Menschen, seinen Möglichkeiten, seiner Berufung und seines Existenzhorizontes, den er durch Gott erfährt, vorhanden ist. Der Mensch sieht sich als Selbstkonstruktion, als sich selbst setzender Anfang und vom ewig gängelnden Ideal einer theologischen Anthropologie befreit. Er wird in dem Sinne autonom, indem er die moralischen Vorgaben und konkreten Ansprüche kirchlicher Moralvorstellungen an ihn abschüttelt: Stattdessen steht das Ideal der Freiheit, Freiwilligkeit und der Selbstverantwortung im Vordergrund.

Diese Abwendung vom Sündenbegriff hat ihre nachvollziehbaren Gründe: Die Konzentration auf den Sündenbegriff und die Überhöhung[826] der Bedeutung der Sünde des Menschen – der sprichwörtlich gewordenen „Sündenmoral“[827] – implizierte nicht selten einen verdunkelten Blick auf den Menschen und bedeutet noch heute eine Hypothek für die Kirche als Agentin einer normativen Ethik. Der Begriff der Sünde ist in der Theologie der Gegenwart aufgrund dieser Hypothek ideologisch kontaminiert und nicht selten deswegen ins Abseits geraten. Wegen der Schwierigkeiten und Verwerfungen, die mit dem oft als Druckmittel verwendeten Begriff der Sünde verbunden sind, scheut man nicht selten die Auseinandersetzung mit ihm. Stattdessen verweist man in diesem Zusammenhang auf den eingeschränkten Freiheitsraum des Einzelnen, der doch erstens aufgrund seiner Sozialisation entscheidet oder gar zweitens einen sogenannten freien Willen nicht im klassischen, für die Sünde notwen-

[825] Einen hervorragenden Überblick über die Dimensionen des Sündenbegriffes bietet SIEVERNICH, Michael: Schuld und Sünde in der Theologie der Gegenwart, Frankfurt am Main 1982.

[826] Vgl. etwa DEMMER, Klaus: Fundamentale Theologie des Ethischen, Freiburg/Schweiz 1999, 296: „Die Hypertrophie normethischer Kategorien hat zur Ethisierung von Schuld ihren Teil beigetragen.“

[827] Vgl. SCHOCKENHOFF, Eberhard: Grundlegung der Ethik. Ein theologischer Entwurf, Freiburg im Breisgau 2007, 25.

digen Sinne besitzt.[828] Soll der Begriff aber weiterhin vor einem theologischen Hintergrund bestehen, muss sich eine Moraltheologie der Gegenwart intensiv mit einem angemessenen Verständnis von Sünde auseinandersetzen. Gerade weil der Sündenbegriff zugleich ein Zentralbegriff im frühen Werk Rawls' ist, kann er fruchtbar mit einem moraltheologischen Ansatz der Gegenwart verbunden werden. Dabei wird vor allem danach zu fragen sein, inwiefern der Sündenbegriff bei Rawls noch einem klassischen moraltheologischen Denken zugeordnet werden kann, oder er bereits die Grenzen zur Sozialethik überschreitet.

Das Wort Sünde drückt aus: Etwas entspricht nicht der ursprünglichen Vorstellung. Eine Handlung, eine Entscheidung, ja ein Leben ist defizitär – ein Mensch ist schuldig geworden. Schuld und Sünde sind dabei nicht identisch.[829] Zwar impliziert Sünde als freie Handlung immer auch Schuld, doch nicht jede Schuld ist schon Sünde. Vielmehr ist der Sündenbegriff nur vor dem Hintergrund einer religiösen Rückbindung an Gott und sein Gebot verständlich, da mich die sündige Handlung auch von Gott trennt. Mithin impliziert der theologische Begriff der Sünde mehr als eine nach außen hin sichtbare und zu bestrafende Fehlhandlung. Vielmehr beschreibt er gerade im christlichen Kontext, ausgehend vom Neuen Testament, einen inneren Vorgang: „Die synoptischen Berichte lassen aber darüber hinaus schon erkennen, wie Jesus seine Zeitgenossen von einem nur juridisch-äußerlichen Sündenverständnis lösen und zu einer Verinnerlichung [...] hinführen möchte."[830] Tatsächlich ist eine klare Definition des Sündenbegriffes durch die Voraussetzung seiner Innerlichkeit nicht möglich, wie auch Klaus Demmer betont:

> „Sünde besteht zuallererst im freien Verlust jener hochgradigen Gespanntheit, die der Unmittelbarkeit des Glaubenden zu Gott in Jesus Christus entspringt. Sie vermag aus diesem Grunde weder eindeutig erfaßt noch auch definiert zu werden. [...] Sie ist so undefinierbar wie ihr Träger selbst; das heißt, sie nimmt vollendet am Geheimnischarakter der Person teil."[831]

Mit dem innerlichen Begriff der Sünde ist darüber hinaus zugleich eine Dialektik verbunden: Es gibt den Zustand des Ideals, ein Leben kann gelingen und so gelebt werden, wie es gelebt werden *soll*. Die Realität der Sünde verweist auf die mögliche Idealität der menschlichen Existenz. Nur in dieser Dialektik

---

[828] Zur Diskussion über Willensfreiheit und Determinismus vgl. SINGER, Wolf: Verschaltungen legen uns fest: Wir sollten aufhören, von Freiheit zu sprechen. Ein epistemisches Caveat, in: GEYER, Christian (Hrsg.): Hirnforschung und Willensfreiheit. Zur Deutung der neuesten Experimente, Frankfurt am Main 2004, 30-65; SCHOCKENHOFF, Eberhard: Beruht die Willensfreiheit auf einer Illusion? Hirnforschung und Ethik im Dialog (Vorträge der Aeneas-Silvius-Stiftung an der Universität Basel, XLI), Basel 2004; SEIDEL, Wolfgang: Das ethische Gehirn. Der determinierte Wille und die eigene Verantwortung, Heidelberg 2009, bes. 139ff.

[829] Vgl. zum Schuldbegriff LOTTER, Maria-Sybilla: Scham, Schuld, Verantwortung. Über die kulturellen Grundlagen der Moral, Berlin 2012, 123ff.

[830] BÖCKLE, Franz: Fundamentalmoral, München 1977, 118.

[831] DEMMER, Klaus: Entscheidung und Verhängnis. Die moraltheologische Lehre von der Sünde im Licht christologischer Anthropologie, Paderborn 1976, 26.

kann sinnvoll von Sünde gesprochen werden: Die Rede von der Sünde schließt Umkehr ein; sie ruft zugleich zur Wiedergutmachung auf, zeigt Möglichkeiten guten Handelns auf. Die Rede von ihr darf nicht Drohung sein, sondern Hinweis auf die potentielle Gutheit des Menschen sowie die Möglichkeit so zu sein, wie Gott jede Person gedacht hat. Gerade die Frage nach der Sünde und dem Schuldigwerden ist dabei bleibende Herausforderung für die Moraltheologie: „Der moraltheologische Gedanke hat dort seine äußerste Bewährungsprobe zu bestehen, wo der Mensch mit der ganzen Abgründigkeit seines Wesens konfrontiert ist, nämlich mit dem letztlich unerklärbaren Geheimnis seines Schuldigwerdens.“[832]

Jenes Schuldigwerden aber ist in konkreter Weise zu lokalisieren. Der junge John Rawls wendet sich diesem Problem im Kontext des Sündenbegriffes der Theologie der Krise zu. Dabei bezieht er sich in der Analyse des *status quo* zunächst auf den Ansatz Reinhold Niebuhrs. Niebuhr, der nur im uneigentlichen Sinne der neo-orthodoxen Bewegung zugeschrieben werden kann[833], greift aber, indem er sich in seinem Werk „The Nature and Destiny of Man“ besonders auf den Sündenbegriff und damit die Ambiguität des Menschen und seine Gebrochenheit konzentriert, dennoch ein wesentliches Moment der „Theologie der Krise“ auf. Für Niebuhr konkretisiert sich Sünde im Faktum der Spannung zwischen Endlichkeit und Freiheit (*finiteness and freedom*). In der spannungsreichen Dialektik[834] des Menschen ergibt sich der Status der Unsicherheit, ja der Angst (*anxiety*). Dieses Paradigma, das Niebuhr von Sören Kierkegaard adaptiert[835], ist untrennbar mit dem Spannungsverhält-

---

[832] DEMMER, Klaus: Fundamentale Theologie des Ethischen, 295.

[833] Vgl. etwa KRONER, Richard: The Historical Roots of Niebuhr's Thought, in: BRETALL, Robert W./ KEGLEY, Charles W. (Hrsg.): Reinhold Niebuhr. His Religious, Social, and Political Thought, New York 1961, 177-191, hier 179: "What characterizes Niebuhr's Protestantism best is his ever growing emphasis upon those elements in the ethics of Jesus which the great Reformers, particularly Luther, stressed in their campaign against Rome. In this respect his position has been rightly called neo-orthodox, although this catchword is not at all adequate, since his orthodoxy, as has been well noted, is very unorthodox indeed. For in spite of his loyalty to the original spirit of the Gospel and the Reformation theology, Niebuhr is also a thoroughly modern thinker, sensitive to all the social problems of our present situation and fervently seeking for their solution. [Anm.1] In this he is not at all a conservative, but rather a revolutionary and progressive Christian leader whose roots are as much in our world if today as they are in the remote past."

[834] Vgl. NIEBUHR, Reinhold: The Nature and Destiny of Man. A Christian Interpretation, Vol. I Human Nature, New York 1964 (1941), 182: "Man is both strong and weak, both free and bound, both blind and far-seeing. He stands at the juncture of nature and spirit; and is involved in both freedom and necessity. His sin is never the mere ignorance of his ignorance. It is always partly an effort to obscure his blindness by overestimating the degree of his sight and to obscure his insecurity by stretching his power beyond its limits."

[835] Der Begriff der Angst wird zum Zentralbegriff in seinem Werk. Angst wird als Folge der Erbsünde kategorisiert und kommt durch Adam in die Welt, vgl. KIERKEGAARD, Sören: Der Begriff der Angst/ Vorworte (Aus dem dän. übersetzt von Emanuel Hirsch), in: DERS.: Gesammelte Werke, hrsgg. von Hajo Gerdes und Emanuel Hirsch, Bd. 11/12, Gütersloh 1983, 51ff.

nis verbunden, dem sich der Mensch stellen muss. Der Glaube, so Niebuhr, ist fähig, die Möglichkeit der Sünde, die in der Angst wurzelt, zu bekämpfen:

> „The ideal possibility is that faith in the ultimate security of God's love would overcome all immediate insecurities of nature and history. That is why Christian orthodoxy has consistently defined unbelief as the root of sin, or the sin which precedes pride."[836]

Genau das stete Bewusstsein der Liebe des Vaters ist es, das die Existenz Jesu, der dem Menschen in allem gleich wurde außer der Sünde, von der geschöpflichen Menschheit unterscheidet.

Innerhalb dieses Spannungsverhältnisses und der aus ihm resultierenden Angst also entsteht die Möglichkeit, nicht jedoch die Notwendigkeit der Sünde des Menschen. Der Mensch, eingebettet in die endliche Natur des Seins, sucht einen Ausweg aus dieser Spannung zum einen in der Leugnung seiner Endlichkeit: Diese wird abgelehnt und stattdessen die Teilhabe an der Unendlichkeit des Geistes angestrebt. Jede geistige und kulturelle Errungenschaft des Menschen, so Niebuhr, trägt daher die Gefahr des Stolzes in sich. Zum anderen kann er einen Ausweg in der Leugnung der Freiheit suchen, die den Menschen aufgehen lässt in weltlichen Notwendigkeiten. Erscheint die Sünde im ersten Fall als Stolz, drückt sie sich im zweiten Fall als Sinnlichkeit aus.[837] Jene Sinnlichkeit ist besonders in der von der griechischen Antike durchdrungenen christlichen Tradition genuiner Ort der Sünde[838], während die biblischen Zeugnisse und die augustinische Tradition für Niebuhr vor allem Stolz und Selbstliebe als Sünde kennzeichnen.[839] In Augustinus' Werk *De civitate Dei*, auf das Niebuhr dabei verweist, erscheint dieser Gedanke sehr deutlich: „Sagt nun jemand im Hinblick auf die sittlichen Übelstände, das Fleisch sei Ursache aller Sünden, weil es die mit Fleisch behaftete Seele ist, die so schlecht lebt, hat er doch nicht die ganze Natur des Menschen sorgfältig ins Auge ge-

[836] NIEBUHR, Reinhold: The Nature and Destiny of Man, 183.

[837] Vgl. ebd., 178f.

[838] Hier verweist Niebuhr an erster Stelle auf die Deutung der Ursünde bei Origines, vgl. ebd. 229: "Origin, the greatest of Hellenistic theologians, had beside his theory of pre-historic Fall which resulted in man's involvement in the material world another theory of an actual historic Fall in which the serpent is represented as having seduced Eve and as having physically infected her, and in which original sin is defined as an inclination'to ignominy and wantonness'. As a consequence Origin consistently regarded all sex activity as inherently wrong and as the ground and origin of all actual sins."; im Zusammenhang mit der hellenistischen Tradition schließt Niebuhr ebd., 230: "It is unnecessary to make an exhaustive analysis of the writings of the Greek Fathers to establish the conclusion that the tendency of Greek thought to attribute evil to animal passion has tempted Hellenistic Christianity to a fairly consistent identification of sin with the love of pleasure, with sensuality and lust and prompted it to make sexual life the particular symbol of this lust."

[839] Vgl. ebd., 230: "The Pauline-Augustinian theological tradition interprets the relation of sensuality to sin fairly consistently in the light of the first chapter of Paul's epistle to the Romans. Here lust, particularly unnatural lust, is described as a consequence of and punishment for the more basic sin of pride and self-derification."

fasst.“[840] Augustinus lässt keinen Zweifel daran, dass der Körper nicht Ursache der Sünde ist: „Denn die Vergänglichkeit des Leibes, die die Seele beschwert, ist nicht Ursache der ersten Sünde, sondern ihre Strafe, und nicht das vergängliche Fleisch hat die Seele sündig gemacht, sondern die sündige Seele machte das Fleisch vergänglich.“[841]

Das Verhältnis der körperlichen zur geistigen Seite der Sünde wird bei Niebuhr als Beziehungsverhältnis beschrieben und besonders am Beispiel der Sexualität verdeutlicht.[842]

Gerade im Blick auf die Auseinandersetzung Rawls’ mit dem Sündenbegriff und der Gemeinschaft ist die auf der Heiligen Schrift aufbauende Differenzierung Niebuhrs hervorzuheben, welche die Sünde zunächst als religiösen Begriff und damit als Rebellion gegen Gott interpretiert. Des Weiteren aber wird der Sünde eine gemeinschaftliche Dimension zur Seite gestellt, die ein wesentliches Schema von Rawls’ Sündenverständnis antizipiert: „The moral and social dimension of sin is injustice. The ego which falsely makes itself the centre of existence in its pride and will-to-power inevitably subordinates other life to its will and thus does injustice to other life.“[843] Niebuhr betont hier den unausweichlichen Ausgriff der Sünde des Stolzes, der sich auch auf die personalen Beziehungen auswirkt. Die soziale Sünde wird in ihrem letzten Ergebnis als Ungerechtigkeit identifiziert. Jene Ungerechtigkeit setzt den jeweils anderen personal herab; der Sünder erhöht sich über sein Gegenüber.

Der junge Rawls setzt in seiner Analyse des Sündenbegriffes an dieser Stelle an, wenn er im Rahmen der Analyse des natürlichen Kosmos zunächst auf die Leidenschaften als Ursache für die Sünde eingeht, die bei Platon und Aristoteles lediglich durch die Vernunft ein Gegengewicht beim „tugendhaften Menschen“ erfährt.[844] Doch Rawls entgegnet auf der Suche nach dem Urgrund der Sünde dieser Konstruktion und hält die Fixierung auf die Begierden des Körpers für wenig hilfreich. Stattdessen wirft er den Vertretern dieser Sichtweise, etwa Augustinus und Thomas von Aquin, das Versäumnis einer notwendigen und wesentlichen Unterscheidung vor: „Die Unterscheidung […] ist der qualitative Unterschied zwischen natürlichen und personalen Beziehungen, zwischen Begierde auf der einen Seite und Stolz und Liebe auf der ande-

---

840 AUGUSTINUS: De civitate Dei, XIV, 3; MIGNE, PL 41, Sp. 405: „Quod si quisquam dicit, carnem causam esse in malis moribus quorumcumque vitiorum, eo quod anima carne affecta sic vivit; profecto non universam hominis naturam diligenter adverit.“ [dt.: AUGUSTINUS: Vom Gottesstaat. Übers. von Wilhelm Thimme, Bd. 2, 157].

841 Ebd.; MIGNE, PL 41, Sp. 406: „Nam corruptio corporis, quae aggravat animam, non peccati primi est causa, sed poena: nec caro corruptibilis animam peccatricem, sed anima peccatrix fecit esse corruptibilem carnem.“ [dt. AUGUSTINUS: Vom Gottesstaat. Übers. von Wilhelm Thimme, Bd. 2, 159].

842 Vgl. NIEBUHR, Reinhold: The Nature and Destiny of Man, 236.

843 Ebd., 179.

844 Vgl. RAWLS, John: Über Sünde, Glaube und Religion, 172ff.; diese Wendung findet sich bereits in der christlichen Tradition der Vätertheologie, vgl. etwa BASILIUS DER GROßE: Homilia in illud: Attende tibi ipsi, in: MIGNE; PG 31, Sp. 197-217.

ren."[845] Gerade weil Rawls zuvor bereits die Notwendigkeit dieser Unterscheidung hervorhebt, verläuft auch seine Definition der Sünde in diesem Rahmen. Als Kronzeugen dieser Unterscheidung nennt er offensichtlich im Anschluss an Niebuhr Augustinus:

> „Es gibt etwas in der menschlichen Natur, so behauptet er, das völlig anders ist als das Fleisch. Wer möchte, nenne es Geist; was immer es ist, mit Geist meinen wir die Fähigkeit, in eine Gemeinschaft einzutreten, die Möglichkeit, der Liebe zu antworten, oder sie zurückzuweisen und so zu sündigen."[846]

Die Konzentration des Sündenbegriffes auf die körperlichen Begierden führt daher für Rawls in die Irre. Vielmehr nähert er sich an dieser Stelle zum ersten Mal sehr deutlich an den Sündenbegriff an, wie er durch die menschliche Notwendigkeit der Gemeinschaft gedacht werden kann. Das Böse ist zunächst also nicht körperlich, der Körper und seine Triebe nicht Ursache der Sünde. Wie Rawls richtig feststellt, führt diese Überlegung zu einer Grundfrage, der er sich mit Hilfe von Reinhold Niebuhr nähert: „Verdirbt der Geist das Fleisch, oder verdirbt das Fleisch den Geist?"[847] Rawls tendiert mit Niebuhr zur ersten Möglichkeit: Erst dort, wo die natürliche Begierde mit der personalen und gemeinschaftlichen Sphäre zusammentrifft, wird sie zum eigentlichen Problem, wird sie zur Sünde: „Sinnlichkeit wird sich immer dann, wenn sie zur Sünde wird, als völlig durchdrungen von jenen geistigen Perversionen und Bestrebungen erweisen, von denen kein Mensch frei ist."[848] Sinnlichkeit, mithin Körperlichkeit, wird so zum Ausdruck einer geistigen Haltung, einer inneren Suche, einer existentiellen Begegnung mit dem Anderen und der Gemeinschaft. Am Anfang der Sünde steht also nicht der Körper, sondern der Geist. Rawls stellt sich so einerseits gegen jede Art der Geringschätzung der Schöpfung und der Leibfeindlichkeit[849] und andererseits eröffnet er das Spektrum seines Sündenbegriffes, der sich im personalen Gefüge der Gemeinschaft wiederfindet. Daher kann er auch die von Philip Leon getroffene Unterscheidung von Selbstsucht und Geltungssucht adaptieren, da sie gerade den Aspekt der Sünde auf die personalen Beziehungen und die Gemeinschaft hin bündelt: In *The Ethics of Power*[850] beschreibt dieser zwei Dimensionen der Ich-Bezogenheit. Die Selbstsucht (*egoism*) – man könnte sagen: der Egoismus – richtet sich auf Dinge, Objekte, die ich für mich besitzen will. Diese Dimension findet Rawls in seiner Beschreibung der natürlichen Beziehungen wieder. Die Dimension der Geltungssucht (*egotism*) aber identifiziert er mit seiner Konzeption der personalen Beziehungen: „Leons Definition der Geltungssucht

---

845 RAWLS, John: Über Sünde, Glaube und Religion,177.
846 Ebd., 177f.
847 Ebd., 178.
848 Ebd., 180.
849 Hierzu auch erhellend Rawls' Ausführungen zur Theorie des Körpers: ebd., 183-187.
850 LEON, Philipe: The Ethics of Power, London 1935.

bezeichnet also das, was wir in personalen Beziehungen Stolz nennen […].“[851] Hier begegnet uns der Angelpunkt der Sündentheorie Rawls’ und zugleich ein wesentliches Hauptanliegen seiner *senior thesis*: Natürliche Beziehungen müssen von personalen Beziehungen deutlich unterschieden werden. Rawls definiert diese Unterscheidung wie folgt:

> „(a) Natürliche Beziehungen grenzen den Erfahrungsbereich ab, in dem eine Person ein Objekt oder einen konkreten Prozeß begehrt, danach trachtet oder dessen bedarf. Die Tätigkeit kann als Verlangen, Wollen oder Trachten beschrieben werden. (b) Personale Beziehungen grenzen jenen Erfahrungsbereich ab, in dem eine Person eine bestimmte Beziehung oder ein bestimmtes Verhältnis zwischen einer anderen Person und sich selbst aufzubauen erstrebt. […] Sie [die Tätigkeit, Anm.d.A.] ist das Teilen von Verbundenheit, von Gemeinschaft und gegenseitiger Präsenz; oder sie ist ein Geben, Lieben und Teilen; sie kann aber auch darin bestehen, was meistens der Fall ist, zu hassen, neiden, verachten, sich einem anderen überlegen zu fühlen und so weiter.“[852]

Rawls’ Verständnis von Sünde kreist um diese Unterscheidung. Für ihn sind natürliche Beziehungen in diesem Sinne nicht eigentlich Gegenstand moralischer und daher zur Sünde fähiger Handlungen. Sünde ist auf den Bereich der personalen Beziehungen beschränkt. Begierden als solche sind, seien sie, wie Rawls vorschlägt, körperlich, rational oder auch ästhetisch[853], dem natürlichen Bereich zuzuordnen und daher nicht Gegenstand der Sünde. Eine vierte Form der Begierde aber, die religiöse Variante, sieht Rawls jedoch als Sünde an: „Dem Autor scheint es als reine Gottlosigkeit, nach Gott als Objekt zu verlangen. Es ist die Rückkehr zum Heidentum in einer raffinierten und noch gefährlicheren Form.“[854] Gott als Objekt zu erstreben ist für Rawls also Sünde. Diese Sichtweise würde Gott als personalem Wesen nicht gerecht werden. Was hier für Gott gilt, muss daher aber auch für Menschen gelten. Eine Objektivierung, eine Herabsetzung des Menschen als bloßes Mittel der eigenen Befriedigung ist es, die demnach auch abgelehnt werden muss. In Rawls’ Worten liegt dann eine Naturalisierung personaler Beziehungen vor, „…, denn eine Spielart der Sünde besteht […] darin, eine personale Beziehung in eine natürliche Beziehung zu verwandeln […].“[855] Dieses Bild der natürlichen Beziehungen und der Problematisierung des Strebens nach Gott als dem höchsten, absoluten Objekt wird hier vor einem theologischen Hintergrund entworfen. Doch auch in seinem späteren säkularen Werk lehnt Rawls das Streben nach übergeordneten Zielen ab. In „Eine Theorie der Gerechtigkeit“ wird diese bereits im Frühwerk vorgebildete Annahme in säkularer Weise als unvernünftiges Streben betont.[856]

---

851 RAWLS, John: Über Sünde, Glaube und Religion, 181.
852 Ebd., 213f.
853 Vgl. ebd., 214f.
854 Ebd., 216.
855 Ebd.
856 Vgl. TG, § 83, 594-601, und Kapitel 2.3.2 dieser Arbeit.

Gerade weil für den jungen Rawls die Unterscheidung zwischen natürlichen und personalen Beziehungen grundlegend ist, muss er die Amoralität der natürlichen Begierden betonen. Darum ist die Feststellung für ihn wichtig, dass es Begierden in ihrer Reinform nur selten gibt, wobei er sich wiederum Niebuhr anschließt: „Wie Niebuhr sagt, ist die Geschöpflichkeit des Menschen immer mit seiner Spiritualität, der Tatsache, dass er ein geistiges Wesen ist, vermischt und darauf bezogen."[857] Dort, wo die reine Begierde als natürlicher, also nicht-personaler Prozess vorliegt, ist die Geltungssucht, die ja für Rawls der eigentliche Gegenstand der Sünde ist, nicht vorhanden. Nach Rawls führen Begierden also weder zur Geltungssucht, sind also nicht ursächlich für diese verantwortlich, noch können sie positiv gewendet eine Gemeinschaft begründen: Die Begierde ist gegenüber der Personalität neutral. Dies ist Zeit seines Lebens ein wichtiger und nachhaltiger Punkt in Rawls' Denken. Seine Theorie der Gerechtigkeit kreist als Gegenoption zum Utilitarismus auch um die Frage, wie die menschliche Person richtig wahrgenommen und geschützt werden kann. Dabei lautet der Grundvorwurf an den Utilitarismus: „Der Fehler des Utilitarismus ist die Verwechslung von Unparteilichkeit mit Nicht-Person-Sein."[858] Genau wie die Begierden den Menschen nur nach ihrem Nutzen bewerten und ihn daher entpersonalisieren, nimmt der Utilitarismus das Personsein des Menschen nicht ernst. Auch der Utilitarismus ist daher eine Form der naturalistischen Theorien. Deswegen lehnt Rawls bereits in seiner Abschlussarbeit zugleich jene Gesellschaftmodelle ab, die auf reziproken Begierden aufbauen:

> „Keine Gemeinschaft kann auf wechselseitige Selbstsucht oder wechselseitige Vorteilsnahme gegründet werden. Die Idee der Gerechtigkeit in den politischen Theorien von Hobbes und Locke, die Auffassung von Adam Smith, daß wir unseren Mitmenschen am besten durch unser aufgeklärtes Eigeninteresse dienen, all dies sind falsche Ansichten über die Gemeinschaft."[859]

Wenn nach der Persistenz der frühen Ideen im späteren Werk Rawls' gefragt wird, ist hier ein Schlüsseltext vorhanden, der in veränderter Form weitertradiert wird. Mit Blick auf seine Theorie der Gerechtigkeit findet sich wenig später im Rahmen der Erläuterung, dass die Sünde nicht von außen an den Menschen herangetragen wird, sondern sich aus ihm heraus entwickelt, eine Stelle, die durchaus eine andere Sicht auf die Ziele Rawls' erlaubt, als er sie später definieren sollte. Rawls' Abschlussarbeit hat den Einzelmenschen im Blick. Zwar ist dieser durch die Gemeinschaft definiert und erhält dadurch den personalen Status. Seine Überlegungen aber sind nicht wie später in „Eine Theorie der Gerechtigkeit" in erster Linie institutioneller Natur. In diesem Zusammenhang führt er in seiner *senior thesis* aus:

---

[857] RAWLS, John: Über Sünde, Glaube und Religion, 218.
[858] TG, § 29, 217.
[859] RAWLS, John: Über Sünde, Glaube und Religion, 223.

> „Es gibt auch den Hang, objektive Institutionen für das Böse in der Welt verantwortlich zu machen. […] Einzelpersonen können allerdings nicht von Institutionen getrennt werden. Institutionen sind lediglich jene objektiven Regeln und Methoden, die Menschen erschaffen, um soziale Probleme in den Griff zu bekommen. Schlechte Institutionen sind ein sicheres Anzeichen für sündhafte Menschen.“[860]

Der Fokus liegt hier auf der Ebene der Person. Sie ist im frühen Denken Rawls' Träger und Akteur der Gesellschaft und ihrer Institutionen. Letztere sind nur so gut wie die Menschen, die sie ausfüllen und verwirklichen. Dieser tugendethische Ansatz erfährt in seinen späteren Schriften eine diametrale Umwendung. „Eine Theorie der Gerechtigkeit“ setzt die gerechten Institutionen der Gutheit der Person voraus, in dessen Rahmen sich der Mensch als Person entfalten kann. Die spätere Version geht also weniger von einer inneren Wandlung der Menschen aus, sondern verlegt sich vielmehr auf die Steuerungskompetenzen des Rechts, das erst institutionelle Gerechtigkeit schaffen kann.

Zum Zeitpunkt der Abfassung seiner *senior thesis* aber ist Rawls ganz von der ethisch-normativen Ansprechbarkeit des Individuums überzeugt. In aller Deutlichkeit zeigt er daher auf, dass die Schuld des Menschen nicht auf externen Faktoren zurückzuführen ist. Jeden Versuch, dies zu tun, lehnt der junge Rawls als „manichäisch“ ab:

> „Die immer gegenwärtige Verdorbenheit der menschlichen Natur, auf diese Art zu handeln, drückt sich auch in dem aus, was wir die ‚manichäische Ketzerei‘ nennen. Die Manichäer waren eine orientalische dualistische Sekte, die in den ersten Jahrhunderten in das Christentum eindrang. Sie schrieben die Schuld für das Böse den Mächten der Finsternis zu, welche die guten Seelen fingen und in Gefangenschaft hielten. Wenn also eine Theorie der Sünde die Ursachen des Bösen in etwas Äußerem ausmacht, so werden wir diese Auffassung ‚manichäisch‘ nennen“[861]

Dabei greift er auch in polemischer Weise Reinhold Niebuhr an, der einen Grund für die Sünde des Menschen in der Dialektik des menschlichen Seins, also auch in seiner Beziehung zur natürlichen Umwelt annimmt. Den Begriff der Angst, den Niebuhr in diesem Kontext als Grundverfassung des Menschen im Anschluss an Kierkegaard ausmacht, lehnt Rawls ab. Für Rawls ist die Angst vielmehr die Folge der Sünde und nicht die Bedingung ihrer Möglichkeit: „Sie ist der Zustand des Sünders in seinem selbsterschaffenen Kosmos, dem Kosmos des Alleinseins.“[862] Diesem „manichäischen“ Denken setzt er die Radikalität der Selbstverderbnis des Geistes entgegen. Dabei folgt er wiederum Augustinus: „Wir stimmen also mit Augustinus überein, daß das ‚Böse des veränderlichen Geistes, das das Gute der Natur verdirbt, aus sich selbst

---

[860] Ebd., 225.
[861] Ebd., 225f.
[862] Ebd., 226.

erwächst.‘“[863] Ganz konkret verweist Rawls damit auf eine Passage im Gottesstaat, wo Augustinus dieser Überlegung nachgeht:

> „Der böse Wille hat also keine bewirkende Ursache in der Natur oder, wenn man so sagen darf, keine wesenhafte Ursache. Mit ihm nimmt ja das Böse bei den wandelbaren Geistern seinen Anfang, wodurch das natürlich Gute vermindert und verdorben wird […].“[864]

Die Selbstverderbnis des Geistes, die Möglichkeit des Abfalls durch den freien Willen, führt Rawls zur eigentliche Kernaussage über die Sünde: Was ist sie ihrem Inhalt nach? Rawls fragt im gleichen Atemzug, was der Mensch sei, denn die Beantwortung dieser Frage ermöglicht zugleich die Beantwortung der Frage nach der Sünde. Hierbei greift er auf das Denken Emil Brunners zurück, der mit der Fähigkeit zur Gemeinschaft die Ebenbildlichkeit des Menschen mit Gott kennzeichnet: „Für Brunner geht es […], wenn er von der Sünde spricht, um die Frage der Verantwortlichkeit, aus der auch der sündige Mensch nicht entlassen ist. Der Mensch ist nach Brunner ursprünglich ein responsorisches, verantwortliches Sein, und darum kann er sündigen.“[865] Jenes verantwortliche Sein zeigt sich wiederum in der Relation zu Gott und dem Nächsten. Brunner macht damit deutlich, wie Anthropologie und Theologie im Begriff der Gemeinschaft aufeinander bezogen sind.[866] Dieser Gott, von dem Brunner spricht, ist selbst dreifaltige Gemeinschaft und daher vollkommen. Daraufhin kann Rawls schließen:

> „Weil der Mensch ein für die Gemeinschaft geschaffenes Geschöpf ist und weil der vollkommene Ausdruck seines Wesens das Erwidern von Gottes Gegebensein, das gehegte Leben in göttlicher Gnade ist, hat es den Anschein, als müsse die Sünde eine Zurückweisung des wahren menschlichen Zwecks sein. Sünde muß also der Mißbrauch, die Abweichung und die Zerstörung der Ge-

---

[863] Ebd., 227.

[864] AUGUSTINUS: De civitate Dei, XII, 9; MIGNE, PL 41, Sp. 356: „Cum ergo malae voluntatis efficiens naturalis, vel, si dici potest, essentialis nulla sit causa; ab ipsa quipped incipit spirituum mutabilium malum, quo minuitur atque deprevatur naturae bonum, nec talem voluntatem facit nisi defection, qua deritur Deus, cujus defectionis etiam causa utique defecit:…“ [dt.: AUGUSTINUS: Vom Gottesstaat. Übers. von Wilhelm Thimme, Bd. 2, 71].

[865] OKAYAMA, Kotaro: Zur Grundlegung christlicher Ethik, 11.

[866] Vgl. BRUNNER, Emil: Der Mensch im Widerspruch, 104: „Das Menschsein des Menschen ist keine bloß humane, sondern eine ‚theologische‘ Angelegenheit; der Mensch ist nicht in sich selbst, nicht aus der Vernunft, die in ihm ist, verständlich. Er ist verständlich einzig und allein aus seinem Gegenüber, aus dem Wort seines Schöpfers. Die Gottesbeziehung, nicht die Vernunft ist die Spitze der Pyramide, der oberste Punkt in der Hierarchie, als welche der Mensch gebaut und als welche der Mensch verständlich ist.“; Brunner fügt dieser Gott-Mensch-Beziehung die Beziehung zwischen den Menschen untereinander in komplemtärer Weise hinzu, vgl. ebd., 108: „Die Verantwortlichkeit-in-Liebe wird erst wirklich in der Beziehung zum Mitgeschöpf. Zum einen großen Gebot der Gottesliebe tritt als zweites, das ‚ihm gleich‘ ist [Anm.1] – ein zweites und doch kein zweites – das der Menschenliebe. Aber auch hier ist nicht das Gebot das erste, sondern die Gabe; mit dem göttlichen Du ist dem Menschen auch das menschliche Du als Möglichkeit seines Ichseins gegeben.“

meinschaft sein und dasjenige, was alle verantwortungsbewußten Beziehungen mit den Mitmenschen durchtrennt.“[867]

Das Ergebnis der Sünde ist damit Einsamkeit. Sie isoliert den Sünder von der Gemeinschaft, die der gottebenbildlichen Gemeinschaft nachempfunden ist und wiederum auf diese verweist. Deshalb ist auch die Geltungssucht (*egotism*) schlimmer als die Selbstsucht (*egoism*). Beides sind für Rawls zwar Formen der Sünde. Besonders aber die Geltungssucht ist es, die die Gemeinschaft angreift, verneint und zerstört: „Selbstsucht benutzt den anderen, das ‚Du‘, lediglich; Geltungssucht hingegen missbraucht das ‚Du‘. Geltungssucht versucht, das ‚Du‘ unter sich zu stellen, das ‚Du‘ zu einem Objekt der Bewunderung zu machen.“[868] Die Geltungssucht hat daher etwas Dämonisches, macht sich auch den Körper zu Nutze, der zugleich ihre Grenze ist und setzt den Anderen, den Nächsten herab und zerstört die reziproke Personalität: „Die rein selbstsüchtige Sünde, andere Menschen zu benutzen, personale Beziehungen in natürliche umzuwandeln, wird durch die tiefste aller Sünden gerechtfertigt, die Lüge des Geltungssüchtigen.“[869]

In der Auseinandersetzung mit den Merkmalen der Geltungssucht führt Rawls als ersten Punkt die Weigerung zum Teilen an. Der Geltungssüchtige behält die Dinge nicht, weil er sie unbedingt für sich benötigt, sondern weil er seine Überlegenheit so besser demonstrieren kann. Geltungssucht als Abgrenzungsphänomen lässt mit Blick auf sein Spätwerk durchaus an den Egalitarismus denken, der hier seinen theologisch begründeten Ursprung haben könnte. Geltungssucht als negative Haltung, als Zerstörung der Gemeinschaft und des Gemeinwesens macht sich auch hinsichtlich materieller Aufteilung bemerkbar. Eine funktionierende Gemeinschaft sorgt dementsprechend für eine gleiche Verteilung, die den einen nicht über den anderen erhebt. Die hier bereits als soziale Sünde anklingende Geltungssucht wird in säkularer Weise in Form von materiellen Ungerechtigkeiten bekämpft.

Damit eng verbunden ist das Phänomen der Geltungssucht, das sich durch geschlossene Gruppen ausprägt. Hier werden alle Außenstehenden, alle Nicht-Mitglieder als Menschen zweiter Klasse, als Außenseiter und Verlierer angesehen. Die Zugehörigkeit zu einer elitären Gruppe wird dort besonders stark angestrebt und empfunden, wo die Voraussetzungen der Zugehörigkeit möglichst mit hohen Hürden verbunden sind. Als ausschließende Gruppen benennt Rawls in religiöser Hinsicht die römische Kirche, in kultureller Perspektive die italienischen Humanisten.[870] Die Voraussetzungen der Zugehörigkeit sind hier aber durchaus für jeden zumindest theoretisch erreichbar. Als geschlossene Gruppe, die die wohl zerstörerischste Form der Geltungssucht verkörpert,

[867] RAWLS, John: Über Sünde, Glaube und Religion, 228f.
[868] Ebd., 230.
[869] Ebd., 231.
[870] Vgl. ebd., 233.

gilt Rawls die Ideologie des Nationalsozialismus, der mit dem Rassenwahn ein unhintergehbares Kriterium des Ausschlusses von Minderheiten betrieben hat:

> „In Gruppen, die keine solch stählerne Restriktionen aufweisen, entfaltet sich die Geltungssucht nicht in diesem Ausmaß, weil man nie sicher sein kann, ob nicht diejenigen, die man heute verachtet, morgen Mitglieder der Gruppe sein werden. Wenn die Gruppe aber mit absoluter Gewißheit vorbestimmt ist, kennt die Geltungssucht keine Grenzen.“[871]

Wenn diese sichere Vorherbestimmung des eigenen und des fremden Status ein solch menschenverachtendes und ausschließendes Kriterium bietet, liegt eine Überlegung nahe, die Rawls in Form seines Schleiers des Nichtwissens in seiner späteren Gerechtigkeitstheorie anwendet. Dieser Schleier des Nichtwissens verhindert genau die Einstellung, die der junge Rawls hier kritisiert: die Prinzipien des Ausschlusses und der Bestand einer undurchlässigen Gruppe. Wenn ich selbst nicht sicher sein kann, in welcher Gruppe ich mich wiederfinde, und sei es auch in einer realistischen Zukunft und nicht unbedingt in der Konstruktion des Schleiers des Nichtwissens im Urzustand, entscheide ich anders und beziehe den temporär Unterlegenen in meine Überlegungen ein.

Als weitere Phänomene der Geltungssucht lokalisiert Rawls zum einen die Weigerung, eigene Fehler zuzugeben, und verweist dabei wiederum auf Augustinus[872], der den Stolz in diesem Sinne interpretiert hat. Zum anderen verweist er auf die Tücke des Stolzes, dem nur schwer zu entkommen ist. Gerade durch unsere guten Taten laufen wir daher Gefahr, ihm zu verfallen und uns über andere zu erheben: „Die wirklichen Sünder sind aber diejenigen, die stolz darauf sind, anders zu sein, jene, die sich in ihrem Erfolg aalen und auf diejenigen herabblicken, die keine aufrechten Mitglieder der Gesellschaft sind.“[873] Rawls Abneigung gegen jede Form der Überheblichkeit wird an dieser Stelle mehr als deutlich. Es ist dieser fast persönliche Impetus, der ihn auch in seinem Hauptwerk nicht verlassen wird. Seine Form des Egalitarismus verweist immer wieder auf die Gleichwertigkeit aller Personen und will diese Gleichwertigkeit auch praktisch und materiell umsetzen. Dabei spielt auch die Vorstellung von Verdienst eine Rolle: Zufriedenheit mit dem Erreichten, wie der junge Rawls es ausdrückt, ist der Anfang des Stolzes, „[d]enn Rechtschaffenheit verhüllt allzu leicht die Sünde der Selbstgerechtigkeit…“[874] Eigene Leistungen werden daher immer vor dem Horizont der Gefahr des Stolzes bewertet und daher idealerweise unterbetont.

Das letzte Merkmal der Geltungssucht erklärt Rawls im Kontrast zum klassischen Verständnis der Sünde als Aufstand gegen Gott: Auch die Geltungssucht ist im Letzten ein solcher Aufstand, weil sie die Gottesebenbildlichkeit

---

[871] Ebd., 234.
[872] Vgl. AUGUSTINUS: De civitate Dei, Buch XIV, Kap. 14: MIGNE, PL 41, 422 [dt.: AUGUSTINUS: Vom Gottesstaat. Übers. von Wilhelm Thimme, Bd. 2, 186f.].
[873] RAWLS, John: Über Sünde, Glaube und Religion, 238.
[874] Ebd.

negiert.[875] Rawls führt dies noch deutlicher aus, wenn er schließlich betont: „Jede Sünde ist ein Aufstand gegen und eine Zurückweisung von Gott und dadurch der wahren Gemeinschaft, die zwischen allen Personen und Ihm existieren.“[876] Sünde als Zerstörung der Gemeinschaft ist daher in die Beziehung Mensch-Gott-Mensch eingebettet und erhält von daher ihre eigentliche Bedeutung. Jede Sünde gegen die Gemeinschaft wird somit zugleich zur Rebellion gegen die göttliche Ordnung und damit Gott selbst. Rawls' Sündenverständnis geht mit seiner Konzentration auf die Person und die Gemeinschaft nicht in der Verbotsethik auf, sondern steht, wollte man sie Einordnen, in einer neuen Entwicklung der Sündentheologie, die sich in der katholischen Theologie erst langsam Bahn brechen sollte.[877]

Ergebnis der Sünde ist das abgeschlossene, solipsistische Alleinsein durch die Zerstörung der Gemeinschaft. Dies ist für Rawls gleichbedeutend mit dem Tod der Persönlichkeit. Der Sünder ist isoliert von der Gemeinschaft. In diesem Sinne ist Rawls konsequent: Wenn er vorher die Personalität mit dem Wesen der Gemeinschaft koppelt, ist die Zerstörung der Gemeinschaft gleichbedeutend mit einer Entpersonalisierung. Dabei ist der Blick auf jenen prototypischen Sünder ein Blick auf uns selbst: „Das Alleinsein, zu dem die Sünde führt, ist der geistige Tod, an dessen Grenze wir sündhaften Menschen alle leben.“[878] Weil die Gottesebenbildlichkeit und damit die *conditio humana* des Gemeinschaftlichen aber auch beim Sünder bestehen bleibt, ist das Alleinsein die wirklich zu erleidende Strafe.

Das idealisierte Denken des frühen Rawls offenbart allerdings einen weiteren blinden Fleck: Die Idealsituation der Gemeinschaft wird als Zustand ohne Sünde bezeichnet. Doch ist dieser Zustand überhaupt wirklich zu erreichen? Betrachtet man den Begriff des Alleinseins, fällt auf, dass die menschliche Existenz des Diesseits niemals jene ideale Gemeinschaft finden wird. Vielmehr kann betont werden, dass das Sein selbst inmitten der menschlichen Gemeinschaft zutiefst einsam ist. Der Mensch als einzigartiges Individuum

---

875 Vgl. ebd., 239.

876 Ebd., 243.

877 Trotz des theologischen Pluralismus kann eine Tendenz zur Theologisierung des Sündenbegriffes festgestellt werden, vgl. SIEVENICH, Michael: Schuld und Sünde, 295: „Eine gemeinsame Tendenz besteht darin, ein primär moralisches Sündenverständnis, das eher an ethischen oder gesetzlichen Kategorien orientiert ist, zugunsten eines primär theologischen Sündenverständnisses zu überwinden, das eher an personologischen Kategorien des Vollzugs und ‚soziologischen‘ Kategorien des Bezugs kreatürlicher Freiheit vor Gott orientiert ist. [...]; doch konzentriert sich das tendenziell gemeinsame Interesse mehr auf die Bestimmung des objektiven Freiheitsraumes, in dem das freiheitliche Subjekt sich *beziehungsreich* vollzieht, an dem es mitwirkt und von dem es – nicht nur äußerlich – geprägt wird. Es ist der Raum der sozialen Wirklichkeit, der institutionell vermittelten Beziehung. Es ist – sündentheologisch gewendet – der Raum jener *in den Formen gesellschaftlichen Lebens objektivierten Macht der Sünde*, die eine, wenngleich aus den subjektiven Sünden stammende, so doch ihre Eigendynamik entfaltete Wirklichkeit ist. Eine unfrei machende Wirklichkeit, in die jeder verstrickt ist und an der jeder durch seine eigene Sünde mitwirkt.“

878 RAWLS, John: Über Sünde, Glaube und Religion, 245.

zahlt einen Preis für seine personale Einzigartigkeit. Gemeinschaft ist hier vielmehr richtig verstandene Einsamkeit. Niemand versteht den anderen ganz, niemand ist fähig, sich in den anderen ganz hineinzuversetzen. Gemeinschaft ist nur vor dem Hintergrund dieser bleibenden Verständnislücke zu denken. Also auch im Status der Gnade, also im Zustand der Nicht-Sünde, ist menschliche Gemeinschaft jenseits des Paradieses als Status der totalen Identifikation und Nähe immer nur bruchstückhaft erfahrbar.

An dieser Stelle dürfen wir daher noch tiefergehender fragen: Wie genau stellt sich Rawls dann diese Gemeinschaft vor? Wenn er davon schreibt, dass sich die Zerstörung der Gemeinschaft in konkreten Umständen wie Armut, Krieg und Mord zeigt[879] – mithin in ungerechten Strukturen –, und er auch konkrete äußere Ergebnisse der Geltungssucht als Kernsünde aufzeigt, dann wäre die Abwesenheit dieser Umstände vor allem die Aufrechterhaltung einer äußeren, weltlichen Gemeinschaft, die keineswegs die innere Not des einsamen Menschen lindert. Sicher weist der äußere Frieden auf den inneren, gemeinschaftlichen Status der Menschen hin. Doch bleibt die frühe Gemeinschaftstheorie Rawls' vage und in dieser Perspektive an der Oberfläche. Sie neigt zur Fokussierung der äußeren Gemeinschaft, die existentiell bleibende Einsamkeit des Menschen ist hier unterbelichtet. Zwar wird auch die spirituelle Seite des Alleinseins in der Mensch-Gott-Beziehung betont, jedoch äußert sich diese wiederum im Verhältnis zur „Gemeinschaft". Rawls' Gemeinschaft ist nicht nur ein eschatologisches Konzept, sondern will die Frage nach der guten, bestmöglichen Welt stellen. Der von Sünde befreite Mensch ist daher auch nicht der ganz andere, sondern vielmehr der ganz nahe, der das gute Leben der Gemeinschaft fördert:

> „Der erwählte und zur Gottessohnschaft zurückgeführte Mensch wird dadurch nicht aus der irdischen Gemeinschaft herausgehoben; er wird nicht von seinen Mitmenschen abgesondert und in den Himmel eingelassen. Er wird vielmehr fester in die irdische Gemeinschaft eingepflanzt."[880]

Also schon die irdische Gemeinschaft gesundet durch diese Gottessohnschaft. So verweist der sichtbare Zustand der Welt auf die innere Beschaffenheit des Menschen. Damit steht Rawls in einer augustinischen Tradition, bezogen auf die Unordnung der Welt.

Der Blick auf die Gemeinschaft von der Sünde her nimmt daher in theologischer Weise die Frage vorweg, die zur Lebensfrage Rawls' werden sollte: Wie kann eine Gesellschaft gerecht gestaltet werden? Sünde beim jungen Rawls ist daher in erster Linie als soziale Sünde zu interpretieren. Sie zerstört die Gemeinschaft und ist zugleich dort abwesend, wo Gemeinschaft gelingt.

---

[879] Vgl. ebd., 246.
[880] Ebd., 285.

Schon bei Niebuhr zeigt sich bezeichnenderweise die Sünde in fehlender Gerechtigkeit innerhalb von Strukturen.[881] Der Sündenbegriff weist also schon bei ihm eine starke soziale Dimension auf. Und auch der Sündenbegriff, den Rawls in seinem Frühwerk entwirft, trägt bereits die Fähigkeit in sich, in säkularer Gestalt bei bleibendem normativem Anspruch hin zur Ungerechtigkeit umgedeutet zu werden. Rawls bleibt sich in beiden Annäherungen von Sünde einerseits und Ungerechtigkeit andererseits bei allen Unterschieden treu. Er verharrt nicht in der Analyse, sondern sucht aktiv nach einer konstruktiven Lösung: Gemeinschaft kann möglich sein. Auch sein späteres Wirken ist auf eine konstruktive Lösung ausgerichtet. Der Analyse des Utilitarismus als Hauptgegner folgt sein eigener Entwurf einer umgedeuteten Vertragstheorie, die im Urzustand und seiner Konstruktion des Schleiers des Nichtwissens normative Theorie ableiten will. Freilich verlässt er, indem der theologische Begriff der Sünde zu einem politischen Begriff der Ungerechtigkeit wird, die Ebene der spirituellen Dimension. Beibehalten aber wird die Dimension der interpersonalen Reziprozität, die weiterhin einen starken normativen Gehalt trägt. Mit Blick auf den Lösungsansatz Rawls', die Gemeinschaft wiederherzustellen, soll der Begriff eine weitere Klärung erfahren.

3.3.4 Aus Gnade allein – Die „antipelagianische“ Wiederherstellung der Gemeinschaft

In seinem Überblick über wesentliche Debatten der Philosophiegeschichte notiert Kurt Flasch zur Auseinandersetzung zwischen Augustinus und Julian von Aeclanum:

> „Sie erzeugte die üppige Dokumentation eines Ideenbruchs, der bis in die Gegenwart fortwirkt. […] Die beiden Herren haben in ihrem Streit um Willensfreiheit und Prädestination, um Erbsünde und Ehe, um libido und Vernunft, um das Paradies und das Elend der gegenwärtigen Welt ihre Voraussetzungen ausgesprochen, deutlicher, als man erwarten würde.“[882]

Tatsächlich sollte die Debatte, die sich in zugespitzter Weise der Stellung der menschlichen Freiheit und Gnade widmete, die Theologiegeschichte für lange

---

[881] Vgl. PERCY, Martyn: Falling Far Short. Taking Sin Seriously, in: HARVIS, Richard/ PLATTEN, Stephen (Hrsg.): Reinhold Niebuhr and Contemporary Politics, New York 2010, 116-128, hier 117: "Niebuhr, perhaps inevitably, developed a Christian critique of the inequality he had witnessed: and it partly gave rise to the new Niebuhrian realism that addressed the countervailing power relations between capital, labour, and government. Echoing Augustine, Niebuhr's writings […] began to argue that sin is any word or deed or thought against the eternal law. Correspondingly, the injustice of structures – be they social, commercial, or governmental – needed to be challenged. The sins of modernity were bound to be more subtle forms of oppression that had found their ways into the polities and praxis of society, as a direct result of gradual processes of secularization."

[882] FLASCH, Kurt: Kampfplätze der Philosophie. Große Kontroversen von Augustin bis Voltaire, Frankfurt am Main 2008, 11.

Zeit beherrschen, ja prägen. Noch der Gnadenstreit in der Folge des Konzils von Trient, die Auseinandersetzung mit dem Jansenismus oder bis zuletzt theologische Versuche der Überwindung der Mängel der Gnadentheologie machen deutlich, wie sehr die Frage des Verhältnisses von Freiheit, Natur und Gnade im Zentrum des Denkens über den Menschen und seine Beziehung zu Gott anzusiedeln ist.

Die Auseinandersetzung mit dem „Pelagianismus", der Strömung also, der man auch Julian zurechnen kann[883], erscheint in Rawls' *senior thesis* an zwei Stellen, wobei durchaus möglich ist, dass Rawls' Einschätzung von Niebuhrs Darstellung in „The Nature and Destiny of Man" beeinflusst ist[884], die Rawls aufmerksam gelesen hat: Zunächst erweitert Rawls mit dem Konflikt zwischen Augustinus und der pelagianischen Strömung die Erläuterung dessen, was er mit dem „natürlichen Kosmos" meint.[885] Es ist dabei zugleich ein besonderer Aspekt, den Rawls hier deutlich machen will: Der Vorwurf Rawls' an Augustinus lautet, dass dieser sich vom Denken der griechischen Antike nie gelöst habe. So begehe auch er den Fehler, das Streben des Menschen auf ein Objekt lenken zu wollen. Dieses zu erstrebende Gut, in diesem Fall Gnade und sogar Gott selbst, würden so zu Objekten degradiert, obwohl sie in Rawls' Diktion den personalen Beziehungen zugeordnet werden müssen. In dieser Einordnung sieht Rawls die Gefahr, ein natürliches System zu errichten, wo ein personales entstehen sollte. Dies wiederum führt zu einem Verlust der Personalität, der Gemeinschaft und zu einem soteriologischen Individualismus.[886]

An späterer Stelle greift er die Frage nach Gnade auf, weil er zeigen will, wie Gemeinschaft wiederhergestellt werden kann, die durch die Sünde, allen voran die Geltungssucht des Menschen, zerstört wurde. Der Bezug zur Gnade liegt dabei auf der Hand: Die Herstellung der Gemeinschaft ist Gnade. Der Mensch kann sich nach Rawls nicht selbst in die Gemeinschaft zurückbegeben, er ist in sich verschlossen und mithin erlösungsbedürftig: „Personalität kann nur durch Personalität wiederhergestellt werden und Gemeinschaft nur durch Gemeinschaft."[887] Erlösung besteht für Rawls weder darin, die Begierden auf die richtigen Objekte hin zu ordnen oder diese durch ökonomische Re-

---

[883] Vgl. ebd., 13: „Diese Themen [die Pelagius aufwarf, Anm.d.A.] beschäftigten auch Julian, doch stellte er diese Fragen in einen größeren theoretischen Zusammenhang und wurde dadurch zum ebenbürtigen Gegner Augustins. Augustin hatte sich seit 412 in den Kampf gegen Pelagius geworfen und dessen Verurteilung erreicht. Ab Winter 418/419 spitzte sich seine Polemik auf Julian zu. Dessen Argumente waren andere als die des Pelagius, aber Freunde von Strömungsnamen nennen ihn immer noch gern einen ‚Pelagianer'. Aber es geht um seine Argumente, nicht um Parteigruppen."

[884] Niebuhr setzt sich knapp aber präzise mit den Grundzügen der Debatte um Pelagius auseinander und stellt diese in aller Kürze dar, wobei ihn besonders die Spannung zwischen Erbsünde und Verantwortung interessiert, vgl. NIEBUHR, Reinhold: The Nature and Destiny of Man, 241-264, besonders 245f.

[885] Vgl. RAWLS, John: Über Sünde, Glaube und Religion, 203-211.

[886] Vgl. ebd., 212.

[887] Ebd., 253.

formen zu erlangen, noch in der Hinwendung zur Natur und damit aus unserem Können das Sollen zu schließen. Ebenso wenig kann Rawls den Erlösungstheorien politischer Natur, besonders dem Nationalsozialismus[888], etwas abgewinnen: „Diesen Theorien gelingt es [aber] nicht, zum eigentlichen Kern des Problems vorzudringen, das, wie wir bemerkt haben, in der Schaffung der Gemeinschaft besteht.“[889] Der Status des Menschen, der auf die Gemeinschaft hin geschaffen ist, muss zunächst im Mittelpunkt stehen, weswegen Rawls dem Konzept der Gnade einige anthropologische Überlegungen vorausschickt: „Solange wir nicht wissen, was der Mensch ist, ist es kaum sinnvoll, über das Problem der Erlösung zu sprechen. Die erste Aufgabe der ethischen Theorie ist es daher, die Natur des Menschen selbst zu untersuchen.“[890] Neben der oft wiederholten Ablehnung einer Sichtweise, die den Menschen in einen natürlichen Kosmos situiert, und der in diesem Rahmen vorgenommenen Ablehnung des Willensbegriffes, den Rawls für seine Theorie nicht rezipiert, weil er für ihn nicht mit der geistigen Verfasstheit des personal strukturierten Menschen korrespondiert, wendet sich Rawls den inneren anthropologischen Voraussetzungen zu: Der Mensch gilt dabei in mehrfacher Hinsicht als gehemmt, um im Status der Sünde selbst in die Gemeinschaft einzutreten. Zunächst ist es ein Spannungsverhältnis, das sich aus der Selbst- und Außensicht der Sünde des Menschen ergibt. Jede Handlung wird vor dem Hintergrund der entstandenen Unsicherheit durchdacht, wodurch sich der Verlust der Unschuld, mithin der Natürlichkeit und Spontaneität zeigt:

> „Das erste Hemmnis liegt damit im Kern des Sünders selbst. [...] In der Tiefe seiner Seele ist er beklommen und unsicher. Er sehnt sich nach Gemeinschaft, doch das Wissen um seine Verfehlung schafft in ihm einen Limbus verräterischer Ängstlichkeit.“[891]

Daneben ist es zum Zweiten die Bedürftigkeit des Menschen als dialogisches Wesen. Wenn der Mensch im Zustand der Sünde nicht mehr dialogfähig ist – er steht außerhalb der Gemeinschaft – kann keine Wiederherstellung der Gemeinschaft stattfinden. Rawls bezeichnet es als Hemmnis der Unkenntnis: „Wie unwissend ist der Mensch angesichts des Schweigens Gottes! Was kann der Mensch tun, was kann er wissen? Zur Bürde des Alleinseins kommt die Last der Unkenntnis hinzu.“[892] Jene kann nur durch den anderen, in diesem Fall Gott, aufgebrochen werden. Die Erfahrung der Personalität Gottes ist es, der der Mensch bedarf. Diese ist nur durch die personale Hinwendung Gottes möglich. Während das erste Hemmnis einen stark sozialen Charakter hat, der

---

[888] Rawls setzt sich offenbar intensiv mit dem Nationalsozialismus als Problem der damaligen politischen Gegenwart auseinander, vgl. ebd., 256: „Der Nazismus gedeiht aufgrund der Tatsache, daß es Sünde in der Welt gibt. Er ist von großem Reiz für die Geltungssucht. Diese Tatsache erklärt die beträchtliche Macht der Bewegung.“

[889] Ebd., 257.

[890] Ebd.

[891] Ebd., 262.

[892] Ebd., 263.

sich im Verhalten gegenüber anderen Menschen zeigt, ist das zweite Hemmnis auf das Verhältnis zwischen Mensch und Gott sowie die notwendige Selbstoffenbarung Gottes fokussiert. Damit erhält der äußere Gemeinschaftsbegriff eine stärker religiöse Dimension: Ohne die Zuwendung Gottes ist Gemeinschaft mit ihm nicht möglich. Rawls' Verständnis von Gemeinschaft, so wird dabei deutlich, ist ein zweidimensionales: Die vertikale Dimension Gott-Mensch ist mit der horizontalen Mensch-Mensch-Beziehung gekoppelt. Ohne die vertikale Bindung an Gott kann auch menschliche Gemeinschaft nicht gelingen. Dennoch, und dies bestätigen die Ausführungen zur Sündentheologie bei Rawls, ist das Augenmerk auf die menschliche Gemeinschaft nie ausgeblendet. Vielmehr verweist der Status der menschlichen Gemeinschaft auf die Gemeinschaft mit Gott.

Als Folge der beiden genannten Hemmnisse, Angst und Unwissenheit, ergibt sich ein weiteres: „das Hemmnis der falschen Vorstellung"[893] von Gott. Dies führt gerade zur Abwendung von Gott, den man sich als strafenden und gnadenlosen Richter vorstellt. Der sündige Mensch kann so nur schwer erkennen, dass Gott sich ihm in liebender Weise zuneigt. All dies, so schließt Rawls, führt dazu, dass der Mensch gefangen ist in der Struktur der Sünde. Dies zeigt sich etwa anhand von politischen Institutionen wie bei Hobbes, die auf Angst und mit dem Ziel der gegenseitigen Absicherung gegründet sind. Darin spiegelt sich für Rawls gewissermaßen die Struktur der Sünde wider, da gegenseitiges Misstrauen zum konstitutiven Konstruktionsprinzip erhoben wird: „Wenn die Menschen sich nicht trauen können, löst sich Gemeinschaft sofort auf. Der Versuch, eine Gemeinschaft auf Furcht aufzubauen, ist daher zwecklos."[894] Rawls' hier früh geäußerte Kritik der Vertragstheorie weist wiederum über das rein religiöse Spektrum, in dem sie zunächst verortet ist, hinaus und hin auf die spätere Gerechtigkeitstheorie, die sich schließlich in die Tradition der säkularen Vertragstheorie einreihen lässt. Obwohl Rawls sich später auch in wesentlichen Punkten von Hobbes' Ansatz unterscheidet und den Urzustand nicht als Kampf aller gegen alle interpretiert, verortet er im Leviathan doch das „beeindruckendste Einzelwerk", das in englischer Sprache herausgegeben wurde, weswegen er seine Einführung in die politische Philosophie auch mit Hobbes und seinem Hauptwerk beginnt.[895]

Bezogen auf den religiösen Kontext selbst, ist die Auswirkung des durch die Sünde verschlossenen Menschen in einem überbordenden Legalismus zu

---

[893] Ebd., 264.

[894] Ebd., 268.

[895] Vgl. RAWLS, John: Geschichte der politischen Philosophie, 56; zugleich macht Rawls kurz vorher deutlich, dass er sich ganz darüber bewusst ist, dass die Lehre des Gesellschaftsvertrages nicht bei Hobbes beginnt, sondern gerade die spanische Spätscholastik einen großen Anteil an ihrer Ausarbeitung hat, vgl. ebd., 55: „Es ist ja nicht so, als hätte Hobbes als erster eine Lehre vom Gesellschaftsvertrag vertreten. Dieser Gedanke geht zurück auf die Griechen der klassischen Zeit, und im sechzehnten Jahrhundert erfolgte dann eine fabelhafte Weiterentwicklung dieser Lehre durch die Spätscholastiker, durch Suarez, de Vittoria, Molina und andere."

finden, den Rawls ablehnt: Die Beziehung mit Gott will innerhalb einer legalistischen Theorie gut gestaltet sein. Gott muss durch gute Handlungen milde gestimmt werden und der Mensch steht somit als Handelnder im Vordergrund: Durch sein Tun hat er Einfluss auf die Gottesbeziehung; er kann sich Verdienste erwerben. Für Rawls ist die Entwicklung des Verdienstprinzips geradezu der Ausweis des Unglaubens. Genau diesen Unglauben vertritt für ihn daher auch der Pelagianismus, der den Stolz der eigenen Fähigkeit in der persönlichen Freiheit beinhaltet: „Der Mensch möchte seine Verdienste vor der göttlichen Erwählung zur Schau stellen; er will die Erwählung durch seine Verdienste lenken, weil er dem Wählenden nicht traut.“[896] Der Legalismus, wie ihn Rawls hier interpretiert, suggeriert ein Misstrauen gegenüber Gott und seiner Gnade. Die Idee des Verdienstes wendet sich zudem diametral gegen die Idee der Gemeinschaft, wie sie Rawls vorschwebt. Denn im Verdienst, in der eigenen Leistung des Menschen, liegt für ihn die Geltungssucht offen, die Wurzelsünde, welche die Gemeinschaft zerstört. Rawls ist in dieser Frage unerbittlich, wenn er mehr als deutlich betont, wie gefährlich die Idee des Verdienstes ist: „Der Mensch darf sich keinen Verdienst selbst zuschreiben. Wenn der Pelagianismus durch einen Mangel an Glauben gekennzeichnet ist, so ist er auch durch seinen Stolz verdammt.“[897] Der Pelagianismus spiegelt in den Augen Rawls’ ein Denken wider, das jegliche Selbsterlösungstendenzen durch das eigene Verdienst betont. Im Verdienst erhebt sich das Selbst unwidersprochen über den anderen, ja sogar über Gott, denn es will ihn zum Handeln zwingen. Der Mensch sieht sich so wiederum als Zentrum der Erlösung, die damit gleichsam Selbsterlösung bedeutet. Es ist mithin dieser individualistische Zug der Idee des Verdienstes, den Rawls ablehnt. Es manifestiert sich darin eine Haltung, die Rawls geradezu im Gegensatz zu seiner Idee der Gemeinschaft sieht: die Leugnung der Erkenntnis der absoluten Bedürftigkeit des Menschen. Nur vor dem Hintergrund der Erkenntnis jener Bedürftigkeit ist wirkliche Selbsterkenntnis möglich, die auf den eigentlichen Ursprung der Heilung und Wiederherstellung der Gemeinschaft und damit der eigentlichen Personalität des Menschen hinweist. Und Rawls wird sehr anschaulich, wenn er hinsichtlich der Voraussetzungen der scheinbar eigenen Leistung schreibt:

> „Du warst also ein gebildeter Mensch, ja, aber wer hat für deine Erziehung bezahlt; Du warst also ein guter und aufrechter Mensch, ja, aber wer hat Dir gute Manieren beigebracht und Dich in die glückliche Lage versetzt, nicht stehlen zu müssen; Du warst also ein liebender Mensch und nicht hartherzig, ja, aber wer hat Dich in einer guten Familie erzogen, wer hat Dir Fürsorge und Zuneigung gezeigt, als Du jung warst, damit Du im Erwachsenenalter Liebenswürdigkeit schätzen würdest – mußt Du nicht zugeben, daß alles, was Du hast, Dir gegeben wurde? Dann sei dankbar und höre auf mit der Prahlerei.“[898]

[896] RAWLS, John: Über Sünde, Glaube und Religion, 269.
[897] Ebd., 271.
[898] Ebd., 281.

Rawls macht an dieser Stelle auf die Voraussetzungen aufmerksam, die der Mensch in seinem Gegebensein vorfindet. Die eigene Leistung wird vor diesem Hintergrund, wenn nicht ganz obsolet, doch zumindest in ihrer sozialen Voraussetzung gesehen. Der Mensch wird damit als Empfangender betont, der das Empfangene nicht auf seine eigene Leistung, sein Verdienst zurückführen kann: „Kein Mensch kann daher gute Taten als seine eigenen geltend machen, denn die Bedingung der Möglichkeit seiner Güte ist, daß jemand ihm gibt.“[899] Was der junge Rawls hier in seiner *senior thesis* im Rahmen seines Nachdenkens über die Notwendigkeit der Gnade Gottes entwirft, hat nachhaltigen Einfluss auf sein späteres Denken. Gerade die Ablehnung des Verdienstes ist es, die so deutlich wie keine andere thematische Vernetzung als Kontinuität im Denken Rawls' angesehen werden kann.[900] Tatsächlich ist die Frage nach dem Verdienst und der Stellung des Menschen in der Gesellschaft eine Schlüsselfrage im Werk Rawls' hinsichtlich der Verteilungsgerechtigkeit. Hilfreich sind hier die Ausführungen von Michael R. Turner, der die theologische Nähe von Rawls' späterer Definition und Umsetzung seines Verdienstgedankens beleuchtet. Turner vergleicht Rawls' Ansatz zugleich mit dem Calvins – dem der frühe Rawls gerade selbst die Tendenz des Stolzes unterstellte[901] – und stellt wesentliche Übereinstimmungen fest.[902] Während für Calvin das Konzept des Verdienstes problematisch ist, weil es die Souveränität Gottes in Frage stellt[903], sind es bei Rawls die Gerechtigkeitsprinzipien der Theorie der Gerechtigkeit, mithin der Kern seiner Theorie, die das Verdienst ablehnen müssen. Die Theorie basiert gerade auf der Idee der gleichen, fairen Ausgangsbedingungen, die sich im Setting des Urzustandes samt dem Schleier des Nichtwissens manifestiert: „..introducing deservingness into the deliberation of first principles of justice necessarily prioritizes some members of society over others.“[904]

Dabei ist der Gedanke für Turner äußerst nachvollziehbar, dass jemand nicht aufgrund seiner zufälligen Stellung in der Gesellschaft, seiner familiären Situation, ein Verdienst zugesprochen bekommt. Schwieriger wird es hinsicht-

---

899 Ebd.

900 Vgl. in dieser Arbeit Kap. 2.3.1.

901 Vgl. RAWLS, John: Über Sünde, Glaube und Religion, 234, Anm. 23: „Dies [bei der sicheren Prädestination einer geschlossenen Gruppe] könnte die Tendenz zum Stolz im Calvinismus erklären.“

902 Vgl. TURNER, Michael R.: Desert in Theological Conceptions of Distributive Justice, in: JSCE 31 (2011), 131-149, hier 133: “Both Calvin and Rawls are thus concerned essentially with personal desert […] there does not appear to be a significant difference in what these thinkers mean when invoke the concept; both seek to delineate the proper treatment people should receive given the possession of certain traits or the performance of certain actions.”

903 Vgl. ebd., 137: “Good works deserve praise, but Calvin believes works are good only because God accepts them as good, not because the person performing them is good or because the nature of the actions themselves is good [Anm. 37]. The corrupt will, although autonomous and able to choose among various options, cannot choose between good and evil because this capacity was lost to original sin.”

904 Ebd., 138.

lich der persönlichen Eigenschaften, die einer Person erlauben, Erfolg und Wohlstand zu verdienen:

> „More contentious, however, is the idea that people do not deserve the character traits that allow them to advance socially or economically because these traits depend on factors for which they can claim no credit. [...] The argument with which he rejects desert as a first principle on justice recalls Calvin's point that humans simply cannot take ultimate credit for their positive actions."[905]

Die theologische Nähe, die bereits das Spätwerk Rawls' hinsichtlich der Frage nach dem Verdienst aufweist, ist in seinem Frühwerk in offensichtlicher Weise vorweggenommen. An dieser Stelle ist deutlich von einem bleibenden Einfluss seines frühen theologischen Denkens auszugehen. Die säkulare Umformung seiner in dieser Hinsicht zunächst religiösen Annäherung an den Begriff des Verdienstes schwächt seine Ablehnung jedoch in drei Punkten ab.[906] Die Skepsis gegenüber dem Verdienstbegriff ist bei Rawls selbst dort noch vorhanden, wo es nicht um eigentlich moralische und faire Ausgangssituationen geht, geschweige denn um die Möglichkeit des Seelenheils. In jedem Fall muss das Verdienst aber institutionell geregelt sein.[907] Insgesamt kann also eine starke Kontinuität in diesem Punkt konstatiert werden. Turner, der bei Rawls und Calvin zu Recht starke Ähnlichkeiten herausstellt, hat vor allem die Theorie der Gerechtigkeit im Blick und lässt Rawls' Frühwerk gänzlich außen vor. Trotz dieses Hintergrunds muss hinsichtlich aller Ähnlichkeiten doch festgestellt werden, dass der junge Rawls gerade gegen die Prädestinationslehre argumentiert. Diese sieht er nicht nur verbunden – wie oben angedeutet – mit dem abgeschlossenen Gruppendenken, sondern mit einem falschen Verständnis von Erwählung.[908] Jene Ablehnung vor allem der doppelten Prädestination gibt er zudem später im Text „Über meine Religion" als einen Hauptpunkt des Unverständnisses gegenüber dem Christentum an:

> „Wenn man keine Ausnahme bei sich selbst machte und daher annahm, man würde gerettet werden, erschien mir die Prädestinationslehre, sobald man sie durchdacht und ihre Bedeutung verstanden hatte, entsetzlich. Die doppelte Prädestination, wie sie am drastischsten bei Augustinus und Calvin formuliert wurde, schien mir besonders entsetzlich, obwohl ich eingestehen mußte, daß sie ge-

[905] Ebd., 139.

[906] Vgl. ebd.: "Unlike Calvin, though, Rawls affirms desert as a moral standard in certain contexts. In brief, his theory recognizes three ideas of moral desert: that which concerns the moral worth of a person's actions or character as indicated by a comprehensive moral doctrine; that which is specified by a set of public rules designed for a specific purpose; and that which he refers to as legitimate expectations [Anm. 46]. Only the first of these cannot be included in a political conception of justice because it draws from comprehensive moral doctrines for its content. This notion of desert might be used to justify why a person ought to go to heaven, or to make the claim that good people ought to flourish in life."; vgl. dazu auch RAWLS, John: Gerechtigkeit als Fairneß, § 20, 120-123.

[907] Vgl. TURNER, Michael R.: Desert in Theological Conceptions, 142.

[908] Vgl. RAWLS, John: Über Sünde, Glaube und Religion, 287ff.

> nauso bei Thomas von Aquin und Luther vorkam und tatsächlich nur eine Folge der Prädestination selbst war."[909]

Der junge Rawls hingegen betont hinsichtlich der Wiederherstellung der Gemeinschaft die absolute Notwendigkeit der Gnade Gottes. Der vereinzelte Mensch kann sich eben kein Verdienst diesbezüglich erwerben. Jene von Gott gewirkte Herstellung der Gemeinschaft bezeichnet Rawls als Bekehrungserlebnis, bei dem der Sünder mit der Selbstoffenbarung Gottes in seinem Wort konfrontiert wird.[910] Jene Hinwendung Gottes zum sündigen Menschen, jene Aktion Gottes, die eine Reaktion des Menschen erst ermöglicht, die Rawls bei Brunner entlehnt[911], ist eine Kontrasterfahrung, bei der der Mensch die ganze Niedrigkeit seiner Existenz erkennt. Die Bekehrung als Akt vollzieht sich für Rawls nicht ausschließlich punktuell, sondern kann durchaus einen Prozess umfassen, wobei er das Wesen der Bekehrung selbst vor allem in einem Davor und Danach deutlich machen will.[912] In diesem Prozess steht der Mensch, so denkt es Rawls, entblößt vor Gott. Sein wirkliches Wesen mitsamt seinen Sünden und Brüchen ist offenbar vor dem Angesicht Gottes. Als Beispiel dient ihm der Verrat des Petrus. Auch die Bekehrung des Saulus zeigt das, was Rawls mit der ersten Dimension der Bekehrung meint: „…vollständiges Unterworfensein, seine akute Reue, sein Leid, seine Buße, sein Entblößtsein vor dem Erbarmen Gottes."[913] Die zweite Dimension, die Rawls beschreibt, lässt sich wiederum mit der Kategorie des Gegensatzes fassen: Die Barmherzigkeit Gottes kontrastiert die Sündhaftigkeit und Ich-Bezogenheit des Menschen. Jenes Ausgesetztsein vor der ungeschuldeten Liebe Gottes befreit den Sünder in den Augen Rawls' aus seiner Vereinzelung. Der Sünder, anfanghaft geläutert, versteht, was es heißt, zu empfangen, angewiesen zu sein, Gemeinschaft zu benötigen: „Die menschliche Person erkennt, daß alles, was sie hat, ein Geschenk ist, und sie nichts hat, was ihr nicht geschenkt worden ist. Ihre Eltern haben sie großgezogen, ihre Freunde haben ihr geholfen…"[914] Es ist gerade kein Verdienst, das die Gnade bewirkt oder ihr auch nur etwas hinzufügt. Al-

---

909 Ebd., 306.

910 Vgl. ebd., 272f.: „Bekehrung ist jenes intensive Erlebnis, dem Wort Gottes ausgeliefert zu sein. Offenbarung bedeutet, daß das Wort Gottes zu uns spricht [Anm. 16]; in der Bekehrung erleben wir, wie das Wort Gottes in die Geschlossenheit der Sünde eindringt und seine Mauern zurückbiegt. Offenbarung ist eine Handlung Gottes; sie ist Seine Einkehr bei uns und Sein Sprechen zu uns; sie ist das Hineinplatzen Seiner Gegenwart in das Alleinsein der Sünde."

911 Vgl. BRUNNER, Emil: Der Mensch im Widerspruch, 71: „Das Wort Gottes und das Wort des Glaubens sind unzertrennlich. Nicht Gott glaubt, sondern *ich selbst* glaube; aber ich glaube nicht aus mir selbst, sondern aus Gottes schenkendem Reden und redendem Schenken [Anm. 1]. In diesem Glauben gibt er mir nicht nur sich, sondern auch mich zu erkennen. In diesem Glauben entscheidet er über mein Sein, so daß ich selbst mich entscheide. Außerhalb dieser Entscheidung gibt es die rechte Selbsterkenntnis, die wahre Erkenntnis vom Menschsein nicht."

912 Vgl. RAWLS, John: Über Sünde, Glaube und Religion, 274.

913 Ebd. 277.

914 Ebd., 279.

les ist ungeschuldetes Geschenk. Der Stolz, die Selbstzentriertheit und die Selbstüberhebung lösen sich auf:

> „Auf ebendiese Weise, indem es das Lügengebäude einreißt, offenbart sich das Wort. Es offenbart sich im Kontrast zur Sünde, die es auflöst, und führt so dem gebrochenen Selbst das großzügige Erbarmen Gottes in seiner überfließenden Spontaneität und der ganzen Fülle seines Gegebenseins vor Augen. Die Sünde kann angesichts der Gnade des Wortes nur zerstört werden.“[915]

Ist dieses Gebäude der Lüge erst einmal zerstört, kann neues, gemeinschaftliches Leben möglich werden. Es ist in diesem Zusammenhang gerade die Initiative Gottes, die Rawls im Rückgriff auf Brunner betont, und die den Menschen zu sich selbst führt.[916] Der Mensch ist unfähig, sich selbst zu befreien. Der Glaube ist es dann, der die Menschen als „Gemeinschaft unter Gott zusammenhält.“[917] Glaube meint dabei das ständige Bewusstsein, Kind Gottes zu sein. Glaube ist somit vergleichbar mit einer inneren Haltung auf Gott hin. Jene innere Haltung der Gotteskindschaft ist die Haltung der Gemeinschaft. In ihr wird das innere Streben des Menschen nach Gemeinschaft verwirklicht. Jene Gemeinschaft mit Gott zeigt sich in einem zweiten Schritt – dies deutete sich oben bereits an –, in der Gemeinschaft mit den Mitmenschen. Auch ihre Gemeinschaft wird ermöglicht und gestärkt. Die menschliche Gemeinschaft weist bei Rawls' *senior thesis* daher einen stark vertikalen Charakter auf. Gott und der Glaube an ihn sind Voraussetzungen der Gemeinschaft. Sie ist daher nicht einfachhin mit einem beliebigen Staat oder einer säkularen Gesellschaft zu verwechseln. Der bekehrte Mensch ist Werkzeug Gottes in der Welt. Seine Bekehrung ist kein nur ihn betreffender Akt, sondern auf die Gemeinschaft hingeordnet:

> „Die Erwählung hat also diese doppelte Achse. Wenn wir diese Doppelnatur der Erwählung und die dialektische Vereinigung der beiden aus dem Blick verlieren, dann wird das Wort Gottes zu einer rein eskapistischen und individuellen Doktrin oder aber zu einem säkularen sozialen Evangelium.“[918]

Dem jungen Rawls ist also jene dialektische Funktion der Erwählung und Bekehrung besonders wichtig, welche die Gottesbeziehung und die Beziehung unter den Menschen überwölbt. Vertikale und horizontale Beziehungsebene werden als aufeinander bezogen gedacht. Dies ist umso bemerkenswerter, da er sein Denken zu diesem Zeitpunkt aus rein theologischen Prämissen ableitet. In diesen lehnt er ein individualisiertes Christentum strikt ab, weswegen be-

---

[915] Ebd.

[916] Vgl. BRUNNER, Emil: Der Mensch im Widerspruch, 80: „Nicht in einem ewigen An-sich-Sein, sondern im ewigen Willen, in der freien, gnädigen Erwählung allein kann der Mensch, der sein wahres Wesen erkennt, sich selbst verstehen. Das heißt aber, noch einmal, daß der Mensch nicht aus sich selbst, aber auch, daß er nicht aus ‚etwas', sondern daß er aus dem ewigen Wort, das seinem Sein vorangeht, aber sich ihm mitteilt, sich verstehen soll.“

[917] RAWLS, John: Über Sünde, Glaube und Religion, 285.

[918] Ebd., 287.

sonders die Bedeutung der Gemeinschaft gestärkt wird. Seine Frage ist also nicht einfach eine der persönlichen Erlösung, sondern bereits eine soziale, gemeinschaftliche. Auch wenn eine strikte Konzentration auf den säkularen Aspekt von Gemeinschaft hier gerade noch verworfen wird, ist er doch implizit im Denken des frühen Rawls in der Dialektik der Bekehrung enthalten. Ein Mensch ist auf den anderen angewiesen, auf ihn hin geschaffen und daher mitverantwortlich. Dieser gemeinschaftsorientierte Ansatz ist daher besonders fruchtbar auch ohne den Gedanken Gottes weiter geführt zu werden. Dieser Ansatz behält sich vor, im Paradigma von Genese und Geltung eine Schlüsselrolle einzunehmen, weil sich in ihm der Wandel in Rawls' Werk brennglasartig vollzieht. Doch zu dem Zeitpunkt, in dem Rawls jene frühe Schrift verfasst, steht noch die Hinwendung Gottes in seinem Wort im Zentrum. Das Wort Gottes verharrt dabei nicht bei dem, der es vernommen hat, sondern setzt sich durch den Bekehrten fort. Rawls hat hier durchaus einen missionarischen Geist des Wortes im Blick, um die Gemeinschaft wiederherzustellen, die Gott am Ende aller Tage retten wird, „an dem Christus in Seiner Herrlichkeit erscheinen und die himmlische Gemeinschaft unter Gott begründen wird. Dann wird die Sünde zerstört worden und die Menschen werden füreinander offen sein…“[919] Wenn er also in der Analyse der Sünde von Niebuhr ausgeht, überwindet er sie durch den Lösungsansatz Brunners: Der nahe Gott des Gnadenaktes ermöglicht in seinem Wort, das er selbst in Jesus Christus ist, Gemeinschaft und damit wahres Menschsein: „Der Mensch ist Mensch dadurch, daß er eine solche Kreatur ist, die zum Wort Gottes in einem besonderen Verhältnis des Begründet- und Erhaltenseins steht.“[920] Gemeinschaft ist demnach nicht Möglichkeit, sondern Notwendigkeit des menschlichen Seins:

> „Das menschliche Leben charakterisiert sich als menschliches nicht durch seine Vernunftleistung, sondern durch die Verbundenheit der Menschen in Liebe. Das, wahre Gemeinschaft, ist Grund und Gehalt der christlichen ‚Humanität‘; grundverschieden von der individualistisch-humanistischen.“[921]

[919] Ebd., 295.
[920] BRUNNER, Emil: Der Mensch im Widerspruch, 75.
[921] Ebd., 109.

3.4 Zwischen Bruch und Kohärenz: Der bleibend religiöse Hintergrund

3.4.1 John Rawls und eine christliche Ethik

Im letzten Kapitel wurde bereits deutlich, was mit Blick auf Rawls' Frühwerk und seinem Zusammenhang mit dem späteren Hauptwerk gesagt werden kann. Dabei wurde unter anderem herausgestellt, dass sich wesentliche Themen in einer bestimmten Form erhalten. Auch wenn die theologische Genese in den Hintergrund tritt, können auf diese Weise vormals theologisch motivierte und begründete Themen in säkularer Weise in eine „aktuale" Geltung überführt werden. Die Geltung jener Werte wendet sich daher nicht eigentlich gegen ihre vormalige Genese, die in theologischem Denken wurzelt, will aber auf diese nicht mehr angewiesen sein. Es gilt dann in abgewandelter Form für Rawls das, was dieser selbst auch hinsichtlich des Werkes Hobbes' deutlich macht: „Die Gesetze der Natur können alle verstanden werden, ohne theologische Voraussetzungen zu erwähnen."[922] Dass aber trotz der bleibenden thematischen Orientierung ein begründungstheoretischer Bruch zwischen dem theologischen und dann säkularen Begründungssystem zu verzeichnen ist, wird kaum zu leugnen sein. Die Frage nach der Art jenes Bruches soll nun an dieser Stelle beantwortet werden. Inwiefern können wir von einem radikalen Bruch sprechen und inwiefern verwirft Rawls sein christliches Erbe? Dieses Kapitel setzt sich zum Ziel, die Idee eines radikalen Bruches in Frage zu stellen und zieht dafür bisher unveröffentlichte Schriften und neuere unveröffentlichte Forschungsergebnisse aus den Vereinigten Staaten heran, die verdeutlichen sollen, wie sehr Rawls von seinem theologischen Erbe auch noch nach seiner persönlichen Abwendung vom institutionalisierten christlichen Glauben als Agnostiker zehrt.[923]

---

[922] RAWLS, John: Geschichte der politischen Philosophie, 61.

[923] Neben den Aussagen in „Über meine Religion" ist vor allem ein Brief vom 08.03.1997 aufschlussreich, den Rawls dem Universitätsarchiv Harvard zur Verfügung gestellt hat und der sich im Anschluss an seine autobiographischen Aufzeichnungen findet. Darin fasst er in aller Kürze die Glaubensentwicklung hin zu seinem Agnostizismus zusammen, vgl. RAWLS, John: Autobiographical Notes – John Rawls, in: Papers of John Rawls, Folder 12, Box 42: "Back to the matter of being an agnostic, I was myself for many years an orthodox, and somewhat conventional, Episcopalian, who attended a high church school. But during the course of the war, for a combination of reasons that I cannot really explain, I found myself no longer accepting it. What made it so difficult, among other things, was the fact of the great evil of the war, and particularly, the evil of the Holocaust. It came to seem to me impossible to pray to God to save me, or anything personal, when God would not save the Jews from Hitler. Other

Am augenfälligsten stützt jene These sein Vorlesungsmanuskript von der Cornell Universität, das wohl aus dem Jahr 1954 stammt, das heißt immerhin neun Jahre nach seinen oben geschilderten Erfahrungen aus dem Zweiten Weltkrieg. Die genaue Datierung der Manuskripte erscheint schwierig. In jedem Fall kann die Mitte der fünfziger Jahre für die Entstehung jener Schriften angenommen werden.

John Rawls schloss seine Promotion in Princeton 1950 ab. Währenddessen war er 1947/48 Stipendiarstudent an der Cornell Universität. Nachdem er Instructor in Princeton im Fach Philosophie war, wurde er ab 1953 Assistenzprofessor für Philosophie an der Cornell Universität. Dort war er ab 1956 Associate Professor bis 1959, als er eine Lehrvertretung an der Universität Harvard übernahm. Nachdem er weitere zwei Jahre am Massachusetts Institute of Technology (MIT) verbrachte, wechselte er 1962 als Professor für Philosophie wiederum nach Harvard, wo er mit kurzen Unterbrechungen bis zu seiner Emeritierung blieb. Während der Jahre an der Cornell Universität veröffentlichte Rawls wichtige Schlüsseltexte wie „Two Concepts of Rules" sowie „Justice as Fairness".[924] Für den hier darzustellenden Kontext sind aber besonders die unveröffentlichten Vorlesungsmanuskripte von entscheidender Bedeutung. Obwohl die Unterlagen teilweise unvollständig erscheinen, kann aus dem vorhandenen Material Wesentliches geschlossen werden: John Rawls bot demnach eine Veranstaltung zur christlichen Ethik an – und dies innerhalb der philosophischen Fakultät. Diesen Umstand findet Rawls selbst rechtfertigungsbedürftig, weswegen er in den Vorbemerkungen zu diesem Kurs betont:

> „...we don't have, unfortunately, a department of religion at the University. Therefore someone else must undertake to offer something in [?] important thing like the title of this course. It would be somewhat ludicrous for a university like ours not to offer anything, at any time in Christian ethics, or in the Christian religion."[925]

---

great evils of course there were, but the Holocaust itself is enough. Perhaps someday all these things will seem different to me, but that is how it strikes me for now."

[924] Vgl. POGGE, Thomas: John Rawls, 199; in seinen persönlichen Lebenserinnerungen ist das Wesentliche, was er für die Zeit an der Cornell Universität zu berichten hat, die Geburt seiner Kinder. Auf seine sonstigen Inhalte, gerade auch die Veranstaltung zur christlichen Ethik, geht er im Rückblick nicht ein. Ohnehin wird wiederum auf die Arbeit Pogges hingewiesen, wenn es um die akademische Entwicklung dieser Zeit geht, vgl. RAWLS, John: Autobiographical Notes – John Rawls, in: Papers of John Rawls, Folder 12, Box 42: "After leaving England, we moved to Cornell, where I was an Assistant and then an Associate Prof. [...] (Note from Mardy: for more about the intellectual and academic side of the Princeton, Oxford, Cornell, MIT and Harvard years, see Thomas Pogge's 'Brief Sketch of Rawls's Life')."

[925] RAWLS, John: Christian Ethics, Preliminary Remarks, in: Papers of John Rawls, Folder 5, Box 8. Die Zitate aus dem Englischen werden transkribiert, wie sie im Manuskript festgehalten sind. Lediglich offensichtliche Schreibfehler und Hervorhebungen behält sich der Autor vor zu verbessern beziehungsweise auszuschreiben, ohne dem Text jedoch seinen eigenen Charakter zu nehmen.

Rawls, der hier die Wichtigkeit und Bedeutung der christlichen Ethik unterstreicht, sieht es daher als Aufgabe der Philosophie an, sich dieser Thematik zu widmen. Aufgrund einiger Hinweise in den gesammelten Aufzeichnungen muss man aber zu dem Schluss kommen, dass Rawls keineswegs der erste war, der einen Kurs in christlicher Ethik angeboten hat. Vielmehr muss man darauf hinweisen, dass Rawls sich zur Vorbereitung und in der Durchführung seiner eigenen Lehrveranstaltung auf eine teilweise vorhandene Systematik stützt. John Rawls gibt der Veranstaltung einen offenen und unvoreingenommenen Charakter, wenn er darauf hinweist, dass jeder Teilnehmer sich in aller Freiheit mit dem Thema auseinandersetzen kann: „We shall not criticize any one's religious beliefs. We shall rather try to find out what ‚Christian ethics' is, to use the phrase for the time being. But no one will be compelled to accept any particular conclusions on this subject."[926] Rawls versteht das Angebot, sich der christlichen Ethik – diesen Begriff benutzt er offensichtlich in aller notwendigen Vorläufigkeit – anzunähern, als gemeinsame Suche nach einem möglichen Ziel: Die Frage zu beantworten, was eine christliche Ethik überhaupt sein kann. Dabei verzichtet er – der schließlich selbst zu diesem Zeitpunkt schon keine explizite konfessionelle Bindung mehr hatte – verständlicherweise auf jeden Versuch der gedanklichen Vereinnahmung und Vorherbestimmung. Tatsächlich ist dem Manuskript der Werkstattcharakter nicht abzusprechen.

Interessant ist dabei, wie weit sich Rawls von seinem eigentlichen Fach der Philosophie frei macht: Er will nicht in erster Linie Philosophie betreiben, sondern vielmehr sich dem Wesen des Christlichen selbst nähern. Die Veranstaltung war von Rawls demnach nicht unbedingt analytisch-kritisch, sondern als informative Annäherung einem Exkurs gleich konzipiert: „Thc course I plan as one information and study; not one of philosophical criticism [and] analysis. […] philosophy will not be our primary aim. That is to say, we will be concerned [?] mainly understanding Christianity."[927] Die Annäherung an das Wesen des Christentums durch die christliche Ethik, die Rawls hier eröffnet, unterfüttert er mit dem Hinweis, dass er selbst kein Theologie sei: „I must be frank and say that I am not a trained theologian or student of Christian thouhgt. To be that I should either have to had gone to seminary, or spent most of my scholarly efforts in that direction."[928] Rawls hatte hier mit Sicherheit seine innere Entwicklung im Blick, wenn er zu diesem Zeitpunkt auf die Möglichkeit des Seminars und einer möglichen theologischen Ausbildung hinweist. Dem Manuskript zufolge geht er allerdings nicht auf persönliche Entwicklungen ein; diese bleiben unausgesagt im Hintergrund. Dieser indirekte Bezug auf seine Überlegungen während seiner Studienzeit vor dem Krieg ist demnach ohne das Vorwissen um seine religiöse Prägung auch nicht auffällig.

926 Ebd.
927 Ebd.
928 Ebd.

Für sich betrachtet zeigt diese Aussage lediglich, dass hier aus philosophisch-neutraler Sicht – die er sogar als möglichen Vorteil kennzeichnet – auf eine Möglichkeit des ethischen Denkens geschaut wird. Dass Rawls diese christliche Option trotz vieler anderer Möglichkeiten weiterhin als wichtig erachtetet haben könnte, erscheint aber allein durch sein Bemühen um einen solchen Kurs und seine intensive Vorbereitung naheliegend. Einen gewissen Widerspruch bildet hier auf den ersten Blick die Aussage, dass er der Thematik eine bestimmte Ignoranz entgegenbringt. Dies weist sicher auf den Umstand hin, dass sich Rawls innerlich von seinem persönlichen christlichen Glauben gelöst hat. Dennoch erscheint ihm das Thema als objektiv wichtig genug, um es unabhängig von persönlichen Überzeugungen zu behandeln. Der oben angedeutete offene Zugang zur Thematik der christlichen Ethik wird verstärkt, wenn er nicht nur explizit betont, dass durch das Lesen von Schlüsseltexten und durch Diskussionen ein gemeinsames Lernen stattfinden kann, sondern auch in der relativ offenen thematischen Vorgabe:

„I haven't made up any regular outline in advance. There are very few of us and we ought to take advantage of the opportunity not to be too formal about what we read and when."[929] Vereinfacht wurde diese Art des gemeinsamen Lernens also durch die kleine Gruppe an Studenten, wie sie Rawls indirekt beschreibt, die ohnehin ein informelles Klima schuf. Nichtsdestotrotz hat Rawls dennoch gewisse Minimalstandards für die Annäherung an die christliche Ethik im Blick: „It seems to me utterly impossible anything but a superficial acquaintance with Christian ethics reading the Bible [unterstrichen im Original, Anm.d.A.] […]."[930] Für Rawls, der sich mit einer zunächst biblischen Annäherung ganz in der Tradition der neoorthodoxen Bewegung befindet, schlägt daher wichtige Teile des Alten und Neuen Testaments vor, ohne die für ihn eine Beschäftigung mit christlicher Ethik nicht sinnvoll erscheint. Zu seiner Auswahl des Alten Testaments gehören laut der sich anschließenden Liste die Bücher Amos, Hosea, Deuteronomium, Jesaja (XL-LV), Ijob und Daniel. Aus dem Neuen Testament wählte Rawls das Evangelium nach Markus, die Quelle Q sowie die Briefe an die Römer, Galater und das Johannesevangelium aus. Als einzige außerbiblische Quelle, die nicht nur Sekundärliteratur[931] ist, nennt Rawls Augustinus *De Civitate Dei*. Das Werk des Augustinus schien ihm aus seiner Zeit in Princeton wohl noch in bester Erinnerung, sodass es neben den biblischen Quellen von Rawls als wesentlicher Pfeiler der christlichen Tradition erachtet wird. Rawls, dessen Konzeption des Kurses große Freiheiten vorsah, hat durch die wenigen Texte, die er demnach als essentiell ansah, eine

---

929 Ebd.
930 Ebd.
931 Hier führt er an: [T.W.] MANSON: Teaching of Jesus [Cambridge 1935]; DERS.: Sayings of Jesus; C.H. DODD: Bible Today [1946]; [The Epistel of Paul to the] Romans [1932]; DERS.: Johannine Epistles [1946]; aber auch ein weiteres Mal AUGUSTINUS: De civitate Dei. [Bei Rawls' Manuskript nicht vorhande Informationen sind durch eckige Klammern angegeben].

Orientierung vorgegeben, die durch und durch von einer stark biblischen Ausrichtung getragen ist.

Rawls' Schriften im Kontext des Kurses zeigen, dass er tiefgreifende Kenntnisse der Heiligen Schrift besaß, wie seine detaillierten Aufzeichnungen verdeutlichen. McKenzie-Bok vermutet gar, dass sich John Rawls nach dem Zweiten Weltkrieg dem eingehenden Bibelstudium gewidmet hat, worauf seine guten Kenntnisse hindeuten: „Sometime in the decade between submitting his senior thesis and offering his class at Cornell, however, Rawls must have studied Biblical interpretation in some depth, since his commentary demonstrates fairly extensive knowledge of the field."[932] Rawls' Aufzeichnungen, deren Anordnung darauf schließen lässt, dass sie nicht immer vollständig sind, lassen vor allem für das Markusevangelium detaillierte Kenntnisse deutlich werden. Auch die Quelle Q wird in ihrer möglichen Rekonstruktion nach Manson eingehend von Rawls behandelt. Dass Rawls sich eingehend mit den biblischen Texten und einschlägiger Sekundärliteratur auseinandergesetzt hat, wird anhand der Aufzeichnungen in jedem Fall deutlich.

Rawls fasst gleich zu Anfang zusammen, welche Grundfragen eine christliche Ethik beantworten will, und gibt damit zugleich eine kurze Einschätzung des Christlichen überhaupt, wenn er ausführt: „Given that a man is in a state of perfection so far as possible for him and therefore given that he is rational so far as possible, what does such a man consider the highest good, what does he count as his last end..."[933] Für Rawls ist dies gleichbedeutend mit der Frage nach dem höchsten Gut, und seine Antwort folgt einer klassischen augustinischen Orientierung: die Schau Gottes, „the good to possess God".[934] Rawls, der in seiner *senior thesis* gerade die Objekthaftigkeit und die damit einhergehende Entpersonalisierung der Theologie des Thomas und des Augustinus angreift, stellt sie hier wiederum als *das* christliche Verständnis ins Zentrum. Gott besitzen zu wollen, degradiert ihn in der Diktion seiner *senior thesis* zu einem Objekt und lässt keine persönliche Begegnung zu. Der Rawls dieses Stadiums hat allerdings wenig Interesse, diesen Punkt hinsichtlich seiner in der *senior thesis* vollzogenen Überlegungen weiter auszuführen. Ein zweiter zentraler Fragenkomplex betrifft den Bereich der Sünde: „What accounts for the present misery of the world and just how is the evil (sin) of it to be specified."[935] Auch hier antwortet Rawls ganz klassisch: „Christianity would hold that the state of misery is a state of being in alienation from God which shows itself in comprehensive violation of His will for man."[936] Nur durch die Gnade Gottes in Christus wird der Status des Guten wieder hergestellt werden, den

932 McKENZIE-BOK, Priscilla: Does Life need to be redeemed?, 117.
933 RAWLS, John: Christian Ethics, Preliminary Remarks, in: Papers of John Rawls, Folder 5, Box 8.
934 Ebd.
935 Ebd.
936 Ebd.

der Mensch durch seine willentliche Abwendung von Gott zerstört hat.[937] In einem dritten Fragenkomplex wendet sich Rawls schließlich den Konsequenzen eines solchen Verständnisses zu: Wenn der Mensch erkannt hat, dass er sich im Status der Entfremdung zu Gott und letztlich zu sich selbst befindet, muss er versuchen, den Willen Gottes zu erkennen und nach ihm zu leben. Dies führt offensichtlich zum Wesen der christlichen Ethik, deren Kern Rawls in der Tugend der Liebe verortet sieht: „What are the virtues of the Christian life? Christianity puts special emphasis on love: there is a sense in which it is often said to be the one virtue, the ‚principle‘ of all virtues. This love is agape, Gods love working in us for our salvation.“[938]

Es lassen sich anhand des Manuskripts nach diesen Vorüberlegungen sieben Vorlesungen thematisch genau abgrenzen: In der ersten Vorlesung „Christian Ethics and Philosophical Ethics“ geht Rawls dem Unterschied zwischen christlicher und philosophischer Ethik nach. Der Hauptunterschied liegt für Rawls nicht nur in der praktischen Anwendung, die durch die christliche Ethik impliziert und bei der philosophischen Ethik nur nachgeordnet ist. Vor allem die Suche nach rationalen Gründen für ein Verhalten ist es, die philosophische von christlicher Ethik unterscheidet: „In the first place it [Christian Ethics, Anm.d.A.] doesn't analyze moral arguments, it uses them.“[939] Darüber hinaus ist die Motivation, Ethik zu betreiben, eine andere, wie es Rawls positiv gewendet ausdrückt: „In the second place it's motivation for being interested in moral questions is different: it springs not so much from intellectual puzzlement as a spiritual crisis, or awareness of crisis.“[940] Die christliche Religion gibt daher bestimmte Antworten auf die bereits oben geschilderten drei Fragenkomplexe, deren Verständnis nur gewährleistet ist, wenn die Glaubensinhalte anfanghaft nachvollzogen werden können. Rawls betont daher die notwendigen Schritte, die gemeinsam unternommen werden müssen, um dem Thema gerecht zu werden:

> „The morals only become intelligible to us when we understand the creed belief and worship. One thing then that we have to do is to understand the belief and worship and moral practice together, and try to grasp the conceptions into which the practice fits.“[941]

Bei aller tiefgehenden Annäherung, die durchaus eine gewisse Sympathie für die Thematik erkennen lässt, spart Rawls durchaus nicht die für ihn kritischen Themen aus, die durch die spezifisch christlichen Antworten aufgeworfen werden: „What are we to make of predestination, of the notion of hell, of the notions of judgment, of sin. The theological answer itself generates a group of

---

[937] Vgl. ebd.
[938] Ebd.
[939] RAWLS, John: Christian Ethics, Lecture 1, in: Papers of John Rawls, Folder 5, Box 8.
[940] Ebd.
[941] Ebd.

moral difficulties, or perplexities, and we must try to grapple with these."[942] Hier werden Problemzusammenhänge aufgeführt – allen voran jene der Prädestination und der Sünde –, die auch bereits in seiner *senior thesis* behandelt und ebenso als Selbstzeugnis in Rawls' Verhältnis zum Christentum in „On my Religion" aufgegriffen werden. Dass Rawls' thematisches Vorgehen stark exegetisch geprägt ist, machen die Themen der einzelnen Vorlesungen deutlich, wobei in den sieben sicher zu konstruierenden Vorlesungen der Anteil des Alten Testaments überwiegt: Nach der ersten Vorlesung (1) „Christian Ethics and Philosophical Ethics" und der Vorlesung (2) „Understanding the Proclamation – The Primitive Preaching", auf die weiter unten eingegangen wird, folgen (3) „Conception of God and Nature", (4) „Conceptions of God and Man", (5) „The Day of Jahwe and Election", (6) „The Law" und schließlich (7) „Apocalyptic Conceptions". Aufzeichnungen zur Bergpredigt, die sich auf die deutschen Werke „Die Predigt Jesu vom Reiche Gottes" von Johannes Weiss aus dem Jahr 1892 und „Das Messias- und Leidensgeheimnis. Eine Skizze des Lebens Jesu" von Albert Schweizer von 1901 beziehen, sowie das ins Englische übersetzte Werk von Martin Dibelius „The Sermon on the Mount" weisen aber auch auf die eingehende Beschäftigung mit ethischen Entwicklungen im Neuen Testament hin.

Zudem geht Rawls in der Auseinandersetzung mit dem Neuen Testament in seinen Aufzeichnungen detailliert auf die Reich-Gottes-Lehre ein, die Theologie des Markusevangeliums mit Bezug auf Alfred Rawlinsons Werk „The Gospel of St. Mark" und Vincent Taylors systematische Übersicht „The Gospel according to St. Mark" sowie auf zwei Themenbereiche, die nun genauer betrachtet werden sollen: Zum einen geht Rawls in seinen Vorlesungen auch auf die Frage des Verdienstes ein, hier aber nicht als „desert" (Verdienst), sondern als „reward" (Belohnung). Trotz dieses Unterschieds führt ihn die Frage auch hier zu einer Kernkritik des Christentums, der er durch die Betonung der Gemeinschaft in seiner Abschlussarbeit begegnet: Jesus spricht in vielen Gleichnissen vom richtigen Handeln, das gewisse Konsequenzen nach sich zieht[943]: „...don't these sayings make Christianity self-centered; don't they tend to make the motive of the Christian a hope of reward in a wrong sense?"[944] Die Frage zielt auf den Wesenskern der Ethik im christlichen Sinne: Woraus entsteht die Motivation, Gutes zu tun? Weil es an sich gut ist oder weil wir dafür etwas erhalten? Wenn die Belohnung einer Handlung wichtiger wird als diese selbst, wäre es ein egoistisches Verhalten, sein Heil, letztlich die Schau Gottes durch gute Taten zu erwerben, sodass es allein auf unsere Leistung ankommt. Rawls führt allerdings selbst Punkte an, die den Begriff „reward" in biblischem Sinne erläutern und ihn von gängigen Vorstellungen von

[942] Ebd.
[943] Hier nennt Rawls Mk 9,35; 10,29f.; Lk 14,13; 18,22; 14,10; 21,36; 12,43; 6,35; Mt 6,1-18; Mt 6,14, vgl. RAWLS, John: Christian Ethics, On Reward and Punishment, in: Papers of John Rawls, Folder 5, Box 8.
[944] Ebd.

weltlicher Belohnung trennen: Zum einen habe Jesus nur denen eine Belohnung zugesagt, deren Motivation nicht diese selbst ist: „We must notice that Jesus promises reward only those were prepared to follow and obey him from some other motive.“[945] Zum anderen ist das biblische Zeugnis nicht in weltlichem Sinne einer bestimmten Quantifizierung des Lohns für gute Taten interpretierbar, wofür ihm etwa das Gleichnis der Arbeiter im Weinberg dient (Mt 20, 1-16). Belohnung ist daher in diesem Sinn nicht logische und vorhersehbare Folge des menschlichen Handelns, sondern vielmehr Gnade: „Reward is hardly reward but grace“, kann Rawls daher sagen.[946] Genau dies ist Rawls’ eigene Position in seiner *senior thesis* und in veränderter Weise greift er die Vorstellung des Verdienstes so wieder in seinem späteren Konzept auf, wie oben gezeigt werden konnte.

Des Weiteren wird die Hinwendung zur Beschäftigung mit der Institutionenethik in der Vorlesung bereits deutlich, wenn Rawls an einer Stelle im Bezug auf die Bergpredigt fragt: „In what sense does the Sermon of the Mount provide a criterion of the propriety of social institutions or a criterion as to how one should act in the ‚world‘?“[947] Rawls setzt die Forderungen der Bergpredigt in Zusammenhang mit praktischen Überlegungen für eine gerechte Gesellschaft und deren Institutionen: „We have already seen that justice is the virtue of persons in a society where the propriety of claiming rights, ‚fighting‘ for ones rights is accepted.“[948] Nun ergibt sich für Rawls allerdings die Schwierigkeit, dass die Bergpredigt eben nicht die eigenen persönlichen Rechte als einzufordernde Größe betont: „A perfectly Christian society would be one in which people would not claim rights. But would it be one in which justice would disappear?“[949] Diese Frage wird auf zwei Gesellschaftsformen hin untersucht: den hypothetischen Fall einer rein christlichen Gesellschaft und den Fall einer weltanschaulich heterogenen Gesellschaft. Im letzten Fall sieht Rawls vor allem die Pflicht der Verteidigung des Rechts des Nächsten im Fokus und damit die reziproke Anerkennung als Person. Die Forderungen der Bergpredigt richten den Blick auf die andere Person und ihre Rechte. Gerechtigkeit wird daher in ihrem sozialen Kontext gesehen und für den je anderen eingefordert. Doch auch in einer rein christlichen Gesellschaft fragt er sich im Falle der Anwendung und Umsetzung der Überzeugungen der Bergpredigt, wie sich diese von einer Gesellschaft von rationalen Egoisten unterscheidet. Für Rawls ergibt sich eine erstaunliche Nähe zwischen einer so ausgerichteten Gesellschaft und ihrer Institutionen zu einer utilitaristisch orientierten Gesellschaft. Auch wenn sich die Motivation der Handelnden stark unterscheidet, ist für ihn das Ergebnis unerwarteter Weise sehr ähnlich: Er bezeichnet es als uti-

---

945 Ebd.
946 Vgl. ebd.
947 RAWLS, John: Christian Ethics, The Sermon of the Mount, in: Papers of John Rawls, Folder 5, Box 8.
948 Ebd.
949 Ebd.

litaristisches Handeln, in dem das „Ich" ausgenommen ist und das Wohl des Nächsten im Vordergrund steht.[950] Nicht zuletzt wird so die institutionelle Ausrichtung Rawls' auch in der Vorlesung zur christlichen Ethik deutlich. Es zeigt sich also, dass hier eine interessante Verbindung des jungen und des reifen Rawls zu finden ist, die sowohl das Wissen um die christliche Tradition als auch die später ausgeweitete institutionelle Gerechtigkeitstheorie miteinander verbindet.

Doch eine Frage muss mit Blick auf die Vorlesungsunterlagen abschließend noch gestellt werden: Wie eigenständig ist die in den Aufzeichnungen enthaltene Konzeption des Kurses der christlichen Ethik? Hier geben zwei Indikatoren einigen Aufschluss: Zunächst fällt auf, dass einige Ausführungen Rawls' sich exakt an Vorlagen halten, diese sogar bis zur Wortgleichheit übernehmen. Exemplarisch kann hier die zweite Vorlesung „Understanding the Proclamation" mit dem Unterpunkt „The Primitive Preaching" angeführt werden. Rawls versteht die christliche Ethik als eine Art „Lehre" (*teaching*) und setzt sich in der Vorlesung mit der Frage auseinander, wie das frühe Christentum diese Lehre in der Verkündigung umgesetzt hat. Dabei zitiert er Paulus, der die Torheit der Verkündigung als Rettung für jene, die glauben, betont (1 Kor 1,21): „The word here translated ‚preaching' is the greek ‚kerygma' which means not the action of the preacher but what he preaches, his message. Now in the NT a clear distinction is drawn between preaching and teaching."[951] Im Vergleich dazu findet sich der Zusammenhang einschließlich Paulus-Zitat fast wortgleich bei C. H. Dodd (1884–1973) im ersten Kapitel seines Werkes „The Apostolic Preaching and its Developments"[952]: „The word here translated "preaching", *kerygma*, signifies not the action of the preacher, but that which he preaches, his "message", as we sometimes say. The New Testament writers draw a clear distinction between preaching and teaching."[953] Ein weiteres Beispiel: „Now the verb ‚keryssein' means properly to proclaim and ‚keryx' may be a town crier, herald, auctioneer etc; that is to say, anyone who lifts his voice and claims public attention for something he has to announce."[954] Bei Dodd heißt es fast gleichlautend: „The verb *keryssein* properly means ‚to proclaim'. A *keryx* may be a town crier, an auctioneer, a herald, or anyone who lifts up his voice and claims public attention to some definite thing he has to announce."[955]

Rawls paraphrasiert hier für sein Skript also offensichtlich aus einschlägiger Literatur der neutestamentlichen Forschung seiner Zeit. Dies weist zum einen darauf hin, dass er diese mit großer Genauigkeit rezipiert hat und sich

[950] Ebd.
[951] RAWLS, John: Christian Ethics, Lecture 2, in: Papers of John Rawls, Folder 5, Box 8.
[952] DODD, Charles Harold: The Apostolic Preaching and its Developments. Three Lectures with an Appendix on Eschatology and History, London 1951 (1936).
[953] Ebd., 7.
[954] RAWLS, John: Christian Ethics, Lecture 2, in: Papers of John Rawls, Folder 5, Box 8.
[955] DODD, Charles Harold: The Apostolic Preaching and its Developments, 7.

mit ihr vorbereitet hat, zum anderen zeigt es aber, dass die Selbstständigkeit der Vorlesung nicht immer gegeben war. Die gesamte zweite Vorlesung lässt sich so beispielsweise aus C. H. Dodds Werk ableiten.

Daneben darf auch auf die in den Unterlagen vorhandenen Materialien von Stuart M. Brown hingewiesen werden. Eine von Rawls mit „Brown's List" gekennzeichnete Literaturliste einer Veranstaltung zur christlichen Ethik an der Cornell University für das Wintersemester 1951/52 enthält wesentliche Angaben, die Rawls für seine Vorlesung übernimmt. Auch Listen zur Quelle Q und zu den Gleichnissen zum Reich Gottes sind darunter zu finden. Stuart M. Brown[956], mit dem Rawls wegen eines Artikels[957] für die Zeitschrift „The Philosophical Review"[958], die an der Cornell Universität publiziert wurde, Kontakt hatte, bot dort also bereits vor Rawls einen Kurs in christlicher Ethik an.

Beide Umstände schmälern die Einschätzung, dass Rawls hier etwas ganz Eigenständiges, aus intensiver Beschäftigung heraus betreibt; denn auch vorher gab es Kurse zur christlichen Ethik. Rawls ist in diesem Sinne kein Vorreiter einer christlichen Ethik an der Cornell Universität. Nichtsdestotrotz ist das Faktum der Vorlesung und die Intensität und Genauigkeit der Vorbereitung nicht zu leugnen. Es fallen die Präzision und Akribie ins Auge, mit denen sich Rawls dem Thema gewidmet hat. Die Vorlesung über die christliche Ethik an der Cornell Universität zeigt in jedem Falle, dass Rawls sich auch nach seiner inneren Abkehr vom Glauben doch weiter intensiv mit dem christlichen und vor allem biblischen Denken auseinandergesetzt hat. So erscheint der Bruch zwischen theologischer Genese und säkularer Geltung doch keineswegs ganz plötzlich und radikal. Zudem kann aufgrund der Tatsache dieser Vorlesung vermutet werden, dass Rawls der christlichen Religion zu diesem Zeitpunkt nicht etwa ablehnend oder gar feindlich gegenübersteht. Er behandelt die

---

[956] Stuart M. Brown (1916–1996) promovierte 1942 mit der Arbeit „Schleiermacher's Philosophy of Religion" und lehrte ab 1946 an der Cornell Universität mit dem Schwerpunkt Moralphilosophie. Zwischen 1953 und 1963 war er Leiter der Philosophischen Fakultät, also auch während Rawls' Tätigkeit. Brown war zwei Semester *Managing Editor* des Philosophical Review, vgl. KRETZMANN, Norman u.a.: Stuart M. Brown Jr., abrufbar unter: http://ecommons.library.cornell.edu/bitstream/ 1813/18254/2/BrownStuartM1996.pdf [letzter Zugriff: 28.06.2013]

[957] Vgl. RAWLS, John: Circularity in Justifying Moral Judgments, in: Papers of John Rawls, Folder 5, Box 8. Erhalten ist in diesen Unterlagen auch die erste Replik von Stuart M. Brown vom 16.05.1952, der die eingesandte Version des Artikels als zu schwach ablehnt, vgl. ebd.: "Dear Rawls: We have read your rejoinder and are returning it to you in the hope you will reconsider. The first page, in particular, is weak and the part about 'subjectivists' might be omitted altogether. In general, your counter-attack needs greater vigor, sharpness and precision. Hit back hard if you are going to hit back at all."

[958] Vgl. POGGE, Thomas: John Rawls, 24f.: „Cornell hatte in den 50er Jahren ein recht attraktives Philosophisches Seminar, dessen Charakter von Malcolm und Black geprägt wurde. Außer ihnen und Rawls waren dort auch noch Rogers Albritton und David Sachs, ein Studienfreund von Rawls aus der Princetoner Zeit. Das Seminar veröffentlichte wie auch heute noch eine sehr angesehene allgemeine Fachzeitschrift, die Philosophical Review, für die auch Rawls als Mitherausgeber tätig wurde."

christliche Ethik vielmehr mit großem Respekt und zeigt in aller persönlichen Neutralität einen bestimmten Zugang zum christlichen Denken, ja zum Wesen des Christentums überhaupt. Dass er dabei von seiner christlichen Vergangenheit profitiert, steht dabei wohl außer Frage. Nicht zuletzt begegnen uns auch in der Vorlesung wesentliche Grundthemen des gesamten Werkes Rawls'. Nicht nur die Frage des Verdienstes wird sehr deutlich vor Augen geführt, auch die Frage nach der menschlichen Person und ihrer Stellung in der Gesellschaft wird behandelt. Schließlich werden biblische Themen übertragen auf die Frage nach der gerechten institutionellen Ordnung der Gesellschaft angesprochen, der Thematik also, die im Zentrum des späteren Wirken Rawls' stehen sollte. Rawls verbindet also anfanghaft selbst beide Phasen seines Denkens.

3.4.2 John Rawls' Kritik an Paul Ramsey und der Rekurs auf Meister Eckhart

Neben den Vorlesungsaufzeichnungen ist es eine detaillierte Buchrezension von John Rawls, die zeigt, wie sehr er sich mit christlicher Ethik nach wie vor auseinandergesetzt hat. Rawls beschäftigt sich mit einem Standardwerk der christlichen Ethik, das in den Jahren nach seinem Erscheinen in mehreren Auflagen nichts von seinem Einfluss eingebüßt hat: Basic Christian Ethics.[959] Der Autor, Paul Ramsey (1913–1988), lehrte christliche Ethik in Princeton und wurde bekannt durch seine Studien zur Bioethik und zu Fragen zum gerechten Krieg.[960] Die Rezension stammt aus dem Mai des Jahres 1951 und zeigt wiederum die selbstbewusste, kritische Seite Rawls', lässt aber zugleich seinen früheren theologischen Einfluss aufscheinen, wenn er die Notwendigkeit betont, das biblische Verständnis von Grundbegriffen nicht außer Acht zu lassen:

> „...Mr. Ramsey discusses in considerable detail such topics as the meaning of the expressions ‚Righteousness of God', ‚The Kingdom of God', and he does this in what seems to me the only correct way: namely, by examing their use in the context of biblical passages."[961]

Diesen Hinweis sollte er auch für seine eigene Vorlesung beherzigen, wobei er sich sogar mitunter mit den gleichen Themen auseinandersetzte. Rawls wendet sich im Folgenden kritisch dem Hauptproblem zu, das er innerhalb Ramseys

---

959 RAMSEY, Paul: Basic Christian Ethics, New York 1950.

960 Vgl. MCKENZIE, Michael C.: Paul Ramsey's Ethics: The Power of 'Agape' in Postmodern World, Westport, Conn. u.a. 2000.

961 RAWLS, John: Ramsey's "Basic Christian Ethics". A Review by John Rawls, Instructor in the Department of Philosophy. Basic Christian Ethics. By Paul Ramsey. Charles Scribners Sons, New York, $ 3.75, in: From Perspective, A Princeton Journal of Christian Opinion, May 1951, in: Papers of John Rawls, Folder 5, Box 8.

Werk ausgemacht hat: „…namely, the question of how we determine, on the basis of Christian Theology, what the criterion of right action is; and secondly, what can be done to make this criterion more precise and clear once we have established it.“[962] In den Augen Rawls' betont Ramsey in klassischer Manier, dass richtige und gerechte Handlungen des Menschen nicht einfach aus dem Naturrecht und auch nicht aus der Verständigung zwischen Menschen entstehen:

> „Mr. Ramsey says that Christian principles of just action […] are not derived from the mind of man. They are not a natural law representing the collective conscience of reasonable man everywhere […], for even such a natural law existed, Christian ethics would transcend it.“[963]

Wenn Ramsey aber das Proprium einer christlichen Ethik gerade im Transzendieren des Natürlichen sieht, betont Rawls die argumentative Schwäche, die Ramseys Interpretation vor allem der biblischen Schriften aufweist. In ihr vermutet Rawls selbst schon eine intuitive Vorüberzeugung, die zu einem Problem führt: „…in actually deciding what Christian love means, and thereby what is the correct standard of ethical action, we admittedly use ordinary ways of weighing evidence, and we depend upon our intuitive moral convictions.“[964] In welchem Sinne also unterscheidet sich diese Art der Ethik von einer intersubjektiven Ethik oder transzendiert diese sogar? Hierauf findet Ramsey für Rawls keine hinreichende Antwort. Ein Zweites kritisiert Rawls an Ramseys Werk: Wenn dieser betont, das Grundprinzip der christlichen Ethik sei, seinem Nächsten im Geist Christi zu begegnen, so ist doch kaum ausgesagt, wie ich handeln soll, wenn es widerstreitende Interessen mehrerer Personen gibt, die ich als meine Nächsten betrachte. Wie teile ich meine begrenzten Fähigkeiten und Hilfsmöglichkeiten ein und welche Kriterien helfen mir dabei? Bei dieser Frage sind wir nach Rawls wiederum nur auf uns selbst und unsere abwägende Vernunft verwiesen. In den weiteren Ausführungen nimmt er auch eine wesentliche Fragestellung vorweg, die sich später noch in seinem Vorlesungsskript wiederfinden sollte. Konkret kann hier auf die Fragestellung hingewiesen werden, bei der Rawls über die oben angeführte Umsetzung der Bergpredigt spricht und hier ein utilitaristisches Denken wiederfindet, in dem lediglich das „Ich“ ausgeklammert ist. Im Kontext der Rezension lautet die Frage:

> „What does Christian love tell us that these [natural law, philosophical ethics, common sense etc., Anm.d.A.] cannot tell us; or, to be more specific, in what ways does Christian love direct us to act in a manner different from the way in which, say, the principle of utilitarianism […] would direct us to act.“[965]

---

[962] Ebd.
[963] Ebd.
[964] Ebd.
[965] Ebd.

Die Frage nach dem christlichen Proprium der Ethik – mit Ausnahme vielleicht der inneren Motivation – beantwortet Ramsey daher für Rawls nur sehr unbefriedigend und vage. Dies, so betont Rawls am Ende seiner Rezension, soll allerdings nicht implizieren, dass die hier vorgebrachte Kritik zugleich für die christliche Ethik als solche gilt: „It is only to say that I do not see how Mr. Ramsey does so."[966] Rawls zeigt mit seiner Rezension, dass er sich tatsächlich auch nach dem Krieg intensiv mit den Fragen der christlichen Ethik auseinandergesetzt hat. Man kann so nicht nur eine Verbindung zu der einige Jahre später gehaltenen Vorlesung zur christlichen Ethik ziehen, sondern auch noch einen weiteren zeitlichen Schritt nach hinten unternehmen. Mit Eric Gregory, der die Rezension Rawls' in seinem bahnbrechenden Aufsatz „Before the Original Position" kurz erwähnt, können wir festhalten: „In effect, Rawls claims Ramsey lacks a decision procedure for right action – the theme of Rawls's early work."[967] Im Zusammenhang der Rezension kann so auf die Dissertation von Rawls aus dem Jahr 1950 hingewiesen werden[968], aber auch auf den Artikel „Outline of a Decision Procedure for Ethics"[969], der eben jene Fragestellung in säkularer Weise versucht, zu beantworten und der so ein Begründungsinstrument für Handlungen vorgibt, das sich auf die individuelle und sich verständigende Vernunft des Menschen beruft. Die Überzeugung, dass jene Modelle einer christlichen Ethik, die bestimmte Prämissen wie den Gottesgedanken erfordert, überlegen seien, macht Rawls auch in der Ramsey-Rezension deutlich, wenn er betont: „Thus the principles of Christian ethics stand above that authority which it seems to me is our best authority on matters of right and wrong in daily affairs: namely, the free and uncoerced agreement of competent persons whenever it exists."[970] Letztlich ist hier genau der Schnittpunkt zwischen der religiösen und säkularen Ethik aus der Sicht Rawls' in diesem Stadium seines Denkens fokussiert: Er ist auf der Suche nach einer Begründung, die fernab aller Glaubenssysteme auf Evidenz verweisen kann. Dennoch ist der religiöse Hintergrund von Rawls Denken noch deutlich wahrzunehmen. Gerade jedoch vor diesem Hintergrund, den er ja versucht hinter sich zu lassen, zeichnet sich für ihn die Notwendigkeit ab, eine unabhängige und voraussetzungsfreie Ethik zu entwickeln.

Schließlich zeigt sich diese Beobachtung auch anhand einer überaus erstaunlichen Notiz, die sich auf einer Rückseite[971] von Rawls' maschinengeschriebenem Beitrag „Remarks on Ethics"[972] aus dem Jahr 1946 findet. Dort

---

[966] Ebd.

[967] GREGORY, Eric: Before the Original Position, FN 32.

[968] RAWLS, John: A Study in the Grounds of Ethical Knowledge. Considered with Reference to Judgments on the Moral Worth of Character, Ph.D Dissertation, Princeton University 1950; Dissertation Abstracts 15, 1955, 608-609.

[969] RAWLS, John: Outline; vgl. dazu Kap. 2.2.1. dieser Arbeit.

[970] RAWLS, John: Ramsey's "Basic Christian Ethics".

[971] RAWLS, John: Remarks on Ethics, in: Papers of John Rawls, Box 9, Folder 15, Abschnitt [Sec.] 6: "The Good and the Right", 20.

[972] RAWLS, John: Remarks on Ethics.

zitiert er Meister Eckhart aus einer Predigt, in der es heißt: „The just man is so in earnest for his justice that, if God himself were not just, he would not care in the least for God." [Sermon 18, Justice is Even, Blakney, 179][973] Die Zitation „Sermon 18" erscheint unklar und ist wohl fehlerhaft. Die Stelle auf die sich Rawls bezieht, findet sich tatsächlich in Predigt 6 „Iusti vivent in aeternum": „Den gerechten Menschen ist es so ernst mit der Gerechtigkeit, dass, wenn Gott nicht gerecht wäre, sie nicht die Bohne auf Gott achten würden…"[974] Der Zusammenhang, in dem Rawls diesen Satz gemeinsam mit einem ähnlichen Zitat John Stuart Mills[975] erwähnt, ist die Suche nach der Begründung von Rechten. Im Abschnitt 6, der mit „The Good and the Right" überschrieben ist, entwickelt Rawls grundsätzliche Überzeugungen zu Bedürfnissen (*needs*) des Einzelnen, seiner Rechte und der Rechte und Pflichten des Staates. Die grundlegendste Form des Daseins, so Rawls in dieser 1946 verfassten Arbeit, ist das Personsein: „Being a person is the basic excellency of a man, and on the grounds of this excellency a man has numerous rights."[976] Zugleich betont Rawls, dass niemand allein zur Person wird, sondern vielmehr dafür zunächst die Gemeinschaft benötigt: „He needs the benefits of certain things which only a well-ordered society can give him before he can become a person."[977] Rechte gründen nicht nur auf Bedürfnissen, sondern auch in bestimmten Fähigkeiten, die in verschiedenen Rollen, als Freund, Ehemann, Politiker oder Heiliger, oder in der Ausübung außergewöhnlicher Aufgaben, also beispielsweise durch Wissenschaftler und Künstler besetzt werden, deren Arbeitsergebnisse relevant für die Gemeinschaft sind.[978] Wesentliches Merkmal der Person und damit auch ihr Alleinstellungsmerkmal ist ihre Vernunftbegabung, die zu konsistenten Entscheidungen führt:

> „The excellency of the person enables a man to live by principles – to decide what to do by the rules of reason and by the principles of right; he can affix these rules before his mind and persevere, amidst the confusion of the present, in

---

[973] Rawls bezieht sich damit auf BLAKNEY, Raymond Bernard: Meister Eckhart. A Modern Translation, New York 1941; vgl. auch FLASCH, Kurt: Wenn Gott nicht gerecht wäre. Philosoph des Christentums: Meister Eckharts Werke und Predigten, Rezension, in: FAZ, Nr. 122, 29.05.1999,V: „Meister Eckhart hat gepredigt, dem gerechten Menschen sei es so ernst mit der Gerechtigkeit, daß er, wäre Gott nicht gerecht, sich nicht die Bohne um ihn kümmern würde. Weder die Qualen der Hölle noch die Freuden des Himmels könnten ihn bewegen. Dies ergab einen neuen Begriff von Christentum. Egon Friedell fand, neben Eckharts Reform des Christentums nehme sich die sogenannte Reformation als kleinliches Mönchsgezänk aus. So weit möchte ich nicht gehen, aber eine weltgeschichtlich signifikante Figur war Eckhart zweifelsohne."

[974] MEISTER ECKHART: Predigt 6 „Iusti vivent in aeternum", DW I, 453; zum Gerechtigkeitsbegriff bei Meister Eckhart vgl. FRÖHLING, Edward: Der Gerechte werden. Meister Eckhart im Spiegel der Neuen Politischen Theologie, Ostfildern 2010, hier besonders 296ff. u. 362ff.

[975] Vgl. RAWLS, John: "Remarks on Ethics", in: Papers of John Rawls: "cf. also, J.S. Mills remark that he would rather go to hell than to bow in prayer to being not truly good. […]"

[976] Ebd., 19.

[977] Ebd.

[978] Vgl. ebd.

> bringing about the reasonable and the right. When the person so perseveres he serves the right."[979]

Im Dienst, der den richtigen Prinzipien folgt, findet die Person ihre Erfüllung. Der christlichen Ethik aber verdankt Rawls die Idee, dass man in jenem Dienst die höchste Erfüllung finden kann[980]. In der Folge macht er darauf aufmerksam, dass die Gutheit einer Handlung von den richtigen Prinzipien abhängt. Diese sind allen anderen Entscheidungsgrößen vorgeordnet. Theologisch gesprochen: Selbst der Wille Gottes wäre nicht bindend, wenn er nicht der Gerechtigkeit und dem Guten entspräche. Rawls interpretiert und faltet diesen Gedanken, der dem Euthyphron-Dilemma entspricht, selbst im theologischen Kontext aus: „To some theologians this has seemed an impious belief, but I think it is not. […] It is not by definition that St Francis could do no wrong; but because he was the kind of person he was."[981] Hier schließt sich der Gedanke an, den Rawls durch Meister Eckhart ausgedrückt sieht: Selbst Gottes Wille wäre nicht bindend, würde er gegen die Gerechtigkeit und das Gute gerichtet sein: „No power, however great or holy, can command our allegiance unless it is a power standing firm in the right."[982] Im Umkehrschluss heißt dies: Das Gute und die Gerechtigkeit sind allem anderen vorgeordnet und sind auch dann bindend, wenn es Gott nicht will oder es ihn womöglich gar nicht gibt. Das Ziel, richtige Handlungen zu begründen, ist daher auch im Werk John Rawls' nach dem Krieg unabhängig vom Gottesgedanken und entspricht damit dem grotianischen Diktum: *etiamsi daremus non esse Deum.*

3.4.3 John Rawls' Liberalismus: „politisch, nicht metaphysisch"

Die Auseinandersetzung mit den Schriften des jungen John Rawls wird gerade vor dem Hintergrund seines Spätwerkes fruchtbar. Besonders die von ihm veränderte Perspektive auf seine Gerechtigkeitstheorie, die ihn zur Konzeption des politischen Liberalismus führt, lässt den Eindruck entstehen, dass wiederum die Einbettung religiöser Überzeugungen in den Verfassungsstaat westlicher Prägung wesentliche Triebfeder seines Denkens ist. Nur im Kontext der Beschäftigung mit Rawls' Spätwerk kann deutlich werden, inwiefern er die Übersetzungsleistung seines frühen, christlich motivierten Denkens weitergeführt hat. Dies soll an dieser Stelle versucht werden.

John Rawls stellt als allgemeine Deutungsgrundlage seines politischen Liberalismus wiederum die menschliche Vernunft in den Fokus. Die Frage nach Gott ist für ihn demnach auf der politischen Ebene irrelevant, wodurch er sei-

[979] Ebd., 20.
[980] Vgl. ebd.
[981] Ebd., 21.
[982] Ebd.

nem Ansatz seit den fünfziger Jahren treu bleibt. Daher ist die Frage nach Gerechtigkeit, wie Rawls einen grundlegenden Aufsatz im Rahmen der Debatte über seine Gerechtigkeitstheorie überschreibt, politisch und nicht metaphysisch zu verstehen, weswegen es ihm darum geht, „daß in einem demokratischen Verfassungsstaat das öffentliche Verständnis von Gerechtigkeit so weit wie möglich von kontroversen philosophischen und religiösen Lehren unabhängig“[983] ist. Den Grund für die Notwendigkeit möglichst allgemein zu akzeptierender Annahmen über Fragen der Gerechtigkeit findet Rawls im Rekurs auf die Religionskriege und das durch sie deutlich werdende Auseinanderbrechen einer einheitlichen Konzeption des Guten.[984]

Rawls verortet gerade im Faktum der entstandenen Pluralität des postreformatorischen Zeitalters die Notwendigkeit, sich von religiös motivierten Wahrheitsfragen abzuwenden und sich stattdessen einer praktisch-politischen Gerechtigkeitsfindung zuzuwenden, die sich dem Prinzip der religiösen Toleranz und einer Gerechtigkeit verpflichtet, die verschiedene weltanschaulich motivierte Konzepte des Guten konsensual einbettet. Es ist durch diesen geschichtlichen Umbruch notwendig geworden, vormals unwidersprochene moralische Überzeugungen neu und universal zu begründen. Diese vorliegende Arbeit hat daher exemplarisch bei Hugo Grotius und seinem Projekt ihren Ausgang genommen. Grotius steht in seinem Bemühen für die Notwendigkeit seiner Zeit, den Gottesgedanken aus dem politischen Denken zu entfernen und Grundsätze zu finden, die auch dann wahr seien, oder besser: für wahr gehalten werden, wenn es Gott nicht gäbe. Grotius kann so als methodologischer Agnostiker bezeichnet werden. Seine eigentliche Glaubensüberzeugung ist dabei für den politischen Rechtsdiskurs zweitrangig, wie sie auch für die gesamte Gesellschaft zweitrangig wird, um nicht auseinanderzubrechen. Auch Rawls wagt aus dem persönlichen Verlust der Glaubensüberzeugung heraus diesen Übersetzungsversuch – zunächst, wie gezeigt wurde, in „Eine Theorie der Gerechtigkeit“ – auf der Suche nach einer allgemein akzeptierbaren Geltung seiner „comprehensive doctrine“ und findet sie in seiner Theorie des politischen Liberalismus.[985] Dieser ist darauf ausgerichtet, politische Übereinstimmungen auch zwischen unterschiedlichen, aber vernünftigen umfassenden

---

[983] RAWLS, John: Gerechtigkeit als Fairneß: politisch und nicht metaphysisch, in: DERS.: Die Idee des politischen Liberalismus, 255-292, hier 255.

[984] Vgl. ebd.: „Die gesellschaftlichen und historischen Bedingungen dieser Staaten haben ihren Ursprung in den auf die Reformation folgenden Religionskriegen und der anschließenden Entwicklung des Toleranzprinzips sowie in der Entstehung verfassungsmäßiger Regierungen und großer, industriell geprägten Marktwirtschaften. Diese Bedingungen berühren tiefgreifend die Anforderungen an eine praktikable Konzeption politischer Gerechtigkeit. Sie muß der Verschiedenheit der Weltanschauungen und der Vielfalt miteinander konkurrierender und inkommensurabler Konzeptionen des Guten gerecht werden, wie sie von den Mitgliedern bestehender demokratischer Gesellschaften vertreten werden.“

[985] Jörg Schaub bezeichnet daher gerade den Politischen Liberalismus von Rawls treffend als Projekt der Versöhnung, vgl. SCHAUB, Jörg: Gerechtigkeit als Versöhnung. John Rawls’ politischer Liberalismus, Frankfurt am Main 2009.

Lehren zu finden und zu einer „kohärenten Auffassung zu formen“.[986] Dies geschieht damit zugleich in einem Umfeld, in dem Vertreter unterschiedlichster Weltanschauungen argumentieren müssen. Gerade die amerikanische Gesellschaft hat Rawls dabei vor Augen, die sich als überaus religiös definiert und in der unterschiedliche Weltanschauungen nach Geltung streben.[987] Dies heißt für die Argumentationsweise, „daß gemäß dieser Auffassung eine Rechtfertigung nicht einfach als ein gültiges Argument aus einer Reihe von Prämissen angesehen werden darf, selbst dann nicht, wenn diese Prämissen wahr sind.“[988] Anders gewendet und mit Blick auf die Moraltheologie der Gegenwart: Auch wenn es Gott wirklich gibt, wäre er als nicht vermittelbare Prämisse kaum für die Rechtfertigung auf der Geltungsebene anzuführen. Gott als nicht-konsensfähige Größe – ungeachtet seiner Existenz – gehört für Rawls eben nicht zum Bestand der geforderten „Voraussetzungen, die wir und andere öffentlich als wahr anerkennen…“[989]

Die Ebene des Diskurses ist daher nicht metaphysisch, sondern praktisch-politisch, wie Rawls in diesem Kontext betont. Gerade religiöse Fragen werden daher dezidiert ausgeklammert: „Wir tun das nicht, weil diese [religiösen Fragen, Anm.d.A.] unwichtig wären […], sondern weil wir sie für zu wichtig halten und erkennen, daß sie unmöglich politisch gelöst werden können.“[990] Dies ist Rawls’ Antwort auf die Frage nach dem Umgang mit der Vielzahl weltanschaulicher Orientierungen und „Vorstellungen über das Gute zumindest seit der Reformation“[991]. Rawls stellt sich daher die Frage, wie gläubige Menschen, Anhänger einer Religion, innerhalb des demokratischen Verfassungsstaates als aktive und unterstützende Mitbürger leben können.[992] Dabei stellt er als entscheidend heraus, dass es sich dabei nicht um einen einfachen *modus vivendi* handeln sollte[993]. Vielmehr setzt Rawls auf einen *overlapping consens*.[994] In Rawls’ Vorstellung seines vernünftigen Pluralismus unterscheidet sich dieser übergreifende Konsens von einer bloß äußeren Akzeptanz einer neutralen staatlichen Ordnung. Die in der Gesellschaft vorhandenen weltanschaulichen Gruppierungen bejahen jene konsensuale Gesellschaftsstruktur

---

986 RAWLS, John: Gerechtigkeit als Fairneß, 263.

987 Rawls macht diese Einschätzung im Interview mit der liberalen katholischen Zeitschrift *Commonweal* im Januar 1998 deutlich, vgl. RAWLS, John: Collected Papers, 616: “I live in a country where 95 or 90 percent of the people profess to be religious, and maybe they are religious, though my experience of religion suggests that very few people are actually religious in more than a conventional sense. Still, religious faith is an important aspect of American culture and a fact of American political life.”

988 RAWLS, John: Gerechtigkeit als Fairneß, 263.

989 Ebd.

990 Ebd., 264.

991 Ebd.

992 Warum man als Christ einer solchen liberalen Konzeption folgen sollte, beschreibt WHEITMAN, Paul: Education for Political Autonomy, in: MOSER, Paul K./ MCFALL, Michael T. (Hrsg.): The Wisdom of the Christian Faith, New York 2012, 218-243.

993 Vgl. RAWLS, John: Politischer Liberalismus, 234f.

994 Vgl. ebd., 219ff.

aus sich heraus. Der *modus vivendi* hingegen zeichnet sich für Rawls gerade dadurch aus, dass Toleranz nur als temporär gelebt wird in der Hoffnung, die Herrschaftsverhältnisse zugunsten der eigenen Partei zu verändern.[995] Der *overlapping consens* ist gerade durch seine Stabilität charakterisiert, die es unabhängig von gerade vorherrschenden Mehrheitsverhältnissen erlaubt, an ihm festzuhalten: „Jede der Auffassungen unterstützt die politische Konzeption aufgrund ihrer eigenen Vorzüge um ihrer selbst willen."[996]

3.4.4 Öffentliche Vernunft aus religiöser Perspektive

John Rawls vertritt in diesem Zusammenhang eine Idee der öffentlichen Vernunft, die die „grundlegenden moralischen und politischen Werte, welche die Beziehung einer konstitutionellen demokratischen Regierung zu ihren Bürgern und deren Beziehungen untereinander bestimmen"[997] soll. Jene Idee der öffentlichen Vernunft trennt dabei klar zwischen einer Hintergrundkultur und dem öffentlichen politischen Forum.[998] Das bedeutet, dass Rawls durchaus anerkennt, dass Bildungseinrichtungen wie Universitäten, zivilgesellschaftliche Vereinigungen und eben auch die Kirche sowie überhaupt religiöse Gemeinschaften ihren genuinen Platz innerhalb seines vernünftigen Liberalismus haben, sofern sie eben vernünftig, das heißt diskursfähig sind. In der Hintergrundkultur spiegelt sich somit die gesamte Bandbreite vernünftiger gesellschaftlicher Überzeugungen. In ihr haben unterschiedlichste weltanschauliche Gruppen ihren (Frei-)Raum. Innerhalb dieses Raumes befindet man sich jedoch nicht in der Sphäre der öffentlichen Geltung. Die Hintergrundkultur, zu der auch die Kirche gehört, ist aber ein wesentlicher Ort der jeweiligen Genese von persönlichen Zielen und Idealen, die in der Gesellschaft geltend gemacht werden wollen. Dieser Punkt soll uns im Weiteren vor allem beschäftigen.

---

[995] Als augenfälliges Beispiel dient ihm die Auseinandersetzung zwischen Protestanten und Katholiken im Europa des 16. Jahrhunderts und damit wiederum das konfessionelle Zeitalter, vgl. RAWLS, John: Politischer Liberalismus, 237: „Damals gab es keinen übergreifenden Konsens über den Grundsatz der Toleranz. Beide Glaubensrichtungen vertraten die Auffassung, es sei die Pflicht der Herrscher, die wahre Religion aufrechzuerhalten und die Verbreitung von Häresien und Irrlehren zu unterdrücken. In einem solchen Fall ist die Anerkennung eines Grundsatzes der Toleranz tatsächlich ein bloßer *modus vivendi,* denn wenn eine der beiden Glaubensrichtungen zur Vorherrschaft käme, würde der Grundsatz der Toleranz nicht länger befolgt. Es fehlt die Stabilität gegenüber Machverteilungen. Solange Auffassungen wie die der Katholiken und Protestanten des 16. Jahrhunderts weitgehend in der Minderheit sind und es auch bleiben, haben sie keinen bedeutenden Einfluß auf die moralische Qualität des öffentlichen Lebens und die Grundlagen der sozialen Eintracht."

[996] Ebd., 236.

[997] RAWLS, John: Nochmals die Idee der öffentlichen Vernunft, in: DERS.: Das Recht der Völker, Berlin u.a. 2002, 165-218, hier 167; die Idee des öffentlichen Vernunftgebrauchs wird ausführlich beschrieben in: ebd., 312ff.

[998] Vgl. ebd., 168.

Zuvor soll aber ein anderer Aspekt von Rawls' Ideal der öffentlichen Vernunft angesprochen werden: Wo genau hat die öffentliche Vernunft ihre Verortung? Der Fokus des öffentlichen politischen Forums ist stark auf politische Grundfragen beschränkt und Rawls hat dabei ganz konkrete Vorstellungen, wer diesen Diskurs führt: „der Diskurs von Richtern in ihren Urteilen und insbesondere von Verfassungsrichtern, der Diskurs der Regierungsbeamten [...] und Gesetzgeber und schließlich der Diskurs der Kandidaten für öffentliche Ämter...."[999] Lässt diese primäre Zuschreibung der Zugehörigkeit zum öffentlichen politischen Forum nicht aber den Bürger als freies Diskurssubjekt außen vor? Rawls entgegnet diesem Argument auf idealisierende Weise mit dem Hinweis, dass jeder vernünftige Bürger sich selbst als Gesetzgeber betrachten soll, der der öffentlichen Vernunft verpflichtet ist. Diese wiederum sei idealerweise Ausdruck der Reziprozität[1000], womit er das „Wesen der politischen Beziehungen in einer konstitutionellen demokratischen Ordnung als eines der bürgerlichen Freundschaft"[1001] kennzeichnet. Entscheidungen, auch die Beschneidung von Grundrechten, müssen daher so begründet werden, dass der Andere diese nicht nur nachvollziehen könne, sondern als vernünftiger Bürger in prinzipieller Weise ebenso entscheiden würde. Die öffentliche Vernunft „charakterisiert die von Bürgern mit Blick auf wesentliche Verfassungsinhalte und in Angelegenheiten grundlegender Gerechtigkeit gegebenen Begründungen."[1002] Jene Sicht auf den Bürger erscheint einerseits als moralische Überforderung, andererseits aber als unzulässige und kaum durchzuhaltende Einschränkung normativer „Hintergrundkulturen", von denen sich kein Mensch absolut frei machen kann und mitunter auch will.[1003]

Inhaltlich werden für Rawls zulässige Gerechtigkeitstheorien, von denen es durchaus mehrere gibt, durch drei Punkte gekennzeichnet: Zunächst ihr Bezug auf Institutionen, ihre Unabhängigkeit von umfassenden Lehren sowie ihre Entwickelbarkeit aus der „öffentlichen politischen Kultur einer konstitutionellen Ordnung."[1004] Erfüllen argumentative Ansätze diese Voraussetzungen, sind sie fähig, den politischen Diskurs auf der Ebene der öffentlichen Vernunft zu führen und mitzugestalten. Dabei bezieht Rawls explizit katholische Lehren und die Soziallehre der Kirche ein, wenn er unterstreicht: „Zum Beispiel lässt

---

[999] Ebd.

[1000] Martin Rhonheimer weist allerdings auf einen wesentlichen Fehler in Rawls' Reziprozitätsdenken hin, vgl. RHONHEIMER, Martin: The Political Ethos of Constitutional Democracy and the Place of Natural Law in Public Reason: Rawls's 'Political Liberalism' Revisited, in: The American Journal of Jurisprudence 50 (2005), 1-70; vgl. zur Rolle der Reziprozität auch RHONHEIMER, Martin: Christentum und säkularer Staat. Geschichte, Gegenwart, Zukunft. Mit einem Vorwort von Ernst-Wolfgang Böckenförde, Freiburg im Breisgau 2012, 154f.

[1001] RAWLS, John: Nochmals die Idee der öffentlichen Vernunft., 172.

[1002] Ebd., 174.

[1003] Zur herausfordernden Rolle des Bürgers in Rawls' Liberalismuskonzeption vgl. KERSTING, Wolfgang: Gerechtigkeit und öffentliche Vernunft. Über John Rawls' politischen Liberalismus, Paderborn 2006, 138f.

[1004] RHONHEIMER, Martin: Christentum und säkularer Staat, 179.

der politische Liberalismus […] katholische Auffassungen über das Gemeinwohl und die Solidarität, sofern sie in Begriffen politischer Werte formuliert sind, [zu]."[1005] Entscheidend ist in diesem Kontext der Zusatz, dass die Form der Argumentation ausschlaggebend für die Anerkennung im politisch öffentlichen Forum ist. Zwar ringt Rawls damit den religiösen Teilnehmern des Diskurses ab, sich streng innerhalb des diskursiven Gerechtigkeitsrahmens zu bewegen; Gleiches gilt aber auch für säkulare Vertreter von Philosophien. Der Rawls'sche Liberalismus hat daher keineswegs eine antireligiöse Ausrichtung. Die Ebene der öffentlichen Vernunft kennzeichnet damit einen gemeinsamen Verstehens- und Verständigungshorizont, den alle Diskursteilnehmer anerkennen müssen und um des Inhaltes willen auch einhalten wollen:

> „Diese Forderung erlaubt uns nach wie vor, unsere umfassende Lehre, sei sie nun religiös oder nicht, in die politische Diskussion einzubringen, vorausgesetzt, dass wir in gebührender Zeit angemessene öffentliche Gründe vorbringen, um die Grundsätze und politischen Programme zu unterstützen, von denen man sagt, dass sie durch unsere umfassende Lehre gestützt werden."[1006]

Entscheidend ist also die Übersetzungsfähigkeit religiöser Überzeugungen, ausgehend von ihrer theologischen Genese hin zu einer politischen Geltung. Dieser Vorbehalt[1007], wie Rawls sagt, dient zur Verdeutlichung und möglichen Akzeptanz von religiös motivierten Überzeugungen im Bereich des politischen öffentlichen Forums, das durch diese Übersetzungsleistung zudem noch indirekt durch die verschiedenen umfassenden Lehren durch das Prinzip der praktischen Anerkennung gestärkt wird.[1008] Rawls' Entwurf folgt daher nicht einer unterkomplexen Ablehnung von Religion in der Öffentlichkeit. Vielmehr ist er geprägt von einem tiefen Verständnis der positiven Partizipationsmöglichkeit von religiösen Überzeugungen, was durchaus auf sein frühes Denken hinweist. Rawls' Stellung zur Religion war zuweilen kritisch, jedoch nie von einer falsch verstandenen, exklusiven Säkularität geprägt.

Für Martin Rhonheimer, der sich dem Verhältnis von Religion und Staat intensiv gewidmet hat, verkörpert Rawls' Liberalismus gerade auch vor dem

---

[1005] RAWLS, John: Nochmals die Idee der öffentlichen Vernunft, 177.

[1006] Ebd., 179.

[1007] Zur genaueren Definition dessen, was Rawls als „Vorbehalt" bezeichnet vgl. ebd., 189: „Die Einzelheiten darüber, wie dieser Vorbehalt zu erfüllen sei, müssen jedoch in der Praxis ausgearbeitet werden und können unmöglich durch eine im Voraus gegebene Familie klarer Regeln bestimmt werden. Ihre Ausarbeitung ist durch die Natur der öffentlichen politischen Kultur bestimmt und verlangt Urteilsfähigkeit und Verständnis. […] Es gibt jedoch keine Beschränkungen oder Anforderungen, wie religiöse oder säkulare Lehren selbst zum Ausdruck gebracht werden; diese Lehren müssen zum Beispiel nicht in Übereinstimmung mit irgendeinem Standard logisch korrekt oder für rationale Einschätzungen offen sein oder durch Evidenzen gestützt werden. Ob sie es sind oder nicht, müssen diejenigen entscheiden, die sie vorstellen, und es hängt davon ab, wie diese sie verstanden wissen wollen. Normalerweise haben sie praktische Gründe dafür, ihre Auffassungen einem breiteren Publikum akzeptabel zu machen."

[1008] Vgl. ebd., 191.

Hintergrund seiner positiven Stellung zur Religion einen „politischen Begriff von Laizität“[1009]: Diese „positive Laizität“ anerkennt die religiöse Dimension des Menschlichen und kann gleichzeitig Kriterien bestimmen, die verhindern, dass religiöse Wahrheitsansprüche auf der politischen Ebene absolut umgesetzt werden. Im Gegensatz zur „integralen Laizität“, die den öffentlichen Raum von jedweder religiösen Bezugnahme freihalten will, ja sich selbst zur eigentlichen „Ersatzreligion“ aufschwingt, schreibt sie der Religion einen positiven Wert zu, der nicht zuletzt einen Urgrund innerer staatsbürgerlicher Motivation darstellt. Die von Rhonheimer beschriebene politische Konzeption von Laizität ist gerade auch offen für religiöse Überzeugungen, wenn diese in geeigneter Form vorgetragen werden. Diese Einschätzung deckt sich mit dem Vorbehalt in Rawls' Konzeption, wenn Rhonheimer schreibt:

> „Eine politische Konzeption der Laizität [...] ist offen für eine öffentliche Kultur von Werten, die sich nicht spezifisch auf die eigentlich politischen Institutionen beziehen bzw. von ihnen generiert werden, und lässt in ihrem Bereich auch Instanzen zu, die sich ihr gegenüber kritisch verhalten. Sie lässt auch zu, dass in den öffentlichen Diskurs Werte eingebracht werden, die in religiöser Überzeugung wurzeln, sofern sie in einer Weise vorgetragen werden, die öffentlichdiskursfähig ist, das heißt prinzipiell von allen Bürgern verstanden und als politisches Argument akzeptiert werden kann...“[1010]

Religiöse Überzeugungen haben also durchaus eine Chance, als politisches Argument wahr- und ernstgenommen zu werden. Übersetzung ist notwendig, will der Christ das aus seinem persönlichen Glauben heraus Geglaubte im öffentlichen politischen Forum verständlich und erfolgversprechend einbringen. Gerade im Kontext einer katholischen Perspektive auf den Terminus der Übersetzung muss aber gefragt werden: Was ist dies anderes als die Suche nach naturrechtlichen Grundlagen der Offenbarung, die alle vernünftigen Menschen teilen können? Tatsächlich wurde dieser Aspekt auch hinsichtlich der Debatte um den Rawls'schen Liberalismus bereits aufgegriffen und auch Rhonheimer formuliert an anderer Stelle klar:

> „In dem Maße, in dem auch das Naturrecht ‚öffentliche Vernunft‘ ist – das heißt: insofern naturrechtliche Argumente im Forum des öffentlichen Diskurses allgemein verständliche *politische* Argumente sind und deshalb auch genau jenem Typus von Argumenten und Gründen entsprechen [...], ist es sicherlich auch die Aufgabe der Kirche immer wieder von neuem solche naturrechtlich begründeten und politisch relevanten ethischen Imperative in Erinnerung zu rufen.“[1011]

[1009] Vgl. zur Erläuterung der beiden Formen der Laizität RHONHEIMER, Martin: Christentum und säkularer Staat, 195-229.

[1010] Ebd., 215.

[1011] Ebd., 310; vgl. in diesem Zusammenhang auch HILLGRUBER, Christian: Kommentar, in: DREIER, Horst (Hrsg.): Säkularisierung und Sakralität. Zum Selbstverständnis des modernen Verfassungsstaates, Tübingen 2013, 119-133, hier 125: „Im demokratischen politischen Meinungs- und Willensbildungsprozess können sich die (verschiedenen) religiösen Überzeugungen der Bürger artikulieren und in Mehrheitsentscheidungen sogar zur Rechtsgeltung

Die Kontroverse um die öffentliche Vernunft wird hinsichtlich ihrer Nähe zum Naturrechtsdenken auch von Franz-Josef Bormann thematisiert. Dabei betont Bormann die Wichtigkeit, die dem Thema im Denken Rawls' zukommt, indem er auf die unterschiedliche Interpretation des öffentlichen Vernunftgebrauchs im Vergleich von „Eine Theorie der Gerechtigkeit" bis hin zum „Politischen Liberalismus" hinweist. Die Modifikation, die Rawls durch den Politischen Liberalismus vornahm, lag vor allem in der Erkenntnis, dass die Gerechtigkeitstheorie dem Stabilitätsproblem nicht genug Rechnung getragen hatte, und das Faktum des Pluralismus, das keineswegs als „Scheinproblem" angesehen werden kann[1012], demnach nun der neue Ausgangspunkt der Überlegungen Rawls' war.[1013] Durch diese Wendung entsteht allerdings ein neues Problem, auf das Bormann pointiert hinweist: Rawls öffnet seine spätere Theorie für verschiedenste umfassende Lehren, sodass eine praktische Übereinkunft vor allem auch hinsichtlich seines Konzepts der Gerechtigkeit als Fairness immer unwahrscheinlicher wird. Es konnte in dieser Arbeit bereits auf wesentliche begründungstheoretische Schwächen in Rawls' Gerechtigkeitstheorie von 1971 hingewiesen werden, die nicht zuletzt ein Stabilitätsproblem darstellten. Nun hat sich das Problem verlagert:

> „Lag die Schwierigkeit zuvor – vereinfacht gesagt – darin, dass der gleichermaßen inhaltlich wie epistemologisch anspruchsvolle Begründungsansatz die politische Stabilität des Entwurfs nicht verbürgen konnte, so entstand jetzt das genau umgekehrte Problem, dass die im Zuge der Politisierung durch Vermeidungs- und Einklammerungsstrategien abgeschliffene Konstruktion einer betont ‚weiten Sicht öffentlicher Vernunft' nicht mehr dazu ausreichte, den ambitionierten Inhalt der vertretenen Gerechtigkeitskonzeption zu garantieren."[1014]

Noch deutlicher wird in seiner Bewertung von Rawls' Konzept der öffentlichen Vernunft Wolfgang Kersting, der in ihr lediglich eine „Interpretin des Rawlsschen politischen Liberalismus"[1015] und thematische Agenda-Setterin erkennt:

> „Rawls […] bindet den öffentlichen Vernunftgebrauch so eng an das Stabilisierungsunternehmen des politischen Liberalismus, daß die politischen Gerechtig-

bringen. Rechtsnormen können von ihren Initiatoren auch religiös begründet werden. Um unanfechtbare Geltung als staatliches Recht zu erlangen, muss eine aufgestellte Rechtsregel allerdings auch anders als religiös begründbar sein; ansonsten würde sie die Religionsfreiheit der Normadressaten verletzen."

[1012] Vgl. zum mehrdeutigen Pluralismusbegriff und der Grenzverwischung zwischen internem und externem Pluralismus BORMANN, Franz-Josef: ‚Public reason' bei John Rawls, in: DERS./ IRLENBORN, Bernd (Hrsg.): Religiöse Überzeugungen und öffentliche Vernunft. Zur Rolle des Christentums in der pluralistischen Gesellschaft (QD Bd. 228), Freiburg im Breisgau 2008, 237-266, hier 250f.

[1013] Vgl. BORMANN, Franz-Josef: Naturrecht in neuem Gewand?, in: SCHUSTER, Josef (Hrsg.): Zur Bedeutung der Philosophie für die Theologische Ethik, Freiburg/Schweiz u.a. 2010, 81-104, hier 84f.

[1014] Ebd., 87.

[1015] KERSTING, Wolfgang: Gerechtigkeit und öffentliche Vernunft, 137.

keitsregeln in den Rang einer normativen Grammatik des öffentlichen Vernunftgebrauchs erhoben werden, folglich in diesem Sinn nur das als vernünftig gelten kann, was sich in Übereinstimmung mit diesen Gerechtigkeitsregeln befindet."[1016]

So stoßen wir im politischen Liberalismus tatsächlich auf dieselbe Problematik, die schon Rawls' Gerechtigkeitstheorie von 1971 nur in umgekehrter Weise prägen sollte. War dort die Gerechtigkeitsvorstellung durch das Setting des Urzustandes vorherbestimmt, ist es nun der öffentliche Vernunftgebrauch, der durch eine Vorentscheidung über seinen legitimen Inhalt eingeschränkt wird. Vereinfacht kann man zusammenfassen: Rawls opfert durch dieses Konzept die Freiheit der Stabilität. Rawls' Ansatz muss sich die Kritik gefallen lassen, dass sie in Wahrheit keinen wirklich offenen Diskurs zulässt. Vielmehr verlangt Rawls von allen Parteien im Rahmen der öffentlichen Vernunft, so zu agieren und agieren zu wollen, wie es das System vorgibt. Die öffentliche Vernunft in Rawls' Verständnis ist daher nicht nur eine formale Struktur, sondern ist material bereits gefüllt. Ein komplexes Urteil verlangt daher auch die Frage nach der Rolle der Religion innerhalb von Rawls' politischem Liberalismus. Diese ist bei Rawls nur als vermittelte, übersetzte Größe im Bereich der eingeschränkten öffentlichen Vernunftebene gedacht. Zwar kann man mit Rhonheimer, wie gezeigt wurde, von einer positiven Laizität sprechen. Die vorgebrachte Kritik an den innersystemischen Vorgaben, die Rawls weithin unbegründet lässt, lassen aber danach fragen, ob Religion sich überhaupt der Bürde der Übersetzung unterwerfen sollte. Diese Frage wird im abschließenden Kapitel dieser Arbeit wieder aufgegriffen.

Auch wenn Rawls' Konzept an mehreren Stellen zu Recht einer harten Kritik unterworfen wird[1017] und vor allem die methodische Umsetzung von ihm nur unbefriedigend beantwortet wird, ist die Formulierung der öffentlichen Vernunft als Denkfigur der politischen Deliberation doch insbesondere für ein theologisches Weiterdenken fruchtbar. Allerdings erscheinen Rawls' Ausformung und Interpretation aus Gründen ihrer materialen, inhaltlichen Setzungen problematisch. Näherhin ist dabei nicht problematisch, dass Rawls' Konzept über einen reinen Prozeduralismus hinausgeht, wohl aber, dass der Diskurs durch weithin unbegründete Vorannahmen an der einen oder anderen Stelle beschnitten wird. Als augenfälliges, konkretes Beispiel können in diesem Zusammenhang Rawls' Aussagen und Stellung zur Abtreibungsdebatte dienen.[1018] Andere Konzepte und Interpretationen der öffentlichen Vernunft

---

[1016] Ebd., 141.

[1017] Vgl. die hervorragende Darstellung bei BORMANN, Franz-Josef: ‚Public reason' bei John Rawls, 237-266.

[1018] Rawls stellt im Zusammenhang der Frage der Abtreibungsproblematik fest, dass das Recht der Frau zur Abtreibung im ersten Drittel der Schwangerschaft der öffentlichen Vernunft entspreche, vgl. RAWLS, John: Politischer Liberalismus, 349, Anm. 32: „Zumindest unter bestimmten Umständen mag eine vernünftige Abwägung ein solches Recht auch nach diesem Zeitpunkt zulassen. Ich werde diese Frage hier jedoch nicht allgemein diskutieren, da es könnten hier durchlässigere Öffentlichkeitskonzepte vor allem für religiöse Überzeugungen darstellen.[1019]

3.5 Ertrag III: Von heiliger Gemeinschaft zur gerechten Gesellschaft oder: Der übersetzte Gottesgedanke

Im vergangenen Kapitel wird der Bogen von John Rawls' Frühwerk bis hin zu seinem Konzept des politischen Liberalismus gespannt. Die Entdeckung des religiösen John Rawls stand dabei zunächst im Vordergrund. Es konnte in systematischer Weise die bisherige Debatte um die Frühschrift Rawls' nachgezeichnet und bewertet werden, die bereits die Frage nach einem bleibenden Einfluss des Frühwerkes hinsichtlich des späteren Denkens von Rawls aufwirft. Vor diesem Hintergrund war es möglich, nach einer punktuellen Darstellung der biographischen Zusammenhänge von Rawls' Leben bis kurz nach dem Zweiten Weltkrieg, sich dem Werk aus theologischer Sicht zu nähern.

Dabei wurde zunächst deutlich, dass die *senior thesis* von John Rawls in mehrfacher Weise ein außergewöhnliches Dokument ist: Für sich betrachtet ist es für ein Werk eines einundzwanzigjährigen Studenten von außergewöhnlicher Qualität. Vor allem seine Fähigkeit, große Strömungen der Philosophie innerhalb eines eigenen Systems einzuordnen und bewerten zu können, zeugt von einer schon früh entwickelten Möglichkeit, einen eigenen kritischen Denkansatz zu entwickeln.

---

mir lediglich darum geht, den Punkt im Text zu illustrieren, daß jede umfassende Lehre in dem Maße unvernünftig ist, wie sie zu einer Abwägung politischer Werte führt, die dieses gebührend qualifizierte Recht im ersten Drittel der Schwangerschaft ausschließt." Dazu treffend: BORMANN, Franz-Josef: ‚Public reason' bei John Rawls, 249: „Abtreibungskritiker begehen also nicht nur einen bedauerlichen Abwägungs-fehler innerhalb des politischen Diskurses, sie disqualifizieren sich vielmehr überhaupt als ernst zu nehmende politische Gesprächspartner, weil sie eine Position beziehen, die außerhalb der offenbar engen Grenzen jener umfassenden Lehren fällt, die als vernünftig zu bezeichnen und damit als politisch berücksichtigungswürdig anzuerkennen sind."

[1019] Vgl. SCHMIDT, Thomas M.: Objektivität und Gewissheit. Vernunftmodelle und Rationalitätstypen in der Religionsphilosophie der Gegenwart, in: BORMANN, Franz-Josef/ IRLENBORN, Bernd (Hrsg.): Religiöse Überzeugungen, 199-217, hier besonders 217: „Verglichen mit den anderen genannten Vernunftmodellen und Rationalitätstypen in der Religionsphilosophie der Gegenwart scheinen intersubjektive Modelle daher am besten geeignet, sowohl den Anspruch der Gewissheit als auch der Objektivität religiöser Überzeugungen mit den Anforderungen öffentlicher Vernunft unter pluralistischen Bedingungen zu vermitteln." Dabei sticht für Schmidt besonders das intersubjektive Rechtfertigungsmodell von Gerald Gaus heraus, vgl. GAUS, Gerald F.: Justificatory Liberalism. An Essay on Epitemology and Political Theory, New York 1996.

Der junge Rawls setzt sich mit großem Selbstbewusstsein mit bedeutenden antiken Autoren wie Platon und Aristoteles sowie Thomas von Aquin und Augustinus gleichermaßen kritisch wie fruchtbar auseinander. Es ist die große Belesenheit, die schon zu diesem frühen Zeitpunkt staunen lässt. Seine Einschätzungen gehen nicht nur von einem dezidiert christlichen Gottesglauben aus, sondern bereits zu diesem frühen Zeitpunkt von einem festen Fundament des Wissens und Weiterdenkens der großen Philosophen und Theologen, auch wenn vor allem aus Sicht der Theologie einseitige Einschätzungen auffallen.

So konnte gezeigt werden, dass er vor allem hinsichtlich des Personen- und Gemeinschaftsbegriffes bei Augustinus einer Interpretation folgt, die keineswegs die ganze Komplexität des augustinischen Denkens abbildet. Gleiches gilt für die Bewertung von Thomas von Aquin, dessen Begriff von Gemeinschaft der frühe Rawls zu holzschnittartig aufgreift. Dies ist insofern von Bedeutung, als Rawls auch später den aus seiner Sicht dort verorteten Naturalismus in Form des Utilitarismus weiterhin bekämpft.

Gerade auch der Zentralbegriff der Sünde, den Rawls vor allem durch den Gemeinschaftsbegriff definiert, bleibt ebenso einseitig wie das Verständnis von Gemeinschaft selbst. Dabei findet eine Zuspitzung des Sündenbegriffes statt, der lediglich die personale, nach außen wirkende Sozialstruktur der Sünde unterstreicht. In diesem Sinne kann es keine Sünde im Bereich der natürlichen Beziehungen geben. Dass man auch an einem Objekt und nicht zuletzt an sich selbst schuldig werden kann, wird bei Rawls vernachlässigt. Ungeachtet dieser Einseitigkeiten verdeutlicht die Arbeit des jungen Rawls dennoch einen gekonnten Umgang mit den Quellen, was für einen Studenten seines Alters bemerkenswert bleibt.

Der eigentliche Reiz in der Beschäftigung mit Rawls' *senior thesis* liegt aber in der Tatsache begründet, dass die dort entwickelte Konzeption des Autors später durch sein Hauptwerk zu einem wesentlichen Bezugspunkt der Moralphilosophie und Sozialethik werden sollte und dies unter zunächst anderen Vorzeichen, als sein frühes, christlich fundiertes Denken verspricht: Es ist der zunächst augenfällige Wandel, den Rawls zwischen der Abschlussarbeit in Princeton und seinem Werk nach dem Zweiten Weltkrieg vollzieht. Es ist von daher von größerem Interesse, danach zu fragen, wie sich beide Denkphasen gegenüberstehen und welche möglichen Verbindungspunkte es gibt.

Es konnte in diesem Zusammenhang dargestellt werden, dass es wesentliche bleibende Bezüge gibt. Schon in der *senior thesis*, wenn Rawls über das Wesen der Sünde als Geltungssucht schreibt, wird deutlich, wie sehr er bereits hier einem egalitaristischen Ideal anhängt. Wahre Gemeinschaft wird durch Ausschlussprinzipien zerstört, die Einzelne oder ganze Gruppen aufstellen. Es wird so ein System der Ungleichheit aufgebaut, das vor allem den Schwächeren ausschließt. Was in seiner *senior thesis* als Ergebnis der Sünde als zerstörte Gemeinschaft erscheint, findet sich später in anderer Form in seinem Hauptwerk wieder. Dort wo Gleichheit hergestellt ist, kann Gerechtigkeit herrschen. Dies erreicht Rawls später mit dem Darstellungsmittel des Urzustandes, in dem der Schleier des Nichtwissens gleiche Grundvoraussetzungen schafft. Sünde als soziale Sünde wird hier zur Ungerechtigkeit und zu unfairen Bedingungen einer Gesellschaft.

Eng damit verbunden ist die Ablehnung des Gedankens des Verdienstes: Immer dort, wo der Mensch seine Errungenschaften als Ergebnis seiner persönlichen Bemühungen ansieht, entsteht die Gefahr des Stolzes und damit der Sünde. Vielmehr betont Rawls die Voraussetzungen für Wohlergehen und Erfolg, die er durch die Gemeinschaft hergestellt sieht. Der Mensch ist nicht Schöpfer seiner selbst, sondern vielmehr Empfangender. Auch die zerstörte Gemeinschaft, die Ausweis der Sünde ist, kann nicht durch den Menschen selbst wieder hergestellt werden, sondern ist auf das gnadenhafte Wirken Gottes angewiesen. Schließlich ist es für den jungen Rawls auch eben jene Gnade Gottes, die am Anfang aller menschlichen Tat steht. Im späteren Werk Rawls' zeigt sich diese „antipelagianische" Überzeugung in übersetzter Form wiederum im Gedankenexperiment des Urzustandes: Hier herrscht nach dem Willen von Rawls radikale Gleichheit, die keinen nach seinen Leistungen oder seinem besonderen Können bewertet. Es ist gerade der Kern der Theorie der Gerechtigkeit, dass sie unabhängig von Eigenleistung und persönlichem Verdienst Gleichheit schafft und damit Fairness als Voraussetzung von Gerechtigkeit überhaupt erst gewährleistet.

Ein wesentliches Element seiner Bachelorarbeit kann in seiner Persistenz auch im späteren Werk bestätigt werden: Wenn Rawls später den Utilitarismus als Hauptgegner seiner Gerechtigkeitstheorie ausmachen sollte, so ist dies die Wiederkehr des Naturalismus in säkularem Gewand, den Rawls in seiner frühen Arbeit herausarbeitet. Gerade weil jener Naturalismus keine Grundlage für eine funktionierende Gemeinschaft sein kann, weil er den Menschen nicht in seinem Personsein wahrnimmt, muss er abgelehnt werden: Er entpersonalisiert das Gegenüber und lässt den Menschen als Mittel und nicht als Zweck erscheinen. Er ist daher für Rawls' Ursprung der Sünde, ebenso wie der Utilitarismus nicht den absoluten Schutz jeder Person gewähren kann, die etwa hinter der Nutzensumme der Gruppe zurücktritt. Ein Zitat aus seinem zum ersten Mal 1983 vorgestellten und später immer wieder ergänzten Aufsatz „Gerechtigkeit als Fairneß: politisch und nicht metaphysisch" lässt dabei jene Transformation deutlich zu Tage treten, wenn er im Zusammenhang der Erläuterung seines Liberalismuskonzeptes schreibt:

> „Platon, Aristoteles und die christliche Tradition, wie sie durch Augustinus und Thomas von Aquin repräsentiert wird, gehören in das Lager des einen rationalen Guten. Solche Auffassungen sind tendenziell teleologisch und halten Institutionen dann für gerecht, wenn sie dieses Gut effektiv fördern. Tatsächlich scheint die seit dem Zeitalter der Klassik dominierende Tradition angenommen zu haben, es gebe nur eine einzige rationale Konzeption des Guten, und es sei das Ziel der Moralphilosophie, in Gemeinschaft mit Theologie und Metaphysik dessen

> Natur zu bestimmen. Der klassische Utilitarismus gehört in diese herrschende Tradition.[1020]

In dieser Einschätzung von 1983 finden sich genau jene „Gegner" Rawls' wieder, mit denen er bereits in seiner *senior thesis* über 40 Jahre zuvor gerungen hat. In der Form des Utilitarismus ist er der Auseinandersetzung mit Platon, Aristoteles sowie Augustinus und Thomas von Aquin in anderer Weise treu geblieben, sodass Rawls an dieser Stelle sogar explizit selbst den roten Faden aufnimmt, der bis in seine Studienzeit in Princeton zurückreicht. Wenn Rawls in seinem frühen Denken von Sünde als Zerstörung der Gemeinschaft spricht, so ist es gerade die Gemeinschaft als Form der menschlichen Gesellschaft, die auch im späten Denken Rawls' im Zentrum seiner Theorie steht. Gerade die Betonung der sozialen Dimension ist es, die das frühe Verständnis Rawls' von Sünde besonders ansprechbar für eine säkulare Übersetzung macht, dann freilich aber vom Gottesgedanken entkernt.

Der Zentralbegriff der Sünde, der vom Gottesgedanken her seine Zielbestimmung erhält und zunächst dem Bereich der Moraltheologie zugeordnet werden kann, wandelt sich gleich einer Übersetzungsleistung, zur sozialethisch relevanten Ungerechtigkeit der Strukturen oder positiv gewendet: zur Ermöglichung von gesellschaftsstiftendem Konsens. Fällt der Gottesgedanke weg, muss die von Rawls zuvor geforderte innere Wandlung des Menschen einem Begriff der Institutionengerechtigkeit und seiner nunmehr liberalen, politischen Agenda weichen. Jeweils lautet aber die Grundfrage: Wie kann Gemeinschaft gelingen? Wie kann gewährleistet werden, dass sogar Menschen unterschiedlichen Glaubens in einer Gesellschaft friedlich koexistieren und diese mitgestalten können? Rawls findet innerhalb seines Werkes dafür verschiedene Antworten. Diese aber entspringen einer gemeinsamen Geltungsidee, die sich auf unterschiedliche Weise zeigt: Ist es später die Idee der gerechten Gesellschaft, so ist es zuvor die Idee der heiligen Gemeinschaft. Man kann daher davon sprechen, dass Rawls' Zielbestimmung sich von einer heiligen Gemeinschaft hin zu einer gerechten Gesellschaft entwickelt. Diese Form der Übersetzungsleistung, die Rawls innerhalb seines Werkes vollzieht, stellt eine Herausforderung gerade auch für ein theologisches Nachdenken im Bereich der Ethik dar.

Hinsichtlich der Frage nach Rawls' Denken nach dem Zweiten Weltkrieg und seiner inneren Loslösung vom christlichen Glauben konnte durch die Rekonstruktion und Darstellung einer Lehrveranstaltung Rawls' an der Cornell Universität gezeigt werden, dass er unmittelbar nach dem Krieg der Beschäftigung mit christlicher Ethik treu blieb. In seinen Vorlesungen zur christlichen Ethik war Rawls zwar bemüht, sich der Materie gleichsam neutral und von

---

[1020] RAWLS, John: Gerechtigkeit als Fairneß: politisch und nicht metaphysisch, in: DERS.: Die Idee des politischen Liberalismus. Aufsätze 1978–1989, Frankfurt am Main 1994, 255-292, hier 288; ähnlich übernommen auch in: DERS.: Politischer Liberalismus, Frankfurt am Main 1998, 220.

außen zu nähern, zu keinem Zeitpunkt aber verbirgt er sein herausragendes biblisches Grundwissen und damit seine denkerische Genese vor einem christlichen Hintergrund. Seine kritische Beschäftigung mit Paul Ramseys Buch „Basic Christian Ethics“ sowie ein interessanter Rekurs auf einen Gedanken Meister Eckharts, der bereits auf die Theorie der Gerechtigkeit und ihre theoretische Loslösung vom Gottesgedanken hinweist, zeigen, dass Rawls sein Denken gerade im Kontext seiner religiösen Vergangenheit entwickelt und die (christliche) Religion gleichsam zum steten Gegenüber seiner theoretischen Weiterentwicklung wird. Zumindest in dieser Form bleibt die Religion also steter Reflexionsgrund im Werk John Rawls' präsent.

Wie schließlich die Auseinandersetzung mit der viele Jahre später entwickelten Theorie des politischen Liberalismus und dem Konzept des öffentlichen Vernunftgebrauchs verdeutlichte, wird von John Rawls der Anspruch der Übersetzungsfähigkeit auch und gerade an religiöse Überzeugungen gestellt. Sie sollen diskursfähig sein und sich dem Anspruch des öffentlichen Vernunftgebrauchs stellen. In jedem Fall muss daher das Faktum der Pluralität, das Rawls als Grundlage seines politischen Liberalismus betont, als Ausgangspunkt für einen Prozess der Übersetzung für einen übergreifenden Diskurs anerkannt werden. Dieser Voraussetzung muss sich die theologische Ethik immer wieder neu stellen, will sie über den Binnenbereich der Theologie hinaus Gehör finden. Gerade weil die Theologie die Autonomie des Politischen akzeptiert und jeder Vermischung von *forum externum* und *forum internum* entgegentreten muss, ist es ihre Aufgabe, den Prozess der Übersetzung anzugehen. Dabei ist es in einer pluralistischen Gesellschaft schlechterdings nicht möglich, lediglich in Form von theologischen Chiffren zu kommunizieren, die bei vielen Diskursteilnehmern Unverständnis erzeugen. Es erscheint daher keineswegs als einfache Übung, dieser Aufgabe nachzukommen. Die Auseinandersetzung mit dem vielschichtigen Werk von John Rawls eröffnet daher eine herausfordernde Perspektive für eine theologische Ethik der Gegenwart.

4. Schlussüberlegungen: Von der Genese zur Geltung als Übersetzungsleistung

An dieser Stelle sollen nicht einfach die bisherigen Erkenntnisse zusammengefasst werden. Vielmehr soll der Versuch unternommen werden, die für die theologische Ethik der Gegenwart zu gewinnenden Schlussfolgerungen aus diesen Erkenntnissen zu erörtern.

Bereits am Beginn der vorliegenden Arbeit wurde auf die Aufgabe der Moraltheologie hingewiesen, an gesellschaftlichen Prozessen mitzuwirken. Die Lehre von der Mitwirkung, die im Kontext von Klaus Demmers Ansatz in demokratischen, deliberativen Prozessen gedeutet wird, entwirft ein Profil der Moraltheologie, die sich ihres gesellschaftlichen Auftrags bewusst ist. [1021] Ihre Aufgabe besteht auch darin, über den kirchlichen Binnenbereich hinaus diskursiv tätig zu werden und denkerische Voraussetzungen für einen weiterführenden Diskurs zu schaffen. Im Hintergrund dieses als Übersetzungsprozess gedeuteten Auftrags an die Moraltheologie steht der Doppelbegriff von Genese und Geltung.

Das Verhältnis von Genese und Geltung ist mit einer einfachen Gegenüberstellung beider Begriffe keineswegs in voller Tiefe ausgeleuchtet. Dies wurde im Laufe der vorliegenden Arbeit deutlich: Die denkerische Genese, zumal wenn sie im Glauben an Gott ihren Ursprung hat, geht nicht einfach auf in der Geltung, sondern bleibt in ihr erkennbar lebendig. Verschwand sowohl bei Hugo Grotius als auch bei John Rawls der Gottesgedanke aus dem öffentlichen Diskurs, also aus dem Geltungsbereich, und wich der pragmatischen Konsenssuche, ist der Gottesgedanke aber gerade für das moraltheologische Denken weiterhin wesentlich. Der Gottesgedanke ist, weil er lediglich auf das zunächst individualethische Feld der Moraltheologie zurückgeworfen wird, dezidierter Ausweis des eigentlichen Profils des Faches. Von daher wird noch einmal verständlich, was Klaus Demmer mit dem denkerischen Überschuss aus dem Glauben meint: „...der Gottesgedanke stimuliert das Denken und ermächtigt es zu seinen besten Möglichkeiten...“[1022] Durch die bleibende Verortung des Gottesgedankens in der Moraltheologie hat diese nicht nur ihr eigentliches Profil gewonnen, sondern sich zudem als Diskurspartner qualifiziert. Und in diesem Sinne muss die angestrebte öffentliche Geltung einer bestimmten Moralität aus Sicht der Moraltheologie immer auch Spuren jenes Gottesgedankens in sich tragen. Freilich konnte gerade hinsichtlich der Gegenüberstellung des frühen und des reiferen Rawls festgestellt werden, dass auch bei

[1021] Vgl. DEMMER, Klaus: Bedrängte Freiheit. Die Lehre von der Mitwirkung – neu bedacht.
[1022] DEMMER, Klaus: Gottes Anspruch denken, 161.

ihm die theologische Genese, sein Frühwerk, in wesentlichen Denkbewegungen auch im Spätwerk in vermittelter Weise vorhanden ist. Der Unterschied nun liegt in der positiven Annahme des Gottesgedankens im Rahmen der denkerischen Genese, der sich eine recht verstandene Moraltheologie nicht entziehen kann, wohingegen Rawls sich später dezidiert vom Gottesgedanken löst und stattdessen eine Genese der schwachen Voraussetzung betont.

Für die Moraltheologie kann es jedoch keine Aufgabe des Gottesgedankens geben, der erst den denkerischen Überschuss, den bleibenden Mehrwert des wesentlich Christlichen bedeutet. Diesen denkerischen Überschuss gilt es im Sinne Klaus Demmers nicht als Bürde widerwillig anzunehmen, sondern als Wesenskern des genuinen Fachprofils zu betonen. Jener Gedanke muss allerdings gerade in pluralen, öffentlichen Debatten auf die Geltungsebene hin übersetzt werden. Die Aufgabe der Übersetzung ist daher in ihrer Forderung klar. Doch wie ist es dabei um die spezifischen Probleme bestellt, die mit der Übersetzungsleistung aus der theologischen Perspektive einhergehen? Zwei Dimensionen sollen in diesem Zusammenhang im Folgenden beleuchtet werden.

4.1 Übersetzung als Bürde und Verlust

Ausgehend von einem Beitrag des französischen Philosophen Jean-Marc Ferry soll eine durch ihn aufgeworfene Grundfrage aufgegriffen und im Zusammenhang des Übersetzungsbegriffes weitergedacht werden. In „Religiöse Erfahrung und Öffentliche Vernunft“ fragt Ferry gleich zu Anfang: „Kann die öffentliche agnostische Vernunft in ihrem Innern die Äußerungen der religiösen Erfahrung aufnehmen?“[1023] Diese Frage impliziert die bleibende Differenz zwischen den Sphären der religiösen Erfahrung und der politischen Praxis, die auf universale Geltung abzielt und die Ebene der subjektiv als wahr empfundenen Glaubensinhalte überschreitet. Ferry noch einmal in anderer Weise aufgreifend und konkret auf die vorliegende Arbeit beziehend, könnte man fragen: Ist Mitwirkung aus theologischem Denkhintergrund möglich in einem System des politischen Liberalismus, wie es John Rawls paradigmatisch vorgelegt hat? Theologisches Denken, so wurde bereits deutlich, kann den Bereich der politischen Geltung mitbestimmen, wenn die aus dem Glauben heraus gewonnenen Überzeugungen sich als eine Stimme in das vielstimmige Konzert des öffentlichen Diskurses einfügen. Dies geschieht in der Form der

[1023] FERRY, Jean-Marc: Religiöse Erfahrung und öffentliche Vernunft. Über die Beziehungen zwischen verfassungsmässigem Agnostizismus und religiösem Glauben im europäischen Raum, in: Freiburger Zeitschrift für Philosophie und Theologie 56 (2009), 33-50, hier 33.

Übersetzung, des indirekten Argumentierens. Die Suche nach gemeinsamen Grundüberzeugungen, die allen Menschen einsichtig sein können – um nicht das Wort „Naturrecht" gebrauchen zu müssen –, steht dabei für den Moraltheologen bleibend im Vordergrund. John Rawls selbst hat eine Übersetzungsmöglichkeit gerade für einen Zentralbegriff der Moraltheologie indirekt angedeutet: die Sünde. Die in seiner Frühschrift formulierte Sündentheorie findet sich in der vertragstheoretischen Konzeption in Form der zu überwindenden Ungerechtigkeit wieder. Doch so muss man noch tiefer fragen: Verlangt die politische Öffentlichkeit mit der Forderung nicht zuviel von der Theologie? Ist nicht das stete Übersetzen der aus dem Glauben an den dreifaltigen Gott erwachsenen Überzeugungen eine Bürde, die dem Glaubenden im öffentlichen Raum unnötigerweise aufgeladen wird? Wieso sollte er sich dem Diktat der öffentlichen Vernunft fügen, die als normative Metatheorie über zulässige und unzulässige Überzeugungen richtet und dabei selbst begründungstheoretisch in Frage gestellt werden kann?

Tatsächlich ist es legitim, den jeweils gerade vorherrschenden Rahmen politischer Deliberation immer auch von außen zu betrachten und kritisch zu hinterfragen. Nicht jede politische Rahmenordnung und die daraus folgende Diskursregelung muss schon aufgrund ihrer faktischen Existenz gerechtfertigt sein. Gerade eine christliche Ethik hat die Aufgabe, immer auch die Grundsatzfrage nach einer gerechten Gesellschaftsordnung zu stellen und – wenn nötig – ihre Stimme gegen politisch zu verantwortende Missstände zu erheben. Zugleich hat sie aber die Wichtigkeit erkannt, die Autonomie des Politischen grundsätzlich anzuerkennen und politische Entscheidungsfindungsprozesse zu begleiten. Darüber hinaus ist die pluralistische Gesellschaft im Westen spätestens seit der Reformation zum unbedingten Feld des Argumentierens geworden. Man muss allerdings einwenden, dass dies keineswegs ein geschichtliches Alleinstellungsmerkmal der Gegenwart darstellt. Vielmehr ist es die genuine Situation der kirchlichen Verkündigung, immer schon auf die Herausforderung der Fremdheit und des Unverständnisses zu reagieren. Gerade die frühe Kirche war sich dieser Aufgabe im mehrheitlich antik-heidnischen Umfeld der griechischen und römischen Kultur bewusst. Die christliche Botschaft, die nicht von, aber für die Welt durch die Selbstoffenbarung Gottes in Jesus Christus in die sichtbare Wirklichkeit getreten ist, stellt damit zu jeder Zeit eine zu vermittelnde, zu übersetzende Größe dar, wenngleich man dabei noch einmal zwischen der persönlichen Überzeugung und der Argumentation auf der politischen Ebene unterscheiden sollte.

Anders als im Bereich des *forum internum*, bei dem gerade auch subjektive Empfindungen entscheidend sein können, werden diese im *forum externum* auch von Seiten der Theologie ausgeblendet. Vielmehr kommt es dabei auf das universelle Argument an, das auch jenen überzeugt, auf dessen *forum internum* zunächst nicht eigentlich abgezielt wird. Nicht zuletzt stellt also die Übersetzung der christlichen Überzeugung weniger Bürde als Möglichkeit dar. Gerade wenn die geglaubte Botschaft des Evangeliums verständlich gemacht wird, kann politische Mitwirkung als Verkündigungsauftrag in der Welt verstanden werden. Die Argumentation einer christlichen Genese wird daher nicht einfach einem Diktat der öffentlichen Vernunft von außen unterworfen, sondern erfolgt schon immer aus eigenem Interesse am Verstandenwerden.

Doch welches Opfer muss der theologische Denker bringen, um allgemein verstanden zu werden? Ist es lediglich die Frage nach der Form oder wirkt sich die argumentative Transformation, eben jene Übersetzungsleistung zur Überbrückung von Genese und Geltung, auch auf den Inhalt der religiösen Überzeugungen aus? Besteht die Gefahr eines *„lost in translation"*?

Begibt man sich auf die Ebene des politischen Arguments, spielt eben jene Unterscheidung von *forum internum* und *externum* wiederum die entscheidende Rolle. Selbstverständlich muss man betonen, dass beide Sphären nicht ohne Verbindung und Interdependenz sind: Für den Gläubigen spiegelt sich der innere Geltungsbereich immer auch im äußeren Vollzug wider und umgekehrt. Doch das *forum externum* unterscheidet sich eben durch sichtbar einforderbare Konsequenzen, die, politisch gesprochen, auch exekutiv erzwungen werden können. Man bewegt sich im Bereich der institutionellen Gerechtigkeit, der sich auch John Rawls' Hauptwerk „Eine Theorie der Gerechtigkeit" widmet. Sie ist es auch, die dem politischen Bereich seine Zielrichtung aufzeigt. Gerechtigkeit als einforderbare Sphäre des Verhältnisses zwischen den Menschen und daher als politische, öffentliche Größe spiegelt damit einen moralischen Grundwasserspiegel wider, der nicht unterschritten werden darf, ohne dafür auch bestraft werden zu können. Während also beispielsweise die äußere Unversehrtheit des menschlichen Lebens erzwungen werden kann, ist dies für das *forum internum* menschlicher Beziehungen nicht möglich: Niemand kann gezwungen werden, einen anderen Menschen zu lieben. Die Sphäre der Liebe entzieht sich dem äußeren Zugriff, ist unverfügbar und damit auch nicht sanktionierbar, sondern frei von jeglichem äußeren Zwang. Der Mensch bedarf der gegenseitigen Liebe, kann sie sich jedoch lediglich erhoffen. Sie tritt freiwillig und im Modus der Gabe an ihn heran. Während er ein einforderbares und sanktionierbares Recht auf Gerechtigkeit hat, die ihm auch von einem Dritten garantiert werden kann, ist die Liebe nicht einforderbar. Und dennoch sind Liebe und Gerechtigkeit bei allen fundamentalen Unterschieden aufeinander bezogen. Die Liebe übersteigt die Gerechtigkeit, setzt diese aber zugleich voraus. Liebe ist immer mehr als Gerechtigkeit und doch spiegelt sich in ihr bleibend die Gerechtigkeit wider. Beide bestehen in einem Bedingungsverhältnis. In diesem Sinne kann, bezogen auf das Übersetzungsparadigma von Genese und Geltung, darauf hingewiesen werden, dass der Geltungsbereich als Sphäre der Gerechtigkeit immer nur einen Aspekt der christlichen Botschaft verdeutlichen kann. Von daher ist Übersetzung eine vorläufige, aber notwendige Beschränkung der christlichen Botschaft auf ihre universale Verstehbarkeit als Suche nach weltlicher Gerechtigkeit im Sinne einer Grundbedingung für personale, selbstlose und sich schenkende Liebe.

Obwohl also Wesentliches durch die Übersetzung zurückbleibt, deutet bereits die Sphäre der weltlichen Gerechtigkeit – in ihrer Beschränktheit als Ergebnis der Übersetzung – doch wiederum hin auf die Idee der Gerechtigkeit überschreitenden Sphäre der Liebe. Der Bereich der Geltung trägt die Spuren der Genese in sich. Selbst die übersetzte christliche Botschaft, die durch öffentliche, politische Gründe auf die weltliche Gerechtigkeit abzielt, trägt in ihrem Kern die Botschaft der Liebe in vermittelter Form in sich. Von daher ist die Liebe nicht nur die Übersteigerung der Gerechtigkeit, sondern auch ihr wesenhafter Ursprung als abgesichertes, in die Form der Gerechtigkeit gegossenes Abbild des Eigentlichen.

Mit Blick auf das Wesen des Christlichen und seiner Übersetzbarkeit zeigen sich wegen der prinzipiellen Unterschiedenheit von Liebe und Gerechtigkeit bleibende Gräben zwischen dem Gegenstand und seiner Übersetzung. Es gibt nicht zuletzt Übersetzungsresistenzen, die von jenem Bestand des Christlichen unterschieden werden müssen, der ohne Bedeutungsverlust auf den Bereich des Politischen übertragen werden kann, wie Holger Zaborowski betont:

> „Das Christentum ist [...] keine Vernunftreligion, deren dogmatischen Gehalte einfach in die Sprache der Vernunft zu übersetzen wären [...]. Vielmehr besteht seine Vernünftigkeit gerade darin, auch Wahrheiten anzuerkennen, die jenseits der bloßen Vernunft liegen, ohne dass sie der Vernunft widersprächen.[1024]

Wenn John Rawls in seiner Gerechtigkeitstheorie die politische Institution normativ bestimmen will, richtet sich sein Blick auf ein genuin innerweltliches Feld. Dass er dies vor dem Hintergrund einer ursprünglich christlichen Genese unternimmt, konnte in dieser Arbeit verdeutlicht werden. Dass diese Übersetzung ihrerseits aber grundsätzlich nicht ohne Verlust daherkommt, muss allerdings darüber hinaus betont werden. Die Verdrängung der Ewigkeit, die durch den politischen Blick der Konstruktion einer gerechten Gesellschaft in Kauf genommen wird, wird durch ein absolutes Diesseits kompensiert, in dessen Rahmen die Verwirklichung der Gerechtigkeit gewährleistet werden muss. Zwar wird ein Jenseits gerade von Rawls keineswegs geleugnet, für die politische Fragestellung einer gerechten Gesellschaft hat es jedoch keine Relevanz.

Im Zuge dieses Paradigmenwechsels ändern sich zwar nicht die Grundfragen nach einer gelingenden und gerechten Gesellschaft, aber sie werden indirekt zu letzten Fragen, deren Antworten auch das Diesseits bewältigen muss. Sicherlich will die christliche Botschaft vom dreipersonalen Gott in Jesus Christus einen gesellschaftlichen Fortschritt nicht hemmen, doch ist ihr zugleich eine Skepsis gegenüber politischen Programmen und Gesellschaftskonzeptionen inhärent, die das Paradies auf Erden errichten wollen und sei es in der sozialen Utopie der umfassenden Gerechtigkeit. Das Wissen um diese prinzipielle Unerreichbarkeit des Ideals der perfekten Gesellschaft macht das

---

[1024] ZABOROWSKI, Holger: Religion und säkulare Moderne. Jürgen Habermas und der eigensinnige Ernst des Christentums, in SCHALLENBERG, Peter/ KÜPPERS, Arnd (Hrsg.): Interdisziplinarität der Christlichen Sozialethik, Paderborn 2013, 454-471, hier 463.

Christentum zu einer steten Antithese gegenüber einer Welt, die in sich bereits die universalen und letztgültigen Antworten auf die menschlichen Grundfragen schon selbst verortet sieht. Deswegen hat sich die Kirche innerhalb ihrer Geschichte – vor allem seit Augustinus – schließlich immer Verheißungen millenaristischer Prägung entgegengestellt.

Wie aber verhält sich der Paradigmenwechsel, der am Werk Rawls' beispielhaft dargestellt wurde, hinsichtlich einer gesellschaftlichen und historischen Gesamtentwicklung ethischer Grundüberzeugungen? Kommt es dabei durch die schrittweise Entfremdung einer theologischen Genese hin zu einer säkularen Geltung nicht zu einem Verlust von Moralität? Ein Blick auf Hans Joas' Werk „Glaube als Option" legt zunächst nahe, die Frage mit Nein zu beantworten. Hans Joas stellt nicht nur die Säkularisierungsthese als wenig stichhaltig dar, da eine Modernisierung nicht die logische Säkularisierung als irreversiblen Prozess nach sich zieht. Auch jene, die vor der Säkularisierung als Entmoralisierung der modernen Gesellschaft warnen, muss er enttäuschen:

> „Wie die ausbleibende Säkularisierung der sich modernisierenden Welt außerhalb Europas gegen die Säkularisierungsthese spricht, so spricht der ausbleibende Moralverfall in stark säkularisierten Gesellschaften Europas gegen die These der moralzerstörenden Wirkung von Säkularisierung.[1025]

Aus Sicht einer theologischen Argumentation liegt es nun nahe, auf die Möglichkeit hinzuweisen, dass die Moralität der säkularisierten Welt noch immer das Ergebnis ihres religiösen Erbes sei; eine säkulare Moralität mit theologischer Grundierung also. Dies würde implizieren, dass je nach der traditionellen, religiösen Mehrheitskultur unterschiedliche Säkularismen abgeleitet werden, die doch jeweils die Spur ihrer religiösen Herkunft nicht leugnen können. Tatsächlich betont Hans Joas, der diese Frage ebenfalls aufgreift, die Wahrscheinlichkeit dieser Pfadabhängigkeit: „Es scheint also eine Persistenz fundamentaler Strukturen moralisch relevanter Wahrnehmungen über lange Zeiträume zu geben, wodurch auch unter den Bedingungen der Säkularisierung ein älteres Imaginäres moralisch leitend bleiben kann..."[1026] Dies stellt vor dem Hintergrund des Übersetzungsprozesses von der Genese zur Geltung einen zunächst positiven Befund dar. Die säkulare Geltung muss nicht automatisch etwas anderes als moralisch oder unmoralisch erachten als der theologische Hintergrund es impliziert. So kann es eben durchaus eine gemeinsame Geltung trotz einer unterschiedlichen genetischen Begründung geben. Bei einer – trotz eines fortgeschrittenen Säkularisierungsprozesses – noch immer christlich geprägten Gesellschaft, wie sie in der Bundesrepublik Deutschland vorgefunden werden kann, in der immerhin noch fast zwei Drittel der Bürgerinnen und Bürger einer christlichen Konfession angehören, erscheint die These der starken Persistenz als durchaus nachvollziehbar. Hinsichtlich John Rawls' Werk,

---

[1025] JOAS, Hans: Glaube als Option. Zukunftsmöglichkeiten des Christentums, 48.
[1026] Ebd., 54.

bei dem ebenfalls von einer starken Persistenz seiner christlichen Prägung auszugehen ist, wird dies noch deutlicher. Doch schon mit Blick auf sein späteres Werk und konkrete moralische Entscheidungen konnten im Ergebnis starke Unterschiede zwischen theologischen Positionen und einer Form des politischen Liberalismus festgestellt werden. Als Beispiel diente hier die Erlaubnis des Schwangerschaftsabbruches, den Rawls im ersten Drittel der Schwangerschaft für legitim hält. Schon hier kommt es zu Tendenzen der Abnutzung höchster moralischer Standards. Hinsichtlich gesellschaftlicher Abstumpfungsprozesse der Moralität ist eine abschließende Aussage also schwierig: „Eine empirisch gesicherte Aussage, wie eine viele Generationen lange Kette massenhafter Säkularisierung sich moralisch auswirkt, lässt sich entsprechend noch nicht machen.“[1027] Dazu ist, wenn man vor allem auf europäische Staaten blickt, die Verbindung von christlichen Mehrheitsgesellschaften und einer weitervoranschreitenden Säkularisierung möglicherweise noch zu eng. Doch schon jetzt gibt es Anzeichen, die einen gesellschaftlichen Wandel der Moralitätsstandards erahnen lassen. In Belgien und den Niederlanden ist beispielsweise die aktive Sterbehilfe seit 2002, in Luxemburg seit 2009 erlaubt. Im Jahr 2014 ist in Belgien trotz der massiven Kritik der Kirchen und Religionsgemeinschaften auch die Sterbehilfe für Kinder eingeführt worden. Gerade beim Thema Sterbehilfe ist die Kritik am Moralverfall besonders schwierig, da die Befürworter gerade entstehendes oder akut vorhandenes Leiden verhindern wollen und zudem die scheinbare Autonomie des Einzelnen in den Vordergrund rücken. Gerade theologisch motivierte Positionen, die solchen Entwicklungen kritisch bis ablehnend gegenüberstehen, werden leicht eines falschen Paternalismus bezichtigt. In diesem Sinne erscheint der pejorative Begriff „Moralverfall“ nur aus der Sicht einer bestimmten Anthropologie als nachvollziehbar. Der von Hans Joas geforderte definitive empirische Beweis für eine Kausalität von Säkularisierung und Moralverfall kann durch die angegebenen Beispiele noch nicht geführt werden.[1028] Doch zugleich darf man bereits vorsichtig auf die sich verändernden gesellschaftlichen Entwicklungen hinsichtlich des Umgangs mit Leid, Sterben und Tod hinweisen. Die noch immer umstrittene Abtreibungsfrage zeigt beispielhaft, dass gerade auch in juristischer und legislativer Hinsicht eine schrittweise Wertverschiebung bereits stattgefunden hat. Auch wenn man zusammen mit Hans Joas die einfache kausale Gleichung „Säkularisation führt zu Moralverfall“ verwirft, ist doch die langfristige positive Aufrechterhaltung der Moralität innerhalb eines säkularen Staates keineswegs eine Selbstverständlichkeit.

Das Übersetzte, das „Säkularisat“ des Religiösen, so kann man daraus durchaus ableiten, kann seine Orientierung und seine relative Einbettung verlieren, wenn es sich von seinem Ursprung immer weiter entfremdet. Mit der

---

[1027] Ebd.

[1028] Vgl. dazu weiterführend: PÜTTMANN, Andreas: Führt Säkularisierung zum Moralverfall? Eine Antwort auf Hans Joas, Bonn 2013, 17ff.

reinen Übersetzung als einmaligem und sterilem Prozess ist es also wohl kaum getan. Um der Gefahr des Verlusts von Moralität zu wehren, ist ein steter Abgleich mit dem ursprünglichen Gegenstand der Übersetzung notwendig, was voraussetzt, dass eben jener Gegenstand noch im kollektiven Bewusstsein einer Gesellschaft präsent ist. Damit ist bereits anfanghaft die bleibende Aufgabe einer gegenwärtigen Moraltheologie angedeutet. Was den Prozess der Übersetzung betrifft, wird die Notwendigkeit des steten Abgleichs zwischen der Übersetzung und ihrem Gegenstand besonders noch einmal im Verhältnis von Sünde und Gerechtigkeit deutlich.

4.2 Ungerechtigkeit als Übersetzung von Sünde

Die Möglichkeit des Inhaltsverlusts bei bloßer Aufrechterhaltung der Form, der sich in der Auseinandersetzung mit dem Doppelbegriff von Genese und Geltung vor dem Hintergrund seines Verständnisses als Übersetzungsprozess gezeigt hat, lässt sich noch einmal konkret fassbar machen: Mit Blick auf den genuin religiösen Begriff der Sünde, der selbst im Binnenbereich der Theologie nicht unproblematisch ist, verbinden sich heute vielfach gerade in säkularen Kontexten bestimmte Assoziationen. Der Begriff wird vielfach eben nicht auf das *forum internum* und das unmittelbare Verhalten von Mensch zu Mensch vor der Wirklichkeit Gottes bezogen, sondern auf ein Verhalten, das die Gesamtgesellschaft in verschiedenen sozialen Zusammenhängen betrifft. Besonders ausgeprägt ist dieses neue „Sündenbewusstsein" etwa im Kontext der Debatte um die globale Klimaerwärmung. Angeprangert wird hier der „Klimasünder", der sich einer umweltschädigenden Handlung, etwa dem überproportionalen Ausstoß von Kohlenstoffdioxyd, schuldig gemacht hat. Ähnlich ist der „Steuersünder" einzuschätzen, der Geld der öffentlichen Hand vorenthält und damit gemeinschaftsschädigend agiert.

Diese Beispiele können verdeutlichen, dass der Begriff der Sünde sich im gesellschaftlichen Bewusstsein vom Privaten ins Öffentliche verlagert hat. Zwar kann man nach wie vor schuldig werden, es ist aber nun nicht mehr *prima facie* Sache des *forum internum*. Vielmehr werden jene Vergehen als eigentliche und einzige Sünde bezeichnet, die die Grenze des Privaten, des Innerlichen überschreiten. Während gerade im Bereich des Privaten eine Ethik der Freiwilligkeit vorherrscht, also mit wenigen Ausnahmen alles zu akzeptieren ist, was der Logik der gegenseitigen Einvernehmlichkeit entspricht, ist das Einzige, was sanktionierbar ist, der Handlungsbereich, der das Öffentliche betrifft. Auch das Bewusstsein von guten und schlechten Handlungen wird davon fundamental beeinflusst.

Das Sündenbewusstsein ist also davon abhängig, ob jemand von einer Handlung betroffen ist, in die dieser nicht eingewilligt hat. Handlungen, die einvernehmlich im Privaten ablaufen, sind durch diesen Sündenbegriff nicht oder nur sehr eingeschränkt abgebildet. Der Sündenbegriff ist also nach wie vor – auch in diesem säkularen Sinn – individualethisch, jedoch qualitativ anders bestimmt als der eigentlich theologische Begriff der Sünde. Obwohl dieser Sündenbegriff also aus christlicher Sicht defizitär ist und in der Diktion von Genese und Geltung als Fehlübersetzung oder zumindest als Übersetzung mit starkem Verlustimpetus angesehen werden kann, zeigt er das noch vorhandene Potenzial an, das dem Begriff der „sozialen Sünde" innewohnt. Auch wenn in lehramtlichen Texten in diesem Zusammenhang immer wieder darauf hingewiesen hat, dass nur der einzelne Mensch sündigen kann und ihn nichts von seiner Handlungsfreiheit entbindet[1029], konnte schließlich verdeutlicht werden, dass es auch eine strukturelle Sünde, ein System des Unrechts gibt, in dem Menschen sich in ihrer Handlungsoption zumindest stark eingeschränkt sehen. Der Begriff der strukturellen Sünde, den die Kirche in ihren Lehrdokumenten durch die Auseinandersetzung mit Formen der Theologie der Befreiung hat einfließen lassen, drückt die sozialethische Perspektive des Sündenbegriffes aus[1030], der vom Individuum auf die Gemeinschaft hin offen ist, und macht den erweiterten Kreis der persönlichen Verantwortung deutlich.[1031] Auch wenn also das oben holzschnittartig skizzierte säkulare Verständnis von „Sünde" keineswegs die komplexe und elaborierte Sündentheologie widerspiegelt, ist sie doch anschlussfähig für ein gemeinsames Verständnis von guten oder schlechten Institutionen und politischen Entscheidungen. Gerade auch im Hinblick auf das Werk John Rawls' und die eingehend dargestellte Wende von der Person zur Institution konnte verdeutlicht werden, dass sich Sünde in ihrem sozialen Kontext in Formen der Ungerechtigkeit zeigt, also eben jenen Gesellschaftszuständen, in denen einzelne Menschen oder Gruppen durch übergeordnete Strukturen in ihrer personalen Würde und individuellen Freiheit

---

[1029] Vgl. dazu die Verbindung von personaler und sozialer Sünde bei JOHANNES PAUL II.: Apostolisches Schreiben „Reconciliatio et paenitentia" vom 2.12.1984, in: AAS 77 (1985), 185-275 (dt.: Verlautbarungen des Apostolischen Stuhls 60, hg. vom Sekretatiat der Deutschen Bischofskonferenz, Bonn o.J.),16.

[1030] Vgl. BERNHARD, Johannes/ SCHALLENBERG, Peter: Katholische Soziallehre konkret. Politische Handlungsfelder und christliche Werte, Münster 2008, 30f.

[1031] Vgl. hier die Verwendung des Begriffes in der Soziallehre der Kirche durch JOHANNES PAUL II.: Enzyklika „Sollicitudo rei socialis" vom 30.12.1987, in: AAS 80 (1988), 513-586 (dt.: Verlautbarungen des Apostolischen Stuhls 82, hg. vom Sekretariat der Deutschen Bischofskonferenz, Bonn o.J.), 36: „Wenn die heutige Situation Schwierigkeiten unterschiedlicher Natur zuzuschreiben ist, so ist es nicht verfehlt, von ‚Strukturen der Sünde' zu sprechen, die, wie ich im Apostolischen Schreiben Reconciliato Paenitentia festgestellt habe, in persönlicher Sünde ihre Wurzeln haben und daher immer mit konkreten Taten von Personen zusammenhängen, die solche Strukturen herbeiführen, sie verfestigen und es erschweren, sie abzubauen."; vgl. auch ebd., 37: „Dieser doppelten sündhaften Haltung verfallen offensichtlich nicht nur Einzelpersonen, sondern auch Nationen und Blöcke. Das begünstigt noch mehr das Entstehen von ‚Strukturen der Sünde', von denen ich gesprochen habe."

beschnitten werden. Es ist vor diesem Hintergrund konstruktiv zu fragen, ob das Übersetzungsverhältnis eines theologischen Sündenbegriffes hin zu einem säkularen Begriff der Ungerechtigkeit einem richtigen Verständnis der Bedeutung von Übersetzung entspricht.

Will man an Prozessen der öffentlichen Deliberation mitwirken, ist zunächst die qualitative Ebene zu wechseln. Zwar steht für ein theologisches Sündenverständnis immer die individualethische Interpretation im Hintergrund. Diese wird aber gerade im Prozess der öffentlichen Geltung überholt und auf eine neue, soziale und politisch relevante Ebene transformiert. Der erste qualitative Übersetzungsschritt ist daher die Transformation individualethischer Anforderungen auf den Bereich der politischen, öffentlichen Ebene, die sich nicht durch ihre persönliche Tugend und die innere Gesinnung auszeichnet, sondern durch einforderbare Regelungen. Es ist daher der Bereich der Gerechtigkeit, der weiter oben bereits vom Bereich der Liebe unterschieden wurde. Das Paradigma auf dieser Ebene ist also nicht mehr Sünde/Gnade, sondern Ungerechtigkeit/Gerechtigkeit. Theologische Ethik wird auf diese Weise von der individualethisch orientierten Moraltheologie zur Sozialethik. Zwar hat die Sozialethik auch immer den Schutz der einzelnen Person zum Ziel und entwirft ihre Zielvorgabe anhand des Personenbegriffes, doch ihr Ziel erreicht sie über den Diskurs über Institutionen und die Ordnung des Gemeinwesens statt durch den Aufruf zur Tugend des Einzelnen. Auch in diesen der Person übergeordneten Strukturen kann es den Begriff der Sünde als strukturelle oder soziale Sünde geben. Doch weil der Sündenbegriff nur vor einem theologischen Hintergrund seine eigentliche Bedeutung erhält, ist er als gestaltgebendes Orientierungsmuster im Bereich der öffentlichen Geltung und im Prozess des öffentlichen Diskurses wenig hilfreich, stellt er doch keinen eigentlichen Universalbegriff mehr dar. In seiner Annäherung an den Begriff der Säkularisierung betont der deutsche Rechtsphilosoph Horst Dreier deswegen: „Das durch die Philosophie der Aufklärung auf neue Fundamente gestellte moderne Strafrecht verzichtet auf das Konzept der Sünde und gründet die Verantwortlichkeit des Einzelnen nicht auf dessen Verhältnis zu Gott, sondern zur Gesellschaft.“[1032] Der Begriff der Sünde als Beziehungsbeschreibung des Menschen zu Gott, die zugleich in weltlicher Hinsicht zu sanktionieren war, hat sich in Folge der Aufklärung als juristisch unbrauchbar erwiesen. Nunmehr stand der Mensch in seiner Verantwortlichkeit zur Gesellschaft im Mittelpunkt.

Hinsichtlich der sittlichen Qualität von Ordnungsstrukturen, Institutionen und politischen Systemen ist das Begriffsschema von Gerechtigkeit und Ungerechtigkeit hilfreich, um auf Strukturen hinzuweisen, die der Person schaden

[1032] DREIER, Horst: Säkularisierung und Sakralität. Zum Selbstverständnis des modernen Verfassungsstaates, Tübingen 2013, 52.

und ihre humane Entfaltung behindern: „Was ist die sittliche Form dieser Ordnungen, was qualifiziert sie als gerecht – das fragt die Sozialethik.“[1033]

Wie gezeigt werden konnte, hat John Rawls diesen Perspektivenwechsel innerhalb seines Werkes selbst vollzogen. So kann die im Rahmen dieser Arbeit in Rawls’ Werk herausgearbeitete begriffliche Wende von der Sünde zur Ungerechtigkeit durchaus als Maßstab dienen, gemeinsame gesellschaftliche Verbesserungen anzustreben. Gerade weil der Begriff der Sünde trotz seiner sozialen Erscheinungsformen immer zutiefst ein individualethischer Terminus bleibt und zugleich immer theologisch gefasst ist, muss er für die politische Ebene als unpassend angesehen werden. Martin Honecker ist daher zuzustimmen, wenn er sagt: „Sünde hat es mit Heil und Unheil, mit Gnade und Gericht zu tun. Daher sind Sündenerkenntnis wie Sündenvergebung Glaubenssache. Ist dem aber so, dann kann man in Politik und Ethik den Sündenbegriff nicht instrumental einsetzen.“[1034] Im Bewusstsein der verschiedenen Dimensionen von Sünde können aber nach wie vor Maßstäbe für einen Begriff der Gerechtigkeit gewonnen werden, der innerhalb einer öffentlichen Geltung mit dem Anspruch der Universalität vertreten werden kann. Die Materialfrage wird dann zur Formalfrage und führt nach der theologisch untermauerten Erkenntnis zur Umsetzung im öffentlichen Geltungsraum. Innerhalb des öffentlichen Raums gilt es, Verbündete für die gute Sache zu finden, die unabhängig von einer gemeinsamen Genese zu gleichen Überzeugungen in einzelnen moralisch relevanten Fragen kommen. Die Ebene der Gerechtigkeit eröffnet einen anderen, offeneren Zugang zur Möglichkeit gemeinsamer Allianzen, die innerhalb einer pluralen Gesellschaft zur Problemlösung unerlässlich sind. Gerade weil die modernen Gesellschaften völlig ausdifferenziert sind und eine einheitliche Idee von Moralität einem Konzept der ethischen Pluralität weicht, muss in jedem Fall immer wieder neu um Mehrheiten gerungen werden, um gesellschaftliche und gesetzgeberische Entscheidungen positiv zu beeinflussen.

4.3 Übersetzung als Chance und der bleibende Mehrwert der Moraltheologie

John Rawls’ Abwendung vom institutionellen Christentum lässt ihn nicht im Geringsten daran zweifeln, dass eine vernunftgeleitete Moral der Gesellschaft in Form von Gerechtigkeitsgrundsätzen dennoch möglich ist. Noch einmal an-

[1033] WILHELMS, Günter: Christliche Sozialethik, 34.

[1034] HONECKER, Martin: Evangelische Christenheit in Politik, Gesellschaft und Staat. Orientierungsversuche, Berlin 1998, 129f.

ders formuliert: John Rawls betont die von der theologischen Genese unabhängige Geltung moralischer Normen. In seinem späten Beitrag „Über meine Religion" von 1997 macht er deutlich, dass die christliche Religion, die lange Zeit aufs Engste mit dem Staat und seiner Macht auf mitunter problematische Weise verbunden gewesen sei, eben daran scheiterte, dass sie keinen rechten Begriff von Toleranz entwickelte: „Ich gewann den Eindruck, daß der große Fluch des Christentums seit den Anfangstagen von Irenäus und Tertullian die Verfolgung von Andersgläubigen als Ketzer war."[1035] Während die antiken Kulte jeweils Zivilreligionen und als solche Zeichen der innerstaatlichen Loyalität gewesen seien und die Zivilgesellschaft nicht über das *forum externum* hinaus behelligten, habe das Christentum immer schon in den Bereich des Persönlichen übergegriffen:

> „Als Religion der ewigen Erlösung durch den wahren Glauben sah die Kirche sich zum Kampf gegen die Ketzerei berechtigt. Ich bin daher zu der Überzeugung gelangt, daß die Verweigerung von religiöser Freiheit und von Gewissensfreiheit etwas sehr Böses ist."[1036]

Jene Überzeugungen, die auch im Zentrum seiner Gerechtigkeitstheorie stehen, lassen die für den jungen Rawls zuvor entscheidende Gottesfrage außen vor. Doch Rawls sieht nicht, dass dadurch etwas verloren sei. Vielmehr betont er, dass gerade der Rekurs auf die Vernunft Toleranz und Wahrheitssuche ermögliche. In diesem Sinne widerspricht Rawls etwa Jean Bodin, der in einer atheistischen Welt nur moralisches Chaos erwartet: „Die Existenz Gottes zu verneinen, so Bodin, bedeutet gleichzeitig, diese Prinzipien zu verwerfen, weil die Menschen das Recht und die Gerechtigkeit seines Erachtens nur dann anerkennen, wenn sie an Gott glauben und göttliche Strafen fürchten."[1037] Der Gottesglaube als Garant für Moral ist jedoch keine akzeptable Bedingung für Rawls, der in diesem Zusammenhang entgegnet:

> „Wenn wir sagen, daß Gottes Wille die Quelle allen Seins sowie der moralischen und politischen Werte ist, dann impliziert die Leugnung der Existenz Gottes auch die Leugnung dieser Werte. Wenn wir aber sagen, daß Grund und Inhalt dieser Werte die Vernunft Gottes ist oder wenigstens der Vernunft Gottes bekannt sind, dann spielt Gottes Wille nur die untergeordnete Rolle […]. In diesem Fall führt die Leugnung der Existenz Gottes nur zur Leugnung der göttlichen Sanktionen, nicht aber zur Leugnung der Werte selbst."[1038]

Würde man Rawls' Entgegnung weiterdenken, ließen sich Recht und Gerechtigkeit eben unabhängig von einer gemeinsamen Glaubensgrundlage ableiten. Und mit Blick auf die Geschichte der Säkularisierung und Modernisierung der westlichen Gesellschaften kann man nicht ohne Weiteres einfachhin von einem Wertverfall sprechen. Dies würde bedeuten, dass Rawls' Behauptung

---

[1035] RAWLS, John: Über meine Religion, 307.
[1036] Ebd.
[1037] Ebd., 310.
[1038] Ebd.

nicht von der Hand zu weisen ist, wären da nicht die bereits oben angedeuteten Mechanismen des Wandels von Moralität.
Wiederum steht hier die Frage im Raum, ob eine so abgeleitete und von der Vorstellung des Gottesgedankens entkernte Moral ihrem eigentlichen Anspruch auch auf lange Sicht gerecht werden kann. Dies kann an dieser Stelle zwar nicht abschließend beantwortet werden, doch der Problemzusammenhang muss angesprochen werden. Aus Sicht der Moraltheologie muss dahingehend noch einmal anders gefragt werden: Ist der Gottesgedanke für die Genese und Geltung von Moralität überhaupt noch notwendig? Ist der genuin christliche und auch von Kritikern des religiösen Einflusses auf gesellschaftliche Entscheidungen unbestritten wichtige Beitrag für die Entwicklung der gesellschaftlichen Moralität des Westens eine notwendige, aber nunmehr überwundene Etappe der Menschheitsgeschichte – noch dazu in einem geographisch beschränkten Raum, den wir „den Westen" nennen? Gibt es, so müssen wir noch einmal zugespitzter fragen, noch einen bleibenden Mehrwert des Christlichen für die Moralität und das ethische Bewusstsein moderner Gesellschaften und ihrer Entwicklung?

Es erscheint hier zunächst wichtig zu sein, darauf hinzuweisen, dass Moralität nicht einfachhin einer linearen Entwicklung einer garantierten und unhintergehbaren Agenda des Fortschritts unterliegt. Die Menschheitsgeschichte und gerade auch die Geschichte Europas des 20. Jahrhunderts zeigen, wie schnell auch offensichtlich hochentwickelte Kulturen ihre schon erreichten und stabil erscheinenden moralischen Ideale vergessen, ja sich gegen sie wenden können. Hannah Arendt hat bereits eindrucksvoll auf die Subtilität und Banalität hingewiesen, in der das Böse Schritt für Schritt Raum greift in einzelnen Menschen, wie auch in politischen Systemen.[1039] Moralität muss in jeder Generation, in jedem Menschenleben neu angeeignet werden. Moralität muss immer wieder neu erlernt werden. Dieses Erfinden und Erlernen geschieht freilich nicht in einem amoralischen Raum. Immer schon sind moralische Vorbedingungen gesetzt, in denen sich der sich entwickelnde Mensch wiederfindet. Trotzdem oder gerade deswegen wird das bestehende System der herrschenden Moralauffassung stets hinterfragt, kritisiert, ab- und umgebaut. Jener stete Wandlungsprozess setzt, will er der Möglichkeit der moralischen Abschmelzung entgehen, Maßstäbe voraus, die jeder demokratischen Mehrheitsentscheidung entzogen sind. Gerade in modernen, westlichen Gesellschaften, in denen der Einfluss der christlichen Religionsgemeinschaften

---

[1039] Vgl. ARENDT, Hannah: Eichmann in Jerusalem. Ein Bericht von der Banalität des Bösen, München 1964, 326: „Das Beunruhigende an der Person Eichmanns war doch gerade, daß er war wie viele und daß diese vielen weder pervers noch sadistisch, sondern schrecklich und erschreckend normal waren und sind. Vom Standpunkt unserer Rechtsinstitutionen und an unseren moralischen Urteilsmaßstäben gemessen war die Normalität viel erschreckender als all die Greuel zusammengenommen, denn sie implizierte [...], daß dieser neue Verbrechertypus, der nun wirklich *hostis generis humani* ist, unter Bedingungen handelt, die es ihm beinahe unmöglich machen, sich seiner Untaten bewusst zu werden."

abnimmt, in denen der Diskurs über Moralität ebenfalls dem Paradigma der Pluralität folgt, erscheint die Aufrechterhaltung eines bestimmten Maßstabs der Moral und bestimmter Vorstellungen vom Menschen und der Gesellschaft als notwendiger denn je. Was kann dabei gerade der christliche Beitrag sein? Was ist der Mehrwert der christlichen Botschaft, die auf der Grundlage des Evangeliums weiterhin gehört werden soll?

Es ist, so könnte man vorsichtig eine Antwort beginnen, das Denken, im Menschen mehr zu sehen als eine biologische und ökonomisch verwertbare Größe. Es ist die vom Gottesgedanken abgeleitete Würde des Menschen, die ihn als unantastbares Ebenbild dieses dreifaltigen Gottes begreift und sich so gegen jede Verzweckung dieses Menschen wendet. Fest steht: Auch eine säkulare Tradition betont die Sakralität des Menschen.[1040] Auch sie will die Würde des Menschen sichern. Aus christlicher Sicht ist dies kein Konkurrenzmodell, sondern stellt eine wertvolle Allianz auf der Geltungsebene dar. Die Genese dieses Gedankens aber ist inkommensurabel: Es ist der Gottesgedanke, der das christliche Denken normativ bestimmt und der den denkerischen Überschuss ermöglicht. Der denkerische Überschuss, der hier im Anschluss an Klaus Demmer aufgegriffen wird, gewonnen aus dem Glauben an den personalen Gott in Jesus Christus, ersetzt nicht die Vernunft, sondern greift sie auf und ergänzt sie hin zu ihrer eigentlichen Bestimmung: Der Mensch geht damit nicht auf in der durch die Vernunft gedachten menschlichen Machbarkeit, sondern ist einem letzten Zweck entzogen. In der menschlichen Unverfügbarkeit bündelt sich der denkerische Überschuss aus dem Glauben. Religiöse Rede, die das fragile Klima des Unverfügbaren aufrechterhalten will, verweist damit zugleich auf die Welt als das lediglich Vorletzte. Ist dem religiösen Einfluss durch die Entwicklung der Säkularisierung eine Grenze gesetzt worden, so ist auch der Staat als weltliche Macht beschränkt. So wie die Kirche keine politische Macht im eigentlichen Sinne ist, ebenso wenig steht der Staat für ein absolutes Heilsversprechen. Indem die beiden Sphären sich gegenseitig ihren beschränkten Platz zuweisen und immer wieder neu bewusst machen, gewinnt der Mensch als Person seine Freiheit, weil der absolute Zugriff auf ihn beschränkt wird.

Religiöse Rede hält andererseits das Bewusstsein wach, dass auch der Mensch als Geschöpf sich nicht selbst gemacht und gewollt hat, dass er sich aber als Geschöpf annehmen und entwickeln soll. Die durch die Schöpfung entstandene Beziehung zwischen Schöpfer und Geschöpf weist zudem auf eine soziale Seinsstruktur hin, die sich auch in der Begegnung mit dem Nächsten widerspiegelt. Der Mensch als Mitgeschöpf und Teil der göttlichen Schöpfung ist zugleich Grenze und Maß unseres Handelns. Der und die Nächste wird durch die gemeinsame und universale Gotteskindschaft zu Bruder und Schwester. Religiöse Rede macht damit auf die Grenzen aufmerksam, denen

---

[1040] Vgl. JOAS, Hans: Die Sakralität der Person. Eine neue Genealogie der Menschenrechte, Berlin 2011.

sich der Mensch kraft seines Wesens als geschöpfte Person entgegengestellt sieht; absolute Freiheit und normativer Anspruch stehen sich ausgleichend gegenüber. Dieses so aufgestellte Tabu fordert den Menschen besonders als frei agierende Person heraus. Sie muss sich in einer bestimmten Weise dazu verhalten, ohne sich einer Antwort entziehen zu können. Der normative Anspruch des Christentums findet in diesem Zusammenhang nicht zuletzt auch im Begriff der personalen Verantwortung seinen gesellschaftlichen Niederschlag.

Jener normative Anspruch wird nicht nur vor dem Hintergrund eines Bildes vom Menschen als Geschöpf und Person, sondern auch mit einer bestimmten Sicht auf die menschliche Geschichte erhoben. Religiöse Rede bricht die immanente Mensch- und Weltdeutung auf. Die Dialektik des eschatologischen Vorbehalts ist so als Hinweis auf die Weltlichkeit der Welt und zugleich die Existenz der Ewigkeit zu verstehen. Aus diesem Glauben heraus ist Weltgestaltung ohne Absolutheitsanspruch möglich.

Das Bewusstmachen und die Vergegenwärtigung der theologischen Genese bedeutet das Ausbrechen aus der Absolutheit der Welt. Es setzt dem absolut weltlichen Denken die eschatologische Skepsis entgegen: Es kann somit die Welt vor sich selbst, die Vernunft vor ihrer zerstörerischen und effizienzorientierten Kraft schützen. Es ist die Reinigung der Vernunft, die wiederum die Religion auf ihren Platz verweist und schädliche und gewalttätige Tendenzen der Religionen verhindert. Säkulare Vernunft und religiöses Denken erscheinen so keineswegs als sich ausschließende Gegensätze, sondern als jeweilige Bedingung für die jeweils höchste Entwicklungsstufe beider Entitäten. Man kann dabei noch einmal an das exemplarische Bild des augustinischen Gottesstaates erinnern: Die *civitas Dei* und die *civitas terrena* sind, im Sinne Augustins, durchaus unterschiedliche aber doch in sich verschränkte Sphären. Trotz der Fähigkeit des Menschen zur Unterscheidung der Geister: Jenseits des Paradieses ist es nicht ratsam, vorschnell darüber zu urteilen, wer und was der *civitas Dei* oder der *civitas terrena* zuzuordnen ist. Die Unterscheidung zwischen einer Zugehörigkeit zu *uti* oder *frui* obliegt im Letzten nicht einem menschlichen Blick, sondern entzieht sich einer weltlichen Beurteilung. Dies beschreibt bereits Anfang des 5. Jahrhunderts die Dialektik des Christentums zwischen Welt und Ewigkeit. Doch ist es auch ein Hinweis auf die Welt selbst: Wer die Möglichkeit der Existenz der *civitas Dei* bestreitet, ist lediglich auf die *civitas terrena* zurückgeworfen und gezwungen, alles innerhalb ihrer weltimmanenten Logik zu vollenden.[1041] Dies bedeutet im besten Fall Fortschritt und Gerechtigkeit, aber möglicherweise auch die Maßlosigkeit einer zeitlichen Ideologie, einen Totalitarismus des Diesseits, der im Hier und Jetzt das Paradies schaffen will und auf diese Weise den Menschen hinter der dann maßgebenden Idee vergisst. Das genuin Christliche aber meint die stete Über-

---

[1041] Vgl. in diesem Zusammenhang MEILAENDER, Peter C.: The Problem of Having Only One City: An Augustinian Response to Rawls, in: Faith and Philosophy 20 (2003), 170-188, hier 171ff.

windung des *uti* durch das *frui des* Gottesgedankens. Das *frui* bedeutet dann ein Ausbrechen aus der Logik der Welt, aus der Logik des *uti*. Dort, wo einem Feind vergeben wird, dort, wo wir aus Liebe schweigen, dort, wo wir ungefragt das erhalten, was wir gerade brauchen, dort, wo sich ein Mensch uns ganz öffnet und sich uns anvertraut, dort wird die Logik der Welt ausgehebelt zugunsten eines Denkens, das keineswegs unvernünftig ist, jedoch über die Ebene der reinen Logik der bloßen Gerechtigkeit hinausgeht.

Die Betonung des bleibenden Wertes der theologischen Genese und ihrer Übersetzbarkeit stellt die Notwendigkeit einer weltlichen, politischen Geltung gerade nicht in Frage. Ebenso wenig wird dadurch behauptet, allein durch einen religiösen Hintergrund könnten ethisch-normative Grundanforderungen auf der Geltungsebene begründet werden.[1042] Vielmehr zeigt die bleibende Notwendigkeit der theologischen Genese, dass eine bestimmte Form der Geltung sich nicht unbedingt aus sich selbst heraus erhalten kann, sondern von verschiedenen Quellen genährt und Schritt für Schritt verändert und stetig korrigiert werden muss. Geltung ist mithin keine objektive, inhaltliche Größe, sondern wiederum ein Formalbegriff, dessen Inhalte angepasst werden können. Geltung erscheint dem Zeitgenossen nicht selten als einfache und unveränderliche sowie unhinterfragte Selbstverständlichkeit. In der Retrospektive blickt man jedoch nicht selten erstaunt auf die vergangene und damals unumstrittene Geltung, die sich augenfällig verändert hat.

Auch der Begriff der Übersetzung ist zunächst nicht gebunden an bestimmte Inhalte. Er ist ein prozeduraler Begriff und in seiner Funktion deutet er eine weitere Dialektik an: Es benötigt einen Gegenstand der Übersetzung. Was auf den ersten Blick als Banalität erscheint, entpuppt sich bei näherem Hinsehen als entscheidende Verhältnisbestimmung zwischen Genese und Geltung. Dieses Verhältnis hat sich, wie gezeigt werden konnte, radikal verändert. War es im Mittelalter noch eins, waren dort theologische Genese und politische Geltung eng verwoben, vollzog sich im Rahmen der Neuzeit ein Ablösungsprozess der beiden Sphären, die eine theologische Genese zurückließ, die nunmehr nur in vermittelter, übersetzter Form im Bereich des öffentlichen Vernunftgebrauchs präsent sein und Geltung beanspruchen kann. Diese Entwicklung folgt keineswegs dem Paradigma einer privatisierten Religion und ihrer Handlungsüberzeugungen in dem Sinn, dass Religion nicht auch an öffentlicher Geltung und ihrem Anerkennungsprozess mitarbeiten könnte. Vielmehr ist die Trennung von religiöser Genese und weltlicher Geltung dem Wesen der Religion als geistlicher Sphäre inhärent. Die christliche Genese, die offen für die menschliche Vernunft ist, bietet unhintergehbare Inhalte an. Auch wenn sich selbst in der Kirchengeschichte unterschiedliche Interpretationen der ei-

[1042] Franz-Josef Bormann verweist in diesem Zusammenhang zu Recht auf den Unterschied zwischen universalen normativen Grundanforderungen und moralischen Anforderungen „*praeter rationem*", vgl. BORMANN, Franz-Josef: Was sind religiöse Handlungsgründe? Ein moraltheologischer Blick auf die Motivationsproblematik, in: Theologie und Philosophie 87 (2012), 334-348, hier 345f.

nen jesuanischen Botschaft zeigen, ist sie doch nicht beliebig interpretierbar. Das spezifisch christliche Drama der Menschwerdung Gottes, seiner Kreuzigung und Auferstehung ist das ganz Andere im Verhältnis zur rein immanenten Welt. Es ist zunächst die Grundlage und zugleich der Spiegel der abendländischen Geschichte und wesentlicher Maßstab der sich in ihr entwickelnden Ethik. Sie ist aber viel mehr als eine nur historische Größe: Die immer aktuelle Realität des Glaubens an den liebenden, dreifaltigen Gott, der Mensch geworden ist und gekreuzigt wurde, ist für das Verständnis von Welt und Mensch bleibend existentiell. Die Genese aus dem Glauben an den dreifaltigen Gott erlaubt das Ausbrechen aus der Immanenz der Welt und hält die Idee wach, dass ein Verlangen des Menschen nach Erfüllung nicht in den immanenten Grenzen absolut gestillt werden kann. Die denkerische Genese erscheint damit zugleich als Verheißung, die vermittelt, also in übersetzter Form, auch auf der Geltungsebene immer auf sich selbst zurückweist. Auf diese Weise kann behutsam von der Geltungsebene aus gefragt werden: Was ist die dahinterliegende Idee, was sind die genetischen Wurzeln einer solchen Gerechtigkeit? Was für ein Bild des Menschen wird hier vertreten und warum? Hier wird auf das Geheimnis der Menschwerdung Gottes zu verweisen sein, das keineswegs einen einfachen moraltheologischen Handlungskatalog anbietet, aber doch die Grundlage für ein Verständnis von Mensch und Welt eröffnet, das einen Rückschluss auf das gute Handeln des Menschen in der Welt zulässt. Nicht zuletzt wird gerade jenes Handeln, das aus dem Glauben an Gott und die Kirche erwächst, auch auf der öffentlichen, universalen Geltungsebene überzeugend sein müssen. Konsequent so zu leben, als gäbe es Gott, und aus diesem Glauben und Leben heraus auf der öffentlichen Geltungsebene überzeugend und universal argumentieren zu können, bleibt die große Herausforderung des moraltheologischen Denkens auch in der Zukunft.

Im Kontext dieser Herausforderung konnte die vorliegende Arbeit nicht nur die historische Entwicklung der Ausdifferenzierung von Genese- und Geltungsbedingungen nachzeichnen. Vor diesem historischen Verständnishorizont, der zugleich rahmengebend für die heutige Form pluralistischer Wertedebatten ist, konnte näherhin vor allem auch das Verständnis von Sünde und Gemeinschaft als zunächst moraltheologisch gedeutete Begriffe, ausgehend vom frühen Werk John Rawls', für den deutschen Sprachraum herausgearbeitet werden. Dabei wurde verdeutlicht, dass sich der Doppelbegriff von Genese und Geltung in zwei Ebenen auf das Werk John Rawls' anwenden lässt, was sich einerseits in einer säkularen, andererseits in einer theologischen Genese zeigte. Dabei wurde herausgestellt, dass sich eine theologische Genese auch in einer säkularen Geltungsebene fortführen lässt, wobei auch auf mögliche Inhaltsverluste und Schwierigkeiten der Übersetzung hingewiesen wurde. Zugleich konnte damit verdeutlicht werden, dass trotz einer unterschiedlichen Genese durchaus in die gleiche Richtung zielende Geltungsideale gewonnen werden können.

Der Sündenbegriff aber verliert vor dem Hintergrund des nicht mehr vorhandenen theologischen Bezuges in jedem Fall seine eigentliche Bedeutung und kann nur in analoger Form – bei Rawls wurde sie im Begriff der Ungerechtigkeit lokalisiert – in den Bereich öffentlicher Geltung eingebracht werden.

Eine theologische Ethik, die sich ihrer Weltverantwortung bewusst ist und ihre individualethischen Handlungsgründe immer wieder neu reflektiert, kann dann im Sinne dieses Befundes John Rawls auch in der sozialen, versöhnenden und globalen Zielbestimmung seines späten Denkens zustimmen, wenn er formuliert:

> „Unsere Hoffnung für die Zukunft beruht auf dem Glauben, dass die Möglichkeiten unserer sozialen Welt eine annehmbar gerechte, konstitutionelle demokratische Gesellschaft als Mitglied einer annehmbar gerechten Gesellschaft der Völker zulassen. Ein wesentlicher Schritt zur Versöhnung mit unserer sozialen Welt besteht darin zu erkennen, dass eine solche Gesellschaft der Völker tatsächlich möglich ist."[1043]

[1043] RAWLS, John: Das Recht der Völker, 157.

BIBLIOGRAPHIE

Die geläufigen Abkürzungen für Zeitschriften wurden entnommen aus: Schwertner, Siegfried M.: Theologische Realenzyklopädie. Abkürzungsverzeichnis, Berlin u.a. 19942.

II-II	Secunda Secundae Summae theologiae
AAS	Acta Apostolicae Sedis
Art., art./A., a.	articulus, articuli (Artikel)
Anm.d.A.	Anmerkung des Autors
Bd.	Band
cap.	capitulum (Kapitel)
ComSTh	Commentarii/-ia in Summam theologiae (Summenkommentar)
Ders.	Derselbe
DIB	Hugo Grotius, De Jure Belli ac Pacis
Ebd.	Ebenda
FN	Fußnote
FS	Festschrift
Hrsg.	Herausgeber
HerdKorr	Herder Korrespondenz
HUA	Harvard University Archives
IkaZ	Internationale Katholische Zeitschrift Communio
JHP	Journal of the History of Philosophy
J Relig Ethics	Journal of Religious Ethics
JSCE	Journal of the Society of Christian Ethics
New York Rev Books	New York Review of Books
PG	Patrologia, series Graeca (Migne)
PhilosSocCrit	Philosophy & Social Criticism
PL	Patrologia, series Latina (Migne)
Policy Rev	Policy Review
Q., q./QQ., qq.	quaestio/quaestiones (Frage/Fragen)
QD	Questiones Disputatae
ScG	Thomas von Aquin, Summa contra Gentiles
STh	Thomas von Aquin, Summa theologiae (Summe der Theologie)
TG	John Rawls, Eine Theorie der Gerechtigkeit
TRE	Theologische Realenzyklopädie
ZRG	Zeitschrift der Savigny-Stiftung für Rechtsgeschichte

Primärquellen

RAWLS, John: A Study in the Grounds of Ethical Knowledge: Considered with Reference to Judgments on the Moral Worth of Character, Ph.D Dissertation, Princeton University 1950; Dissertation Abstracts 15 (1955), 608-609.
- Outline of a Decision Procedure for Ethics, in: DERS.: Collected Papers. Ed. by Samuel Freeman, Cambridge 1999, 1-20. (dt. in: BIRNBACHER, Dieter/ HOERSTER, Norbert (Hrsg.): Texte zur Ethik, München 1984, 124-138).
- Justice as Fairness, in: DERS.: Collected Papers. Ed. by Samuel Freeman, Cambridge 1999, 47-72.
- Constitutional Liberty and the Concept of Justice, in: DERS.: Collected Papers. Ed. by Samuel Freeman, Cambridge 1999, 73-95.
- The Sense of Justice, in: DERS.: Collected Papers. Ed. by Samuel Freeman, Cambridge 1999, 96-116.
- Legal Obligation and the Duty of Fair Play, in: DERS.: Collected Papers. Ed. by Samuel Freeman, Cambridge 1999, 117-129.
- Distributive Justice, in: DERS.: Collected Papers. Ed. by Samuel Freeman, Cambridge 1999, 130-153.
- The Justification of Civil Disobedience, in: DERS.: Collected Papers. Ed. by Samuel Freeman, Cambridge 1999, 176-189.
- Justice as Reciprocity, in: DERS.: Collected Papers. Ed. by Samuel Freeman, Cambridge 1999, 190-224.
- A Theory of Justice, Cambridge 1971.
- Eine Theorie der Gerechtigkeit, Frankfurt am Main 1979.
- Foreword to the Methods of Ethics, 1982, in: SIDGWICK, Henry: The Method of Ethics, Indianapolis/Cambridge, 1982.
- Gerechtigkeit als Fairneß – politisch und nicht metaphysisch, in: DERS.: Die Idee des politischen Liberalismus. Aufsätze 1978-1989, Frankfurt am Main 1992.
- Politischer Liberalismus, Frankfurt am Main 1998.
- Commonweal Interview with John Rawls, in: DERS.: Collected Papers. Ed. by Samuel Freeman, Cambridge 1999, 616-622.
- Two Concepts of Rules, in: DERS.: Collected Papers. Ed. by Samuel Freeman, Cambridge, 1999, 20-46.
- Das Recht der Völker, Berlin u.a. 2002.
- Nochmals die Idee der öffentlichen Vernunft, in: Das Recht der Völker, Berlin u.a. 2002, 165-218.
- Geschichte der Moralphilosophie. Hume – Leibniz – Kant – Hegel, Frankfurt am Main 2002.
- Justice as Fairness. A Restatement (ed. by Erin KELLY), Cambridge/ Massachusetts 2001 (dt.: Gerechtigkeit als Fairneß. Ein Neuentwurf, Frankfurt am Main 2003.
- Lectures on the History of Political Philosophy, Harvard 2007.
- Geschichte der politischen Philosophie, Frankfurt am Main 2008.
- A Brief Inquiry into the Meaning of Sin and Faith. With "On My Religion". Ed. by Thomas Nagel, Cambridge 2009.
- Über Sünde, Glaube und Religion. Hrsgg. von Thomas Nagel, Berlin 2010.
- HUM 48, Harvard University Archives (= Papers of John Rawls).

Sekundärquellen

ABEL, Günter : Stoizismus und Frühe Neuzeit. Zur Entstehungsgeschichte modernen Denkens im Felde von Ethik und Politik, Berlin 1978.

ADAMS, Robert Merrihew: The Theological Ethics of the Young John Rawls and Its Background, in: RAWLS, John: A Brief Inquiry, 24-102 (dt. Übersetzung: Die theologische Ethik des jungen Rawls und ihr Hintergrund, in: RAWLS, John: Über Sünde, Glaube und Religion, 35-122)

ADORNO, Theodor W.: Minima Moralia. Reflexionen aus dem beschädigten Leben, Frankfurt am Main 2012.

ANZENBACHER, Arno: Ethik. Eine Einführung, Ostfildern 2012.

APPIAH, Kwame Anthony: Religious Faith and John Rawls, in: New York Review of Books 57 (2010), 51-52.

ARENDT, Hannah: Eichmann in Jerusalem. Ein Bericht von der Banalität des Bösen, München 1964.

– Vita activa oder: Vom tätigen Leben, München 2013.

ARISTOTELES: Nikomachische Ethik (Aristoteles' Werke in deutscher Übersetzung, hrsg. von Hellmut Flashar, Bd. 6), übers. u. komm. durch Franz Dirlmeier, Berlin 1983.

AUGUSTINUS: Vom Gottesstaat, vollständige Ausgabe der Bücher 1 bis 22 in zwei Bänden. Übers. aus dem Lateinischen von Wilhelm Thimme. Eingeleitet und kommentiert von Carl Andresen, München 1978.

– De civitate Dei, in: MIGNE, Jean Paul (Hrsg.): Patrologiae cursus completus, series Latina, Bd. 41, Sp. 13-804, Paris 1864.

– Contra Faustum Manichaeum, in: MIGNE (Hrsg.), Jean Paul: Patrologiae cursus completus, series Latina, Bd. 42, Sp. 207-518, Paris 1846.

BARTH, Karl: Gesamtausgabe, Karl Barth – Emil Brunner. Briefwechsel 1916–1966. Hrsgg. von Eberhard BUSCH, Karl Barth Forschungsstelle an der Universität Göttingen, Zürich 2000.

BASDEVANT, Jules: Le Théorie général du droit de Grotius, Leyden 1925.

BASILIUS DER GROßE: Homilia in illud: Attende tibi ipsi, in: Migne, Jean Paul: Patrologiae cursus completus, series Greaca, Bd. 31, Sp. 197-217, Paris 1857.

BAVEL, Tarcisius J.: Von Liebe und Freundschaft. Augustinus über das christliche Leben, Würzburg 2009.

BEINTKER, Martin: Art. „Dialektische Theologie", in: LThK³, 189-191.

BENTHAM, Jeremy: The Rationale of Reward, London 1830.

– An Introduction to the Principles of Morals and Legislation. Edited by J.H. Burns and H.L.A. Hart, London 1982.

BERGER, Peter L.: Zur Dialektik von Religion und Gesellschaft, Frankfurt am Main 1973.

BERKOWITZ, Peter: The Ambiguities of Rawls's Influence, in: Perspectives on Politics 4 (2006), 121-133.

– God and John Rawls, in: Policy Review, Juni/Juli (2009), 83-90.

BERNHARD, Johannes/ SCHALLENBERG, Peter: Katholische Soziallehre konkret. Politische Handlungsfelder und christliche Werte, Münster 2008.

BERTRAM, Georg W. (Hrsg.): Philosophische Gedankenexperimente. Ein Lese- und Studienbuch, Stuttgart 2012.

BLUMENBERG, Hans: Die Legitimität der Neuzeit, Frankfurt am Main 1966.

BORMANN, Franz-Josef: Nicht in der Defensive bleiben. Überlegungen zur Zukunftsfähigkeit katholischer Moraltheologie, in: Herder Korrespondenz 56 (2002), 512-516.

– Deontologische Ansprüche und die Grenzen der Abwägung in der Gerechtigkeitstheorie von John Rawls, in: DERS./ SCHRÖER, Christian (Hrsg.): Abwägende Vernunft. Praktische Rationalität in historischer, systematischer und religionsphilosophischer Perspektive, Berlin 2004, 450-470.

– Soziale Gerechtigkeit zwischen Fairness und Partizipation. John Rawls und die katholische Soziallehre, Freiburg/Schweiz u.a. 2006.

–,Public reason' bei John Rawls, in: DERS./ IRLENBORN, Bernd (Hrsg.): Religiöse Überzeugungen und öffentliche Vernunft. Zur Rolle des Christentums in der pluralistischen Gesellschaft (Quastiones Disputatae 228), Freiburg im Breisgau 2008, 237-266.

– Naturrecht in neuem Gewand?, in: SCHUSTER, Josef (Hrsg.): Zur Bedeutung der Philosophie für die Theologische Ethik, Freiburg/Schweiz u.a. 2010, 81-104.

– Zwischen partikularer Hermeneutik und universaler Objektivität. MacIntyre, Rawls und Taylor auf der Suche nach dem Guten, in: KÜHNLEIN, Michael/ LUTZ-BACHMANN, Matthias (Hrsg.): Unerfüllte Moderne? Neue Perspektiven auf das Werk von Charles Taylor, Berlin 2011, 161-184.

– Was sind religiöse Handlungsgründe? Ein moraltheologischer Blick auf die Motivationsproblematik, in: Theologie und Philosophie 87 (2012), 334-348.

BÖCKENFÖRDE, Ernst-Wolfgang/ BÖCKLE, Franz (Hrsg.): Naturrecht in der Kritik, Mainz 1973.

– Recht, Staat, Freiheit. Studien zur Rechtsphilosophie, Staatstheorie und Verfassungsgeschichte, Frankfurt am Main 1991.

– Geschichte der Rechts- und Staatsphilosophie. Antike und Mittelalter, Tübingen 2002.

– Der säkularisierte Staat. Sein Charakter, seine Rechtfertigung und seine Probleme im 21. Jahrhundert, herausgegeben von der Carl Friedrich von Siemens Stiftung (Bd. 86), München 2006.

BÖCKLE, Franz: Fundamentalmoral, München 1977.

BRAGUE, Rémy: Athen – Jerusalem – Rom, in: IkaZ Communio 41 (2012), 535-548.

BRUNI, Luigino/ ZAMAGNI, Stefano: Economia civile. Efficienza, equità, felicità pubblica, Bologna 2004. (dt. Ausgabe: BRUNI, Luigino/ ZAMAGNI, Stefano: Zivilökonomie. Effizienz, Gerechtigkeit, Gemeinwohl. Mit einem Geleitwort von Reinhard Kardinal Marx und einer theologischen Einführung von Peter Schallenberg (Christliche Sozialethik im Diskurs, Bd. 1), Paderborn 2013).

BRUNNER, Emil: Natur und Gnade. Zum Gespräch mit Karl Barth, Tübingen 1935.

– The Man in Revolt, New York 1937.

–Der Mensch im Widerspruch: Die christliche Lehre vom wahren und vom wirklichen Menschen, Zürich/Stuttgart 1937.

BULTMANN, Christoph: Exklusiv vollkommen. Der christliche Glaube nach Hugo Grotius' De veritate religionis christianae von 1629 und die Frage des Pluralismus, in: BULTMANN, Christoph/ RÜPKE, Jörg/ SCHMOLINSKY, Sabine (Hrsg.): Religionen in Nachbarschaft. Pluralismus als Markenzeichen der europäischen Religionsgeschichte, Münster 2012, 125-142.

BURNELL, Peter: The Augustinian Person, Washington 2005.

CANNING, Raymond: The Augustinian uti/frui Distinction in the Relation between Love for Neighbour and Love for God, in: Augustiniana 33 (1983), 165-231.

CASANOVA, José: Public Religions in Modern World, Chicago 1994.

– Der Ort der Religion im säkularen Europa, in: Transit 27 (2004), 86-106.
CLARK, Mary T.: Augustinian Personalism (The Saint Augustine Lecture 1969), Villanova 1970.
– Augustine on Person: Divine and Human, in: LIENHARD, J.T./ MULLER, E.C./ TESKE, R.J. (Hrsg.): Collectanea. Augustine: Presbyter Factus Sum, New York 1993, 99-120.
DAVID, Jakob: Das Naturrecht in Krise und Läuterung. Eine kritische Neubesinnung, Köln 1969.
DECKERS, Daniel: Gerechtigkeit und Recht. Eine historisch-kritische Untersuchung der Gerechtigkeitslehre des Francisco de Vitoria (1483–1546), Freiburg/Schweiz 1991.
DEMMER, Klaus: Entscheidung und Verhängnis. Die moraltheologische Lehre von der Sünde im Licht christologischer Anthropologie, Paderborn 1976.
– Das Selbstverständnis der Moraltheologie, in: ERNST, Wilhelm (Hrsg.): Grundlagen und Probleme der heutigen Moraltheologie, Leipzig 1989.
– Gottes Anspruch denken. Die Gottesfrage in der Moraltheologie, Freiburg/Schweiz u.a. 1993.
– Fundamentale Theologie des Ethischen, Freiburg/Schweiz 1999.
– Angewandte Theologie des Ethischen, Freiburg/Schweiz 2003.
– Bedrängte Freiheit. Die Lehre von der Mitwirkung – neu bedacht, Freiburg/Schweiz 2010.
DEL VECCHIO, Giorgio: Il diritto internazionale e il problema della pace. Studi sulla Guerra e la Pace, Mailand 1959.
– Grozio e la fondazione del diritto internazionale, Mailand 1960.
DEURINGER, Karl: Probleme der Caritas in der Schule von Salamanca. Freiburg im Breisgau 1959.
DILTHEY, Wilhelm: Das natürliche System der Geisteswissenschaften im 17. Jahrhundert, in: DERS.: Weltanschauung und Analyse des Menschen seit Renaissance und Reformation (Gesammelte Schriften, Bd. II.), Leipzig/Berlin 1914.
DODD, Charles Harold: The Apostolic Preaching and its Developments. Three Lectures with an Appendix on Eschatology and History, London 1951.
DOMBROWSKI, Daniel A.: Rawlsian Explorations in Religion and Applied Philosophy, University Park 2011.
DOMINGO DE SOTO: De iustitia et iure libri decem, Salamanca 1556 (Neudruck Madrid 1967/68).
DOUGHERTY, Jude P.: A Brief Inquiry into the Meaning of Sin and Faith, with 'On My Religion', in: Rev. Metaphys. 63 (2009), 208-210.
DOUGLASS, R. Bruce: Reasonable God, in: Christian Century (2009), 29-32.
DREIER, Horst: Säkularisierung und Sakralität. Zum Selbstverständnis des modernen Verfassungsstaates, Tübingen 2013.
DRUMM, Joachim: Art. „Hellenisierung“, in: LThK³, IV, 1995, 1407-1409, hier 1407.
DÜRR, Renate/ ENGEL, Gisela/ SÜßMANN, Johannes (Hrsg.): Eigene und fremde Frühe Neuzeiten. Genese und Geltung eines Epochenbegriffs (Historische Zeitschrift, Beiheft 35), München 2003.
DUCHROW, Ulrich: Christenheit und Weltverantwortung. Traditionsgeschichte und systematische Struktur der Zweireichelehre, Stuttgart 1970.
DUPONT, Anthony: Using or Enjoying Humans. Uti and frui in Augustine, in: Augustiniana 54 (2004) (Mélanges offerts à T.J. Bavel à l'occasion de son 80e anniversaire, Leuven 2004), 475-506.

EBELER, Jennifer: Disciplining Christians. Correction and Community in Augustine's Letters, New York 2012.

EBERT, Thomas: Soziale Gerechtigkeit. Ideen, Geschichte, Kontroversen, Bonn 2010.

EHRLE, Franz: Die Scholastik und ihre Aufgaben in unserer Zeit, Freiburg im Breisgau 1933.

ENENKEL, Karl.A.E./ HEESAKKERS, Chris. L. (Hrsg.): Lipsius in Leiden. Studies in the Life and Works of a Great Humanist on the Occasion of his 450th Anniverary, Voorthuizen 1997.

ENENKEL, Karl A.E.: Die Erfindung des Menschen. Die Autobiographik des frühneuzeitlichen Humanismus von Petrarca bis Lipsius, Berlin 2008.

ERNST, Gerhard: Die Objektivität der Moral, Paderborn 2009.

ESER, Albin: Schuld und Entschuldbarkeit von Mauerschützen und ihren Befehlsgebern. Zu einem unbewältigten Problem bei der Bewältigung von DDR-Altlasten, in: BÖTTCHER, Reinhard (Hrsg.): FS für Walter Odersky zum 65. Geburtstag am 17. Juli 1996, Berlin 1996, 337-350.

ESSEN, Georg: Hellenisierung des Christentums. Zur Problematik und Überwindung einer polarisierenden Denkfigur, in: Theologie und Philosophie 87 (2012), 1-17.

EYSINGA, Willem J.M.: Hugo Grotius. Eine biographische Skizze, Basel 1952.

FERRY, Jean-Marc: Religiöse Erfahrung und öffentliche Vernunft. Über die Beziehungen zwischen verfassungsmässigem Agnostizismus und religiösem Glauben im europäischen Raum, in: Freiburger Zeitschrift für Philosophie und Theologie 56 (2009), 33-50.

FISCHER, Norbert/ FORSCHNER, Maximilian (Hrsg.): Die Gottesfrage in der Philosophie Immanuel Kants, Freiburg im Breisgau 2010.

FISCHER, Norbert: Kants Verhältnis zum christlichen Glauben, Theologie und Glaube 102 (2012), 25-44.

FLASCH, Kurt: Wenn Gott nicht gerecht wäre. Philosoph des Christentums: Meister Eckharts Werke und Predigten, Rezension, in: Frankfurter Allgemeine Zeitung, Nr. 122, 29.05.1999,V.

– Augustin. Einführung in sein Denken, Stuttgart 2003.

– Kampfplätze der Philosophie. Große Kontroversen von Augustin bis Voltaire, Frankfurt am Main 2008.

FORSCHNER, Maximilian: Stoa, Stoizismus, in: RITTER, Joachim/ GRINDER, Karlfried (Hrsg.): Historisches Wörterbuch der Philosophie (Bd. 10), Basel 1998, 176-184.

– Gesellschaftlicher Nutzen, persönliches Vergnügen und menschliche Würde. Zur Theorie des guten menschlichen Lebens in John Stuart Mills Utilitarismus, in: BÖTTIGHEIMER, Christoph/ FISCHER, Norbert/ GERWING, Manfred (Hrsg.): Sein und Sollen des Menschen. Zum göttlich-freien Konzept vom Menschen, Münster 2009, 35-46.

FORST, Reiner: Toleranz im Konflikt. Geschichte, Gehalt und Gegenwart eines umstrittenen Begriffs, Frankfurt am Main 2003.

FRANCISCO DE VITORIA: Comentarios a la Secunda secundae de Santo Tomás – Tomo III: De justicia. Edición preparada por Vicente Beltrán de Heredia, Salamanca 1934.

– Über die staatliche Gewalt. De Potestate Civili. Eingel. u. übers. v. Robert Schnepf, Berlin 1992.

– Vorlesungen I (Relectiones). Völkerrecht, Politik, Kirche. Mit einer Einführung in Leben und Werke Vitorias von Ulrich Horst (Theologie und Frieden, Bd. 7). Lateinisch-deutscher Text. Anm. u. Übers. von Joachim Stüben, hrsg. v. HORST, Ulrich/ JUSTENHOVEN, Heinz-Gerhard/ STÜBEN, Joachim, Stuttgart u.a. 1995.

FRÖHLING, Edward: Der Gerechte werden. Meister Eckhart im Spiegel der Neuen Politischen Theologie, Ostfildern 2010.

FRÜHBAUER, Johannes: John Rawls' „Theorie der Gerechtigkeit", Darmstadt 2007.

GABRIEL, Gottfried: Grundprobleme der Erkenntnistheorie. Von Descartes zu Wittgenstein, 3. Aufl., Stuttgart 2008.

GAUS, Gerald F.: Justificatory Liberalism. An Essay on Epitemology and Political Theory, New York 1996.

GIZEWSKI, Christian: Hugo Grotius und das antike Völkerrecht, in: Der Staat 32 (1993), 325-355.

GLINKA, Holger: Zur Genese autonomer Moral. Eine Problemgeschichte des Verhältnisses von Naturrecht und Religion in der frühen Neuzeit und in der Aufklärung, Hamburg 2012.

GREGOR VON RIMINI: Moralisches Handeln und rechte Vernunft. Kommentar zu den Distinktionen 34-37 des zweiten Sentenzenbuches, Lateinisch–Deutsch. Übersetzt und eingeleitet von Isabelle Mandrella, Freiburg im Breisgau 2010.

GREGORY, Brad S.: The Unintended Reformation. How a Religious Revolution Secularized Society, Cambridge 2012.

GREGORY, Eric: Before the Original Position. The Neo-Orthodox Theology of the Young John Rawls, in: Journal of Religious Ethics 35 (2007), 179-206.

GREWE, Wilhelm G.: Epochen der Völkerrechtsgeschichte, Baden-Baden 1984.

GROSSI, Paolo: Das Recht in der europäischen Geschichte, München 2010.

GROTIUS, Hugo: De Jure Belli ac Pacis. Libri tres. Drei Bücher vom Recht des Krieges und des Friedens, Paris 1625. Nebst einer Vorrede von Christian Thomasius zur ersten deutschen Ausgabe des Grotius vom Jahre 1707. Neuer deutscher Text und Einleitung von Walter Schätzel, Tübingen 1950.

HAAKONSSEN, Knud: Natural Law and Moral Philosophy from Grotius to the Scottish Enlightenment, Cambridge 1996.

HABERMAS, Jürgen/ MENDIETA, Eduardo: Ein Gespräch über Gott und die Welt, in: HABERMAS, Jürgen: Zeit der Übergänge. Kleine Poltitische Schriften IX, Frankfurt am Main 2001.

– Glauben und Wissen. Rede zum Friedenspreis des Deutschen Buchhandels, Frankfurt 2001.

– HABERMAS, Jürgen/ RATZINGER, Joseph: Dialektik der Säkularisierung. Über Vernunft und Religion, Freiburg im Breisgau 2005.

– Das ‚gute Leben' eine ‚abscheuliche Phrase'. Welche Bedeutung hat die religiöse Ethik des jungen Rawls für dessen politische Theorie?, in: Deutsche Zeitschrift für Philosophie 58 (2010), 797-809.

HAILER, Martin: Rezension zu „John Rawls – Über Sünde, Glaube und Religion", in: Das Argument (2010), 873-874.

HARMON, Jonathan: Review of John Rawls, A Brief Inquiry into the Meaning of Sin and Faith, in: Philosophy and Social Criticism 37 (2011), 735-739.

HARNACK, Adolf von: Lehrbuch der Dogmengeschichte, 1.Bd., Freiburg im Breisgau 1888².

HARSANYI, John: Morality and the Theory of Rational Behaviour, in: SEN, Amartya/ WILLIAMS, Bernard (Hrsg.): Utilitarianism and Beyond, Cambridge 1982, 39-62.

HÄRING, Bernhard: Das Gesetz Christi, Freiburg im Breisgau 1954.

HEIDENREICH, Felix: Mensch und Moderne bei Hans Blumenberg, München 2005.

HEINZMANN, Richard: Thomas von Aquin. Eine Einführung in sein Denken. Mit ausgewählten lateinisch-deutschen Texten. Stuttgart 1994.

HENDRIKS, Lambert: Choosing from Love. The concept of "Electio" in the Structure of the Human Act According to Thomas Aquinas, Siena 2010.
HENRY, Paul: Saint Augustine on Personality (The Saint Augustine Lecture 1959), New York 1960.
HILLGRUBER, Christian: Kommentar, in: DREIER, Horst (Hrsg.): Säkularisierung und Sakralität. Zum Selbstverständnis des modernen Verfassungsstaates, Tübingen 2013, 119-134.
HINSCH, Wilfried: Das Gut der Gerechtigkeit, in: HÖFFE, Otfried (Hrsg.): John Rawls. Eine Theorie der Gerechtigkeit, Berlin 2006., 251-269.
HONECKER, Martin: Evangelische Christenheit in Politik, Gesellschaft und Staat. Orientierungsversuche, Berlin 1998.
HORN, Christoph: Einführung in die Politische Philosophie, Darmstadt 2003.
HÖFFE, Otfried: Lexikon der Ethik, München 1992.
– Einführung in Rawls' Theorie der Gerechtigkeit, in: DERS. (Hrsg.): John Rawls. Eine Theorie der Gerechtigkeit, Berlin 2006, 3-26.
– Lebenskunst und Moral. Oder: Macht Tugend glücklich?, München 2007.
– Einführung in die utilitaristische Ethik. Klassische und zeitgenössische Texte, Tübingen 2008.
HÖFFNER, Joseph: Christentum und Menschenwürde. Das Anliegen der spanischen Kolonialethik im Goldenen Zeitalter, Trier 1947.
HÖLSCHER, Emil Erich: Die ethische Umgestaltung der römischen Individual-Justitia durch die universalitische Naturrechtslehre der mittelalterlichen Scholastik, Paderborn 1932.
HUME, David: A Treatise of Human Nature, New York 2004.
IGNATIUS VON LOYOLA: Die Geistlichen Übungen, Regensburg 1922.
JEWETT, Paul King: Emil Brunner's Concept of Revelation, London 1954.
JOAS, Hans: Braucht der Mensch Religion? Über Erfahrungen der Selbsttranszendenz, Freiburg im Breisgau 2004.
– Wellen der Säkularisierung, in: KÜHNLEIN, Michael/ LUTZ-BACHMANN, Matthias (Hrsg.): Unerfüllte Moderne? Neue Perspektiven auf das Werk von Charles Taylor, Berlin 2011, 716-729.
– Die Sakralität der Person. Eine neue Genealogie der Menschenrechte, Berlin 2011.
– Glaube als Option. Zukunftsmöglichkeiten des Christentums, Freiburg im Breisgau 2012.
– Genesis und Geltung zusammen denken. Hans Joas, interviewt von Malte Dreyer und Walter Zitterbarth, in : Deutsche Zeitschrift für Philosophie 5 (62), 984-999.
KANT, Immanuel: Kants gesammelte Schriften, Bd. III (1904/11), hrsgg. von der Königlich Preußischen Akademie der Wissenschaften, Berlin 1902ff.
KEBEDE, Alemseghed: John Rawls and Jean-François Lyotard on Pluralism: Themes of Convergence and Divergence, in: Social Thought and Research, 25 (2002), 111-142.
KHAN, Daniel-Erasmus: Hugo Grotius, in: MEIER, Hans/ DENZER, Horst (Hrsg.): Klassiker des politischen Denkens. Von Plato bis Hobbes, München 2007, 193-208.
KERSTING, Wolfgang: Theorien der sozialen Gerechtigkeit, Stuttgart 2000.
– John Rawls. Zur Einführung, Hamburg 2004.
– Die Gerechtigkeit zieht die Grenze, in: HÖFFE, Otfried (Hrsg.): John Rawls. Eine Theorie der Gerechtigkeit, Berlin 2006, 209-230.
– Gerechtigkeit und öffentliche Vernunft. Über John Rawls' politischen Liberalismus, Paderborn 2006.
– Verteidigung des Liberalismus, Hamburg 2009.

KIERKEGAARD, Sören: Der Begriff der Angst/ Vorworte (Aus dem dän. übersetzt von Emanuel Hirsch), in: KIERKEGAARD, Sören: Gesammelte Werke, hrsgg. von Hajo Gerdes und Emanuel Hirsch, Bd. 11/12, Gütersloh 1983.

KLIEMT, Hartmut: Rawls' Kritik am Utilitarismus, in: HÖFFE, Otfried (Hrsg.): John Rawls. Eine Theorie der Gerechtigkeit, Berlin 2006, 97-116.

KNAPP, Markus: Glauben und Wissen bei Jürgen Habermas. Religion in einer ‚postsäkularen' Gesellschaft, in: Stimmen der Zeit 226 (2008), 270-280.

KNEBEL, Sven K.: Voluntarismus, in: RITTER, Joachim/ GRINDER, Karlfried (Hrsg.): Historisches Wörterbuch der Philosophie (Bd. 11), Basel 1998, 1143-1145.

KOHLER, Alfred: Karl V. 1500-1558. Eine Biographie, München 2005.

KONEGEN, Norbert: Zum Staatsverständnis von Hugo Grotius (Diskussions-Papiere des Instituts für Staatswissenschaften), München 1998.

KOSELLEK, Reinhart: Kritik und Krise. Eine Studie zur Pathogenese der bürgerlichen Welt, Frankfurt am Main 1976.

KÖLMEL, Walter: Von Ockham zu Gabriel Biel. Zur Naturrechtslehre des 14. und 15. Jahrhunderts, in: Franziskanische Studien 37 (1955), 218-259.

KRIELE, Martin: Einführung in die Staatsrechtslehre. Die geschichtlichen Legitimitätsgrundlagen des demokratischen Verfassungsstaates, Stuttgart u.a. 2003.

KROGH-TONNING, Knud Karl: Hugo Grotius und die religiösen Bewegungen im Protestantismus seiner Zeit, Köln 1904.

KRONER, Richard: The Historical Roots of Niebuhr's Thought, in: BRETALL, Robert W./ KEGLEY, Charles W. (Hrsg.): Reinhold Niebuhr. His Religious, Social, and Political Thought, New York 1961, 177-191.

LAMPENSCHERF, Stephan: Art. „Utilitarismus", in: TRE (Bd. 34), Berlin 2002, 460-463.

LANGEMEYER, Bernhard: Der dialogische Personalismus, Paderborn 1963.

LASLETT, Peter: Philosophy, Politics and Society. A Collection, Oxford 1956.

LEFF, Gordon: Gregory of Rimini. Tradition and Innovation in Fourteenth Century Thought, Manchester 1961.

LEINER, Martin: Gottes Gegenwart. Martin Bubers Philosophie des Dialogs und der Ansatz ihrer theologischen Rezeption bei Friedrich Gogarten und Emil Brunner, Gütersloh 2000.

LEON, Philip: The Ethics of Power, London 1935.

LESSING, Eckhard: Glaube, Vernunft und Universität. Eine theologiegeschichtliche Anmerkung zur Regensburger Rede Benedikts XVI., in: MIGGELBRINK, Ralf/ SATTLER, Dorothea/ ZENGER, Erich (Hrsg.): Gotteswege. Für Herbert Vorgrimler, Paderborn u.a. 2009, 85-96.

LINK, Christoph: Hugo Grotius als Staatsdenker (Recht und Staat 512), Tübingen 1983.

LOTTER, Maria-Sybilla: Scham, Schuld, Verantwortung. Über die kulturellen Grundlagen der Moral, Berlin 2012.

LUHMANN, Niklas: Geschichte als Prozess und die Theorie soziokultureller Evolution, in: DERS.: Soziologische Aufklärung 3 – Soziales System, Gesellschaft, Organisation. 3. Auflage. Opladen 1993, 178-197.

– Die Religion der Gesellschaft, Frankfurt am Main 2000.

LÜBBE, Hermann: Säkularisierung. Geschichte eines ideenpolitischen Begriffs, Freiburg im Breisgau/München 1965.

– Modernisierungsgewinner. Religion, Geschichtssinn, Direkte Demokratie und Moral, München 2004.

LYOTARD, Jean-François: Das postmoderne Wissen. Ein Bericht, Wien 2009.

MACCULLOCH, Diarmaid: Die Reformation 1490-1700, München 2003.

MARKSCHIES, Christoph: Hellenisierung des Christentums. Sinn und Unsinn einer historischen Deutungskategorie, Leipzig 2012.

MAUSBACH, Joseph: Die Ethik des Heiligen Augustinus, Freiburg im Breisgau 1909.

MCKENZIE, Michael C.: Paul Ramsey's Ethics: The Power of 'Agape' in Postmodern World, Westport, Conn. u.a. 2000.

MCKENZIE-BOK, Priscilla: Does life need to be redeemed? The Religious Origins of John Rawls's Liberalism, (Harvard University Archive) HUA, HU 92.2011.76, Cambridge 2011. [unveröffentlicht]

MEIJERING, Eginhard P.: Die Hellenisierung des Christentums im Urteil Adolf von Harnacks. Verhandelingen der Koninklijke Nederlandse Akademie van Wetenschappen, Afd. Letterkunde, Nieuwe Reeks, deel 128, Amsterdam 1985.

MEILAENDER, Gilbert: We Were Believers Then, and Young, in: First Things 47 (2009), 49-53.

MEILAENDER, Peter C.: The Problem of Having Only One City: An Augustinian Response to Rawls, in: Faith and Philosophy, 20 (2003), 170-188.

MEISTER ECKHART: Predigten 1-24 (Deutsche Werke Bd. 1 = DW I), hrsgg. u. übers. v. Josef Quint, Stuttgart 1986.

MENNEN, H: Justus Lipsius auf der Bursa nova Tricoronata zu Köln, in: Neue Jahrbücher für Pädagogik 17 (1913), 416-421.

MILL, John Stuart: Utilitarianism/Der Utilitarismus, Englisch/Deutsch, übers. und hrsg. von Dieter Birnbacher, Stuttgart 2006.

MULSOW, Martin: Definitionskämpfe am Beginn der Moderne. Relationsontologie, Selbsterhaltung und appetitus societatis im 17. Jahrhundert, in: Philosphisches Jahrbuch 105 (1998), 283-303.

MÜHLEGGER, Florian: Hugo Grotius. Ein christlicher Humanist in politischer Verantwortung (Arbeiten zur Kirchengeschichte, Bd. 103), Berlin 2007.

MÜLLER, Sascha: Samuel Pufendorfs Stärkung des neuzeitlichen Autonomiegedankens. Naturrechtliche Erkenntnis als actio humana, in: Theologische Quartalsschrift 191 (2011), Tübingen, 242-259.

NAGEL, Thomas: The Writings of John Rawls, in: Concealment and Exposure. And Other Essays, 75-106, Oxford 2002.

NASHER, Jack: Die Moral des Glücks. Eine Einführung in den Utilitarismus, Berlin 2009.

NIEBUHR, Reinhold: The Nature and Destiny of Man. A Christian Interpretation, Vol. I, Human Nature, New York 1964.

NIETZSCHE, Friedrich: Götzendämmerung, Sprüche und Pfeile Nr. 12, in: COLLI, Giorgio/ MONTINARI, Mazzino (Hrsg.): Kritische Studienausgabe, Bd. 6, München 1999.

NUSSBAUM, Martha C.: Die Grenzen der Gerechtigkeit. Behinderung, Nationalität und Spezieszugehörigkeit, Frankfurt am Main 2010.

NYGREN, Anders: Agape und Eros, Berlin 1955.

OAKLEY, Francis: Omnipotence, Convenant and Order. An Excursion in the History of Ideas from Abelard to Leibniz, Ithaca/London 1984.

OCKENFELS, Wolfgang: Kolonialethik. Von der Kolonial- zur Entwicklungspolitik, Paderborn 1992.

O'DONOVAN, Joan Lockwood/ O'DONOVAN, Oliver (Hrsg.): From Irenaeus to Grotius: a Sourcebook in Christian Political Thought, Grand Rapids 1999.

O'MEARA, Thomas F.: Interpreting Thomas Aquinas: Aspects of the Dominican School of Moral Theology in the Twentieth Century, in: POPE, Stephen J. (Hrsg.): The Ethics of Aquinas, Washington 2002, 355-373.

OKAYAMA, Kotaro: Zur Grundlegung christlicher Ethik. Konzeptionen der Gegenwart im Lichte des Analogie-Problems, Berlin 1976.

OTT, Georg: Recht und Gesetz bei Gabriel Biel, in: Zeitschrift der Savigny-Stiftung, kanon. Abt. 69 (1952), 250-296.

OTT, Konrad: Moralbegründungen zur Einführung, Hamburg 2001.

OESTREICH, Gerhard: Geschichte der Menschenrechte und Grundfreiheiten im Umriß (Historische Forschungen, Bd. 1), Berlin 1978.

PAECH, Norman: Hugo Grotius (SH 63), Berlin 1985.

PERCY, Martyn: Falling Far Short. Taking Sin Seriously, in: HARVIS, Richard/ PLATTEN, Stephen (Hrsg.): Reinhold Niebuhr and Contemporary Politics, New York 2010, 116-128.

PLATON: Sämtliche Dialoge. Vorwort und Einleitung zur Gesamtausgabe v. Otto Apelt, Hamburg 1993.

POGGE, Thomas: John Rawls, München 1994.

POHLENZ, Max: Die Stoa. Geschichte einer geistigen Bewegung, Göttingen 1984.

POLKINGHORNE, John: Science and Theology. An Introduction, Minneapolis 1998.

POLLACK, Detlef: Säkularisierung – ein moderner Mythos? Studien zum religiösen Wandel in Deutschland, Tübingen 2003.

PRODI, Paolo: Eine Geschichte der Gerechtigkeit. Vom Recht Gottes zum modernen Rechtsstaat, München 2003.

PÜTTMANN, Andreas: Führt Säkularisierung zum Moralverfall. Eine Antwort auf Hans Joas, Bonn 2013.

PUCHER, Ernst: Art. „Forum externum et internum", in: Lexikon für Kirchen- und Staatskirchenrecht, Bd. 1, hrsgg. v. CAMPENHAUSEN, Axel Frhr. v./ RIEDEL-SPANGENBERGER, Ilona/ SEBOTT, P. Reinhold, Paderborn 2000, 708-710.

RAHNER, Karl/ VORGRIMLER, Herbert: Kleines Konzilskompendium. Sämtliche Texte des Zweiten Vatikanums, Freiburg im Breisgau 1966.

RAMSEY, Paul: Basic Christian Ethics, New York 1950.

RATZINGER, Joseph: Dogma und Verkündigung, München 1973.

– Glaube, Wahrheit, Toleranz. Das Christentum und die Weltreligionen, Freiburg im Breisgau 2005.

RECKNAGEL, Dominik: Einheit des Denkens trotz konfessioneller Spaltung. Parallelen zwischen den Rechtslehren von Francisco Suàrez und Hugo Grotius (Treffpunkt Philosophie, Bd. 10), Frankfurt am Main 2010.

REESE-SCHÄFER, Walter: Was ist Kommunitarismus? Frankfurt am Main 1995.

REIBSTEIN, Ernst: Johannes Althusius als Fortsetzer der Schule von Salamanca, Karlsruhe 1955.

RHONHEIMER, Martin: The Political Ethos of Constitutional Democracy and the Place of Natural Law in Public Reason: Rawls's 'Political Liberalism' Revisited, in: The American Journal of Jurisprudence 50 (2005), 1-70.

RHONHEIMER, Martin: Christentum und säkularer Staat. Geschichte – Gegenwart – Zukunft, Freiburg im Breisgau 2012.

ROMMEN, Heinrich: Die ewige Wiederkehr des Naturrechts. Zweite erweiterte Auflage, München 1947.

ROUSSEAU, Jean-Jacques: Der Gesellschaftsvertrag. Oder Prinzipien des Staatsrechts, Wiesbaden 2012.

RUYSSCHART, J.: Le séyour de Juste Lipse à Rome (1568–1570) d'après ses Antiquae lectiones et sa correspondence, in: Bulletin de l'Institut Historique Belge de Rome 24 (1947/48), 139-192.

SAUNDERS, Jason Lewis: Justus Lipsius. The Philosophy of Renaissance Stoicism, New York 1955.

SCHAEFER, David L.: John Rawls, A Brief Inquiry into the Meaning of Sin & Faith, With 'On My Religion'. Ed. by Thomas Nagel, in: Society 47 (2010), 276-278.

SCHALLENBERG, Peter: Naturrecht und Sozialtheologie. Die Entwicklung des theonomen Naturrechts der späten Neuscholastik im deutschen Sprachraum (1900–1960), Münster 1993.

– Moraltheologie. Christliche Gesellschaftslehre, Paderborn 2003.

– Spiritualität und Moraltheologie. Gibt es eine geistliche Theologie in der Ethik?, in: Studia Moralia 50 (2012), 17-35.

SCHAUB, Jörg: Gerechtigkeit als Versöhnung. John Rawls' politischer Liberalismus, Frankfurt am Main 2009.

SCHEFFLER, Samuel: Rawls and Utilitarianism, in: FREEMAN, Samuel (Hrsg.): The Cambridge Companion to Rawls, Cambridge 2003, 426-459.

SCHELAUSKE, Hans-Dieter: Naturrechtsdiskussion in Deutschland, Köln 1968.

SCHILDKNECHT, Christiane/ TEICHERT, Dieter/ VAN ZANTWIJK, Temilo (Hrsg.): Genese und Geltung. Für Gottfried Gabriel, Paderborn 2008.

SCHLÜTER, Joachim: Die Theologie des Hugo Grotius, Göttingen 1919.

SCHMIDT, Thomas M.: Objektivität und Gewissheit. Vernunftmodelle und Rationalitätstypen in der Religionsphilosophie der Gegenwart, in: BORMANN, Franz-Josef/ IRLENBORN, Bernd (Hrsg.): Religiöse Überzeugungen, 199-217.

SCHNEEWIND, Jerome B.: Sidgwick's Ethics and Victorian Moral Philosophy, Oxford 1977.

SCHNEPF, Robert: Aufbau und Argumentation der Relectio De Potestate Civili des Francisco de Vitoria, in: FRANCISCO DE VITORIA: Über die staatliche Gewalt [De potestate civili], eingeleitet und übersetzt durch Robert Schnepf, Berlin 1992.

SCHOCKENHOFF, Eberhard: Beruht die Willensfreiheit auf einer Illusion? Hirnforschung und Ethik im Dialog (Vorträge der Aeneas-Silvius-Stiftung an der Universität Basel, XLI), Basel 2004.

– Grundlegung der Ethik. Ein theologischer Entwurf, Freiburg im Breisgau 2007.

SCHORN-SCHÜTTE, Luise: Karl V., München 2006.

– Konfessionskriege und europäische Expansion. Europa 1500–1648, München 2010.

SCHRAMM, Michael: Sozialethisches Kontingenzmanagement. Das Gerechte in John Rawls' politischem Liberalismus, in: RAUSCHER, Anton (Hrsg.): Soziale Gerechtigkeit (Mönchengladbacher Gespräche, 22), Köln 2002, 111-138.

SCHULIN, Ernst: Kaiser Karl V. Geschichte eines übergroßen Wirkungsbereiches, Stuttgart 1999.

SEELMANN, Kurt: Theologie und Jurisprudenz an der Schwelle zur Moderne. Die Geburt des neuzeitlichen Naturrechts in der iberischen Spätscholastik. Baden-Baden 1997.

– Die Denkfigur des ‚subjektiven Rechts' in der spanischen Spätscholastik, in: MATE, Reyes/ NIEWÖHNER, Friedrich (Hrsg.): Spaniens Beitrag zum politischen Denken in Europa um 1600 (Wolfenbütteler Forschungen, Bd. 57), Wiesbaden 1994, 141-151.

SHAH, Timothy Samuel: Making the Christian World Safe for Liberalism, in: The Political Quarterly 71 (2000), 121-139.

SEIDEL, Wolfgang: Das ethische Gehirn. Der determinierte Wille und die eigene Verantwortung, Heidelberg 2009.

SEN, Amartya: The Idea of Justice, London 2010.
SIDGWICK, Henry: The Ethics of Conformity and Subscription (Pamphlet), Cambridge 1870.
– A Memoir by A. Sidgwick and E.M.Sidgwick, London 1906.
– The Method of Ethics, Indianapolis/Cambridge [Reprint der Ausgabe von 1907], 1982.
SIEVERNICH, Michael: Schuld und Sünde in der Theologie der Gegenwart, Frankfurt am Main 1982.
SINGER, Wolf: Verschaltungen legen uns fest: Wir sollten aufhören, von Freiheit zu sprechen. Ein epistemisches Caveat, in: GEYER, Chrisitan (Hrsg.): Hirnforschung und Willensfreiheit. Zur Deutung der neuesten Experimente, Frankfurt am Main 2004, 30-65.
SPAEMANN, Robert: Moralische Grundbegriffe, München 2009.
SPINDLER, Anselm: Vernunft, Gesetz und Recht bei Francisco de Vitoria, in: BUNGE, Kristin/ SPINDLER, Anselm/ WAGNER, Andreas (Hrsg.): Die Normativität des Rechts bei Francisco de Vitoria, Stuttgart 2011, 41-70.
ST. LEGER, James: The "etiamsi daremus" of Hugo Grotius. A Study in the Origins of International Law, Rom 1962.
STACE, Walter T.: The Concept of Morals, London 1937.
STONE, Ronald H.: Professor Reinhold Niebuhr. A Mentor to the Twentieth Century, Louisville 1992.
STRAUMANN, Benjamin: Hugo Grotius und die Antike. Römisches Recht und römische Ethik im frühneuzeitlichen Naturrecht (Studien zur Geschichte des Völkerrechts, Bd. 14), Baden-Baden 2007.
STRIET, Magnus: Grenzen der Übersetzbarkeit, in: LANGENTHALER, Rudolf/ NAGL-DOCEKAL, Herta (Hrsg.): Glauben und Wissen. Ein Symposium mit Jürgen Habermas, Wien 2007, 259-282.
TAYLOR, Charles: Quellen des Selbst. Die Entstehung der neuzeitlichen Identität, Frankfurt am Main 1996.
– Ein säkulares Zeitalter, Frankfurt am Main 2010.
TERTULLIAN: De praescriptione ad haereticos, in: MIGNE, Jean Paul (Hrsg.): Patrologiae cursus completus, series Latina, Bd. 2, Sp. 9-74, Paris 1844.
THIEME, Hans: Natürliches Privatrecht und Spätscholastik, in: Zeitschrift für Rechtsgeschichte Germ. Abt. Bd. 70 (1953), 230-266.
THOMAS VON AQUIN: Die deutsche Thomas-Ausgabe. Vollst., ungek. dt-lat. Ausgabe der Summa Theologica. Übers. von Dominikanern und Benediktinern Deutschlands und Österreichs, hrsgg. v. d. Albertus-Magnus-Akademie Walberberg bei Köln, Heidelberg u.a. 1933ff.
– Über die Herrschaft der Fürsten (*De regimine principum*), übers. von Friedrich Schreyvogel, Nachw. von Ulrich Matz, Stuttgart 1971.
– Summa contra gentiles, hrsgg. von ALBERT, Karl/ ALLGAIER, Karl u.a., Darmstadt 2001.
TUCK, Richard: The Rights of War and Peace, New York 1997.
TURNER, Michael R.: Desert in Theological Conceptions of Distributive Justice, in: Journal of the Society of Christian Ethics 31 (2011), 131-149.
VAN DER ESSEN, L.: Waarom Justus Lipsius gevierd? Mededelingen van de Koninklijke Vlaamsche Academie voor Wetenschappen, Letteren en Schoone Kunsten van België, Klasse van den Letteren 8 (1949).

VERVLIET, H.D.L.: Lipsius' jeugd. 1547–1578. Analecta vor een kritische Biografie. Mededelingen van de Koninklijke Vlaamsche Academie voor Wetenschappen, Letteren en Schoone Kunsten van België, Klasse van den Letteren 31 (1969).
VILLARI, Rosario (Hrsg.): Der Mensch des Barock, Frankfurt am Main 1997.
VOGT, Peter: Was man nicht ändern kann, darüber muß man schweigen, in: Frankfurter Allgemeine Zeitung, 26.02.2001, Nr. 48.
WALDSTEIN, Wolfgang: Ins Herz geschrieben. Das Naturrecht als Fundament einer menschlichen Gesellschaft, Augsburg 2010.
WEBER, Max: Wissenschaft als Beruf. Mit einem Nachwort von Friedrich Tenbruck, Stuttgart 1995.
WEITHMAN, Paul J.: Does Justice as Fairness Have a Religious Aspect?, in: MANDL, Jon/ REIDY, David A. (Hrsg.): A Companion to Rawls, Chichester 2014, 31-56.
– Augustine and Aquinas on Original Sin and the Function of Political Authority, in: Journal of the History of Philosophy 30 (1992), 353-376.
– John Rawls. A Brief Inquiry into the Meaning of Sin & Faith, in: Notre Dame Philosophical Reviews. An Electronic Journal, August (2009).
– On John Rawls's A Brief Inquiry Into the Meaning of Sin and Faith, in: Journal of Religious Ethics 40 (2012), 557-582.
– Education for Political Autonomy, in: MOSER, Paul K./ MCFALL, Michael T. (Hrsg.): The Wisdom of the Christian Faith, New York 2012, 218-243.
WILHELMS, Günther: Christliche Sozialethik, Paderborn 2010.
WINKLER, Hugo (Hrsg.): Der Codex Hammurabi in deutscher Übersetzung, Berlin 2010.
WOLF, Erik: Das Problem der Naturrechtslehre, Karlsruhe 1955.
– Große Rechtsdenker der deutschen Geistesgeschichte, Tübingen 1963.
– Studien zur Geschichte des Rechtsdenkens, Frankfurt am Main 1982.
WOLIN, Sheldon: Politics and Vision: Continuity and Innovation in Western Political Thought. Expanded edition. Princeton, 2006.
ZABOROWSKI, Holger: Religion und säkulare Moderne. Jürgen Habermas und der eigensinnige Ernst des Christentums, in SCHALLENBERG, Peter/ KÜPPERS, Arnd (Hrsg.): Interdisziplinarität der Christlichen Sozialethik, Paderborn 2013 (Christliche Sozialethik im Diskurs Bd. 4), 454-471.

Kirchliche Quellen

JOHANNES PAUL II.: Apostolisches Schreiben „Reconciliatio et paenitentia" vom 2.12.1984, in: AAS 77 (1985), 185-275 (dt.: Verlautbarungen des Apostolischen Stuhls 60, hg. vom Sekretatiat der Deutschen Bischofskonferenz, Bonn o.J.).
JOHANNES PAUL II.: Enzyklika „Sollicitudo rei socialis" vom 30.12.1987, in: AAS 80 (1988), 513-586 (dt.: Verlautbarungen des Apostolischen Stuhls 82, hg. vom Sekretariat der Deutschen Bischofskonferenz, Bonn o.J.).

Onlinequellen

BENEDIKT XVI.: Redemanuskript für den Vortrag an der Universität La Sapienza, abrufbar unter: http://de.radiovaticana.va/storico/2008/01/16/papst-an-sapienza:-geplante-rede-im-wortlaut/ted-180501 [letzter Zugriff, 20.10.2013]

DI LEO, Daniele: Thomas Aquinas and the Overlapping Consensus, in: Commonwealth: A Journal of Political Science, vol. 13, 2007, abrufbar unter http://www.personal.psu.edu/faculty/d/x/dxd22/Aquinas.htm [letzter Zugriff: 30.01.2013]

FONTANA MAGEE, Maria: A Thomistic Case for Tolerance, 1999, abrufbar unter: www.aquinasonline.com/Topics/tolerance.html [letzter Zugriff, 26.01.2013]

GALSTON, William: On Rawls, abrufbar unter: http://www.newrepublic.com/blog/william-galston/rawls# [letzter Zugriff, 18.01.2013]

KEMMERER, Alexandra: Das höchste Gut bleibt außen vor, in: FAZ, 26.09.2009, abrufbar unter: http://www.faz.net/aktuell/feuilleton/buecher/rezensionen/sachbuch/John-rawls-a-brief-inquiry-into-the-meaning-of-sin-and-faith-das-hoechste-gut-bleibt-aussen-vor-1824802.html [letzter Zugriff, 10.09.2012]

KRETZMANN, Norman u.a.: Stuart M. Brown Jr., abrufbar unter: http://ecommons.library.cornell.edu/bitstream/1813/18254/2/Brown_Stuart_M_1996.pdf [letzter Zugriff: 28.06.2013]

MCKENZIE-BOK, Priscilla: When Rawls Met Jesus. How the Philosopher's Early Religious Beliefs Guided His Secular Thinking, in: Democracy. A Journal of Ideas 14 (2009), abrufbar unter: http://www.democracyjournal.org/14/6717.php?page=all [letzter Zugriff: 18.02.2013]

MCKENZIE-BOK, Priscilla: Personhood and the Nature of Morality in the Early Rawls, abrufbar unter: http://www.yale.edu/macmillan/globaljustice/rawlsPapers/BOK_EarlyRawlsPersonhood.pdf [letzter Zugriff: 31.01.2014]

SCHULZ, Barton: "Henry Sidgwick", in: ZALTA, Edward N. (Hrsg.): The Standford Encyclopedia of Philosophy (Fall 2012 Edition), abrufbar unter: http://plato.stanford.edu/archives/fall2012/entries/sidgwick/ [zuletzt abgerufen: 19.08.2012]

WEINSTEIN, Michael: John Rawls: Secularized Calvinism, Moralized Protestant Vocationalism. A postmodern critique of a significant book on political philosophy, in: C-Theory, 1993, abrufbar unter: http://socialdems.net/page.asp?PID=1467 [letzter Zugriff: 15.01.2013]

WENZEL, Uwe Justus: Gewichtungen. John Rawls und die Religion, in: NZZ, 4.10.2010, abrufbar unter: http://www.nzz.ch/aktuell/startseite/gewichtungen-1.7800729 [letzter Zugriff, 10.09.2012]